Dieter Hattrup

Darwins Zufall
oder
Wie Gott die Welt erschuf

Dieter Hattrup

Darwins Zufall oder Wie Gott die Welt erschuf

HERDER

FREIBURG · BASEL · WIEN

www.herder.de
Umschlaggestaltung: Finken & Bumiller, Stuttgart
Satz: SatzWeise, Föhren
Herstellung: fgb · freiburger graphische betriebe
www.fgb.de
Gedruckt auf umweltfreundlichem, chlorfrei gebleichtem Papier
Printed in Germany

ISBN 978-3-451-29930-8

Inhalt

Vorwort

Das Jahr 2009 liefert uns ein Doppeljubiläum ins Haus. Charles Darwin wurde vor zweihundert Jahren geboren, und er hat vor hundertfünfzig Jahren mit einem einzigen Buch unsere Anschauung vom Leben gründlich geändert. Einfach indem er den Ursprung des Lebens ein wenig anders und ein wenig besser erklärte, als es bis dahin Wissenschaftler, Philosophen und Theologen getan hatten. Selten zuvor hat sich ein Gedanke wie der seine über Mutation und Selektion als so haltbar erwiesen. Er sagte übrigens ›variation and selection‹. Nicht einmal Newton mit seiner mechanischen Physik hatte einen solchen Erfolg wie Darwin mit der Evolutionslehre.

Der Gedanke ist also erfolgreich und auch richtig, doch wird er auch richtig verstanden? Die Evolutionslehre will Wissenschaft sein, doch führt sie seit Darwin den echten Zufall bei sich und hat ihm einen Platz neben der kausalen Notwendigkeit verschafft. Notwendigkeit ist ein Wissensprinzip, Zufall ein Nichtwissensprinzip. Können die beiden die Grundlage einer Wissenschaft bilden? Ich meine, Zufall und Notwendigkeit sind als Paar die Anzeichen einer neuen Wirklichkeit. Wie durch Darwins unerhörten Einfall die Freiheit in die Natur einbricht, davon handelt sein Buch noch nicht. Doch dieses Buch hier, das zum Jahr seines doppelten Jubiläums erscheint, nimmt sich die Freiheit, von der Freiheit in der Natur zu handeln.

Ich danke insbesondere Dr. Thomas Möllenbeck, Paderborn, und Mag. Christoph Schwyter, Fribourg, für ihre intensive Co-Lektüre. Dadurch hat das Buch eine Menge an Klarheit gewonnen.

Paderborn, 15. Juni 2008 — Dieter Hattrup

Letzten Endes ist die Evolution
*der Weg Gottes zur Freiheit in der Natur.**

Einleitung

Vom Leben. Alle Lebewesen streben von Natur aus nach Leben. Wie das Sprichwort sagt: Dem Leben geht es im Leben um dieses Leben selbst. Als Wissenschaft vom Leben empfiehlt sich für das 21. Jahrhundert die Evolutionslehre. Diese Lehre gibt es seit fast zweihundert Jahren, sie ist fest mit dem Namen von Charles Darwin (1809–1882) verbunden, der seine Entdeckungen über den Wandel der Arten im Jahre 1859 bekannt gemacht hat. Solchen Wandel hat der eine oder andere Naturforscher schon vor ihm bemerkt, denn die Funde im Boden und die Vergleiche des Insellebens waren zu beredt, um noch länger übersehen zu werden.[1] Die gegenwärtigen und die abgeschiedenen Lebewesen zeigten immer mehr die direkte Verwandtschaft allen Lebens an. Zu vollem Bewußtsein gebracht hat das Band des Lebens allerdings erst Darwin, denn nur er konnte einen Mechanismus angeben, der den natürlichen Wandel der Arten bewirkt. ›On the Origin of Species by Means of Natural Selection – Über die Entstehung der Arten durch natürliche Zuchtwahl‹ heißt sein lange durchdachtes und dann hastig aufgeschriebenes Buch, das so still wie gründlich zu Werke geht. Das alles ist bekannt.[2]

Der rätselhafte Zufall. Weniger bekannt ist eine andere Tatsache. Die Art und Weise, wie Darwin die Natur anschaut, ist nicht nur die Fortsetzung der Naturforschung seit Kopernikus, Kepler, Galilei und Newton, sie ist auch ihre Unterbrechung und ihre Umkehrung. Die Wissenschaft der Evolution führt ein Prinzip ein, das mit den Prinzipien der klassischen Naturforschung nicht ganz verträglich ist. Vielleicht sollte ich sagen: Darwin ist die Vollendung der Wissenschaft und damit auf lange Sicht auch ihr Ende.[3] Darwin hat mit seiner Lehre von der zufällig-notwendigen Zuchtwahl das plötzliche Ereignis in die Forschung eingelassen, für das in der Natur bisher kein Platz vorgesehen war, eigentlich bis heute nicht. Bis zu seiner Tat war der Zufall ein Fremdkörper in der Naturforschung gewesen, genauer müßte ich sagen, er sollte dort ein Fremdkörper sein. Wie die Quantenphysik und die molekulare Genetik im 20. Jahrhundert bestätigt haben, tritt ganz unerwartet das plötzliche Ereignis in der Natur auf und schafft Gestalten. Der Zufall ist nicht zu vertreiben, er bringt in Verbindung mit dem notwendigen Gesetz das Leben hervor. Die Naturforschung tut sich bis heute schwer mit dem Leben, weil sie dem Zufall immer noch keinen richtigen Platz anbieten kann.

Zuschauer und Mitspieler. Schon bevor das Leben auf der Erde erscheint, formen Zufall und Notwendigkeit die Gestalten der Natur. Beide zusammen begrenzen und ermöglichen das Begreifen in der Natur. Das kuriose Duo legt die Grundlage für das Schauspiel, das wir Geschichte, Leben und Bewußtsein nennen. Wir sind eben nicht nur Zuschauer, wir sind auch Mitspieler auf der Bühne des Lebens. Gäbe es nur die Notwendigkeit in der Natur, könnten wir uns darauf beschränken, Zuschauer zu sein. So wie die Wirklichkeit sich wirklich zeigt, zwingt uns der Zufall zum Mitspielen. Das widerspenstige Paar ist in der Biologie seit dem 19. Jahrhundert bekannt, eben durch Darwin, in der Physik dann seit dem 20. Jahrhundert. Ich vermute, der Zufall und sein Partner werden die wichtigste Lektion des Wissens im 21. Jahrhundert sein.

New York City. Der Gedanke, den Zufall neben die natürliche Notwendigkeit auf den Thron des Lebens zu heben, ist mir bei einem Besuch im Juni 2006 in New York City gekommen. Es war ein doppeltes Ereignis, das mir den Gedanken eingegeben hat, oder auch ein dreifaches. Zuerst ein Treffen in der Fordham University mit Avery Cardinal Dulles (* 1918). Der alte schlanke Herr, Sohn des früheren US-Außenministers, sprach über seine Haltung als Jugendlicher. ›Ich war damals ein Agnostiker, an seelisches Leben habe ich nicht geglaubt, nur an Zufall und Notwendigkeit, mehr wollte ich in der Natur nicht erkennen.‹ Von Haus aus war er protestantischer Christ, doch legte er damals wenig Wert auf den Glauben. Er war beherrscht von einer Haltung, die den Geist ausschließt. Einige Jahre nach seiner Bekehrung schildert er die geistige oder besser ungeistige Lage in einem Bericht ausführlich. Die vollständige Unfreiheit und die Abhängigkeit des Geistes von körperlichen Kräften sah er früher als erwiesen an. Den Menschen hielt er für ein Materieprodukt und für eine bloße Laune der Natur.[4]

Fordham University. Es war beim mittäglichen Lunch in der Mensa von Fordham, als er so von seiner Jugend erzählte. Das ist doch merkwürdig, ging es mir durch den Kopf, als ich über den Tellerrand auf ihn blickte. Dieselben Sätze bringen Naturalisten bis heute vor, wenn sie nach Gründen für ihren Atheismus suchen. Es hat sich nicht viel verändert. Dabei könnte ihnen geholfen werden, wie diesem Kardinal hier zur Lebenswende verholfen wurde. Gerade der Zufall in der Natur kann zusammen mit den Gesetzen für die Körper zum Eckstein des echten Menschengeistes werden – und des Gottesgeistes. Der Zufall kann der Zeuge für die Gnade werden, die Avery Dulles so deutlich in seinem Bericht bezeugt. Es käme darauf an, den Zufall und die Notwendigkeit in der Natur richtig anzusehen und dabei die volle Wirklichkeit zu erkennen, die sich hinter diesem Paar verbirgt.

Museum of Natural History. Der nächste Tag brachte einen Besuch im American Museum of Natural History, das westlich des Central Parks in der Nähe der 79. Straße gelegen ist. Besonders eine Schau im Hayden Planetarium des Museums tat es mir an. Das Thema hieß ›Cosmic Collisions – Kosmische Zusammenstöße‹ und handelte von dem zumeist katastrophalen, in seltenen Fällen jedoch günstigen Aufprall von Körpern, die aus dem Weltall auf die Erde niederstürzen. Der Niedergang von riesigen Kometen und Meteoren hat beim Aufbau des Planeten Erde eine entscheidende Rolle gespielt. Die Himmelsgeschosse haben mitten in einem lebensfeindlichen Kosmos eine Oase des Lebens geschaffen, einfach durch den Einschlag großer und kleiner Brocken am rechten Ort zur rechten Zeit. Höheres Leben hängt außerordentlich vom Zufall ab, ohne zahllose Glücksfälle gäbe es kein bewußtes Leben auf der Erde. Ist das nun schön oder schrecklich?

Chicxulub in Mexiko. Ich bin Theologe und katholischer Priester. Soll ich zum Beispiel in dem Zwölf-km-Brocken, der sich da im Planetarium vor mir aufbaut und der tatsächlich vor 65 Millionen Jahren auf die Erde zugerast ist, um bei Chicxulub im südlichen Mexiko einzuschlagen, den Finger Gottes erkennen? Oder ist das unmöglich? Der Asteroid oder Komet hat die ganze Erde in Brand gesetzt: ›All burnable on earth was burning – Alles brannte, was nur brennen konnte auf der Erde‹, verkündete die volltönende Stimme von Robert Redford im Hintergrund. Die Dinosaurier hatten 150 Millionen Jahre lang die Erde beherrscht, jetzt verschwanden sie auf einen Schlag und machten Platz für die Säugetiere. Durch dieses eine Ereignis und ähnliche Ereignisse war am Ende auch ein Platz für mich dabei, wie in diesem Sessel hier im Planetarium. Kann ich in dem rasenden Brocken das Werk Gottes erkennen? Jedenfalls soll der Schöpfer der Welt am sechsten Tag seinen Plan so ausgerufen haben: ›Laßt uns Menschen machen als unser Abbild, uns ähnlich.‹ (Gen

1,26) Noch einmal also: Reklamiert der Gott der Bibel hier seine Urheberschaft zurecht oder hat bloß der Zufall das Leben geschaffen? Ist das Leben nur eben so mit untergelaufen?

Unklarer Zufall. Ich mußte schlucken. In den letzten Jahren ist mir die Rolle immer klarer geworden, die das plötzliche Ereignis beim Aufbau der Natur und des Lebens spielt. Doch der Zufall selbst ist einfach unklar, er ist das Wesen der Unklarheit. Beliebt ist der Zufall bei niemandem, weder bei naturalistischen Atheisten noch bei kreationistischen Bibelanhängern; selbst wer eine gesunde Mitte zwischen Wissenschaft und Glaube einhalten will, kann mit dem Zufall nicht viel anfangen. Alle wissen von seiner flüchtigen und doch hartnäckigen Existenz, dabei ist nur wenigen Leuten ihr Unwohlsein über den Zufall zu Bewußtsein gekommen. Es ist der alte Vorbehalt gegenüber dem Meister der Regellosigkeit, habe ich da im weichen Polster des American Museum gedacht, der Zufall wird für etwas Negatives gehalten, eine positive Leistung traut ihm keiner zu. Wieso auch? Wie kann das geschehen? Eng verbunden mit der Notwendigkeit treibt er sein Spiel in der Natur, doch auf welche Weise die beiden ihre Rolle ausfüllen, ist schwer zu sagen. Man kann ihre Wirkung geistlos nennen, wie ich gestern gesehen habe, als der Kardinal auf seine Jugend zurückschaute. Doch ich wußte schon: Es ist auch eine andere Sicht möglich.

Finding Darwin's God. Schließlich ein dritter Punkt. Vor und bei diesem Besuch in New York habe ich versucht, mein müdes Englisch ein wenig aufzuwecken. Dabei geriet ich an ein Buch, das mir mehr als nur sprachliche Nachhilfe erteilt hat. Während ich in der Subway fuhr oder am Abend still im Hotelzimmer saß, um mir das laute Manhattan aus den Ohren zu schütteln, las ich in dem vorzüglich geschriebenen Werk des amerikanischen Biologen Kenneth Miller aus Rhode Island. Der Titel lautete vielversprechend: ›Finding Darwin's God‹, auf Deutsch nicht erhältlich. Der Ton war mir neu und doch in der Tiefe vertraut. Da wollte einer Gott finden oder glaubte ihn schon gefunden zu haben, gerade mit Darwin, der für viele verschreckte Gläubige bis heute der leibhaftige Gott-sei-bei-uns ist und für berufsmäßige Atheisten der Schild ihres Heiles. Die Lektüre bestätigte die Ahnung. Keineswegs schwächt die Evolutionslehre den Glauben an den personal handelnden Gott, sie fördert die Anerkennung des freien Schöpfergottes, von dem die Bibel spricht, der deshalb frei ist, weil er personale Freiheit verschenkt. Das zu verstehen, dafür ist die Evolutionslehre gut geeignet. Vorausgesetzt, man weiß die lebendigen Kräfte in der Natur richtig einzuschätzen. Das schien mir bei diesem Biologen aus Rhode Island, der im Streit mit den ängstlichen Kreationisten auf der einen Seite und den naiven atheistischen Naturalisten auf der anderen Seite in den USA zu einem Namen gekommen ist, der Fall zu sein. Als nun gerade dieser Miller in einem kleinen Film über Darwin, der im Museum gezeigt wurde, als erste Autorität für die Richtigkeit der Evolutionslehre angeführt wurde, habe ich gedacht: Das ist ein Fingerzeig, da mußt du tätig werden.

Wissen und Nicht-Wissen. Ich würde das Paar Zufall und Notwendigkeit gerne die Bausteine der Natur nennen, wenn da nicht eine verstörende Eigenschaft wäre: **Die Notwendigkeit ist ein Prinzip des Wissens, der Zufall des Nicht-Wissens.** Das verwehrt eine glatte Einordnung. Sie passen irgendwie nicht zusammen und beherrschen doch gemeinsam die gesamte Natur. Oder machen sie vielleicht nicht wirklich die Natur aus? Natur und Notwendigkeit, die passen zusammen, jedenfalls möchte ich diejenige Wirklichkeit mit dem Namen Natur belegen, die sich mit einem Naturgesetz beschreiben läßt. Ich denke, wir sollten der Naturforschung der Neuzeit diese Achtung zollen und ihr die Natur überlassen. Damit erzielen wir Klarheit und Würde in den Begriffen.[5] Doch wie paßt der Zufall in die Natur? Er öffnet irgendwie den Zugang zu einer anderen Wirklichkeit. Ich meine, durch das Paar von Zufall und Notwendigkeit wird der Weg zu einer Schöpfungslehre frei, die mit Hilfe der Evolutionslehre besser verstanden werden kann als ohne sie, so seltsam das auf den ersten Blick klingen mag. Ein jedes Leben lebt vom anderen Leben, lehrt die Evolution. Wie sollte das nicht zugleich der beste theologische Basissatz sein? Und mit dem Kampf ums Überleben kommt das Leiden in die Welt. Wie sollte das Thema des Leidens nicht ebenfalls urtheologisch sein? Das ist nur erst der Anfang der Gemeinsamkeit. Auf eindringliche Weise beleuchten sich Evolution und Schöpfung gegenseitig, wenn wir sie mit sehenden Augen anschauen.

Einsteins Schreckensruf. Lange Jahrhunderte hat in der Naturforschung der Neuzeit die Physik den Ton angegeben, deren Leitmotiv die kausale Notwendigkeit war. Ihre Lieblingsvorstellung war das mathematische Gesetz der Bewegung. In der Physik sollte alle Wirklichkeit nach einem notwendigen Prinzip beschrieben werden. Ein erfolgreiches Programm! Dennoch ist es im 20. Jahrhundert zum Erliegen gekommen, jedenfalls in eine schwere Krise geraten, die ihre Zukunft ganz unbestimmt sein läßt.[6] Gegen den Willen der meisten

Physiker muß man wohl sagen, die ihre Physik auf keinen Fall zu entthronen gedachten. Naturforscher unterwerfen am liebsten alle Wirklichkeit dem mathematischen Gesetz, das gehört zu ihrer Berufsehre, weil die Mathematik gerade den Teil der Wirklichkeit fassen kann, der sich wirklich fassen läßt.[7] Ungewollt und sogar gezwungen mußten sie den Zufall in der Natur anerkennen und ihn gleichberechtigt als Partner neben die Notwendigkeit stellen. Der Zufall ist auch die Grenze in der Mathematik, ich möchte sagen, er ist die Grenze der begreifbaren Welt. Das Ereignis ist den Forschern mächtig in die Glieder gefahren. Bekannt geworden ist der Schrekkensruf des späten Einstein: ›Gott würfelt doch nicht.‹

Sesquiismus. Nun, er tut es gründlich, wie jetzt allgemein bekannt ist. Gott hat es sich nicht nehmen lassen, für einige Überraschungen zu sorgen. Er hat noch immer ein paar Tricks auf Lager, wie nach einer wundersamen Umkehr selbst Stephen Hawking inzwischen eingesehen hat: ›God still has a few tricks up his sleeve.‹[8] Die Wende in der Forschung hatte Darwin eigentlich schon im 19. Jahrhundert eingeleitet, doch ist die Änderung in den Ansichten bis heute kaum ins Bewußtsein gedrungen. Wenn Zufall und Notwendigkeit die Prinzipien der Natur sind, wie in der Physik und der Biologie deutlich geworden ist, dann hat sich die Grundlage der Erkenntnis gewandelt. Dann ist nicht alle Wirklichkeit bloße Natur, dann fällt der Blick auf eine andere Wirklichkeit, die zunächst nur diese eine Eigenschaft hat, keine notwendig ablaufende Natur zu sein. Weder der Dualismus kann recht haben, der Gott und Natur in zwei Bereiche trennt, noch der Monismus, der beide in eins setzt. Das Buch über ›Darwins Zufall‹ geht in den neuen Denkbahnen des Sesquiismus, weil die Wirklichkeit eher nach dem Prinzip des Anderthalb aufgebaut ist, was im Lateinischen eben sesqui heißt.

Da der Blick auf diese andere Wirklichkeit so schwer auszuhalten ist, da schon die Wendung zu dieser Wirklichkeit so mühsam ist, darum wurde dieses Buch geschrieben. Es könnte noch viel dicker sein, denn ein neuer Blick verwandelt die Sicht auf viele Dinge in der Welt, am Ende auf alles und jedes.

Der Anfang. Das Buch, das später fortgesetzt werden soll und hier in fünf Kapiteln vorliegt, handelt also vom Eindringen des Zufalls in die Naturforschung, wo er sich neben der Notwendigkeit niedergelassen hat. Erst durch die Lücke, die der Zufall reißt, kommt Bewegung in die Welt. Eine nur auf Notwendigkeit gestellte Natur wäre zum Stillstand verurteilt, jedenfalls wäre sie bis zum Umfallen tot und langweilig. Wer jedoch Entwicklung und Evolution sagt, der muß auch Geschichte sagen, der muß die Wege des Lebens erkunden. Die Verleugnung des Lebens und seine Abdankung zugunsten einer unbewegten Natur, die von ewigen Gesetzen gelenkt wird, ist vielleicht der Traum der Neuzeit gewesen, mit der Wirklichkeit selber hat er es schließlich nicht mehr aufnehmen können, die immer phantastischer ist, als wir uns träumen lassen. Der Zufall in der Natur macht den Durchbruch des geschichtlichen Denkens im 19. und 20. Jahrhundert verständlich, da Naturwissenschaften und Geisteswissenschaften vorher zwei völlig entfremdete Kulturen waren.

Und wer Geschichte sagt, der muß auch Gott sagen, wenn Gott die Wirklichkeit ist, die uns ergreift. Wenn nicht alle Wirklichkeit bloße Natur ist, dann ist die Geschichte der Ort, wo sich die begreifbare Natur und die andere Wirklichkeit begegnen – im Menschen, der das göttliche Leben in der Zeit widerspiegelt, wovon künftig zu handeln sein wird.

Tricks auf Lager. Welche Kraft in dem Paar Zufall und Notwendigkeit steckt, wenn man darin die Spur der Freiheit zu lesen versteht, will ich hier darzulegen versuchen. Die unendliche Freiheit Gottes und die endliche Freiheit des Menschen begegnen sich in der Geschichte mittels dem, was wir gewöhnlich als Natur bezeichnen. Sie entzieht sich zwar der Festlegung – doch öffnet sie auf diese Weise die Tore zu einer Wirklichkeit, die dem Leben eine neue Achtung zollt. Wer der Freiheit in der Natur ein Tor öffnet, ist der Erkenntnis des Schöpfers und seiner Schöpfung nahe. Deshalb lautet der Titel des Buches: ›Darwins Zufall oder wie Gott die Welt erschuf‹. Darwins Evolutionslehre ist das Paradebeispiel für eine Theorie der Natur, in der das Paar Zufall und Notwendigkeit an der Spitze steht, um Leben als Geschichte zu erzeugen, die eine Suche ist oder oft auch nicht ist, die sich jedenfalls auf einem Weg befindet. Schließlich wird mit Gott diejenige Wirklichkeit benannt, die in der Neuzeit von der Natur besetzt werden sollte. Doch Gott hatte ›noch ein paar Tricks auf Lager‹, er hat sich mit Hilfe des Zufalls als lebendig gezeigt und die mechanische Natur in die Schranken verwiesen, genauer müßte ich sagen, die mechanische Naturwissenschaft.

Dreimal in New York der Anstoß in die gleiche Richtung. Da muß doch eine Goldader liegen, habe ich beim Rückflug gedacht. Amerika ist immer noch gut für einen Goldrausch, wenn das Gewicht des Edelmetalls in diesem Falle auch nicht in Unzen zu messen ist. New York City ist laut und schmutzig, doch auch fein und höflich, dem Leben zugewandt. Der Leser sehe es mir nach, wenn ich das Gedenken an den Besuch in der Metropole unter ein Wort von Thomas Mann aus seinen ›Geschichten Jaakobs‹ stelle: ›Es war der Ort des Kotes und der Exkremente, aber auch des Goldes und des Reichtums.‹

1. Die Vertreibung des Zufalls

Lehrhafte Geschichte. Was lernen wir aus der Geschichte? Viele meinen: Wenig oder gar nichts. Sie halten das Menschenwesen für barbarisch und unbelehrbar, und leider können sie gute Gründe für ihre Meinung anführen. Der Philosoph Hegel vor zweihundert Jahren war entschieden der Meinung von der Unbelehrbarkeit und hätte sich durch die Entwicklung der Geschichte vielfach bestätigt sehen können. Wenn eine alte Kulturnation wie Deutschland im 20. Jahrhundert in die Barbarei versinken konnte, flankiert von China und Rußland und einigen anderen Ländern, die eine Nation etwas früher, die andere etwas später, dann kann der Betrachter der Zeiten nur melancholisch werden. Im 21. Jahrhundert gibt es neue Auflagen der Barbarei, neue Formen des alten Konflikts zwischen Ost und West, stets verbunden mit der Drohung, Vernunft und Menschlichkeit außer Kraft zu setzen. Die Welt liegt im argen, und wir haben nichts dazu gelernt, lautet das dunkle Weltorakel.

Glaube an den Fortschritt. Ich kann mich dieser finsteren Sicht nicht voll anschließen, ich glaube an den Fortschritt. Arges liegt in der Welt, so viel ist richtig; doch umgekehrt, wer die Welt nur im argen liegen sieht, der übertreibt und versperrt den Weg zum Wahren und Guten. Das Böse für ein Naturereignis zu halten, macht die Natur nicht besser. Ich fürchte, sie gerät durch die Mechanik selbsterfüllender Prophetie noch weiter in eine arge Lage. Auch der blauäugige Optimist wird keine Lösung haben. Der Glaube an die beste wie der Glaube an die schlechteste aller Welten haben eines gemeinsam: Sie sind bereit zur Flucht aus der Welt, besser sollte ich sagen, bereit zur Flucht aus dem Leben. Leute mit Fluchtgedanken neigen zu einseitigen Meinungen, in diesem Falle zu der Meinung, alle Wirklichkeit sei bloße Natur, und sie hätten den Charakter der Natur erkannt. Ich will das nicht an den drei oben genannten Nationen zeigen; die Beispiele sind zu einfach, die Erklärung liegt auf der Hand. **Einseitige Meinung und barbarisches Handeln beflügeln sich gegenseitig.** Sie nähren sich aus einem für eisern gehaltenen

Geschichtsgesetz, das der Freiheit keine Chance läßt; es zwingt den Menschen, nach diesem Gesetz zu handeln und behandelt zu werden. Die Geschichte wird am Ende zum notwendigen Naturgesetz reduziert.

Kindliche Errettung. Wir blicken in diesem Buch vor allem auf die Naturwissenschaft, die in der Neuzeit zum harten Kern der westlichen Kultur geworden ist. Die Wissenschaft glänzt in echter Pracht als eine Perle der neuzeitlichen Kultur, für die es sich fast lohnen könnte, alle anderen Schätze herzugeben. Ganz gewiß sogar, wenn alle Wirklichkeit Natur wäre. Die Wissenschaft lehrt, die Natur zu erkennen und technisch zu nutzen. Das ist ein wunderbares Unternehmen, und jeder Kritiker des Fortschritts sollte sich überlegen, ob er ohne Wissenschaft seinen Atem hätte. Ich persönlich verdanke mein Leben auf der Erde auch dem Wissen einer Kinderärztin. Die Familie hatte nach acht Tagen schon traurigen Abschied von mir genommen, diese Ärztin setzte ihre Kenntnisse über Komplikationen bei der Geburt mit glücklicher Hand ein, und siehe da, ich lebe noch, und seitdem praktisch unbehelligt von medizinischen Eingriffen.

Erzeugung von Galaxien. Auch theologisch lassen sich Wissenschaft und Technik gut rechtfertigen. Schon auf der ersten Seite gibt die Bibel einige Gründe an die Hand: Gott schafft den Menschen als sein Abbild, ›als sein Abbild schuf er ihn‹. Darauf folgt der Befehl an das Geschöpf, sich die Erde untertan zu machen. Allerdings ist die biblische Weisung im ersten Kapitel der Genesis nicht einfach auf Eroberung der geschaffenen Welt gerichtet, sie ist um einige Grade tiefsinniger. Die Urgeschichte spricht dem Menschen die Schöpferkraft Gottes zu, das ist richtig. Allerdings tut sie das in endlicher Form, und was alles daraus folgt, ist keinem Leser der biblischen Erzählung bis heute recht klar geworden. Auch ist diese Gabe keine leicht zu erfüllende Aufgabe für den ungefragt ins Leben gestoßenen Erdenbewohner: **Die Endlichkeit ist mehr als Nichts, doch weniger als Alles; sie wächst beständig und kommt dennoch zu keiner Vollendung.** Der Mensch als Ich steht Gott und der Welt gegenüber, in einer Freiheit, die nicht unbedingt ist: Sie ist gegeben, daher ist sie endlich und körperlich. In der Natur ist der Mensch eine Freiheit auf Zeit, Gestalt geworden in Leib und Materie. Ich will nur ein Beispiel nennen: Als Symbol wachsender Endlichkeit wird der Mensch der westlichen Kultur älter und älter, bleibt jedoch sterblich. Ich sehe nicht, wie unbedingte Freiheit auf Erden möglich sein soll, auch wenn der Sinn der Geschichte die wachsende Freiheit ist. Unbedingt frei wäre der Mensch, wenn er alle Bedingungen seines Lebens aus sich selbst erzeugen könnte. Sonne, Mond und Sterne und alle Galaxien müßte er gleich noch mit hervorbringen, wenn er wirklich unbedingt sein will. Daraus folgt das gigantische Programm zur Vertreibung des Zufalls in der Neuzeit, dem hier in lockerer Weise das Kapitel 1 nachgeht, beginnend mit dem Abschnitt (1.1) über die ›Lust an der Vertreibung‹.

Umgekehrte Theologie. Wollen wir alles Wissen als Wissenschaft streng begründen, darf es nur sicheres Wissen geben. Genauer müßte ich sagen: Dürfte es nur geben. Entsprechend hatte Descartes zu Anfang der Neuzeit die Regel aufgestellt, sich nur mit solchen Gegenständen zu befassen, bei denen unser Verstand eine zuverlässige und unzweifelhafte Erkenntnis erlangen kann.[1] Das war im Jahr 1628. Mit dieser Regel fordert Cartesius die Regelmäßigkeit der Natur ein, soweit sie eben möglich ist, und damit fördert er den Willen, das Unregelmäßige aus der Natur zu verbannen. Der Abschnitt (1.2) handelt von der philosophischen ›Beihilfe zur Vertreibung‹ des Zufalls. Ein Erdrutsch muß zu Anfang der Neuzeit den geistigen Haushalt der führenden Köpfe mächtig umgewälzt haben. Die Welt wurde in einem Grade als Natur erachtet, wie es bisher nicht für möglich gehalten wurde. Alles auf Erden sollte licht und hell werden und zwar durch sich selbst, das heißt durch die Erkenntniskraft des Menschen; alles sollte begreifbar sein. Kein mühsames Denken, mit dem der Erdenbürger seinen Fuß langsam Schritt für Schritt nach vorne setzt, sondern die Schau aller Wirkenskraft und Samen in einem einzigen Augenblick. Im Vollbesitz solcher Kräfte rief Baruch Spinoza um 1680 sein Programm aus, nach dem ›die Wahrheit die Norm ihrer selbst und des Unwahren‹ ist.[2] Kein Wunder, wenn ihm und seinen Anhängern später der Vorwurf des Atheismus gemacht wurde: Sie betrieben tatsächlich Theologie mit umgekehrtem Vorzeichen. Was Gott einst in der Vergangenheit konnte, die Wahrheit begründungslos aus sich selbst zu schöpfen, soll nun einst in der Zukunft der Mensch ebenfalls vermögen. Und er allein, zuerst vielleicht noch tastend, dann jedoch immer müheloser im Lichte der Wissenschaft hinschreitend. Im Normalfall des Lebens läßt sich die Wahrheit einer Behauptung nur durch die Wahrheit einer anderen Behauptung begründen, diese wiederum ist begründet durch eine weitere Behauptung und so weiter, Schritt für Schritt. Das ist für jemanden, der Gottähnlichkeit verlangt, unbefriedigend. Es muß nach Spinoza zentrale Behauptungen geben, deren Wahrheit keiner Begründung bedürftig ist: Solche Erkenntnis wäre wie das Licht, das ja, um sichtbar zu sein, auch keiner Beleuchtung bedarf.

Der Kern des ersten Kapitels ist der Abschnitt (1.3), der deshalb das ›harte Newtonische Programm‹ genannt wird. Alle Erscheinungen der Natur unter ein einziges Gesetz zu bringen, ein solches Programm ist schwierig und stellt harte Arbeit in Aussicht. Doch die verschiedensten Geister der Neuzeit ließen sich auf dieses Programm verpflichten und machten bei diesem Erdrutsch mit; vielleicht glitten sie auch nur dahin, ohne das Programm zu entwerfen. Wer philosophische Vorsicht gelernt hatte, drückte seinen Optimismus vorsichtiger aus als Spinoza, wie etwa Schelling (1775–1854), der das Motto von der Natur ausgab, die der sichtbare Geist sein soll, während der Geist die unsichtbare Natur sei.[3] Einerseits huldigt Schelling dem monistischen Geist, der nach der einen und ungeteilten Wirklichkeit verlangt, die als Materie die verschiedensten Kräfte erzeugt; diese Materie bringt nach ihren Gesetzen das Leben hervor und schließlich den menschlichen Geist. Wie könnte sie das, wäre sie nicht selbst nur der embryonale Geist, fragt Schelling? Andererseits sieht er eine Spannung zwischen Geist und Natur walten, weshalb es nicht leicht zu sehen ist, warum Geist und Materie oder auch Gott und Natur gleich sein sollen.

1.1 Die Lust an der Vertreibung

Die schöne Gabe der Endlichkeit wird zur schwierigen Aufgabe, weil der Mensch nicht nur die Lust, sondern auch die Last der Schöpferkraft zu spüren bekommt. Das könnten wir in der Bibel lesen. Der biblische Schriftsteller, früh in der Zeit, will seinem Hörer die Wirklichkeit nahe bringen, wie sie ist, er will seinem Leser mit einem Wink die Augen öffnen über den Ursprung und den Lauf des Lebens. Nur sollten sich Hörer oder Leser als fähig erweisen, dem Wink zu folgen. Der Verfasser der Urgeschichte fällt nicht ungefragt mit der Tür ins Haus. Er redet nach dem Sprichwort: ›Ich muß dem Weisen seine Weisheit erst entreißen, sonst wird er nie der weise Mensch uns heißen.‹ Auf Taubenfüßen kommt die Revolution in die Denkungsart geschlichen. Auf den Straßen und Plätzen der Welt findet sich die Klugheit, nicht die Weisheit. **Klugheit stammt aus der Welt der Interessen, Weisheit aus der Welt der Wahrheit.** Und in seltenen Momenten blitzt selbst in der Welt der Interessen die Freiheit vom Interesse als Wahrheit auf.

Last und Lust. Die Last, von der wir in den Kapiteln eins bis elf der Genesis hören, ist größer als die Lust, die nur ein paar glückliche Augenblicke zu Anfang währt. Wir vernehmen die Geschichte aus dem Garten Eden: Erst heitere Idylle, dann der Bruch. In seinem Zorn vertreibt Gott die ersten Menschen, er verflucht den Ackerboden, damit Adam im Schweiße seines Angesichts sein Brot verdienen und Eva in Schmerzen ihre Kinder gebären muß. So das Kapitel drei. Nur gerade die Nummer zwei wird als harmonischer Genuß für den Menschen vorgestellt, neun Kapitel mit Last und Unglück folgen nach, denen sich der Lauf der Geschichte mühelos anfügt. Hier wie dort blitzt nur in seltenen Momenten die erlöste Welt auf.

Zu Anfang der Noach-Geschichte in Genesis 6 zeigt sich Gott wieder einmal aufgebracht über den Weltenlauf und will im Zorn dem Leben ein Ende setzen. Eine wilde Wasserflut soll die Erde heimsuchen und Tier und Mensch ersäufen. Den Grund für das Urteil spricht der Schöpfer am Anfang von Kapitel sechs selbst aus: ›Das Trachten des Menschen ist böse von Jugend auf.‹ Er öffnet die Schleusen des Himmels, um alles Lebende zu ersäufen, fast alles, denn dem Noach rät er schnell noch den Bau eines neuartigen Schwimmkastens an, mit dem dieser dann tatsächlich sich und die Seinen sowie im Grunde das ganze Leben über das Wasser hinweg rettet. Dann wird am Ende von Kapitel acht das Urteil noch einmal wiederholt: ›Das Trachten des Menschen ist böse von Jugend auf.‹ Soll jetzt doch alles aus sein? Will er auch noch Noach und die restliche Welt auslöschen? Im Gegenteil, jetzt beschließt der höchste Lenker, alle Lebewesen künftig in Ruhe zu lassen, seien sie nun gut oder böse. Zum Zeichen seines neuen und endgültigen Ratschlusses setzt er den Regenbogen an den Himmel.

Göttliche Logik. Das klingt seltsam, wo ist da die Logik? Das vernünftige Denken fordert: Gleiche Ursachen – gleiche Wirkungen. In der natürlichen Welt ist es so, in der moralischen Welt soll es so sein. Warum nicht hier? Vor 190 Tagen, so berichtet die Bibel, hatte Gott in einsamem Zorn die Strafe verkündet und das große Wasser über alle Erdenbewohner gesandt – über fast alle, um genau zu sein. Nun verkündet er in gleichem Zorn die allgemeine Strafverschonung. Er verspricht, das künftige Leben auf der Erde nicht mehr anzutasten und schon gar nicht, es zu vernichten. Hat der biblische Schriftsteller den Widerspruch zwischen den beiden Gottesreden nicht bemerkt?

Bei solch wörtlicher Wiederholung ist das nicht gut möglich. Wir sollten auf einen Fingerzeig gefaßt sein. Die Bibelausleger sind vor allem mit dem Wortlaut des Textes beschäftigt, die Winke auf eine tiefere Wirklichkeit kümmern sie weniger. ›Gott entschließt sich, dieses Bösesein zu tragen.‹[4] Ein solches Urteil über den Sinn der Fluterzählung ist für sich genommen richtig, doch recht mager im Ergebnis. Hat die Flut der universalen Vernichtung keine andere Erkenntnis zu bieten? Gott in seiner Ewigkeit vermag mit dem Schmerz über die bösen Erdenbewohner vielleicht fertig zu werden und das Leid zu tragen; wer jedoch mit dem Bösen nicht fertig wird, das ist der Mensch, der es angezettelt hat, er muß die Folgen am eigenen Leib ertragen. Gott nimmt ihm die Arbeit nicht mehr ab, wie er sie ihm völlig abgenommen hätte mit der allgemeinen Ersäufnis in der Flut, im Gegenteil: Der Erzieher des Menschengeschlechtes entläßt sein Geschöpf in die eigene Verantwortung. Das könnte der Wink sein, den wir hier erwarten dürfen: In leiblicher Daseinsform ist das Geschöpf anfällig für die Folgen der Bosheit, wesentlich mehr als Gott in seiner Ewigkeit, der an sich überhaupt nicht berührbar ist durch Schmerz und Leid. Ob er sich einmal in Freiheit zum Erleiden des Bösen bestimmen wird, ist eine andere Geschichte. Hier am Anfang ist es der Mensch, der die böse Wirkung zu ertragen hat. Das ist ein Augenblick großen Fortschritts in der Geschichte, da die von Gott geschenkte Freiheit, diese unheimliche Gabe, zum ersten Mal bemerkt wird, Der Kampfplatz der Freiheit wird eröffnet: ›Sie sollen nun essen von der Frucht ihres Tuns und von ihren Plänen sich sättigen.‹[5] Das ist die Wucht der Freiheit, die ich mir selbst geschaffen habe, der schaurig-schöne Anblick der Wirklichkeit.

Schöpfer sein. Wir sollten den Satz also erweitern: ›Gott entschließt sich, das Bösesein zu tragen, indem er die Freiheit dem Menschen überträgt.‹ Er macht der Krone der Schöpfung das strenge Geschenk, ihn ernst zu nehmen. Zugleich eine schmerzliche Gabe für beide Seiten. Gott nimmt dem Geschöpf die Fesseln ab und entläßt ihn aus dem passiven Dienst in das Dasein der Freiheit. Er macht ihn zum Herren und Diener seiner selbst, zum endlichen Schöpfer. Die Endlichkeit ist die Möglichkeit, aus der Geschichte zu lernen und die Folgen des eigenen Tuns zu ertragen. Das ist die Botschaft der Freiheit: ›Du Mensch, ich schaffe dich zum Schöpfer deiner selbst, im Guten wie im Bösen. Ich bin bei dir, da ich dich geschaffen habe, doch du bist auch bei dir und hast zu tragen, was du bist; in der Zeit vollbringst du dich, in alle Ewigkeit erträgst du dich.‹ Das ist eine Botschaft, die sich hören läßt, sie wirft ein neues Licht auf die Wirklichkeit. Die unendliche Passivität des Geschöpfes wird in Aktivität, in große und endliche Handlung verwandelt. Für diese Erkenntnis lohnt es sich, die Erde einmal unter Wasser zu setzen, zumal wir hier Gott nicht mit der Theodizee belästigen müssen: Solche Fluten kommen im Laufe der Zeit immer wieder einmal vor. Eine von ihnen kann sich der überraschte Erdenbewohner zu Hilfe nehmen, um mit ihr eine überaschende Erkenntnis zu gewinnen. Er kann sich seine Lage in der Geschichte erklären, seine endlich gewonnene Freiheit anhand dieses hellhörigen biblischen Schriftstellers. Anfang und Ende der Geschichte stehen im Widerspruch? Bei weitem nicht. Statt logischer Fehler von unten haben wir Inspiration von oben angetroffen.

Wiederkunft Christi. Die gleiche Erkenntnis läßt sich im Neuen Testament finden, sogar mit vertiefter Einsicht. Die Christen sagen: Christus wird wiederkommen. Wer das zum ersten Mal von sich gegeben hat, mußte Einsicht in den Aufbau der Wirklichkeit haben. Das Alltagswissen allein reicht an diese Sicht des Weltenbaus nicht heran. Das äußere Bekenntnis lautet: Christus wird wiederkommen, dann wird er die Geschichte umwandeln und den Frieden bringen. Für eine auf Konkurrenz gebaute Lebenswelt kann die Erlösung nur der Friede zwischen den Individuen sein. Mit den Mitteln der Natur selbst ist der Friede *in* der Natur nicht zu finden. Fortschritt, der auf natürliche Mittel setzt, führt eher zur Verzweiflung, da in der Natur kein Ende der Konkurrenz abzusehen ist. Dennoch verheißt die Wiederkunft Christi einen solchen Zustand als möglich eben für diese uns bekannte Natur, wenn wir sie als Schöpfung ansehen. Dann werden die Menschen erstens ihre Lage in der Welt erkennen; zweitens wird jedem Individuum ein Platz zum Leben gegeben sein. Das wird geschehen, wenn die großen Katastrophen eingetroffen sind, die sich solange wiederholen werden, bis sie den Erdenbewohner zur Einsicht in seine Lage gebracht haben, einzeln und kollektiv. Hier vollendet der christliche Glaube den Glauben der alten Geschichte durch das Vertrauen auf den zuletzt guten Ausgang in der Zukunft.

Theoretische Barbarei. Bis wir diese theologische Erkenntnis vertiefen, hat es noch gute Weile. Ich will die Beispiele jetzt vor allem aus dem Bereich der Wissenschaft nehmen. **Barbarei, hatten wir gesagt, ist die Weigerung, sich von der Erfahrung etwas sagen zu lassen.** Im größtem Abstand zu solcher Barbarei scheint die Wissenschaft zu stehen, denn Physik, Biologie und was wir sonst von der Natur kennen, sie alle gewinnen ihr Wissen durch Erfahrung. Von außen ist die

Barbarei auch kaum zu erkennen, weil Wissenschaftler ihre Ideen probeweise von sich geben, als Theorien und Hypothesen; für die Anwendung im praktischen Leben fühlen sie sich nicht zuständig. Das klassische Beispiel unschuldiger Gelehrsamkeit liefert die Kernenergie: Das nukleare Wissen kann zu Bomben wie zu billiger Energie führen, erst die Anwendung macht aus dem blauäugigen Forscher den bösen Schurken. Auch hat der Theoretiker im Vergleich mit dem Alltag seinen Blick anders eingestellt: Er will in der Natur die Ursache erkennen, die Wirkung interessiert ihn weniger.

Andrej Sacharow. Es gibt Ausnahmen, doch wenn sie auftreten, erregen sie Aufsehen, nicht nur weil sie so selten sind, sondern weil sie eine Ahnung realisieren, die in jedem Menschen verdeckt vorhanden ist. Wer die Grenze des Wissens kundgibt, verwirrt seine wissensgläubige und technikhungrige Umgebung. Der Kernphysiker Andrej Sacharow (1921–1989) liefert in seiner Person das Beispiel eines Menschen, der den Bruch im sicheren Gang des Forschritts verspürte und ihn nach außen kundtut. Er war ein erfolgreicher Physiker im sowjetischen Rußland, er hatte für Stalin 1953 die Wasserstoffbombe gebaut. Kurze Zeit später packten ihn erste Zweifel an seinem Tun, weil es bei einem Test einen Toten gegeben hatte. Die Bedenken vermehrten sich. In seinem Lebensbericht ist ihm ein Bankett für die Angehörigen seiner Arbeitsgruppe erinnerlich, die aus Technikern und Soldaten bestand. Es war im Jahr 1955, er stand auf der Höhe seines Ruhmes. Er hatte das Glas zum Toast erhoben und sprach den Wunsch aus: Nie mögen russische Nuklearbomben über Städten explodieren, niemals, weder im eigenen noch in einem fremden Land soll das geschehen. Der Leiter der Gruppe, ein hoher Offizier, widersprach sofort: Die Aufgabe des Physikers sei es, die Waffen zu bauen, nichts weiter. Wie sie verwendet werden, gehe ihn nichts mehr an, das sei Sache der Politiker. Dieser Widerspruch ließ Sacharow aufhorchen; ihn schauderte, und sein Umdenken begann. Später schrieb er, schon damals habe er geglaubt, kein Mensch könne seinen Teil der Verantwortung für eine Sache abweisen, von der ›die Existenz der Menschheit abhängt‹.[6]

Sein und Sollen. Im Normalfall handelt der Wissenschaftler nicht in dieser Weise, da ist die Verantwortung nicht sein erstes Motiv, sondern der Erfolg. Auch Sacharow hatte in früheren Zeiten auf Erfolg gesetzt. Die Wissenschaft will frei sein von Zielen, von guten wie von bösen, von Teleologie, um das klassische Wort zu gebrauchen. Sie ist in ihrem Vorgehen darauf angelegt, *nicht* nach den Ergebnissen zu fragen. Sie will wissen, wie die Welt ist, nicht wie sie sein soll. Sie handelt darin folgerichtig, wenn auch mit beschränkter Haftung. Eine Zielursache ist aus Sicht der Wissenschaft eine bedenkliche Sache, sie kann nicht wie eine Wirkursache objektiv behandelt werden. Damit ist ein Ziel kein geeigneter Gegenstand für die Forschung. Ein Ziel stammt aus dem Kopf einer Person, nicht aus der objektiven Wirklichkeit der Natur. Wer das Ziel dennoch wie eine Ursache behandelt, will den Überblick über die Zeit bekommen. Im gleichen Augenblick würde das Ziel objektiviert, und aus der Zielursache würde eine Wirkursache. Das heißt, insofern das möglich ist. Wenn es keinen Überblick über die Zeit gibt, dann wird das Ziel nur wie eine Wirkursache angesehen, ohne es zu sein, mit entsprechend wirren Folgen. Der moralische Impuls stammt eben nicht aus der Wissenschaft, er stammt aus einer Wirklichkeit, deren Existenz wir nicht leugnen sollten, die jedoch direkt nicht anschaubar ist. Schließlich muß nicht alle Wirklichkeit objektivierbare Natur sein. Wir stehen an der Schwelle zu einem Land, das mit den Mitteln der Wissenschaft und Logik allein nicht zu betreten ist.

Endlicher Überblick. Das Programm der neuzeitlichen Vernunft, ausschließlich nach Wirkursachen zu suchen, wird bis heute vertreten und bleibt verlockend, es war auch hochgradig erfolgreich – nur leider am Ende nicht vollständig von Erfolg gekrönt. In weiten Teilen war es durchführbar und hat reichen Ertrag gebracht; doch um insgesamt Erfolg zu haben, müßte die Wirklichkeit anders aussehen, als sie ist, sie müßte vollständig überblickbar sein, wenigstens im Prinzip. Dann erst könnte der Theoretiker die Welt nach seinen Plänen erklären, dann erst hätte er den Platz über der Zeit eingenommen, auf dem er gerne sitzen möchte, um sich den Lauf der Geschichte wie einen Fahrplan von außen anzuschauen. Wenn das Programm lediglich erfolgreich ist oder sogar hochgradig erfolgreich, meint das in diesem Falle den Fehlschlag. Wenn der Überblick nicht gänzlich gelingt, liefert er immer noch sehr nützliche Einsichten, doch seinen philosophischen Zweck hat er verfehlt. Ein Überblick, der nicht alles in den Blick nehmen kann, ist kein Überblick, er ist begrenzt und hat die Unendlichkeit verpaßt. Die Wissenschaft selbst hat diese Grenze gefunden, ihr zur Ehre sei es gesagt. Die Theoretiker der Neuzeit neigten dazu, die verwirrende Geschichte der Jahrtausende und Jahrmillionen wie ein Theater nach dem Muster von Sonne und Planeten anzusehen, viele wünschten mit Leidenschaft den perfekten Anblick als Überblick. Die Sterne tanzen ihren Reigen nach sehr festen Regeln, und wer diese verstanden hat, wird über die künftigen Schritte im Kosmos unterrichtet sein. Kann die Astronomie nicht zum Programm für die Erde werden? Vor allem zum Programm für das Leben auf Erden?

Mechanische Notwendigkeit. Der Physiker Pierre de Laplace (1749–1827) liefert uns das vollendete Beispiel einer solchen Idee. Er hatte vor gut zweihundert Jahren sein Leben ganz auf die Mechanik gesetzt, um mit ihr die Welt zu verstehen, vollständig versteht sich. Sein philosophisches Programm eröffnete er 1814 mit dem Satz: ›Alle Ereignisse, selbst jene, welche wegen ihrer Geringfügigkeit scheinbar nichts mit den großen Naturgesetzen zu tun haben, folgen aus diesen mit derselben Notwendigkeit wie die Umläufe der Sonne.‹[7] Die Himmelskörper lassen sich gut nach der Methode von Newton und Laplace verstehen, weil das Weltall so leer ist. Beinahe leer, müssen wir genauer sagen. Doch Laplace wollte mehr, er wollte alles haben, die perfekte Notwendigkeit am Himmel und die gleiche Perfektion auf Erden. Dabei hat er das ›beinahe‹ in der Natur übersehen, wie es damals vielleicht entschuldbar war. Doch heute sollten wir das ›beinahe‹ sorgfältig beachten, wie oben die ›Kosmischen Kollisionen‹ in New York gezeigt haben. Sie bestimmen in einer Mischung von Zufall und Notwendigkeit die Geschichte des Universums. Das ›beinahe‹ wird der Dreh- und Angelpunkt in unserem Entwurf hier sein. In dem ›beinahe‹ tut sich die andere Wirklichkeit kund, die in der Natur die negative Gestalt des Zufalls annimmt. Wenn sie positiv gewendet wird, kann sie zusammen mit der Notwendigkeit zur Freiheitstat werden, zur Gabe und Aufgabe einer mit der Naturwissenschaft verbundenen Freiheit.

Soziologie der Reduktion. Das Denken in Reduktionen ist verführerisch, es ist zugleich unvermeidlich. Das Leben braucht Vereinfachungen, um einen gangbaren Weg durch den Dschungel der Erfahrungen zu finden. Bevor ich zur Kritik ansetze, will ich zuerst das Loblied auf die Reduktion singen. Die Soziologen haben so unrecht nicht, wenn sie die Vereinfachung im Leben für unvermeidlich halten und den Mechanismus zur Verminderung sozialer Komplexität untersuchen.[8] Das Vertrauen ist ein Ersatzhandeln, wenn mir im Augenblick das volle Wissen nicht zur Verfügung steht und ich dennoch eine Entscheidung fällen muß. ›Vertrauen ist gut, Kontrolle ist besser‹, wie der bekannte Kalauer lautet, weil Nichtwissen risikoreicher ist als Wissen. Besonders tiefsinnig ist diese Erkenntnis nicht, allenfalls ist sie richtig, wie schon der Altmeister der Soziologie, Georg

Simmel, vor hundert Jahren gesehen hat. Vertrauen, diese Mischung aus Wissen und Nichtwissen, soll Handeln möglich machen: ›Der völlig Wissende *braucht* nicht zu vertrauen, der völlig Nichtwissende *kann* vernünftigerweise nicht einmal vertrauen.‹[9]

Reduktion und Ideologie. Wer im Leben nicht vertrauen will, hat zwei Möglichkeiten: Er muß sich aus der Welt verabschieden, oder er muß die Welt in die Hand bekommen. Durch vollständiges Wissen kann er auf vollständige Kontrolle hoffen und mit dem Wissen sein Handeln perfekt planen. Wenn die Wirklichkeit das zuläßt! Das ist vielleicht ein dämonischer Traum, doch er prägt in unbewußter Form selbst das Alltagshandeln, wie das populäre Wort oben zeigt. Kontrolle ist möglich durch Wissen, vollständige Kontrolle ist möglich durch vollständiges Wissen. Andererseits wird das unvernünftige Vertrauen vernünftig, wenn die Wirklichkeit zu komplex ist, um ganz gewußt zu werden. Dann ist Vertrauen so notwendig wie Wissen. Der Mensch, der vernünftig vertraut, kann – nicht ganz ohne Risiko – die vielen unwichtigen Züge der Wirklichkeit ausblenden, um den einen jetzt wesentlichen Zug in den Blick zu nehmen und die notwendige Entscheidung zu treffen. Dann ist die Reduktion gesund; nur im Übermaß betrieben führt sie zur Barbarei. Sie tritt ein, wenn die Reduktion des praktischen Handelns theoretisch wegerklärt wird: **Reduktion ohne Wissen um die Reduktion wird zur Ideologie.** Und Ideologie verwechselt Wunsch und Wirklichkeit. In diesem Falle würde die praktische Blindheit für einige Aspekte der Wirklichkeit zur theoretischen Blindheit, die nicht mehr durch Erfahrung belehrbar ist, aus Grundsatz nicht mehr. Es folgt die Barbarei, die darauf sinnt, die Wirklichkeit nach ihren Wünschen einzurichten.

Gefahr der Prinzipien. Die Gefahr kommt in diesen lebensnotwendigen Prozeß durch seine prinzipielle Überhöhung hinein oder, ich sollte besser sagen, durch seine theoretische Übertreibung. Wenn ich den großen Physiker Albert Einstein (1879–1955) richtig verstanden habe, war er der Ansicht, die Wissenschaft müsse das Ziel haben, die immer veränderliche Geschichte als immer gleiche Natur zu verstehen. Geschichte durch Natur ersetzen! Er meinte nicht, das Ziel schon erreicht zu haben, er war kein Ideologe, der Wunsch und Wirklichkeit verwechselt hätte. Doch dieser Traum hielt ihn fest, besser gesagt, das Feuer nach vollständigem Wissen brannte heftig in ihm. Vielleicht kann ich es sogar selbst erreichen, hat er in seinen späten Jahren gedacht und mit Leidenschaft nach einer einheitlichen Theorie der Natur gesucht. Schließlich hatte er sich zu diesem Zweck, wie er immer wieder betont hat, seit seiner Jugend mit Haut und Haar der Wissenschaft verschrieben.

Immerwährender Jugendtraum. Auch im Alter wußte er über die Ziele seiner Jugend noch gut Bescheid. So im Jahr 1941: ›Darüber, was wir unter Wissenschaft zu verstehen haben, dürften wir uns alle ziemlich leicht einigen können. Wissenschaft ist das durch die Jahrhunderte fortgesetzte Bemühen, die wahrnehmbaren Erscheinungen dieser Welt durch systematisches Denken in einen möglichst vollkommenen Zusammenhang zueinander zu bringen. Kühn ausgedrückt ist es der Versuch einer Nachschöpfung des Seienden auf dem Wege begrifflicher Konstruktion.‹[10] Durch Wissen dem Schöpfer der Natur gleich zu werden, ist die Urlust des Menschen und die doppelte Urlust des Naturforschers, weil er sein Wissen auch noch beweisen kann. Und siehe da, es gelingt, und es gelingt immer mehr. Warum gelingt es nicht vollkommen?

Physik und Metaphysik. Die geistige Verwandtschaft Einsteins zu Spinoza ist bekannt. Das Loblied auf den einflußreichen Philosophen des 17. Jahrhunderts hat Einstein oftmals gesungen. Hier ein Beispiel aus dem Jahr 1932: ›Spinoza ist der erste gewesen, der den Gedanken der deterministischen Gebundenheit allen Geschehens wirklich konsequent auf das menschliche Denken, Fühlen und Handeln angewendet hat.‹[11] Deterministische Bindung allen Geschehens, das ist die Rückführung der Geschichte auf die Natur. Die Metaphysik Spinozas wird in der Physik Einsteins überprüfbar – und falsch: Die Natur hat sich als *nicht* vollkommen kausal festgelegt gezeigt. Es gibt viel Determinismus in der Natur, doch nicht alles Geschehen der Zukunft ist schon jetzt festgelegt. Wenn die Physik Einsteins nicht alle Wirklichkeit beschreibt, dann hat auch die Metaphysik Spinozas die Tür zur Wirklichkeit nicht richtig aufgestoßen. Der Physiker wie der Metaphysiker scheitern an der Unbestimmtheit in der Natur: Es gibt den echten Zufall, und wenn es ihn gibt, muß man anders denken, als Spinoza und Einstein gedacht haben. Auch der Zufall unterliegt wieder statistischen Gesetzen, allerdings wird die Echtheit der Zukunft nicht aufgehoben, sie zeigt höchstens die gemeinsame Herrschaft beider Gestalten an, die in der Natur auftreten.

Das Ziel der neuzeitlichen Wissenschaft hat Einstein immer vorzüglich gekannt, er wußte, wie das Programm gelautet hat. Es ist ein beständiges Vergnügen, ihn so klar reden zu hören. Hier seine Stimme um 1930: ›Der Forscher aber ist von der Kausalität allen Geschehens durchdrungen. Die Zukunft ist ihm nicht minder notwendig und bestimmt wie die Vergangenheit. Das Moralische ist ihm keine göttliche, sondern eine rein menschliche Angelegenheit.‹[12]

Antäische Erleuchtung. Ich meine, hier wird die Reduktion zur Lebenslust, die Forschung zum Lebensmittel. Einstein will das empfindliche Innenleben vor der Berührung mit der rücksichtslosen Welt bewahren. Eine schöne Beobachtung hat Thomas Mann beizusteuern, der Einstein persönlich gut gekannt hat; in der amerikanischen Emigration ist er dem Physiker oft begegnet. Bei aller Sympathie war da ein Punkt im Wesen des Naturforschers, der ihn verstört hat. Erst stellt Thomas Mann den kosmologischen Eifer der seelischen Selbsterforschung gegenüber, um dann zu schließen: ›Wobei ich mich der blanken und kugelrunden Kinderaugen Albert Einsteins erinnere. Ich kann mir nicht helfen: die humane Erkenntnis, die Vertiefung ins Menschenleben hat reiferen, erwachseneren Charakter als die Milchstraßenspekulation – in tiefstem Respekte möchte ich's wahrhaben.‹[13] Das ist gut gesagt, weil richtig beobachtet. Nur meine ich, die Humanität von Thomas Mann könnten wir auf festere Füße stellen, indem wir sie fester in der Natur verankern: Nicht um sie dort in Ketten zu legen, vielmehr soll sie mit beiden Beinen auf der Erde stehen und die Mittel in die Hand bekommen, die Freiheit in der Natur auch denken zu können. Freiheit ist mehr als ein humanitäres Kopfprodukt oder ein politisches Postulat. Antäische Erleuchtung möchte ich das Programm der Erdverhaftung nennen, das ich hier verfolge. So bezeichnet nach der Gestalt des Antäus aus der griechischen Sage, der eine schier unüberwindliche Kraft besaß, solange er mit beiden Beinen auf der Erde stand. Als jedoch Herakles den Antäus vom Boden aufhob, da wurde dessen Fühlen idealistisch oder humanistisch oder politisch und Herakles konnte ihn erwürgen.

Mann des Jahrhunderts. Einstein hat unermeßlichen Einfluß auf das Fühlen des 20. Jahrhunderts genommen, Einfluß auf das Denken möchte ich das weniger nennen. Seine Wirkung auf das Zeitalter ist kaum zu überschätzen. Die Magazine der Weltpresse haben sich beim Ablauf des Säkulums überschlagen, ihn in den weltlichen Himmel zu heben und auf diese Weise heilig zu sprechen. Das deutsche Magazin *Spiegel* nannte ihn das ›Gehirn des Jahrhunderts‹, das amerikanische Magazin *Time* machte ihn zum ›Mann des Jahrhunderts‹. Wir können umgekehrt sagen: Die Epoche der Neuzeit, als sie dabei war, sich zu verabschieden, hat sich noch einmal in dem Charakter eines Mannes gefeiert, der ihre heiligsten Gefühle in sich trug. Im Mittelalter oder früher in der Antike hätte er vielleicht mit seiner

Begabung als Sonderling am Rande der Gesellschaft gestanden, im 20. Jahrhundert stand er in der Mitte. Der Humanist Thomas Mann aus Lübeck, der die unangepaßten Jugendjahre und das gleiche Sterbejahr 1955 mit ihm teilt, bleibt skeptisch. Der Milchstraßenblick, das ist die Reduktion des Menschlichen auf das Untermenschliche. Dem Kinde mag das erlaubt sein, weil es zwischen Dingen und Personen nicht so genau zu unterscheiden weiß, weil es Dinge als Personen und Personen als Dinge anredet. Beim Erwachsenen schüttelt der Humanist den Kopf. Wer extreme Positionen bezieht, kann äußerst erfolgreich sein, doch sollen wir in ihm den Repräsentanten des Lebens sehen?

Geist als Anregungsmittel. Auch weniger bekannte Köpfe als Einstein haben die Physik als Mittel zur Reduktion geschätzt. Sie taten es ihm gleich und wollten mit der Wissenschaft einen Weg durch die Fülle der Erscheinungen bahnen, um zum Überblick zu kommen. Ich nehme als Beispiel den amerikanischen Philosophen und Logiker Willard Van Orman Quine (1908–2000). Quine gilt als einflußreicher Vertreter der Analytischen Philosophie und des philosophischen Naturalismus in den USA. Naturalismus heißt für ihn, kein Mentalist zu sein, also keinesfalls die Auffassung zu teilen, der Geist sei eine echte Wirklichkeit. Im Lateinischen heißt der Geist ›mens‹, deshalb hier das Wort Mentalismus. Lassen wir Quine sein Anliegen vortragen. Er sagt 1974: ›Der Mentalismus ist also ein nützliches Anregungsmittel. Wie andere Anregungsmittel sollte er mit Vorsicht gebraucht werden. Gegen mentale Entitäten ist nichts einzuwenden, wenn sie als hypothetische physikalische Mechanismen aufgefaßt und mit dem einzigen Zweck der Systematisierung physikalischer Erscheinungen eingeführt werden.‹[14]

Der Zweck von Geist. Dieses System-Programm klingt merkwürdig hölzern, schließlich war die Quantentheorie um 1974 schon fünfzig Jahre lang bekannt. Der alte Wunsch der Neuzeit nach Überblick wird noch einmal klar und deutlich formuliert, insofern wissen wir, wes Geistes Kind der Mann ist. Die eigentliche Wirklichkeit soll das sein, was die Physik feststellt, und zwar die mechanische Physik, sonst gibt es nach Quine nur uneigentliche Wirklichkeit: Denn alles Wirkliche wird von der Mechanik erfaßt. Wenn die Physik alle Ereignisse der Geschichte voraussagen könnte, müßten wir Quine recht geben. Dann wäre eine solche Reduktion erlaubt und gefordert. Zumal er uns ja gestattet, vom Geist weiterhin zu sprechen, weil sich komplexe Erscheinungen auf diese Weise bequemer abkürzen und aussprechen lassen. Nur die Kenner der Wirklichkeit, wie zum Beispiel Quine selbst, erkennen dann, wenn sie genauer hinschauen, den Geist als bloßen Komplex von Hirnströmen. Da sich damit der ›einzige Zweck‹ von Geist erschöpft, ist auch er selbst nur ein elektrischer Strom im Gehirn. Auf das Wort ›einzig‹ kommt es an. Das ist das Programm einer Reduktion, die keinen Spaß versteht: Richtig und vollendet betrachtet ist der Geist ein elektrischer Strom, der sich selbst anschaut und sich schließlich als Elektrizität erkennt. Geist wird unter solchen Umständen zu einem Epiphänomen, zu einer aufgesetzten Erscheinung. Geist existiert nicht, wie er sich selbst erscheint, sondern wie er in der Form des elektrischen Gehirnstroms erscheint. Das Programm von Quine folgt automatisch aus seiner Weltanschauung: Wir sollten die Hoffnung niemals aufgeben, ›eines Tages eine vollständige physikalische Erklärung‹[15] für die mentalen Dinge zu finden: Der Geist ist eben nur eine Maschine.

Hellwach und tief erschrocken. Leider ist es bei dem Wunsch geblieben, die Wirklichkeit hat sich gegen den amerikanischen Philosophen entschieden. Er dachte auf der Linie von Einstein, nur war er nicht so beunruhigt wie jener über die Entwicklung in der Physik. Quine war kein Naturforscher, deshalb konnte er weiter unbekümmert an den Determinismus in der Natur glauben, als es für ihn schon keine Argumente mehr gab. Er hatte, anders als Einstein, die Einwände der Natur gegen das Programm der vollständigen physikalischen Erklärung nicht wahrgenommen. Wir sehen, wie gut man noch am Ende des 20. Jahrhunderts den mechanischen Traum des 19., des 18. und des 17. Jahrhunderts träumen konnte. Wer die Augen nicht aufmachen wollte, hielt sie einfach geschlossen. Einstein übrigens träumte nicht, er war hellwach und tief erschrocken. In stetem Ringen hatten sich Philosophen und Physiker in der Neuzeit angestrengt, den Zufall aus der Natur, das heißt aus den Gesetzen der Physik zu verbannen. Nun kam das Programm ins Stocken, und Einstein sah den Zufall ernstlich auf sich zurollen.

Waffen strecken. Es scheint die Abneigung der Wissenschaftler gegen Geist und Religion um so größer zu sein, je jünger ihr Fach ist, je später also ihr Gebiet eine Gestalt angenommen hat. Natürlich nicht im Einzelfall, nur im Durchschnitt vieler Fälle. Bei Biologen ist die Abneigung häufiger anzutreffen als bei Physikern, bei Psychologen häufiger als bei Biologen, bei Hirnforschern häufiger als bei Psychologen. Das mag historische oder auch sachliche Gründe haben. Lange zurückliegende Triumphe verblassen, alte Siege werden nicht mehr so gründlich gefeiert wie kürzlich errungene, die Grenzen zum Gegner verschwimmen mit der Zeit. Dazu kommt die Grundlagenkrise: Alte Wissenschaften sind schon durch viele Prüfungen gegangen, neue haben die Untersuchung ihrer Reichweite noch vor sich. Die Krisen führen regelmäßig zu der Erkenntnis: Die Wirklichkeit ist doch nicht ganz mit dieser einen Wissensart, mit diesem einen Paradigma erfaßbar, wie wir das im Anfang gehofft hatten. Nicht alle Wirklichkeit wird von der Physik erfaßt, nicht von der Mathematik, nicht von der Biologie, nicht von der Psychologie, nicht von der Soziologie, was viele ihrer Bewunderer bis heute nicht gut hören können. Es dauert eine gewisse Zeit, Jahrzehnte und Jahrhunderte zuweilen, bis die Hauptvertreter eines Gebietes die Grenze erkannt und schweren Herzens anerkannt haben. In einem seiner vielen Vorträge brachte der bedeutende amerikanische Physiker Richard Feynman (1918–1988) den Verzicht auf den Punkt. Er springt über seinen Schatten und hat eine Erleuchtung: ›Ich habe Ihnen diese Spielarten vorgeführt, um Ihnen zu demonstrieren, wie sehr das seltsame Verhalten der Natur die Aufstellung eines Modells, das auch nur die einfachsten Phänomene erklärt, erschwert, wenn nicht gar unmöglich macht. Die theoretische Physik hat in diesem Punkt auch die Waffen gestreckt.‹[16] Unten gibt es einen ausführlichen Abschnitt über das Waffenstrecken in der Wissenschaft, allerdings in positiver Wendung, als ›Aufbau des Lebens‹ (2.3).

1.2 Beihilfe zur Vertreibung

Der Störenfried. Wir haben uns umgeschaut und einen ersten Blick auf die Naturforschung geworfen. So viel läßt sich sagen: Die Natur, ob belebt oder unbelebt, sollte – so lautete das Programm der neuzeitlichen Wissenschaft – zufallsfrei aufgestellt werden. Der Zufall ist der hartnäckige Störenfried der Erkenntnis. Er muß aus der Natur vertrieben werden, wenn an seine Stelle das Wissen treten soll. In der Wissenschaft nennt man dies den Fortschritt. Das Programm hat sein Zutreffendes. Der Zufall ist die Grenze des Wissens, und wenn ich im Wissen fortschreiten will, sollte ich in der Lage sein, den Zufall zu vermindern oder, wenn irgend möglich, ganz zu vermeiden. Dann kann ich Reduktion betreiben, ohne mir Sorge machen zu müssen, etwas übersehen zu haben. Wenn ich den Zufall loswerde, kann es mir gelingen, die Natur restlos zu begreifen. Zufallsfreies Wissen ist die gelungene Übersicht, sie reduziert eine komplexe auf eine einfache Wirklichkeit. Ich sollte genauer sagen: Sie würde reduzieren, wenn es schon einmal gelungen wäre, die Wirklichkeit so glatt anzuschauen.

Der Parasit. Merkwürdigerweise jedoch, trotz aller Anstrengung in der Neuzeit, hat sich der Zufall nicht vertreiben lassen. Im Gegenteil, er sitzt fester denn je in der Natur. Das Programm seiner Vertreibung hat er geschickt genutzt, um sich endgültig niederzulassen. Hat jemals ein Parasit mit mehr Raffinesse sein Leben behauptet? Der Zufall bewohnt seinen Gastwirt, ohne jemals ihn oder sich selbst in Gefahr zu bringen. Nirgendwo überwältigt der Zufall die Notwendigkeit, er benutzt die natürliche Gesetzmäßigkeit nur, um der Natur mit Geschichte, Leben und Bewußtsein eine freiheitliche Gestalt zu geben. Ja, er benutzt die Notwendigkeit, um darin seine Taten im Lauf der Geschichte kundzutun.

Lebt man denn? Warum sollte der Zufall in der Neuzeit, bei solcher produktiven Kraft, vertrieben werden? Ich weiß nicht recht, ich stehe vor einem Rätsel. Vielleicht auf diese Weise: Der Anblick des Zufalls mit seiner Schaffenskraft wirkt verstörend. Wer produktiv ist, liebt keine Mitproduzenten und steht in Versuchung, die Konkurrenten loswerden zu wollen. ›Lebt man denn, wenn andere leben?‹ Jedenfalls erwartet uns in den Kapiteln 1 und 2 die Aufgabe, der Vertreibung nachzuspüren: Wie war das Programm gegen den Zufall geplant, wie wurde es ausgeführt, wie ist es zu Ende gekommen?

Alle Wirklichkeit Natur? Einen guten Anfang können wir mit René Descartes (1596–1650) machen. Zu Beginn der Neuzeit hat er am wirksamsten das Programm aufgestellt, alle Wirklichkeit auf die Natur zu gründen. Er sagt nicht, alle Wirklichkeit sei Natur, doch seine Nachfolger hatten keine Mühe, dies als seine Meinung auszugeben. Sie ist logisch und liegt auf der Hand. In einer Schrift aus dem Jahr 1633 mit dem Titel ›Abhandlung über die Welt‹ heißt es bei Descartes: ›Es wird keine Ausnahme geben, die das verhindert. Dazu werden wir, wenn Sie erlauben, eine zusätzliche Annahme machen: In der neu gedachten Welt wird Gott keinerlei Wunder wirken. Auch alles, was intelligent ist oder eine vernünftige Seele hat, deren Existenz wir durchaus annehmen dürfen, werden in keiner Weise den ordentlichen Gang der Natur stören.‹[17] Diese Schutzschrift für eine überraschungsfreie Natur wurde 1664 veröffentlicht; im Jahr ihres Entstehens wagte Descartes nicht, sie an den Tag zu geben. Gerade war in Rom der Physiker Galileo Galilei zum Schweigen verurteilt worden, und dessen Schicksal wollte der französische Philosoph keinesfalls teilen. Jedenfalls wußte Descartes von dem Bruch, den er dem damaligen Denken zumutete. Aus Vorsicht hatte er schon 1629 Frankreich verlassen und war nach Amsterdam in Holland ausgewichen.

Der Vergleich mit der Forderung oben nach einer klaren Regel zeigt, wie hin- und hergerissen der frühe Descartes war.[18] Ein paar Jahre vor 1633 hatte er die vergleichsweise bescheidene Regel aufgestellt, sich nur mit solchen Gegenständen zu befassen, bei denen unser Verstand eine unzweifelhafte Erkenntnis erlangen kann; jetzt läßt er die Vorsicht fallen. Jetzt sollen alle Gegenstände geeignet sein, ungestört erkannt zu werden, weil nach seinen Warnungen es niemand mehr wagen wird, den ordentlichen Gang der Natur zu stören, weder Mensch, noch Engel, noch Gott. Für das cartesische Programm ist der Zufall der Störenfried Nummer eins, der um jeden Preis zu vertreiben ist. Die drei oder vier Jahrhunderte zur Ausführung dieses Programms sind äußerst reizvoll anzusehen, wenn wir erst einmal wissen, wonach wir zu suchen haben.

Maschine und Freiheit. Wenn Gott und Mensch keine Möglichkeit haben, in der Natur zu wirken, dann ist sie glatt gemacht für den Überblick: Das Wissen siegt, der Zufall ist vertrieben. Genauer, er wäre vertrieben, wenn die cartesische Annahme richtig ist und es keine Ausnahmen vom ordentlichen Gang der Natur gibt. Gilt die Annahme ohne Ausnahme? Der Leser merkt, wo ich das Fragezeichen setze. Obwohl die Neuzeit in praktischer Hinsicht die Freiheit liebte, baute sie in theoretischer Hinsicht gewaltige Hürden gegen sie auf. Wer in der Welt frei sein will, muß die Natur als Maschine ansehen, das ist klar, und Descartes plant folglich den maschinellen Gang der Natur. Nur ein Problem gibt es: Da der Erdenbürger selbst zur Welt gehört, muß er sich folgerichtig ebenfalls als Maschine ansehen, und damit ist er selbst nicht mehr frei, er ist das Rädchen in einem großen Mechanismus geworden. Gott und Mensch werden in die Flucht geschlagen, auch wenn Descartes diese Flucht aller Welt und vielleicht sogar sich selbst verhehlen wollte. Die ›Abhandlung über die Welt‹ von 1633 zeigt den Preis, den zu zahlen er bereit ist: **Die Person in der Welt darf nicht frei sein, wenn sie die Freiheit besitzen will, die Welt in Besitz zu nehmen.** Das Dilemma der Maschinenwelt beginnt. Konnte Descartes den Widerspruch nicht sehen? Wollte er nicht? Viele seiner Nachfolger sahen ihn und strichen die Freiheit ungerührt zugunsten des Besitzes aus ihren Köpfen.

Rückzug und Vormarsch. Jedenfalls ist die Freiheit in der Natur während der gesamten Neuzeit auf dem Rückzug, auf dem Vormarsch ist dort allein das Naturgesetz. Hier eine Lieblingsvorstellung des Cartesius. ›So wie eine aus Rädern und Gewichten gefertigte Uhr nicht weniger genau alle Naturgesetze befolgt, wenn sie schlecht gefertigt ist und die Zeit schlecht anzeigt, als wenn sie allseitig den Wünschen des Künstlers entspricht, so betrachte ich auch den menschlichen Körper als eine Art Maschine.‹[19] Die Worte sind vorsichtig gewählt, der Gehalt ist eindeutig. Der menschliche Körper eine Maschine? ›Ja, sagt Descartes, dann kann ich ihn besser reparieren. Der Geist mag noch irgendwo frei sein, für die Freiheit des Körpers sehe ich in der Natur keinen Platz mehr.‹ Wenn der Mensch in der Natur bloßer Körper ist, gewinnt Descartes die Möglichkeit, ihn als Maschine zu behandeln, was einen großen Vorteil hat. Gott und die Seele werden nicht verworfen, sie dürfen ihre Existenz noch einen Augenblick lang behalten, nur werden sie durch solche Erlaubnis fadenscheinig. Descartes entzieht ihnen das Fundament. Gott und die Seele sind die beiden klassischen Gestalten, die sich von der Natur und dem dinghaften Charakter der Wirklichkeit unterscheiden. Vor allem: Gott und die Seele haben, wenn sie sind, was sie sind, eine Freiheit, die sich dem Maschinenwesen widersetzt. Sie sind Freiheit in unendlicher und endlicher Form. Von der Natur werden sie jetzt scharf unterschieden und abgetrennt, sie werden vertrieben. Der Grund liegt auf der Hand: Die Natur darf keine Spuren freiheitlicher Subjektivität zeigen, wenn der Mensch den vollständigen Überblick haben will: Die Natur darf nur objektiv sein.

Wir werden sehen, wie sich das cartesische Programm bei Spinoza, bei den Enzyklopädisten des 18. Jahrhunderts und bei vielen anderen Naturforschern im 19. und 20. Jahrhundert fortsetzt. Diese brauchen nichts mehr zu verdecken, sie können ungehemmt cartesisch sein, mehr als Cartesius selbst es zu sein gewagt hatte.

Der zermalmte Wille. Ein Blick zur Seite ist nützlich, um etwas von der Wirkung des mechanischen Programms zu erfahren. Die Wissenschaft der Neuzeit bekommt unerwartet Beihilfe von der Religion der Neuzeit. Wer meint, das komme nicht unerwartet, der hat einen tiefen Blick in den Lauf der Zeiten getan. Auf den ersten Blick sieht man nicht, was das eine mit dem anderen zu tun hat. **Für die Freiheit ist auch in der Religion der Neuzeit kein Platz mehr.** Der deutsche Reformator Martin Luther (1483–1546) zum Beispiel ist bekannt wegen seiner Fehde mit dem Papst und wegen seines Kampfes gegen die sichtbare Kirche. Dabei hielt er diesen Kampf nicht einmal für so wichtig; wichtiger war ihm die Abdankung der menschlichen Freiheit vor Gott. In seiner Schrift ›De servo arbitrio‹ von 1525 schwört er den Christen zunächst auf die heilsamen Dinge ein. Dies soll der Christ zuerst glauben: Nichts weiß Gott nur zufällig, er sieht alles mit ewigem und unfehlbarem Willen voraus. Dann schlägt er drein und ruft aus: ›Durch diesen Donnerschlag wird der freie Wille zu Boden gestreckt und ganz und gar zermalmt.‹[20] Des Menschen Wille liegt am Boden und Gottes unfehlbarer Wille triumphiert. Man kann die gleiche Beobachtung bei allen Reformatoren machen, in vorbildlicher Klarheit zum Beispiel bei Jean Calvin in Genf. Seine Lehre von der doppelten Prädestination zum Guten wie zum Bösen löscht den freien Willen des Menschen noch restloser aus. Die reformierte Theologie vertrat ursprünglich die schärfste Lehre in diesem Punkt: Jeder Mensch wird entweder ohne Verdienst zur Seligkeit oder ohne Schuld zur Verdammnis bestimmt. Frei sollte nur Gott sein, der hier allein festlegt, wie es in der Welt zugeht.

Theorie und Praxis. Der Theorie nach! In der Praxis war es dann eher umgekehrt. Der Mensch unterstellt Gott die volle Herrschaft vom Himmel aus, damit er selbst die Erde um so besser ergreifen kann. Den Gegensatz von Theorie und Praxis in der Seele des neuzeitlichen Menschen hat Max Weber (1864–1920) zu Anfang des 20. Jahrhunderts großartig dargelegt in der Schrift ›Die protestantische Ethik und der Geist des Kapitalismus‹.[21] Gerade weil der Mensch der Neuzeit sich selbst religiös und wissenschaftlich als unfrei ansah, legte er umso mehr Wert darauf, nach außen als frei zu erscheinen, also als erfolgreich. Das ist das unbemerkte Maschinenwesen. Luther wirkt auf seine Weise mit, wenn er den Menschen vor Gott für unfrei und zugleich vor der Welt für frei erklärt. Hier sein bekannter Ausspruch von 1520: ›Ein Christenmensch ist ein dienstbarer Knecht und jedermann untertan: Sofern er frei ist, braucht er nichts zu tun, sofern er Knecht ist, muß er alles tun. Wie das zugehe, wollen wir sehen.‹[22] Noch niemand hat gesehen, wie das zugeht, eben weil es so merkwürdig ist: Das endliche Leben ist vor dem Nichts eine Unendlichkeit und vor der Unendlichkeit ein Nichts. Aus dieser Vorstellung lassen sich viele radikale Formeln schmieden.

Gemäßigte Pendel. Selbst die von den Pendelschlägen der Zeit weniger berührte katholische Religion hatte Mühe, die Balance zu wahren. In den Gnadenstreiten der Neuzeit konnte sie zwar die Extreme vermeiden, doch was der Geist der Zeit von ihr forderte, war auch hier klar: Eindeutigkeit und Übersicht zum Zwecke größerer Herrschaft. Trennungsphilosophie, wohin man schaut. Jeder sollte von allem und jedem abgesondert sein: Der Mensch von der Natur, die Natur von Gott, und Gott vom Menschen.

Dasselbe umgekehrt. Man kann die Vorstellung auch umkehren und alle Wirklichkeit als Einheit ansehen, um dennoch dasselbe Ergebnis zu erhalten. Der Philosoph Spinoza (1632–1677) ist ganz und gar Cartesianer, obwohl er äußerlich einen anderen Weg geht als Descartes. Dieser gilt als Dualist und ist berühmt für seine Trennung von ausgedehnter und denkender Substanz, von res extensa und res cogitans. Spinoza ist Monist und berühmt für seinen Satz: ›Gott oder Natur – das ist das gleiche‹. Oder auf Latein: ›Deus sive natura‹. Was Descartes trennt, wirft Spinoza zusammen, das Ergebnis ist in beiden Fällen die Übersicht. Bei Spinoza soll alles eins sein: Gott und Natur und Mensch, sie sind nach ihm nicht zu unterscheiden, und was sie unterscheidet, ist minimal und unwesentlich. Neben dem ›Deus sive natura‹ gibt es, wenn man bei Spinoza genau hinschaut, alle anderen Gleichsetzungen ebenfalls.

Seele als Automat. Hier zuerst ein Beispiel, wie sich Spinoza die Gleichheit von Gott und Natur vorstellt: ›Ob wir nun sagen, alles geschieht nach Naturgesetzen oder alles wird nach Gottes Entschluß und Weisung geordnet, ist ganz dasselbe.‹[23] Wir spüren die Lust an der Eins-Setzung. Das Klebemittel zwischen Natur und Gott ist das Gesetz, dessen Notwendigkeit schon Descartes gerühmt hatte. Die Lust steigert sich weiter, wenn Spinoza meint, er sei bisher der erste und einzige Philosoph, der die Einheit konsequent betrieben habe. Zwar hätten schon die Alten gesagt, die wahre Wissenschaft schreite von den Ursachen zu den Wirkungen fort, doch soweit er weiß, wären diese Leute damals nicht auf den Gedanken gekommen, ›die Seele handle nach bestimmten Gesetzen und sei wie ein geistiger Automat‹.[24] Die Seele ist ein Automat, wie bei Descartes, der Gott und der Seele auch ›keinerlei Wunder‹ gestatten wollte. Damit hat Spinoza sein Lieblingswort gefunden: Der Mensch als Automat ist in eins gesetzt mit der Natur, an die er seine Freiheit abgetreten hat; ebenso hat Gott seine Freiheit abgetreten, denn die Natur ist nicht frei.

Den gleichen Zweck kann man also auf verschiedenen Wegen erreichen, einmal durch strikte Trennung und einmal durch strikte Eins-Setzung. Die Übersicht war die große Lust der Neuzeit: Philosophisch, religiös, wissenschaftlich. Die physische Notwendigkeit dient der Übersicht, der Zufall gefährdet sie, also sollte es ihn in der Natur gar nicht geben.

Rudjer Boškovic. Was da im 17. Jahrhundert in der geistigen Welt geschah, war die Geburt eines titanischen Programms zur Erlangung des Überblicks. Die niederen Mächte stürmten den Olymp, um von dort aus die Welt zuerst in Augenschein und dann in Besitz zu nehmen. Ohne die Erfolge des 16. und 17. Jahrhunderts in Astronomie und Physik hätte kaum jemand das Programm für plausibel gehalten. Doch Kopernikus, Kepler und Galilei hatten kräftig am neuen Bild von der Welt mitgewirkt, und es sah so aus, als ob die Wirklichkeit allein mit mechanischer Notwendigkeit beschrieben werden könne. Die gelehrte Welt war voll Jubel, die Einheit der Natur schien zum Greifen nahe zu sein. Aufschlußreich bis heute ist die Begeisterung des dalmatinischen Jesuiten, Mathematikers und Astronomen Rudjer Boškovic (1711–1787), der in der barocken Aufklärungszeit eine Berühmtheit war. Er verteidigte 1758 in leidenschaftlichem Eifer die newtonische Naturphilosophie mit einem Werk, das schon im Titel den Triumph verlauten ließ: ›Theorie der Naturphilosophie: Reduziert auf ein einziges Gesetz aller Kräfte, die in der Natur existieren‹.[25] Der Kroate war kein Atheist, er war Priester und Ordensmann. Er merkte nur nicht, welches Geschäft er betrieb, als er in der Natur ein einziges notwendiges Gesetz in Tätigkeit sehen wollte. Wenn das wahr wäre, was er da als gelungene Reduktion feiert, hätte sich der cartesische Traum erfüllt: Gott und die Seele könnten auf die Natur nicht mehr einwirken.

Gottfried Wilhelm Leibniz. Ich kenne nur einen Menschen in der frühen Neuzeit, dem der Triumph der Mechanik üble Laune bereitet hat. Ich meine Gottfried Wilhelm Leibniz (1646–1716), der seine Tage zumeist in Hannover verbrachte. Das heißt, einen weiteren könnte ich ebenfalls nennen, das ist Kardinal Robert Bellarmin (1542–1621), der in direktem Kontakt mit Galilei gestanden und ihm bei der Geburt der mechanischen Physik zugesehen hatte. Voller Schrekken über die Gottentleerung der Natur schrieb er 1614 eine ›Himmelsleiter oder die Erhebung der Seele zu Gott durch die Betrachtung der erschaffenen Dinge‹.[26]

Zittern und Jubel. Doch Bellarmin geht gefühlsmäßig vor, während Leibniz strenge Argumente bringt. Leibniz selbst hatte viel zur Mathematik und zur Naturforschung beigetragen, nur war er klüger als seine Erfolge, wohl auch klüger als der Jesuit Boškovic. Die Frage ist durchaus berechtigt, ob Leibniz nicht ›vielleicht der intelligenteste

Mensch war, der je gelebt hat?‹[27] Jedenfalls werden ihm bis heute von bedeutenden Leuten übermenschliche, ja magische Kräfte zugesprochen, wenn auch vielleicht nur augenzwinkernd. Der Physiker John Wheeler und der Logiker Kurt Gödel vermuten unter dem Nachlaß von Leibniz die Existenz von Papieren, die den Schlüssel zur Lösung aller Welträtsel enthalten könnten.[28] Doch hängt auch der klügste Zeitgenosse vom Wissen seiner Zeit ab, und da hatte Leibniz mit Bošković den gleichen Stand. Der eine bejubelte das einzige Gesetz aller Kräfte, der andere fürchtete sich davor, beide hielten es für unabwendbar. Leibniz wird nicht nur zum Jubeln aufgelegt gewesen sein, wie es Wheeler und Gödel vermuten; das Programm zur Lösung aller Rätsel machte ihm zugleich schweren Kummer. Ich betone noch einmal, es handelt sich hier um ein Programm, das nicht durchgeführt worden war, das wußten damals alle. Und es kann auch nicht durchgeführt werden, das wissen heute alle, nur eben damals wußte man es nicht, und man hatte gute Gründe, das Gegenteil zu vermuten. Die Mechanik war vom 17. bis zum 19. Jahrhundert zwar überaus erfolgreich gewesen, ihre Vollendung hatte sie jedoch zu keinem Zeitpunkt erreicht. Bošković war sich des künftigen Erfolges sicher und jubelte, Leibniz war sich auch sicher und zitterte.

Klüger als der Erfolg. Der Hannoveraner bemerkte den Rückprall, der aus einer automatischen Natur erfolgen mußte. Was die Mechanik der Natur dem Menschen theoretisch zur Verfügung stellt, entzieht sie ihm praktisch wieder. Er ist selbst ein Teil der Natur, und wenn alles Mechanik ist, wird der Mensch selbst nur mehr bloße Mechanik sein. Spinoza war begeistert, er hatte den Automaten sogar gefordert, Leibniz war über das Maschinenwesen entsetzt. Er wollte die Freiheit nicht fallenlassen, auf die Spinoza und viele andere Philosophen in der Neuzeit keinen Wert mehr legen mochten. Wenn die Freiheit in der Theorie nicht gedacht werden kann, so Leibniz, ist auch die praktische Freiheit nichts mehr wert. Das ist überhaupt ein seltsamer Vorgang in der Neuzeit: Je mehr die Freiheit wissenschaftlich und religiös verblühte, um so mehr blühte sie in praktischer und politischer Hinsicht auf. Kaum einer bemerkte den Widerspruch; in der frühen Neuzeit war es in voller Strenge wohl nur einer: Leibniz.

Freiheit in der Praxis. Hier ein Füllhorn von Beispielen! Schauen wir zurück auf den gewaltigen Kampf für die politische Freiheit in der Periode von 1700 bis 2000. Ich bringe nur die Höhepunkte. Die Unabhängigkeitserklärung der Vereinigten Staaten von Amerika vom

4. Juli 1776 verkündete: ›Wir halten diese Wahrheiten für selbstverständlich: Alle Menschen sind gleich geschaffen; sie sind von ihrem Schöpfer mit gewissen unveräußerlichen Rechten begabt, zu diesen gehören Leben, Freiheit und das Streben nach Glück.‹[29] Dreizehn Jahre später erhebt die Französische Revolution ihr Haupt mit dem Schlachtruf: ›Liberté, égalité, fraternité‹. Der deutsche Philosoph Hegel (1770–1831) erklärt die Freiheit zum Angelpunkt der Weltgeschichte. Er will die Vernunft angesichts der politischen Ereignisse auf Augenhöhe bringen: ›Die Weltgeschichte ist der Fortschritt im Bewußtsein der Freiheit – ein Fortschritt, den wir in seiner Notwendigkeit zu erkennen haben.‹[30] Die Staatsbürger sollen selbst entscheiden, was über sie entscheidet. In den USA lautete diese Forderung: ›No taxation without representation – Ohne Wahlen kein Zahlen.‹ Immanuel Kant (1724–1804) setzt in diesem Geist seine Formel in die Welt: ›Aufklärung ist der Ausgang des Menschen aus seiner selbst verschuldeten Unmündigkeit.‹[31]

Überfluß und Überdruß. Mit der Aufklärung begann eine Bewegung für die Freiheit, wie die Geschichte sie bis dahin nicht gekannt hatte. Der Bürger befreite sich von Kirche und Adel, die Bauern wurden von der Leibeigenschaft frei, die Sklaverei fiel, und das Individuum der postmodernen Gesellschaften ist im Überfluß bis zum Überdruß frei, es versteht unter Freiheit einfach nur mehr Freizeit. Ob nicht der praktische Überdruß der Freiheit eine Folge ihrer theoretischen Verkümmerung ist?

Der Widerspruch. Nun hatten gewiß Hegel und Kant den Widerspruch zwischen politischer Freiheit und physikalischer Notwendigkeit bemerkt, doch schon vor ihnen war Leibniz auf das philosophische Dilemma gestoßen. Wenn Mechanik das letzte Wissen von der Natur ist, wenn Mechanik das Wesen der Natur beschreibt – und Leibniz hatte keinen Grund, daran zu zweifeln –, dann ist die Freiheit gefährdet, jedwede Freiheit, sowohl die des Schöpfers wie diejenige des Menschen. Im fünften Brief seiner Korrespondenz mit Newton drückt er seine Besorgnis aus. Er schreibt im August 1716, drei Monate vor seinem Tod: ›Alles das, was im Körper der Menschen und aller Tiere vor sich geht, ist ebenso mechanisch, wie das, was in einer Uhr vor sich geht.‹ Descartes wäre mit dem Ergebnis zufrieden gewesen, Spinoza hätte gejubelt, doch Leibniz erfindet eine Theorie, welche die Freiheit angesichts der Mechanik in der Natur retten soll. Er fährt fort: ›Der Unterschied ist nur der, welcher zwischen einer von

Gott erdachten Maschine und dem Erzeugnis eines so beschränkten Handwerkers, wie es der Mensch ist, bestehen muß.‹[32]

Prästabilierte Harmonie. Der Unterschied ist die berühmte prästabilierte Harmonie, die nur Gott vollbringen kann und nicht der beschränkte Handwerker. Mit dieser Theorie, die sich Leibniz ausgedacht hatte und auf die er sehr stolz war, erprobt er sein Gegenmittel. Diese Theorie handelt von der Kausalität, ihr Zweck ist die Rettung der Freiheit von Gott und Mensch. Wer in der Sekundärliteratur blättert, bekommt von diesem Motiv nicht viel zu sehen. Leibniz scheint zweckfreie metaphysische Spekulation betrieben zu haben, die vielleicht geeignet ist, das Leib-Seele-Problem zu lösen. Aber wen überzeugt schon diese Lösung? Der Druck, den die Mechanik damals auf Leibniz ausgeübt hat, wird in der Sekundärliteratur selten spürbar. Wenn man Leibniz rein philosophisch betrachtet, sieht es so aus, als ob da ein Mann ein phantastisches metaphysisches System mit seelischen Monaden und einer vorweg errichteten Harmonie aufbaut, die dann zu einer Theodizee führt, die Gott von aller Anklage freispricht. Doch warum baut Leibniz sein hypertrophes System auf? Keine Antwort.

Viele Beiträge in der Sekundärliteratur kommen mir vor wie die Kommentare aus einem Publikum, das einem Hochseilartisten zuschaut, der weit über den Köpfen seine Luftnummern ausführt. Nun fangen sie an zu diskutieren, wie gut der Mann da oben wohl ist, wie er den Vergleich aushält zu diesem oder jenem Konkurrenten und vieles andere mehr. Das Bodenpublikum sieht nicht, warum der auf dem Hochseil da oben so verrückt tanzt, sie können nicht. Leibniz will dem Löwen entgehen, der ihn auf das Seil getrieben hat. Der sitzt, sagen wir einmal, in einem Busch am Talrand und kann nicht auf das Seil steigen, auf dem Leibniz einzig vor ihm sicher ist.

Diagnose und Therapie. Das Theoriegebilde von Leibniz klingt tatsächlich seltsam abgehoben, trotzdem sollten wir es mit tiefernsten Augen anschauen. Leibniz hatte ein vorzügliches Bewußtsein des Problems, auch wenn uns seine Lösung kurios anmutet. Wie immer ist die Diagnose besser als die Therapie. Die Theorie der vorweg errichteten Harmonie besagt: Jede Substanz ist in sich geschlossen, sie ist eine Monade und wirkt nur auf sich selber, deshalb kann sie als frei angesehen werden. Doch alle Substanzen in der Welt wirken trotzdem aufeinander, deshalb wird die notwendige Naturkausalität durch die Freiheit der einzelnen Monaden nicht gestört. Notwendigkeit in der Natur und Freiheit des Menschen stimmen harmonisch überein. Harmonie meint hier nicht die Idylle eines heiteren Frühlingsmorgens, sondern den Einklang zwischen dem freien Einzelwesen und dem allgemein notwendigen Naturgesetz. Auch Katastrophen können in diesem Sinne harmonisch verursacht sein, wenn sie aus der prästabilierten Voraussicht stammen. Man kann es auch so sagen: Gott hat in Ewigkeit vorausgesehen, was ich morgen aus freien Stücken tun will. Er hat die Welt mit einer Naturordnung geschaffen, die mich zwingt, morgen das zu tun, was heute schon feststeht. Nur deshalb hat Gott mich so bestimmt, weil ich selbst es so gewollt habe. Gott weiß meinen Willen und mein Tun seit Ewigkeiten voraus. Obwohl ich von heute auf morgen unter Zwang stehe, dies oder das zu tun, bin ich dennoch in Bezug auf meinen Willen frei.

Überfeiner Gedanke. Im Briefwechsel mit dem Theologen Samuel Clarke (1675–1729), der darin als Sprachrohr Newtons (1643–1727) auftritt, bekundet Leibniz seinen Stolz. Er hielt seine harmonische Theorie für den Königsweg aus der Krise, in welche die Freiheit durch die Mechanik geraten war. Im fünften Brief an Newton-Clarke heißt es an entscheidender Stelle: ›Gott, durch die höchste Vernunft geleitet, unter verschiedenen Ereignisreihen oder möglichen Welten jene auszuwählen, in der die freien Geschöpfe, wenn auch nicht ohne seinen Beistand, diese oder jene Entschlüsse fassen mögen, hat hierdurch jegliches Ereignis ein für allemal gewiß und bestimmt gemacht, ohne hierdurch die Freiheit seiner Geschöpfe zu schmälern.‹[33] Die Lösung von Leibniz ist bedenkenswert. Ich meine, sie könnte als der einzige Ausweg für die Freiheit erscheinen, wenn die Newtonische Naturkausalität das letzte Wort hätte, wenn wir anderes über die Natur nicht reden könnten. Newton selbst vermochte die Folgen nicht zu erkennen, die seine Mechanik in die Welt gesetzt hatte. Er war zu solch harten Schlüssen wie Leibniz nicht in der Lage; dieser nimmt die Härte mit scharfem Blick wahr und schlägt als Ausweg eine seit Ewigkeiten errichtete Harmonie zwischen Körperwelt und Freiheitswelt vor. Das ist zweifellos ein subtiler Gedanke und steht umso ferner jeder empirischen Überprüfung. Diese Theorie stellt dem Mann aus Hannover ein glänzendes Zeugnis der Wahrnehmungskraft aus. Unter dem Maßstab der klassischen, Newtonischen Physik scheint kaum eine andere Lösung denkbar zu sein.

Die Theorie von Bellarmin fällt dagegen ab. Der Kardinal entwirft eine Physiko-Theologie, in der eine Freiheitsursache, das ist menschliches oder göttliches Handeln, als Naturursache ausgegeben wird. Beide Theorien sind überflüssig, weil die gefürchtete Naturmechanik schließlich gar nicht besteht. Der physikalischen Notwendigkeit setzt sich der physikalische Zufall an die Seite, was jeder Mechanik in der Natur ein Ende setzt. Für solche Erkenntnis müssen wir jedoch zuerst einmal die ganze Neuzeit durchlaufen, und dazu brauchen wir einige Jahrhunderte; jedenfalls war das zu viel für die Lebenszeit der beiden so klugen Männer im Aufgang der Epoche. Von Anlage und Ausführung ist Leibnizens Theorie derjenigen Bellarmins überlegen, obwohl beide überflüssig sind. Wir Spätgeborenen von heute können das erkennen, weil wir auf den Schultern von Riesen stehen, die ihren titanischen Kampf mangels besseren Wissens bis zum Ende durchstehen mußten.

Theorie gefährlich. Dennoch ist Leibnizens Theorie auch gefährlich, dem späten Betrachter sträuben sich die Nackenhaare. Die prästabilierte Harmonie erzeugte ein sehr anderes Ergebnis und gar nicht das, was sich Leibniz gewünscht hatte. Sein Gegner Newton-Clarke hat das sofort mit sicherem Blick erkannt, Gegner erkennen eben sehr viel leichter den blinden Fleck: ›Wenn man der Welt erst einmal eingeredet hat, der Körper des Menschen sei bloß eine Maschine, alle seine scheinbar willentlichen Bewegungen seien durch die bloß notwendigen Gesetze des körperlichen Mechanismus verrichtet worden, ganz ohne Einfluß, Einwirkung oder Wirksamkeit der Seele auf den Körper, werden sie bald zu dem Schluß kommen: Diese Maschine macht den ganzen Menschen aus, die harmonierende Seele nach der Hypothese einer *harmonia praestabilita* ist einfach ein Phantasiegebilde und ein Traum.‹[34] So Clarke-Newton mit seinem fünften und letzten Brief im Oktober 1716, drei Wochen vor dessen Heimgang, auf den Leibniz nicht mehr antworten konnte.

Die Seele – nur ein Traum? Da hören wir das Stichwort wieder, das schon bei Spinoza angeklungen war. Die Seele ist nicht echt, sie ist nur ein Phantasiegebilde, sie läßt zwar träumen von einem organischen Innenleben, in Wahrheit besteht sie aus starren Körpern und ist bloße Mechanik. Clarke-Newton hatte recht, seine Voraussage traf vollkommen zu: Die Welt ließ sich gerne die Mechanik einreden, die durch die Ideen von Leibniz noch mechanischer wurde, weil er geglaubt hatte, mit den Wölfen heulen zu müssen, um zu retten, was noch zu retten ist. Die mechanische Physik als System war zwar anfänglich durch Newton geschaffen worden, doch Newton selbst wollte die Folgen nicht so genau wahrhaben. Er versuchte abzumildern und mochte die harten Folgerungen nicht sehen, die Leibniz zog. Newton glaubte an kleine Abweichungen von der Naturnotwendigkeit, in denen Gott dann seine Freiheit zeigen und sie dem Menschen lassen konnte. Leibniz sah mit scharfem Blick die Inkonsequenz des Engländers: Dessen Mechanik ließ keine Ausnahme zu, die Determination der Natur war komplett, wenn Newtons drei Sätze von 1687 überhaupt einen Sinn hatten. Leibniz wußte, was unerbittliche Folgerungen sind und akzeptierte das Ergebnis zähneknirschend, dann sann er auf Rettung mit Hilfe seiner prästabilierten Harmonie.

Naturalismus. Die Theorie aus Hannover ist bestechend und leidet dennoch an einem empfindlichen Mangel: Sie ist erfahrungsfrei, sie kann weder bestätigt noch widerlegt werden. Die empirische Gleichgültigkeit bringt Gott in ein unbemerktes und unbemerkbares Verhältnis zur Welt. Ein Allmächtiger jedoch, der nur denkbar ist und nicht bemerkbar, ist weiter nicht bemerkenswert. Sofort nach der *harmonia praestabilita* von Leibniz begann der Aufstieg des Atheismus, den beide Seiten, sowohl Leibniz wie Clarke-Newton befürchtet hatten: Beide hatten ihn unwillentlich gefördert, Newton durch seine rigorose Physik und seine Weigerung, die Folgen zu sehen, Leibniz durch seine rigorose Metaphysik in der Deutung der Newtonischen Physik.

Die Naturalisten nahmen von Newton und Leibniz, was sie an Physik bei ihnen bekommen konnten, von deren strenger oder wackliger Metaphysik waren sie weniger beeindruckt. Was ist ein Naturalist? Ich bin vorsichtig: Ein Naturalist will keinen Einfluß sehen, der von der Seele auf den Körper wirkt, oder er leugnet einfach die Existenz der Seele. Der Naturalismus schmeichelt der Vernunft, indem er den vollen Überblick über die Natur in Raum und Zeit verspricht. Der Überblick wird von der prästabilierten Harmonie sogar gefordert. Tatsächlich wäre die naturalistische Sicht auf die Natur richtig, wenn die Newtonische Physik alle Wirklichkeit beschreiben könnte. Die Seele würde in diesem Falle zu einer zweitrangigen Erscheinung absinken, zu einem Epiphänomen, wie das gebildete Schimpfwort gewöhnlich lautet.

Leibniz und Einstein. Das Problem von Leibniz ist die mechanische Physik gewesen. Sie war 250 Jahre später auch das Problem von Einstein. Dieser hat gewiß manches an der Naturauffassung Newtons verbessert, im entscheidenden Punkt wollte er der klassischen Physik jedoch treu bleiben, vor allem ihrem Determinismus, der alle personale Freiheit ausschließt. Er richtet um 1945 an den Dichter Broch ein Dankschreiben: ›Ich bin fasziniert von Ihrem Vergil und wehre mich beständig gegen ihn. Es zeigt mir das Buch deutlich, vor was ich geflohen bin, als ich mich mit Haut und Haar der Wissenschaft verschrieb: Flucht vom Ich und vom Wir in das Es.‹[35] Der Determinismus steckt im Newtonischen System, obwohl Newton selbst ihn nicht wahrhaben wollte. Ein Beispiel für die ernüchternde Erkenntnis: Wer sich allein auf die Natur verläßt, ist verlassen. Als daher die Quantentheorie von der physikalischen Vorherbestimmung abging, kam seine Welt ins Wanken. Einstein ist der umgekehrte Leibniz, wie dieser der umgekehrte Einstein ist. Leibniz und Einstein hatten beide recht mit ihren Ängsten, die sie in Bezug auf die mechanische Physik hegten, auch wenn sie beide zugleich falsch lagen. **Leibniz fürchtete den Verlust der personalen Freiheit, Einstein fürchtete ihre Erneuerung.** Wenn beide ihre Lebenszeit getauscht hätten, wären sie glücklich gewesen. Einstein zur Zeit von Leibniz hätte vor Seligkeit nicht mehr ein noch aus gewußt. Nichts von Tragik in der Physik wäre aus seinem Mund gekommen, wenn er gesehen hätte, wie die Mechanik einen Triumph nach dem anderen feierte. Und Leibniz zur Zeit von Einstein wäre ebenso selig gewesen, weil er gesehen hätte, wie sich mit der Quantentheorie alle seine Ängste in Luft aufgelöst hätten.

Eigentlich hätte ich Leibniz nicht unter den Titel der Beihilfe stellen sollen, sondern unter den der Abhilfe. Die ist ihm nicht gelungen, obwohl er den besten Willen dazu hatte. Am Ende hat er sogar kontraproduktiv gewirkt. Wir sehen, wie auch der klügste Mann der Welt keinen Ausweg findet, wenn das Wissen seines Zeitalters den Wink für den Ausweg nicht bereit hält. Heidegger hätte sagen können: Das Sein hatte sich noch nicht gelichtet. Den stampfenden Siegeszug der Mechanik mit ihrer absoluten Notwendigkeit des Naturverlaufs vermochte für Jahrhunderte niemand aufzuhalten. Erst nachdem die Mechanik alle ihre Triumphe gefeiert hatte, kam der Zug langsam und von ganz allein durch Erlahmung der Kräfte zum Stehen.

1.3 Das harte Newtonische Programm

Mechanik für 357 Jahre. Das mechanische Zeitalter dauerte von 1543 bis 1900. Wir könnten es auch das Newtonische Zeitalter nennen, weil Isaac Newton der zentrale Mann dieser Epoche war. Er hatte es geschafft, zum ersten Mal ein vollständiges System der Mechanik aufzustellen. Jedenfalls war der Anschein, sein System sei komplett, sehr groß. Zweifellos besaß Newton Vorgänger und Nachfolger, vor allem gelten die mechanischen Gesetze, soweit sie eben gültig sind, vor und nach ihm. Andere formulierten die Grundgesetze auch eleganter, als er selbst es vermocht hatte. Doch im Zentrum aller Mechanik stehen seine drei Sätze über Zug, Druck und Stoß der Körper. Newton veröffentlichte sein Hauptbuch nach gregorianischem Kalender am 5. Juli 1687. Weil in England der julianische Kalender galt, der zehn Tage zurück lag, war das im Juni 1687. In Newtons Theorie der Schwerkraft kommt die mechanische Sicht der Neuzeit auf ihren Höhepunkt. Dabei benennt er sein großes Buch nicht einmal nach der Mechanik, er spricht einfach von den ›Mathematischen Prinzipien der Naturphilosophie‹.[36] Der Titel erhebt deutliche Ansprüche. Descartes hatte 1644 seine ›Prinzipien der Philosophie‹[37] niedergelegt, doch diese reichten in den Augen Newtons nicht aus, die Natur zu beschreiben. Jetzt sagt er selbst mit seinen ›Prinzipien‹ das Entscheidende zum Verstehen der Natur, um so seinen französischen Rivalen einzuholen und zu übertreffen.

Mechanischer Atheismus. Alles soll mechanisch sein: Dieser Grundsatz vereinigt die führenden Geister der frühen Neuzeit; nur über die Art und Weise der Mechanik stritten sie noch miteinander. Überhaupt glaubte die Epoche der Neuzeit mit der Mechanik alle Wirklichkeit beschreiben zu können: Mit *einer* Theorie die *ganze* Erfahrung umfassen. Die Theorie Newtons war so erfolgreich wie keine Theorie vor ihr noch nach ihr. Wegen ihrer Erfolge konnte man gleich noch etwas mehr glauben und die Natur auch für alle Wirklichkeit halten. **Ich meine, aus der Mechanik der Neuzeit folgt wie von selbst der Atheismus der Neuzeit.** Im 18., 19. und 20. Jahrhundert bezog der Atheismus seine Kraft aus dem Triumph des Überblicks. Wenn Gott diejenige Wirklichkeit ist, die ergreift, und Natur diejenige Wirklichkeit, die ergriffen werden kann, dann darf höchstens noch in einem poetischen Sinn von Gott die Rede sein, wenn die Mechanik so erfolgreich ist wie im Newtonischen System. Für ernsthafte Geister mußte die Gottesrede ausscheiden, wie wir bei Spinoza gesehen haben: Das Prinzip ›Deus sive natura‹ läßt nur noch Poesie über Gott und die Liebe zu. Ansonsten regeln Naturkräfte das Geschäft. Der Atheismus hat, wir müssen es zugeben, in weitem Umfang recht, denn viele Dinge in der Natur lassen sich ergreifen.

Nur eben nicht alle und nicht ganz, wie die Naturforschung am Ende der Neuzeit selbst gefunden hat. Das war an ihrem Anfang noch nicht so klar erkennbar wie heute.

Wir haben den Punkt schon berührt und werden ihn noch deutlicher zu spüren bekommen: Newton wollte die Härte seines Programms nicht wahrhaben, eben um der Religion willen, eben um Gottes und des Menschen willen, eben um der Freiheit willen. Das Programm Newtons ist nicht das Programm der Newtonischen Physik, ihm zur Ehre sei es gesagt. Doch ist Newton persönlich nicht ganz folgerichtig, wenn er die Folgen nicht sehen will, die Leibniz in Newtons Physik angelegt sah, das sei zur Ehre der Wahrheit und des Hannoveraners gesagt.

1. Kopernikus. Wir lassen den Überblick mit Nikolaus Kopernikus beginnen (1473–1543). In seinem Todesjahr erschien sein Buch in sechs Büchern über die Revolutionen.[38] Das war die Sprache von damals: Die Revolution meint beim Domherrn von Frauenburg, der aus Thorn gebürtig ist, keine politische Umwälzung, sie meint die Drehung einer Planetensphäre, an der man sich einen Planeten aufgehängt zu denken hat. Seine astronomische Revolution bestand nicht darin, das Aufhängen der Planeten anders zu erklären, sondern bei den Drehungen der Sphären die Sonne in den Mittelpunkt zu stellen. Die Planeten blieben an ihre Sphäre geheftet. Umgekehrt war in den folgenden Jahrhunderten viel von Revolutionen die Rede, doch im politischen Sinne, angefangen bei der Glorreichen Revolution 1688 in England über die Französische Revolution 1789 bis zur Unerwarteten Revolution 1989 in Osteuropa. Die Gesellschaft übernahm bereitwillig den Sprachgebrauch der Astronomen, um sich selbst zu eigenen Umwälzungen anzutreiben. Ein beredtes Zeichen für den geschlossenen Eintritt eines ganzen Zeitalters in den mechanischen Geist! Ich werde, was Kopernikus angeht, nichts weiter von ihm erzählen. Seine Verschiebung des Weltmittelpunkts von der Erde zur Sonne ist allzu gut bekannt. Nur seinen mechanischen Zug möchte ich herausstellen.

Den Anfang vom Ende des mechanischen Zeitalters bringt das Jahr 1900, als Max Planck eine kleine Konstante mit dem Buchstaben h als Hilfsgröße in die Physik einführte, die berühmte Plancksche Wirkung. Energie mal Zeit nennen die Physiker Arbeit oder Wirkung. Das Wirkungsquantum h bewegt sich in Sprüngen, stellte Planck erstaunt fest. Statt fließender Übergänge macht das Quantum plötzliche Bewegungen, es kann sich nur in ganzzahligen Beträgen ändern. Nach einem alten Spruch sollte die Natur keine Sprünge machen, doch als Planck ganz genau hinsah, bestand die Natur nur noch aus Sprüngen, aus ganz kleinen zwar, die sich meistens ausgleichen, aber gelegentlich auch aus solchen, die große Gestalt annehmen und so den Lauf der Geschichte bestimmen. Zu Plancks allergrößtem Schrecken! In seiner Person kommt die Epoche ganz gegen ihren Willen an ihr Ende: Sprünge in der Natur verhindern den Überblick und lassen die Mechanik, die zu Anfang auf größte Universalität angelegt war, mit der Zeit zu einer partikularen Theorie werden. Da die Sprünge klein sind, kann man im Alltag meistens von ihnen absehen, ohne einen Fehler zu machen. Erst im 20. Jahrhundert entwickeln die Physiker eine Theorie, die Quantenmechanik, die wirklich universal ist, weil sie sich selbst die Grenzen setzt und von prinzipiellen Unbestimmtheiten in der Natur redet. Damit hat die Physik von heute nicht mehr den alten mechanischen Sinn. Weil die Theorie der Quanten von vornherein auf den Überblick verzichtet, ist sie keine mechanische Theorie mehr.

Was ist Mechanik? Die Mechanik ist eine Art und Weise, die Natur anzuschauen. Kurz gefaßt könnte man sagen: **Mechanik ist der Wille zum Überblick.** Im 16. und 17. Jahrhundert waren die Naturforscher bemüht, sich von Aristoteles loszusagen. Der griechische Philosoph aus Stageira dachte nicht mechanisch, im Gegenteil, er dachte organisch, von innen her. Jedes Sein, ob belebt oder unbelebt, ist nach ihm von einer Kraft geleitet, die zu seinem Telos führt. Telos ist griechisch und heißt Ziel. Die En-tele-chie ist die Denkform des Aristoteles: Auf ein Ziel gerichtet sein, ja auf das eigene Ziel gerichtet zu sein, das macht jedes Ding und jedes Lebewesen zu dem, was es ist. Die Sonne scheint, die Blume blüht, der Vogel fliegt, der Mensch denkt, weil eben der Sonne, der Blume, dem Vogel, dem Menschen genau dies als Ziel zukommt. Der schlesische Mystiker Angelus Silesius dichtet gegen den andrängenden mechanischen Geist bloßer äußerer Erklärungen: ›Die Rose ist ohne Warum./ Sie blühet, weil sie blühet.‹ Ist das berechenbar? Nein, deshalb will die Mechanik mit der Unberechenbarkeit jetzt Schluß machen. Ein von der Entelechie bewegter Körper ist nicht sauber anzuschauen, er verwehrt den Überblick. Nur die Mystiker wagten es noch, sich vom kausalen Überblick fernzuhalten, aber Mystik ist ja gesteigerte Poesie, und vor der fürchtete sich der mechanische Zugriff auf die Natur überhaupt nicht.

Drei Merkmale. Drei Merkmale machen das mechanische Denken aus:

1. Die Dinge werden von außen angeschaut.
2. Sie werden mit einem einzigen Gesetz angeschaut.
3. Sie werden quantitativ angeschaut.

Selbstkränkung. Die aristotelische Entelechie erfüllt keine dieser Bedingungen. Die organische Sicht läßt die Dinge von innen wirken, sie nimmt für jeden Körper ein eigenes Gesetz in Anspruch und erlaubt keine quantitativen Messungen. Das soll zu Beginn der Neuzeit anders werden, deshalb die Abwendung von Aristoteles. Allerdings setzt sich der mechanische Geist nicht sofort durch, er erobert von 1543 an nur ganz langsam die Gebiete der Wirklichkeit. Die Kopernikanische Theorie erfüllt eigentlich nur die erste Bedingung. **Die Planetenkreise um die Sonne mindern ein wenig den Zufall in der Natur, sie lassen also die Notwendigkeit geringfügig wachsen**. Die Planeten werden in der heliozentrischen Sicht von außen angeschaut, um sie in den Überblick zu bringen. Das innere Befinden, welche die Erdenbewohner mit ihrer Mittelstellung verbinden, kann wegfallen, es zählt nicht. Das hat mächtig auf das Selbstgefühl der Epoche gewirkt: Der Mensch sah sich erniedrigt, obwohl er sich zugleich erhoben fühlen konnte, denn er hatte einen besseren Überblick über die Planeten gewonnen. Das nennt man wohl eine Kränkung, wenn ein äußerer Umstand mit einem inneren Befinden nicht mehr in Übereinstimmung zu bringen ist. Entsprechend irritiert hat der neuzeitliche Mensch sein Unbehagen an der selbstgeschaffenen Kultur ausgedrückt. Verzweiflung steht am Ende dieser Art von Erfolg, weil es auf Dauer nichts mehr zu erobern gibt. Der Nihilismus wird zum Bazillus der Epoche.

2. Kepler. An welchen Stationen zur Mechanisierung der Natur sollen wir Halt machen? Einen ersten Versuch, die beiden anderen Merkmale zu erfüllen, finden wir kurz nach Beginn des siebzehnten Jahrhunderts. Johannes Kepler (1571–1630) beginnt mit seinen drei Planetengesetzen: Das erste findet er 1604, das andere zwei Jahre später, beide veröffentlicht er 1609 in der Schrift ›Astronomia nova – Neue Astronomie‹. Wenn es Gesetze gibt, welche die Natur lenken, lassen sie sich durch Messung bestätigen und zugleich aus einem inneren Grundsatz herleiten. Das war die Leitlinie Keplers. Er fühlte organisch und rechnete mechanisch. Die Umlaufbahnen der Planeten bei Kopernikus hatten ganz zufällige Werte, **bei Kepler werden Bahnradius und Umlaufzeit notwendig miteinander verknüpft.**

Wenn eine einzige Vorschrift viele gleichartige Fälle mit einem Gesetz beschreibt, werden die Einzelfälle berechenbar; umgekehrt bestätigt die Messung die Richtigkeit der Theorie. Vielleicht sollten wir sagen: Das erste und zweite Keplersche Gesetz der Planetenbewegung und das Galileische Fallgesetz von 1605 sind die ersten voll mechanischen Gesetze. Die Keplerschen Planetenregeln gelten für *alle* Himmelskörper, und die Galileische Regel gilt für *alle* irdischen Körper. Jedenfalls soweit die Himmelskörper Planeten sind und die irdischen Körper fallende Kugeln oder Pendel.

Der Zufall schwindet, die Notwendigkeit wächst, der Siegeszug beginnt. Descartes ein paar Jahre später ist gut zu verstehen, wenn er den ›ordentlichen Gang der Natur‹ nicht mehr durch Gott oder die menschliche Seele gestört sehen wollte. Ist das nicht ein wunderbares Programm? Jeder Zufall in der Natur soll abgebaut und zur Notwendigkeit werden. Bei solchen Anfangserfolgen wird der Plan unwiderstehlich. Kepler mit seinem stillen Wesen hat die Astronomie neu begründet. Sein Vorläufer Kopernikus war eigentlich noch Aristoteliker gewesen, jedenfalls soweit er an den Kreisen am Himmel festgehalten hatte. Andere Bahnen hatte er nicht einmal in Betracht gezogen, auch als er die Erde aus der Mitte gerückt und an ihre Stelle die Sonne gesetzt hatte. Hier war Kepler empirisch genauer und theoretisch phantasievoller: Er hatte gute Sternbeobachtungen zur Hand, bessere, als je ein Astronom vor ihm, und er konnte sich die Vollkommenheit der Sternenbahnen auch ohne Kreise vorstellen.

Acht Bogenminuten. Wie Kepler die Mechanisierung der Natur betrieben hat, sollten wir uns einen Augenblick genauer anschauen. Kepler begann seine Laufbahn als Assistent bei Tycho Brahe (1546–1601). Dieser dänische Astronom hatte in zwanzigjähriger rastloser Arbeit auf der Insel Hven im Öresund, noch vor der Erfindung des Fernrohres, einen Schatz von Planetenpositionen gesammelt, die später die Rudolfinischen Tafeln genannt wurden. Die Begegnung der beiden Astronomen war ein Glücksfall, weil hier ein Empiriker auf einen spekulativen Geist traf. Keiner von beiden hätte die Leistung des anderen vollbringen können. Brahe war ein meisterhafter Beobachter, allerdings wenig mathematisch begabt; der glänzende Kopf Kepler war dagegen kurzsichtig und konnte keine präzisen Messungen durchführen. Dennoch achtete er die Empirie hoch, weil er mehr als sonst jemand an die Vollkommenheit der Schöpfung in der Natur glaubte. Kepler ging daran, aus Tycho Brahes Sternentafeln die Planetenbahnen zu berechnen; dabei stieß er immer wieder auf eine

Abweichung von acht Bogenminuten. Der berechnete und der beobachtete Mars lagen um diesen kleinen Winkel auseinander. Es waren sogar etwas weniger als acht Minuten. Was sind acht Minuten? Bei ausgestrecktem Arm überdeckt der menschliche Daumen am Himmel etwa die doppelte Scheibe der Sonne oder des Vollmondes. Das ist ein Grad oder sind sechzig Bogenminuten, die genannten Scheiben nehmen nur die Hälfte ein, genauer 32 Bogenminuten.

Die Ellipse paßt. Was sind schon acht Minuten, hätte Kepler sich sagen können, ein Viertel des Vollmondes, was kümmert mich das. Damit wäre die Sache zu Ende gewesen. Mit solch fröhlichem Ungefähr war er nicht zufrieden, die Abweichung wollte er unbedingt aufklären. Mehr als vierzig verschiedene Kreisbahnen setzte er für den Mars an, keine paßte, nicht eine einzige konnte die Theorie mit der Empirie versöhnen und die acht Minuten beseitigen. Da ließ er vom Kreis ab und versuchte es mit einer Ellipse, und siehe, da paßte es. Kepler war erschüttert, wie exakt Beobachtung und Berechnung nun übereinstimmten. Die Idee der Vollkommenheit am Himmel hatte er nicht aufgeben müssen. Er war mathematisch begabt, und für einen Mathematiker sieht eine Ellipse nicht schlechter aus als ein Kreis. Statt nur ein einziger Mittelpunkt wie beim Kreis, gibt es bei der Ellipse zwei, die sogenannten Brennpunkte. Entsprechend lautet das **erste Keplersche Gesetz**: Jeder Planet läuft auf einer Ellipse, in deren einem Brennpunkt die Sonne steht. Das **zweite Gesetz** lautet: Die Linie zwischen Sonne und Planet überstreicht in der gleichen Zeit gleiche Flächen, oder kürzer: Sie überstreicht Flächen mit gleichem Flächeninhalt. Das ist bei der Kreisbewegung sofort klar, doch bei der Ellipse wird das zu einem mühsam errechneten Ergebnis. Das **dritte Gesetz** schließlich verbindet die Umlaufzeit T eines Planeten mit seiner großen Halbachse d. Nach einem gründlichen Studium der Marsbahn entdeckte Kepler im Mai 1618 dieses letzte seiner Gesetze. Er machte es im folgenden Jahr in den ›Harmonices Mundi libri V‹, in den ›Fünf Büchern zur Harmonik der Welt‹ bekannt. Danach verhält sich im gleichen Planetensystem das Quadrat der Umlaufzeit T zum Würfel von d stets gleich. In der Formel: $T^2/d^3 = \text{const.}$

Heilige Raserei. Kepler sprach übrigens bei der Größe d noch von der mittleren Entfernung, also dem Mittelwert im Abstand des Planeten von der Sonne, genauer muß man die große Halbachse der Ellipse nehmen. Die drei Gesetze beschreiben trotz des Fortschritts nicht exakt die Wirklichkeit. Kepler war gezwungen, wenigstens drei Annahmen zu machen, die in der Natur nur ungefähr erfüllt sind:

Die Masse des Planeten muß gegenüber der Sonne klein sein; der Planet sollte als Punkt angesehen werden können; die Geschwindigkeit des Planeten darf nicht zu groß sein. Hier, im dritten Punkt, kommen sonst Wirkungen zum Tragen, die erst 300 Jahre später Einstein erklären konnte, wiederum auch er nur angenähert. Wir sehen, überall ist der Preis für den Überblick zu zahlen. Wenn man diese Einschränkungen hinnimmt, stimmen die Meßwerte der Rudolfinischen Tafeln ziemlich genau mit den Rechenwerten Keplers überein, jedenfalls viel besser als die bisherigen acht Bogenminuten. Kepler war bereit, den Preis zu zahlen und die Kreisbahn zu opfern, damit er als Lohn für seine Mühe die Harmonie des Weltalls bewundern konnte. Nachdem er das dritte Gesetz gefunden hatte, erfaßte ihn eine heilige Raserei: ›Ich habe die goldenen Gefäße der Ägypter geraubt, um meinem Gott daraus eine heilige Hütte einzurichten weitab von den Grenzen Ägyptens. Verzeiht ihr mir, so freue ich mich; zürnt ihr mir, so ertrage ich es. Wohlan, ich werfe den Würfel und schreibe ein Buch für die Gegenwart oder die Nachwelt. Mir ist es gleich. Es mag hundert Jahre seines Lesers harren, hat doch auch Gott sechstausend Jahre auf den Beschauer gewartet.‹[39]

Mars und Venus. Auf dem Weg zum Überblick hat Kepler einen großen Schritt nach vorn getan. Besonders sein drittes Gesetz ist eine phantastische Leistung und hat ihm ein jahrelanges Rechnen abgefordert. Es besagt: Wenn ich den Abstand eines Planeten von der Sonne kenne, kann ich sofort sagen, wie lange er braucht, sie zu umkreisen. Mit anderen Worten: Ich weiß sofort, wie lange ein Jahr auf diesem Planeten dauert. **Keplers Planetengesetze mindern den Zufall in der Natur und lassen die Notwendigkeit wachsen**. Hier zwei Beispiele: Wie lange dauert das Jahr auf der Venus, wie lange auf dem Mars? Ich setze die 365,25 Tage des Erdenjahrs als eine Eins, also $T = 1$, und die Entfernung der Erde zur Sonne ebenfalls als eine Eins, also $d = 1$, was gewöhnlich die Astronomische Einheit genannt wird. Dann müssen wir nur noch die Entfernungen der Planeten von der Sonne wissen. Sie beträgt beim Mars $d = 1{,}524$ und bei der Venus $d = 0{,}723$. Der kalte rote Planet ist also rund fünfzig Prozent weiter von der Sonne entfernt als die Erde und die heiße Venus steht rund dreißig Prozent näher. Die Umlaufzeiten brauchen wir jetzt nicht zu messen, sie ergeben sich rein aus den Zahlen. Für alle Planeten, die um unsere Sonne laufen, gilt $T^2/d^3 = 1$ oder $T^2 = d^3$. Für den Mars erhalten wir ungefähr $T = 1{,}88$ und für die Venus $T = 0{,}615$. Das Jahr dauert auf dem Mars also 365, 25 mal 1,88 Tage, das heißt 687,1 Tage, auf der Venus 224,5 Tage. Weil unsere Werte beim Abstand zur Sonne gerundet sind, weil das Jahr auf der Erde ebenfalls ein paar Minuten von unserer Annahme abweicht, deshalb weicht auch das Ergebnis am Ende um ein paar Stunden von der tatsächlichen Jahreslänge auf Mars und Venus ab. Genaue Rechnungen ergeben 686,98 und 224,701 Tage; die Messungen bestätigen es. Kepler hätte sich alle Mühe mit den Bahnberechnungen sparen können, wenn er sein eigenes Gesetz schon gehabt hätte. Doch das mußte er sich erst einmal errechnen.

3. Galilei. Zwischen dem ersten und zweiten Gesetz Keplers, wohl Ende des Jahres 1604, fand Galilei sein berühmtes Fallgesetz. Alle nachfolgenden Gesetze der Physik sind nach diesem Vorbild gebaut: Es geht ihm keines voraus, und alle folgen ihm nach. Die Planetengesetze Keplers sind von anderer Art. Dieser hat keine Experimente angestellt, wie überhaupt die Sternenkunde ihre Ergebnisse praktisch ohne Experimente gewinnen muß. Sonnensysteme sind zu groß und passen nicht in irdische Laboratorien. Der Florentiner Galilei war Physiker, er war bedeutend gerade im Experimentieren, das heißt in der Herstellung von Situationen, die in der Natur normalerweise *nicht* vorkommen. Immanuel Kant war 150 Jahre später begeistert von Galilei und nannte dessen Methode die Nötigung der Natur durch das Experiment. In der Vorrede zur zweiten Auflage der ›Kritik der reinen Vernunft‹ setzt er dem Florentiner ein Denkmal. Es sieht so aus, als habe Galilei sein eigenes Tun zwar nicht ganz verstanden, dennoch ist er der Stammvater der transzendentalen Philosophie geworden. Bis zu Galilei, sagt Kant, habe es nur schwerfällige, nämlich zufällige Beobachtungen in der Natur gegeben, sie waren nach keinem festen Plan gemacht. Sie konnten daher nicht zu einem notwendigen Gesetz führen; nach solchem Gesetz jedoch verlangt die Vernunft begierig. Dazu hat sie auf eine Weise vorzugehen, wie Galilei es vorgemacht hat: Sie muß mit dem Grundsatz in der einen Hand und mit dem Experiment in der anderen Hand an die Natur herantreten und dann aktiv werden: ›Zwar um von ihr belehrt zu werden, aber nicht in der Qualität eines Schülers, der sich alles vorsagen läßt, was der Lehrer will, sondern eines bestallten Richters, der die Zeugen nöthigt auf die Fragen zu antworten, die er ihnen vorlegt.‹[40]

Mit diesem Urteil kann die Physik gut leben, ja damit erkennt sie in Galilei ihren Gründervater an. Kant hat das Wesen der modernen Physik verstanden. Es läßt sich die These vertreten, vor Galilei habe es keine eigentliche Physik gegeben, obwohl schon Aristoteles zwei

Jahrtausende vor ihm ein Buch gleichen Namens geschrieben hat. Die von Kant bemerkte Nötigung ist die Revolution in der Naturforschung. Galilei hatte den schönen Einfall, nach der Frage an die Natur die Antwort von ihr in Empfang zu nehmen. Zwischen objektiver Entdeckung und subjektiver Erfindung hält die Physik seitdem eine schwebende Mitte. Das ist den meisten Naturforschern nicht recht bewußt, wie auch Galilei seine Methode nicht wirklich durchschaut hat. Als Kant dem Florentiner 150 Jahre später über die Schulter sieht, versteht er ihn einfach besser, als dieser sich selber verstanden hat. Die Vernunft lernt zwar durch die Natur, von der sie ohne Fragen nichts wissen würde; sie bekommt jedoch nur Antworten, nach denen sie vorher gefragt hat. Die Natur selbst ist stumm; wenn sie nicht durch Fragen zum Sprechen gebracht wird, sagt sie nichts.

Glatte Kugeln. Kant, der Philosoph, erwähnt bewundernd die langen Versuchsreihen, die der Florentiner Physiker unter schwierigen Umständen durchgeführt hat. Galilei ließ die Kugeln auf schrägen Fallrinnen laufen und nötigte sie auf diese Weise zu langsameren Bewegungen. Angestrengt haben sich alle drei: Kepler hat mühsam gerechnet, Galilei hat mühsam experimentiert und Kant hat mühsam nachgedacht, um eine Erkenntnis an die andere zu reihen. Galilei ließ immer wieder glatte Kugeln auf der schiefen Fläche der Fallrinne herabrollen, um hinter das Fallgesetz zu kommen. Wovon hängt die Länge der Strecke ab, welche die Kugel durchlaufen wird? Wovon die zunehmende Geschwindigkeit? Für eine Antwort hat er nach und nach die Schräglage geändert und mit viel Glück und Geschick aus den Einzelreihen das allgemeine Gesetz aufgespürt. Mehr als vierzig Jahre lang war er mit der gleichmäßig beschleunigten Bewegung des freien Falles beschäftigt. Das Problem war die Zeitmessung. Es gab damals keine genauen Uhren. Galilei benutzte zur Messung erst seinen Puls und später Wasseruhren, die er selbst gebaut hatte. Weil diese immer noch ungenau waren, verlangsamte er den freien Fall und ließ die Kugeln auf schiefen Ebenen rollen.

Die Wasseruhr. Von Quarz- oder Funkuhren war Galilei weit entfernt, es gab damals nicht einmal Pendeluhren. Diese sind erst durch ihn und seine Studien am Pendel möglich geworden; um 1640 hat er sich die erste ausgedacht, schon in sehr vorgeschrittenem Alter, sein Sohn Vincenzo soll eine erste Uhr dieser Art gebaut haben. Die mechanischen Zeitmesser um 1600 waren äußerst ungenau, sie eigneten sich nur zum Abstecken großer Zeitabstände. Es waren Wasser- und Sanduhren, die schon die Antike gekannt hatte. Galilei brauchte genauere Uhren zur Messung kurzer Zeitspannen, wie sie beim freien Fall eines Körpers entstehen. Die Uhr, die er sich bastelte, bestand aus einem Wassergefäß von großem Querschnitt mit einer kleinen Öffnung im Boden. ›Sobald die Kugel auf der schiefen Ebene ihre Bewegung begann, öffnete er das Gefäß und ließ das Wasser auf eine Waage ausfließen; kam sie am Ende der Bahn an, so schloß er es. Da sich die Druckhöhe der Flüssigkeit wegen des großen Querschnittes nicht merklich änderte, so waren die ausgeflossenen Wassergewichte proportional der Zeit.‹[41] Statt der Zeit konnte Galilei jetzt die Wassermenge messen und fand sein quadratisches Fallgesetz.

Konstante Beschleunigung. Wie er in der Schrift ›De motu‹ von 1590 zeigte, hatte er sich schon in seiner Frühzeit mit fallenden Körpern beschäftigt. Damals meinte er noch, die Beschleunigung hinge von der Schwere des Körpers ab. Das war die alte Ansicht des Aristoteles, sie entspricht auch der Erfahrung mit der Luftreibung. Erst durch die Versuche auf der schiefen Ebene kam er langsam auf den neuen und richtigen Gedanken: Im Vakuum, in der Luftleere fallen alle Körper gleich schnell, die Feder nicht weniger als die Eisenkugel, nämlich mit konstanter Zunahme der Geschwindigkeit. Mathematisch gesprochen: Erst die zweimalige Ableitung b des Fallweges s nach der Zeit ist konstant, also $b = d^2/dt^2\ s = g$, die berühmte Fallbeschleunigung der Erde, nicht die Geschwindigkeit selbst. Umgekehrt gewinnt man daraus durch zweimalige Integration das Galileische Fallgesetz $s = (g/2)t^2$, das aller Bewunderung wert ist. Den Geburtstag des Gesetzes können wir auf den 16. Oktober 1604 festsetzen, da Galilei an diesem Tag seinem Freund, dem Pater Paolo Sarpi Einzelheiten über die quadratische Abhängigkeit der Fallstrekke von der Zeit mitgeteilt hat. Es waren keineswegs alle, Galilei war mit dem Fallgesetz noch lange nicht zu Ende, doch die Geburt war erst einmal vollbracht. Es hat g im Fall der Erde nach dem Meter-Sekunde-System den Wert $g = 9{,}807\ m/sec^2$, auf dem Mond wäre $g = 1{,}623\ m/sec^2$.

Apollo 15. Das Problem war nur: Galilei hatte keinen luftleeren Raum zur Verfügung, bei weitem nicht. Erst sein Schüler Torricelli konnte mit Hilfe einer Quecksilbersäule in einem gebogenen Glasrohr ein mühsames Vakuum herstellen. Weder Torricelli noch Galilei haben mit eigenen Augen je eine Flaumfeder so schnell fallen sehen wie eine Eisenkugel. Ein richtiges Vakuum ist wohl erst Robert Boyle 1659 gelungen. Schön sichtbar gemacht hat das Fallgesetz David Scott dreieinhalb Jahrhunderte später, als er Kommandant der Mondmission Apollo 15 war. In Erinnerung an Galilei ließ er am 5. August 1971 im luftleeren Raum auf dem Mond eine Falkenfeder und einen Hammer zu Boden gehen. Es gab keine Überraschung. Der Hammer fiel so schnell wie die Feder, nicht mehr und nicht weniger, nur bewegten sich beide sechsmal langsamer auf den Boden des Mondes zu als auf der Erde, weil die beiden Werte von g sich um den Faktor sechs unterscheiden. Allein mit seinem geistigen Auge ausgerüstet konnte Galilei diesen Fall schon Jahrhunderte früher erschauen, indem er sich die Luft wegdachte. Ist das Erfahrungswissenschaft? Ja und Nein. Es ist die Erfahrung einer künstlichen Wirklichkeit in der Natur. Einfache Situationen herstellen in der Natur, die dort natürlicherweise nicht vorkommen, das vermochte Galilei, das war sein Genie. Für solchen Überblick muß jedoch die Natur genötigt, das heißt sie muß unter Zwang gesetzt werden, wie Kant richtig gesehen hat. Vollendet hat Galilei seine Beschäftigung mit den Fallgesetzen erst sehr spät, während seiner letzten Jahre in dem Buch ›Discorsi e Demonstrazioni‹ von 1638. Insgesamt können wir auch hier feststellen: **Galileis Fallgesetz mindert weiter den Zufall in der Natur und läßt die Notwendigkeit wachsen**. Wiederum verstärkte sich in den Naturforschern der Gedanke: Der Zufall ist nur ein Schein, die Natur wird geleitet von notwendigen Gesetzen, die mathematisch formulierbar sind.

Himmel und Erde. Von Kopernikus führen zwei Wege in die Zukunft, der eine zu Kepler, der andere zu Galilei. Beide sind selbstverständlich Kopernikaner, also Anhänger der sonnenzentrierten Weltsicht, jeder auf seine Weise. Kepler will überall den Himmel sehen und die Harmonie, deshalb liebt er den Planetenreigen und will ihn berechnen; deshalb liebt er neben der Astronomie sogar die Astrologie, die aus dem Stand der Planeten das menschliche Schicksal ablesen will. Das ist nicht gerade ein Ruhmesblatt für Kepler, wie wir heute meinen, doch gehört es zu seinem Naturell. Bei Galilei ist es umgekehrt. Er will überall nur Erde sehen, deshalb sucht er nach den Unvollkommenheiten am Himmel und findet sie: Der runde Mond hat Berge und Täler, die strahlende Venus hat Zacken, die makellose Sonne hat Flecken. Und die einmalige Erde ist nicht einmalig, weil vier Monde den Jupiter als ihr Zentrum umkreisen, wie die Planeten die Sonne umkreisen.

Kepler experimentierte nicht, ihm lag jede Nötigung der Natur fern; diese ist in der Astronomie auch nicht erforderlich, weil das Weltall so leer ist. Das ungeheure Vakuum garantiert den einfachen

Ablauf der Bewegungen. Auf der Erde sieht das anders aus, in der Reibung verdichten sich Hunderte von unkontrollierten Einflüssen auf einen Körper. Deshalb wird im physikalischen Experiment die kosmische Leere nachgestellt, was nicht ohne Nötigung der Natur abgeht. Das eben wird deutlich in Galileis berühmtestem Gesetz, im Fallgesetz, das nur im Vakuum sauber gültig ist.

4. Newton. Die Einheit der Natur wird also von oben und von unten heftig erstrebt, doch bei weitem nicht so schnell erreicht. Welche Kraft verbindet Himmel und Erde wirklich? Das ist die Gravitation, und die hat erst Newton vollständig entdeckt. Jedenfalls verbindet sie die kleine Welt der Erde mit der großen Welt des Kosmos.

Vor allem hat Newton sie in den Mittelpunkt seiner Physik gestellt, die zugleich seine Astronomie war. Die Ahnung der Schwerkraft mag der eine oder andere Forscher vor ihm gehabt haben, das klare Programm und die Ausdauer, das Programm durchzuführen, hat erst Isaac Newton aufgebracht. Nikolaus Kopernikus spricht schon 150 Jahre früher von einer Schwere der Körper, die zur Kugelform führen sollte; oder Kepler vergleicht sie 1609 mit der magnetischen Kraft. Einen guten Einfall hatte auch Robert Hooke (1635–1703). Er vermutete in einem Brief an Isaac Newton, wenn r die Distanz zweier Körper ist, nehme die Schwerkraft mit 1/r ab. Später erörterte er unter Kollegen in einem Londoner Gasthaus die Frage, ob die Keplerschen Gesetze nicht vielleicht mathematisch unmittelbar aus einem höheren Prinzip abgeleitet werden können. Eben das gelingt Newton in seinem Werk ›Principia Mathematica‹, wo er die richtige Abnahme der Schwerkraft im Raum mit $1/r^2$ erkennt und damit Kepler und Galilei vereinigt.

Stetig und diskret. Mechanik ist die Theorie der Schwerkraft. Die Schwere war das Mittel, den Überblick zu gewähren; jedenfalls galt sie lange Zeit als die wesentliche, als die alles bestimmende Kraft in der Natur, bis die Physiker im 19. Jahrhundert die elektromagnetische Kraft als selbständig entdeckten. Die Mechanik sollte im Schwerefeld stetig wirken, die Elektrodynamik auch; doch Anfang des 20. Jahrhunderts zeigte sie sich diskret mit dem Austausch von Photonen. Dies alles wird noch einmal umgekehrt, denn es gibt die Punktmasse in der Mechanik, und das elektromagnetische Feld besteht vor allem aus stetigen Wellen. Bis heute gelingt es nicht, diese beiden Kräfte zu vereinen. Nur die nicht so bedeutsamen Kernkräfte ganz im Inneren der Elementarteilchen und die elektromagnetische Kraft ließen sich im 20. Jahrhundert verbinden, wohl weil diese drei von vornherein mit Hilfe des Planckschen Wirkungsquantums diskret aufgebaut sind.

Wer das Problem anschaut, sollte nicht verwundert sein, oder er könnte auch sehr verwundert sein: Wie können stetige und diskrete Änderungen verbunden werden? Die stetige Änderung entspricht der Notwendigkeit eines Ablaufs, sie gibt den Überblick, weil alle Werte zwischen 0 und 1 angenommen werden können. Dagegen kommt in der plötzlichen Änderung das Begreifen an seine Grenze, an den Zufall. Wenn eine Größe nur springen kann, von 0 zu 1, dann zu 2, zu 3 und so weiter, dann hat sie zwischen 0 und 1 keinen Zustand, weder in der Zeit noch im Raum. Das heißt, der Überblick geht verloren: Es gibt keine Möglichkeit, stetig von dem einen zu dem anderen Zustand überzugehen, wenn nicht alle Zwischenwerte angenommen werden können. Also gibt es in diesem Fall keine physikalische Notwendigkeit. Wo ist das Teilchen in dem Zeitraum zwischen 0 und 1? Keine Antwort. Mancher macht hier den Einwand: Ich kann doch eine Eisenkugel von Punkt 0 zu Punkt 1 bringen, warum dann nicht auch alle Elektronen im Atom, die mehr oder weniger kleine Kugeln sind? Die Antwort lautet: Weil beim Transport einer Eisenkugel alle Zwischenwerte angenommen werden, beim Transport eines Elektrons aber nicht.

Mikro- und Makrowelt. Die Theorie für die Mikrowelt ist heute die Quantenmechanik, sie ist eine in Wirkungsquanten geteilte Welt. Die Theorie für den großen Kosmos, die allgemeine Relativitätstheorie, legt ihren Berechnungen ein stetiges Universum zugrunde. Es ist nicht leicht zu sehen, wie diskrete Unterteilung und glatte Stetigkeit in einen Überblick gebracht werden können.

Newton grübelt. Über solche Zustände werden wir uns später mehr Gedanken machen müssen. Zunächst einmal wächst unter Newton der Überblick weiter an. Bekannt ist die Anekdote mit dem Apfelbaum, die vielleicht sogar historisch ist, jedenfalls trifft sie den Nagel auf den Kopf. Viele Stunden an einem Spätsommertag hatte der junge Newton gegrübelt, um die Natur zu ergründen, jetzt hat der Tag sich geneigt. Er sitzt vor einem Apfelbaum und schaut hinauf; in halber Höhe steht der Mond über dem Horizont und scheint durch die Blätter. Da löst sich eine Frucht aus dem Baum und schlägt direkt vor dem jungen Mann auf den Boden, vielleicht fällt sie ihm auch auf den Kopf, die Überlieferung ist nicht eindeutig. Im gleichen Augenblick hat Newton den Einfall. Warum kann der Apfel niedersausen, fragt er sich, warum nicht auch der Mond, der über ihm steht? Beide erkenne ich in der gleichen Richtung, auf beide Körper wirkt die gleiche Kraft. Was hält den Erdtrabanten da oben fest, was zieht den Apfel nach unten? Es muß noch eine andere Kraft geben, die den Mond da oben festhält, denn an einem Baum aufgehängt ist er ja wohl nicht.

Tatsächlich kann die Geschichte auf diese Weise abgelaufen sein. William Stukeley berichtet in seinen ›Erinnerungen an Sir Isaac Newton‹ von einem Gespräch, das er mit dem über achtzigjährigen Newton am 15. April 1726 in Kensington geführt haben will. Stukeley gibt weiter, was Newton ihm erzählt hat, wie ihm als jungem Mann der Sinn der Schwerkraft aufgegangen sei. ›Es passierte, als ein Apfel niederfiel; er saß da in gesammelter Ruhe. Warum saust der Apfel geradewegs auf den Boden nieder, dachte er bei sich. Warum nicht zur Seite oder nach oben, sondern unbeirrt zur Erdmitte hin.‹[42] Von Stukeley hat wohl Voltaire die Geschichte übernommen, der 1734 im fünfzehnten seiner ›Philosophischen Briefe‹ den französischen Landsleuten von Newton erzählt. Voltaire läßt den 23-jährigen Isaac in seinem Garten wandeln, als ihm der Gedanke zu seinem System der Gravitation kommt, ›gerade als er einen Apfel zur Erde fallen sah – upon seeing an apple falling from a tree‹, wie er original in Englisch schrieb. Vermutlich sind alle diese Berichte nur Ausschmückung dessen, was Newton selbst berichtet hat, als er an einem Fenster bei sich zu Hause in Woolsthorpe Manor saß und einen Apfel vom Baum fallen sah.

Das Feuer und der Einfall. Einfälle geschehen jedenfalls nach Art dieser Anekdote. Der Geist muß sich vorbereiten, das Problem zergliedern, Ansätze zur Lösung erproben und mit vielen vergeblichen Versuche geduldig verweilen, bis dann im seltenen Augenblick das Feuer des Einfalls niederfährt und den Geist erleuchtet. Jeder helle Kopf kennt Beispiele dieser Art; es kommt, wenn es nach vielen Monaten und Jahren der mühsamen Arbeit plötzlich passiert, nur noch darauf an, den Einfall zu prüfen, was neue Mühe erfordert. Das Feuer allein ist noch nicht der Beweis, auch unsinnige Gedanken können den Geist in Brand setzen. Erst durch die nachfolgende Prüfung nimmt der Gedanke beständige Gestalt an, sonst bleibt er dilettantisch. Das Bonmot hat wohl recht: Genie besteht zu neunundneunzig Prozent aus Transpiration und zu einem Prozent aus Inspiration.

Trägheit und Schwere. Danach handelte Newton, er schritt zur Prüfung. Mit kühnem und ausdauerndem Griff hat er die Kräfte der Natur neu sortiert. Zuerst nahm er am Beispiel von Mond und Apfel die gleiche Schwerkraft am Himmel und auf Erden an. Die beiden Kräfte können nicht wesentlich verschieden sein, dachte er, sie sind nur unterschieden nach der Entfernung von der Erde. Es war wohl dieser Grundsatz der Einheitlichkeit, der Newton zu seiner Einsicht geführt hat. ›Er war gewohnt, und diese Gewohnheit scheint jedem wahrhaft großen Forscher eigen zu sein, eine einmal gefaßte Vorstellung auch für Fälle mit modifizierten Umständen soweit als möglich festzuhalten, in den Vorstellungen dieselbe Gleichförmigkeit zu bewahren, welche uns die Natur in ihren Vorgängen kennen lehrt.‹[43] Das ist leicht gesagt und schwer getan. Wenn die gleiche Schwerkraft auf den Apfel und den Mond wirkt, warum fällt der Mond dann nicht auf die Erde? Dazu mußte Newton eine zweite Kraft ersinnen, die Trägheitskraft. Oder er mußte sich an Galilei erinnern, der diese schon entdeckt hatte: Ein Körper, auf den keine Kraft einwirkt, bewegt sich geradlinig mit konstanter Geschwindigkeit fort; das ist die Trägheit. Beide Kräfte zusammen, Trägheit und Schwere, ergeben die elliptische Bewegung der Planeten um die Sonne und des Mondes um die Erde.

Die Schwere macht nicht die einzige Kraft in der Natur aus, nur hat sie eben eine universale Stellung, sie kann nicht abgeschirmt werden. Sie wirkt zwischen jedem Paar von Körpern im Universum auf jede Entfernung. Gäbe es nur die Schwerkraft, würde der Planet Erde in die Sonne fallen. Gäbe es die Trägheit allein, würde jeder Planet auf einer geraden Bahn weiterfliegen und seine Sonne verlassen. Die tatsächliche elliptische Bahn des Planeten ist ein Mittelweg zwischen Trägheit und Schwere. Die mathematischen Einzelheiten zur Erklärung der Planetenbewegungen sind hier nicht wichtig. Es kommt auf den mechanischen Grundsatz des Überblicks an. Wie ist es Newton gelungen, das irdische Fallgesetz Galileis mit den himmlischen Planetengesetzen Keplers zu verbinden?

Drei Gesetze. Die allgemeine Bewegungslehre hat Newton an den Anfang seiner ›Principia‹ gestellt: Wenn wir eine Bewegung von Körpern verstehen wollen, ob am Himmel oder auf der Erde, müssen wir drei Dinge wissen, die er in drei Axiomen oder Gesetzen der Bewegung formuliert hat.

Das **erste Gesetz** ist das Trägheitsprinzip: ›Ein Körper verharrt in seinem Zustand der Ruhe oder der gleichmäßigen, geraden Bewegung, bis die einwirkenden Kräfte ihn zwingen, den Zustand zu ändern.‹[44] Der Grundsatz widerspricht jeder normalen Erfahrung auf der Erde, deshalb hatte Aristoteles auch das Gegenteil gesagt: Ein

Körper ohne antreibende Kraft kommt nach einiger Zeit zur Ruhe. Newton sagt: Ein Körper ohne Einwirkung äußerer Kräfte behält seine Geschwindigkeit auf immer bei. Das abstrakte Fallgesetz von Galilei, das in der Natur nur schwer zu besichtigen ist, schlägt hier durch. Dieses Trägheitsprinzip hatte der Florentiner als Quintessenz aus seinen Fallstudien 1638 zum ersten Mal klar formuliert. Je glatter die Kugel ist, je glatter die Ebene, je stärker die Schräge, auf der sie läuft, desto weiter rollt die Kugel in die Ferne. Im Idealfall kommt sie nie mehr zur Ruhe, wie eben Planeten im praktisch luftleeren Raum nicht zur Ruhe kommen. Newton übernimmt das Trägheitsprinzip fünf Jahrzehnte später direkt von Galilei.

Das **zweite Gesetz** ist eine Entdeckung, die Newton selbst gemacht hat, sein originaler Beitrag zur Lehre von der Bewegung. ›Die Änderung der Bewegung ist der Einwirkung der bewegenden Kraft proportional, sie geschieht in Richtung der geraden Linie, aus der die Kraft kommt.‹[45] Warum die Kraft die Geschwindigkeit ändert, ist schwer zu sagen. Der Alltag besagt auch hier anderes; er legt die Vermutung nahe, die Kraft wirke direkt auf die Lage des Körpers und verändere seinen Ort, damit wäre sie gleichförmig zur Geschwindigkeit, ohne sie zu ändern. Das ist nicht richtig: Die Kraft bewirkt nur indirekt die Änderung des Ortes durch die Geschwindigkeit, direkt bewirkt sie die Änderung der Geschwindigkeit, Newton spricht von der ›Änderung der Bewegung‹. Also bewirkt die Kraft die Änderung der Änderung des Ortes. Das eben heißt, die Kraft ist proportional zur zweiten Ableitung des Ortes nach der Zeit, nicht zur ersten, wie die Alltagserfahrung in flüchtiger Beobachtung meint.

Mathematisch formuliert bringt die Kraft F eine ihr proportionale Beschleunigung hervor, wobei die Beschleunigung wie oben die zweite Ableitung des Orts nach der Zeit ist: $b = d^2s/dt^2$. Während Galilei nur an die Erdanziehung gedacht hat, ohne eine Kraft damit zu verbinden, sieht Newton den allgemeinen Vorgang: Mit jeder Kraft ist eine Beschleunigung verbunden. Das Trägheitsgesetz wird jetzt einfach zu einem Axiom, das die Erfahrung richtig wiedergibt. Eine Erklärung hat bis heute so recht niemand gefunden; Erklärung würde heißen, ein noch höheres Gesetz zu haben, woraus das untere Gesetz abgeleitet wird. Es bleibt einfach hinzunehmen, was uns die Natur bietet: Für die Änderung des Ortes ist keine Kraft nötig, vielmehr verursacht die Kraft eine Änderung der Geschwindigkeit.

Das **dritte Gesetz** ist das Prinzip der Aktion und Reaktion. ›Jede Kraft tritt immer mit einer gleichen Gegenkraft auf: Wenn also ein

Körper auf einen anderen Körper eine Kraft ausübt, so wirkt eine gleich große, entgegen gerichtete Kraft zurück.‹[46] Die Erde zieht die Sonne an – und umgekehrt. Praktische Bedeutung bekommt das Gesetz, wenn wir zwei Körper unterschiedlicher Massen aufeinander stoßen lassen. Die Kraft ist proportional der Beschleunigung und der Masse eines Körpers. Das kann ganz realistisch werden: Wenn ein großer Lastwagen und ein kleiner Personenwagen mit gleicher Geschwindigkeit zusammen prallen, so ist der Schaden für den Personenwagen groß und für den Lastwagen klein. Eben wegen des dritten Newtonischen Gesetzes. Der LKW hat eine große Masse, er ändert seine Geschwindigkeit nur wenig; der PKW dagegen muß fast alle Kraft, die er empfängt, in der Beschleunigung unterbringen, und die abrupte Änderung der Geschwindigkeit wäre schnell tödlich, wenn nicht moderne Ingenieure, immer in Achtung des dritten Gesetzes, die Verformung der Karosserie als anderen Weg zur Energieaufnahme genutzt hätten.

Kepler und Galilei einig. Die Grundlage der ›Principia‹ sind also die hier angeführten drei Gesetze der Bewegung: die Trägheit, die Kraft als Beschleunigung der Masse und die Gleichheit von Kraft und Gegenkraft. Jetzt konnte Newton tun, was die Bewunderung der verständigen Welt bis heute auslöst: Er konnte Kepler und Galilei vereinen. Er konnte ihre beiden Theorien zu einer einzigen Theorie verbinden. Im dritten Buch der ›Principia‹ fährt Newton seine Ernte ein. Die allgemeine Gravitation beschreibt die Bewegungen der Planeten und ihrer Monde ebenso wie Ebbe und Flut in den Weltmeeren, wie die Seitenbewegung der Erdachse und wie die Bahnen der Kometen. Das Ergebnis erschien den Zeitgenossen völlig phantastisch zu sein, es ging über jede Erwartung hinaus: Es wurde Wirklichkeit, was nie ein Wunsch gewesen war. Die Leute fragten sich, ob Newton überhaupt ein Mensch sei. Der französische Marquis de l'Hospital (1661–1704), nachdem er die ›Principia‹ gelesen hatte, erkundigte sich bei einem englischen Gast: ›Ißt, trinkt, schläft Mr. Newton eigentlich wie normale Menschen? Ich stelle mir ihn vor wie einen himmlischen Genius, losgelöst von aller Materie.‹ Jedenfalls wurde Newton zum ungekrönten Herrscher aller Geister; die englische Königin Anne adelte ihn 1705 und nannte ihn Sir Isaac, nachdem er schon 1696 Direktor der Königlichen Münze in London geworden war.

Qualitative Ableitung. Nicht in den Zahlen und Formeln, doch in seinem allgemeinen Plan sollten wir Newton bei der Vereinigung zuschauen. Das Fallgesetz von Galilei wird einfach zum zweiten Gesetz bei Newton, nur eben viel umfassender formuliert. Wie wir oben schon bemerkt haben, bringt die zweite Ableitung des Fallweges gerade die konstante Erdbeschleunigung hervor.

Anspruchsvoller ist die Ableitung der Keplerschen Gesetze. Dessen erstes Gesetz von 1604 besagt: Alle Planetenbahnen sind Ellipsen. Die Ellipse eines Planeten sollte man sich als die Kombination zweier Pendel vorstellen, die entlang der kleinen und der großen Halbachse schwingen. Wenn sich der Planet etwas von der Sonne entfernt, nimmt die Gravitationseinwirkung der Sonne ab, allerdings ist die Beschleunigung negativ, auch der Planet bremst ab. Nun entscheidet es sich: Kommt die Bewegung zum Stillstand, dann ist der höchste Punkt erreicht, das Pendel schwingt zurück. Oder wir haben den anderen Fall: Wenn die Geschwindigkeit zu groß ist, wie bei einem Kometen, dann entweicht der Körper auf einer Hyperbelbahn aus der Sonnenanziehung ins Weltall hinaus.

Auf entsprechende Weise lassen sich das zweite und dritte Gesetz Keplers qualitativ und quantitativ aus den ›Principia‹ Newtons ableiten.

Hypotheses non fingo. Trotz des Erfolges hatte Newton viele Gegner, sachliche und persönliche, die ihn von Anfang bis zum Ende seines Lebens verfolgten. Das war ein großes Glück für ihn, denn ohne Gegner war er nicht arbeitstüchtig. Die andere Seite hatte allerdings auch ihre Argumente. Descartes, Gassendi und Leibniz vertraten ein noch mechanischeres Programm als Newton selbst, nur eben nicht so erfolgreich. In der Wirbeltheorie von Descartes etwa pflanzen sich die Schwerekräfte lokal von Ort zu Ort fort. Das ist schön anzuschauen, nützt indessen für die Erklärung der Keplerschen und der Galileischen Gesetze nichts. Newton hat die cartesische Nahewirkung einfach zur Seite geschoben und kühn auf die Fernwirkung gesetzt, nach der die Schwerkraft quadratisch im Raume abnimmt. Warum das so ist, konnte er nicht erklären, doch rief er sein berühmtes ›Hypotheses non fingo – Ich erfinde keine Hypothesen‹ aus. Natürlich ist die gravitative Fernwirkung eine Hypothese, doch durch die mathematischen Gleichungen ist sie schnell mit den beobachteten Erscheinungen in Verbindung gebracht. Newton hat also mit einigem Recht seinen Gegnern das stolze ›Hypotheses non fingo‹ vor die Füße geschleudert. Der Erfolg sicherte dem Programm in den folgenden Jahrhunderten einen Stammplatz in der Welterklärung zu – mit Anspruch auf Ausschließlichkeit. Das System schien perfekt zu sein. Und solange es Erfolg hatte und zuverlässige Voraussagen lieferte, störte man sich an der Fernwirkung kaum, die eben ist, wie sie ist. **Erfolg ist der beste Schutz gegen alle Zweifel, er läßt die Frager verstummen.**

Für die spätere Wirkung war vor allem das dritte Buch der ›Principia‹ mit dem Titel ›Über das Weltsystem‹ von Bedeutung. Es umfaßt alle Ergebnisse der von Kopernikus ausgelösten mechanischen Revolution mit einem einzigen Prinzip und drückte der neuzeitlichen Wissenschaft ihren Stempel auf.

Das Wunder Newton. Der Rausch, den Newton auf sein Zeitalter ausgeübt hat, ist heute nur noch schwer nachzufühlen. Das gebildete Publikum war trunken, die adelige Welt lag ihm zu Füßen. Das Feuer einer Leidenschaft brennt zu Anfang anders als am Ende. Die mechanische Wissenschaft hat zu Anfang viele Versprechen gehalten, erst am Ende zerbröckelte der Erfolg; theoretisch wie praktisch wurde aus dem Feuerwerk schließlich ein Ascheregen, der sich fahl über alles Leben legte. Denn Newtons Wissenschaft von der Natur liefert Wissen von der unlebendigen Natur, und wer mit ihr das Leben erklären will, – und das waren nicht wenige, gerät in Gefahr, dem Leben den Atem zu rauben.

Erst das 20. Jahrhundert lernte die Rückstände genau kennen, indem die Physik mit der Quantentheorie ein neues Feuerwerk entzündete und damit die vormalige Leuchtkraft des Feuers, also die Reichweite der Mechanik auf die Probe stellte. Eine Verzückung, wie sie Alexander Pope im Jahre 1735 ereilt hat, als er den acht Jahre zuvor heimgegangenen Isaac Newton im Gedicht besingt, ist heute kaum noch denkbar.

›Nature and nature's law lay hid in night.
God said, let Newton be! and all was light!‹

Frei können wir übersetzen: ›Natur und ihr geheim Gesetz, die Welt erkannt sie nicht./ Gott sprach: Jetzt stehe Newton auf, und alles Dunkel strahlt im Licht.‹ Oder vielleicht so: ›Gott sah Natur und ihr Gesetz verborgen in der Nacht;/ er sprach: Es werde Licht! Und Newton strahlt mit Macht.‹

Der Hymnus ist gewiß maßlos, doch jeder Jubel muß übertreiben, wenn er echt ist. Der Sieger will die ganze Welt umarmen, bevor er wieder nüchtern wird. Ein wenig heller ist die Natur durch Newton schon geworden, vielleicht auch sehr viel heller. Doch ist nicht alles zum Licht geworden, wie sich 200 Jahre später zu zeigen begann. Beeindruckend ist der Zeitraum: Zwei Jahrhunderte. Während solcher Wissenschaftsewigkeit dachten die Naturforscher, wenn sie produktiv waren, in den Bahnen von Newton. Pope hätte auf sein ›all was light‹ auch noch ein ›all was tight‹ reimen können. Newton und seine Zeitgenossen hatten gehofft, alle Wirklichkeit straff an ein notwendiges Gesetz zu legen, also ›tight‹ anzubinden. Das geht nicht, wie das bleibende Ergebnis aus dem 20. Jahrhundert lautet, doch das wußte damals niemand. In der Quantentheorie tut sich die von Pope verschmähte Nacht wieder kund; leider ist es so, wir können nichts anderes machen. Die Lage der Natur empfinden viele Physiker als Niederlage. Die Nacht, das ist hier der Zufall, der sich der einzigen Theorie und ihrer gesetzmäßigen Notwendigkeit entzieht. Träume von Forschern wie von Dichtern begegnen irgendwann der Wirklichkeit.

Zwei Jahrhunderte Herrschaft. Newtons Gesetze wurden zwei Jahrhunderte lang durch Beobachtungen am Himmel und durch Experimente im Labor immer wieder bekräftigt, jedenfalls fast genau bestätigt. Bis zum Jahr 1900 lieferte das Gravitationsgesetz mit seinen vielen Anwendungen eine einheitliche und quantitative Erklärung für fast alle Bereiche der unbelebten Natur.

Auf Einstein, den man oft den Newton des 20. Jahrhunderts genannt hat, will ein Hymnus wie der von Alexander Pope kaum passen. Einstein hat zwar die Newtonische Physik vollendet, doch zugleich auch ihr Ende herbeigeführt, was ihm selbst gar nicht gepaßt hat. Er hat sich selbst als tragisch empfunden. Die Mechanik mag nicht alles erklären, meint er, doch auf den Überblick durch die Naturforschung wollte er nicht verzichten. Doch er mußte. Er erkannte schon zu Anfang des 20. Jahrhunderts deutlich, was mit hundert Jahren Verspätung das Publikum am Anfang des 21. Jahrhunderts erst zu ahnen beginnt: Nicht alle Wirklichkeit ist Natur, nicht alle Wirklichkeit wird mit der Wissenschaft erfaßt, der Zufall läßt sich aus der Natur nicht vertreiben.

Wissenschaft wird atheistisch. Der Traum hat dennoch lange Jahrzehnte und Jahrhunderte angedauert. Mit dem Tode von Leibniz und noch mehr von Newton änderte plötzlich die Forschung ihren Charakter. Mit dem Jahr 1727 wird die Wissenschaft atheistisch. Nicht jeder Forscher wendet sich gegen Gott oder das Göttliche, und selbst wer eine Abneigung gegen die Religion entwickelt, tut es nicht immer in voller Deutlichkeit. Doch die Richtung ist eindeutig auf die Beseitigung dessen gestellt, was sich mit den Methoden der Wissenschaft nicht erfassen läßt. Die Gründer hatten es anders gewollt, ohne genau zu wissen, wohin ihre Pläne sie führen würden: Von Kopernikus bis Newton lobten sie in der Festigkeit des physikalischen Gesetzes die Treue Gottes. Hier noch einmal Kepler in seinem Hauptwerk ›Harmonices Mundi‹: ›Ich fühle mich von einer unaussprechlichen Verzückung ergriffen ob des göttlichen Schauspiels der himmlischen Harmonie ... Denn wir sehen hier, wie Gott gleich einem menschlichen Baumeister, der Ordnung und Regel gemäß, an die Grundlegung der Welt herangetreten ist.‹ Ordnung und Regel sind die Wirkungen des notwendigen Naturgesetzes, die Kepler hier dem Schöpfer zuschreibt.

Der Umschlag in den Atheismus ist ein merkwürdiger und bis heute schwer faßlicher Vorgang. Er geschah, wie ihn Clarke-Newton 1716 im Brief an Leibniz vorausgesehen und befürchtet hatte: ›Wenn man der Welt erst einmal eingeredet hat, der Körper des Menschen sei bloß eine Maschine, ...‹ (oben S. 43). Am meisten hatte Newton selbst zu dieser Einrede beigetragen, da er Keplers Gesetze mit denen Galileis verbunden auf eine noch höhere Stufe der Notwendigkeit gestellt hat. Dennoch beklagt er laut die Folgen seines Tuns und will sie in andere Bahnen gelenkt wissen.

5. Lagrange. Im 18. Jahrhundert treffen wir vor allem französische Physiker an, die newtonischer dachten als Newton selbst. Ich nenne drei Namen: Moreau de Maupertuis, Lagrange und Laplace, von denen der letzte den Atheismus im Namen der Mechanik wie eine Fahne vor sich hertrug. Diese Schüler im Geiste Newtons versuchten die Prinzipen ihres frei gewählten Lehrers bis auf den letzten Tropfen auszupressen, ohne sich viel um die Grenzen der drei Gesetze zu kümmern. Damit mag schon eine der Quellen des Atheismus benannt sein: Das Endliche für das Unendliche zu nehmen; alles für erklärlich zu halten, da der Meister zwar den glücklichen Empfang der Prinzipien kennt, die Schüler jedoch über den Moment der Empfängnis nur vom Hörensagen wissen und ihn bald vergessen haben. Die Schüler feiern den Besitz dessen, was ihrem Lehrer einstmals überreicht wurde, sie kennen die Gabe nur als Besitz, den Augenblick der Übergabe kennen sie nicht.

Triumphale Stimmung. Die Grundstimmung des mathematisch begabten Physikers Joseph Louis Lagrange (1736–1813) war entsprechend nicht feierlich, sie war triumphal. Er sah in Newton den ›größten Genius, der je gelebt hat, und den glücklichsten; denn wir können nur ein einziges Mal ein System der Welt aufstellen‹.[47] So preist der Schüler seinen Meister für die endgültige Welterklärung. Trotz des einzigartigen Natursystems findet Lagrange für sich selbst noch einiges zu tun, allerdings sind es nur ein paar dunkle Stellen im System Newtons, die aufzuklären er sich an die Arbeit macht.

Zweifache Arbeit. Arbeit findet sich in der Zeit nach Newton im Ausfeilen seines Systems, nicht in der Überprüfung oder gar im Abgehen von seinen Grundsätzen. Dabei bieten sich zwei Richtungen der Verbesserung an: Zum einen sind drei Gesetze eben drei und nicht ein Gesetz. Drei Prinzipien sind eigentlich zwei zu viel. Selbst wenn man das zweite Gesetz über die quadratische Abnahme der Schwerkraft als entscheidend ansieht, können die beiden anderen Gesetze nicht weggelassen werden. Auch bleibt das quadratische Gesetz in sich unerklärt. Warum quadratisch wie die elektrische Kraft, dabei jedoch ohne positive und negative Ladungen? Auf der anderen Seite waren nicht alle damaligen Naturerscheinungen schon mechanisch erklärt, die einheitliche Theorie war mit den ›Principia‹ noch längst nicht da. Newton selbst hat sich mit den ›Opticks‹ beschäftigt, doch seine optischen Gesetze sind nicht mechanisch ableitbar, da ist er gescheitert. Dennoch erwägt er in einer späten Auflage der ›Principia‹ von ferne den Gedanken, ob nicht alle Erscheinungen durch eine immer gleiche Kraft in der Natur zustande kommen. Die Gravitation scheint ihm für diese Einheit der aussichtsreichste Kandidat zu sein: ›Die Existenz der Schwere und die von uns dargelegten Gesetze ihrer Wirkung reichen tatsächlich für alle Bewegungen der Himmelskörper und unseres Meeres aus.‹[48] Auch die Erscheinungen der Wärmeleitung standen noch unerklärt da. Bis 1900 sollte auf dem theoretischen wie auf dem praktischen Felde noch viel geschehen.

Prinzip der Sparsamkeit. Für das Experiment begabt war der in Turin geborene und für das französische Militär tätige Lagrange nur wenig, dafür ungewöhnlich mit mathematischen und spekulativen Talenten gesegnet. Ab 1772 überarbeitete er die Newtonische Mechanik und gab ihr mit seiner ›Mécanique analytique‹ von 1788 einen formalen Abschluß. Er konnte Newtons Formeln auf eine geschickte und neuartige Weise vereinfachen und die Rechnungen erleichtern. Die Lagrangesche Mechanik ist hoch abstrakt, doch auch leistungsfähig, sie erbringt die übliche Leistung in glänzender Form: **Sie erklärt mit weniger Prinzipien mehr Erfahrungen.** Lagrange verwendet ein Sparsamkeitsprinzip in der Mechanik, das sogenannte Prinzip der kleinsten Wirkung. Er hat dieses Prinzip nicht erfunden, doch als erster mit virtuoser Meisterschaft gehandhabt.

Der große Physiker Max Planck (1858–1947), der uns im nächsten Kapitel noch ausführlich begegnen wird, hat mit einem Aufsatz aus dem Jahr 1915 unter dem Titel ›Das Prinzip der kleinsten Wirkung‹[49] dem französischen Kollegen ein würdiges Denkmal gesetzt. Er erläutert die Vor- und Nachteile des Prinzips vom kleinstmöglichen Energieaufwand bei der Bewegung eines Körpers. Von wem stammt diese Idee der kleinsten Wirkung? Planck urteilt gerecht und beläßt auch den Vorläufern von Lagrange ihren Anteil am Erfolg. Er nennt Pierre Louis Moreau de Maupertuis (1698–1759), den Präsidenten der Preußischen Akademie der Wissenschaften. Dieser hatte seine ganze Existenz auf das Wirkungsprinzip gesetzt, er wollte es überall am Werke sehen, innerhalb und außerhalb der Wissenschaften. Wobei er in seinem Ehrgeiz den Grundsatz übertrieb und ideologisch wurde, Wunsch und Wirklichkeit verwechselnd.

Planck sucht Allwissen. Das Ziel der Naturforscher im 18. Jahrhundert ist in jedem Fall klar, sie möchten Newton durch Vereinfachung weiter verbessern, ich kenne keine Ausnahme. ›Der Traum von der Weltformel‹ war ihr Programm, wir haben es schon oben (S. 38) bei Rudjer Boškovic gesehen. Das war ein fruchtbares Vorhaben, da es die Erkenntnis der unbelebten Welt ungemeint förderte. Selbst Planck hatte zwei Jahrhunderte später, zu Anfang des 20. Jahrhunderts, die Hoffnung auf das Allwissen der Natur durch ein einfaches Prinzip nicht aufgegeben: ›Solange es eine physikalische Wissenschaft gibt, hat ihr als höchstes erstrebenswertes Ziel die Lösung der Aufgabe vorgeschwebt, alle beobachteten und noch zu beobachtenden Naturerscheinungen in ein einziges einfaches Prinzip zusammenzufassen.‹[50] Heute hat die Idee kaum mehr als ein paar dürre Äste an einem entlaubten Baum anzubieten.

Planck als Zögling strenger preußischer Erziehungskultur ist nüchtern und berauscht zugleich. Vielleicht kann den von Newton entfachten Traum nur jemand beenden, der ihn so ernst genommen hat wie dieser Mann. Mit Blick auf Planck meinte der vielleicht noch tiefsinnigere Heisenberg, ›nur ein wahrer Konservativer könne ein wahrer Revolutionär sein‹.[51] Planck weiß, wie es um die Sache bestellt ist: Weder ist das Ende im Jahr 1915 erreicht, als er der physikalischen Wissenschaft noch einmal ihr höchstes Ziel vor Augen bringt. Noch bestand große Hoffnung, es einmal erreichen zu können, daher formulierte der Berliner Physiker den alten Traum ohne Abstriche. Es ist das mechanische Programm der Neuzeit, und insofern empfindet Planck mechanisch: Die Erscheinung vom Zufall loslösen und die Notwendigkeit ihres Auftretens bestimmen. Nicht nur auf die Widerspruchsfreiheit der Physik nach innen kommt es Planck an, sondern auch auf die Zuständigkeit für alle äußere Wirklichkeit. Die Naturforscher wollen am Ende alles erklären, das ist ihr höchstes und einziges Ziel. Ein Mittel zur Erreichung des Zieles sieht Planck im Prinzip der kleinsten Wirkung. Es erscheint ihm sogar tiefer begründet zu sein als etwa die Erhaltung der Energie.

Kraft des Prinzips. Er gibt ein Beispiel für die Leistung des Prinzips der kleinsten Wirkung und nimmt einen kräftefreien materiellen Punkt an. Das ist nach Definition ein Körper, auf den keine Kräfte einwirken oder doch nur solche, die sich in der Summe aufheben. Nach dem Satz über die Erhaltung der Energie bewegt sich ein Massenpunkt mit gleichbleibender Geschwindigkeit fort, weil die Energie dem Quadrat der Geschwindigkeit entspricht. Doch über die Richtung sagt die Energieerhaltung nichts aus, die kinetische Energie ist unabhängig von jedem Kurs. Die Bahn des Punktes könnte geradlinig oder auch kreisförmig sein. Das ist beim Prinzip der kleinsten Wirkung anders: Es verlangt eine gerade Bewegung des Körpers zwischen zwei Punkten A und B, wenn sonstige Kräfte nicht vorhanden sind. Damit ist das erste Newtonische Gesetz, was zugleich Galileis Gesetz der Trägheit war, aus einem höheren Prinzip abgeleitet.

Das Prinzip der kleinsten Wirkung galt lange Zeit als Ideal der theoretischen Forschung, als ein Ziel, das sie sich gesteckt und in dem sie ihre Erfüllung zu suchen hatte. Die Bedeutung des Prinzips erstreckt sich nicht allein auf mechanische, sondern ›auch auf thermische und elektrodynamische Erscheinungen, und in allen seinen Anwendungsgebieten gibt es nicht nur Aufschluß über gewisse Eigenschaften der betreffenden physikalischen Vorgänge, sondern es regelt ihren räumlichen und zeitlichen Ablauf vollkommen eindeutig‹, wie Max Planck zu rühmen weiß.[52] ›Die Mechanik war nicht nur Vorbild; sie schien auch das einzig denkbare Schema zu sein. Man versuchte, auch die Erscheinungen des Lichtes und der Wärme, die elektrischen und magnetischen Erscheinungen in diesen Rahmen einzugliedern.‹[53]

Teleologischer Charakter. Das Wirkungsprinzip hat einen gewissen teleologischen Charakter, denn es greift aus einer Schar von möglichen Bewegungen eine einzige bestimmte Bewegung als wirklich heraus. Planck spricht von einem teleologischen Beigeschmack, ohne doch sein eigenes Gefallen an dem Prinzip zu verlieren. Es besagt: Bei jeder mechanischen Bewegung nimmt eine gewisse Größe den Wert Null an. Wer wählt hier aus? Wer zeigt unter den vielen möglichen auf die schließlich vollzogene einzig reale Bewegung? Wer nur die Wirkkausalität als wissenschaftlich gelten läßt, kann kaum die Zielkausalität als Erklärung anerkennen. Die Wirkkausalität verlangt, alle Eigenschaften einer Bewegung allein aus ihren früheren Zuständen abzuleiten, ohne Rücksicht auf das, was in Zukunft passieren wird. ›Die moderne Physik hat seit Galilei ihre größten Erfolge in der bewußten Abkehr von jeglicher teleologischen Betrachtungsweise errungen, sie verhält sich daher auch heute mit Recht ausgesprochen ablehnend gegen alle Versuche, das Kausalitätsgesetz mit teleologischen Gesichtspunkten zu verbinden.‹[54]

Brief von Leibniz 1707. Bei solchem Unbehagen an der Teleologie ist Planck jedoch nicht stehen geblieben. Den praktischen Nutzen, den die Teleologie bei der Auffindung der Naturgesetze leistet, will er nicht missen. Er kennt die historischen Tatsachen, er weiß um die Herkunft des Prinzips, das Leibniz in einem verlorenen Brief aus dem Jahr 1707 zum ersten Mal formuliert hat. Darin drückt der Hannoveraner die ›feste Überzeugung von einem innigen Zusammenhang der Naturgesetze mit dem Walten einer höchsten Intelligenz‹ aus.[55] Das sei der Ausgangspunkt bei der Entdeckung des Prinzips der kleinsten Wirkung gewesen, meint Planck. Ein solcher Glaube lasse sich zwar nicht beweisen, doch auch niemals widerlegen.

Die Verlegenheit bei Max Planck ist nicht zu übersehen. Das teleologische Prinzip nützt der Wissenschaft, doch paßt es nicht zu ihrem mechanischen Geist. Der Physiker Siméon Denis Poisson hielt daher das Minimalprinzip im Jahre 1837 für eine ›unnütze Regel‹.[56] Erst als Forscher wie Thomsen, Kirchhoff und Boltzmann das Prinzip auch für die Lösung hydrodynamischer und elastischer Probleme benutzten, gingen die Vorbehalte zurück, ohne ganz zu verstummen.

Aufklärung der Verlegenheit. Ich meine, die Verlegenheit Plancks und anderer hatte ihre Berechtigung. Vielleicht können wir sie einen Schritt weit aufhellen. Der Gegensatz zwischen Wirkursache und Zielursache tritt nicht zufällig in der Wissenschaft auf. Zunächst einmal gibt es gewiß Zielursachen in der Welt, wie auch ein rabiater Gegner der Teleologie nicht leugnen wird. Sie sind jedem Menschen gut bekannt: Es sind seine eigenen Pläne; was der Mensch an bewußten und unbewußten Zielen in sich trägt, ist seine Teleologie. Ich will von einem Ort A zu einem Ort B gelangen. Um mein Vorhaben auszuführen, setze ich zuerst einmal meine Beine ein, deren Bewegung die Wirkursache zur Gewinnung des Zieles ist. Wenn die Orte zu weit auseinander liegen, setze ich noch andere Mittel als Wirkursache ein: das Fahrrad, das Auto, die Eisenbahn. Wenn es noch weiter ist, wähle ich das Flugzeug und zum Schluß die Rakete. Das Bedenken gegen das teleologische Denken liegt nicht in dieser lokalen Zielursache, weil niemand dem Menschen seine Ziele bestreitet. Sie liegt in der globalen: Ist die Welt oder die Natur insgesamt auf ein Ziel ausgerichtet? Das haben die mechanisch denkenden Physiker zumeist heftig bestritten. Man kann verstehen, warum. Wenn der Mensch die Welt begreifen will, sollte niemand anderes in sie eingreifen, also sollte es in ihr möglichst nur Wirkursachen geben; Zielursachen stören den Überblick. Mechanisches Denken befreit mich von einem lästigen Konkurrenten. Zielursachen außerhalb des menschlichen Bewußtseins müßten in einer Art von göttlichem Bewußtsein angesiedelt werden. Dadurch würde der Mensch ergriffen, statt selbst ergreifen zu können. Beim Ablauf der Welt wird in diesem Fall eine Wahl getroffen, die nicht aus ihm selbst stammt. Vom Instinkt her lehnt sich der neuzeitliche Mensch gegen fremde Ziele auf, da er selbst alle Ziele bestimmen will, ohne von außen bestimmt zu sein.

Manie der Weltformel. Dennoch ist verstehbar, warum die geschmähte Teleologie bei der Suche nach der Vereinheitlichung der Newtonischen Physik wieder auftaucht. Die Suche nach dem einen Prinzip, das den drei Gesetzen vorausliegt, ist teleologischer Art, das heißt, das Prinzip muß angenommen werden, um etwas anderes mit ihm erklären zu können, nämlich die drei Gesetze. In menschlichen Bildern sieht das Problem so aus: Wer mir ein Geschenk macht, von dem bin ich bis zum Augenblick des Schenkens abhängig, ob ich es nun weiß oder nicht; denn der Geber könnte seine Gabe auch zurückziehen. Nach dem Schenkungsakt habe ich zwar das Geschenk angenommen und ergriffen, bin also jetzt nicht mehr abhängig vom Geber, außer vielleicht zur Dankbarkeit verpflichtet ihm gegenüber, wenn ich denn davon wissen will. Doch bevor es mir gegeben wurde, hat mich das Geschenk ergriffen und in eine Fülle von Abhängigkeiten gestürzt: Ob ich es überhaupt erhalten werde? Ob ich es jetzt oder später bekommen werde? Von welcher Art wird es sein? Wie lange wird es halten? Und viele Punkte mehr, die ich alle nicht selbst bestimmen kann, sondern die mich fest im Griff haben. Ist meine Welt ein Geschenk? Man könnte die Teleologie vertreiben, die von einem göttlichen Geist ausgeht, wenn man im Besitz einer letzten Welterklärung wäre, die nicht wieder durch ein höheres Prinzip erklärt werden müßte. Daher, aus diesem Antrieb, scheint mir, entsteht die mit Manie aufgeladene Suche nach einer Weltformel in der Neuzeit.

Durch sie, wenn es sie gäbe, hätte der Mensch wirklich Gott vertrieben, denn dann regelte das Gesetz alles Geschehen. Bis auf einen winzigen Rest, der bei Leibniz eben noch ausgereicht hat, einen guten, lenkenden, die Welt aufs beste ordnenden Schöpfergott anzunehmen. Dieser hat nach Leibniz eine vollendet mechanische Welt geschaffen, in der Gott vorsorglich schon alles geordnet hat, weil er hinterher durch die mechanischen Gesetze am Eingreifen gehindert ist. Leibniz erfindet das raffinierteste deistische System, das denkbar ist: Gott kann zwar nicht mehr in die Welt eingreifen, wenn er sie einmal geschaffen hat, doch vorweg schon war er genügend tätig, damit für die Freiheit gesorgt ist. Dieser Gott ist sehr, sehr fern gerückt, er wohnt in einem Abstand, der sich von der Abwesenheit und von der Nicht-Existenz kaum mehr unterscheidet, wie es ja Clarke-Newton schon bemerkt hatte (oben S. 43), aber er ist gerade noch erkennbar in einer Spur, die wie ein letzter Duft für einen Augenblick im Raum schwebt.

Global und lokal. In der Quantentheorie des 20. Jahrhunderts ist alles ganz anders gekommen, die mechanischen Hoffnungen haben sich zerstreut und Befürchtungen nahmen ihren Platz ein. Das gegebene Element, das ich nicht vorweg begreifen kann, ist wieder da, und zwar in einer Weise, wie es sich die mechanischen Physiker der Neuzeit niemals hätten träumen lassen. Die Natur wird nicht nur global gegeben, worauf Leibniz seine letzte Hoffnung gesetzt hatte, sondern in jedem Augenblick auch lokal, sowohl zeitlich wie räumlich. Davon handelt die Wiederkehr des Zufalls in Kapitel 2.

Letzter Triumph. Bevor die Mechanik zu ihrem Ende kam, feierte sie im 19. Jahrhundert noch einen ihrer ganz großen Triumphe. Sie konnte ihre Kraft auf einem Gebiet zeigen, das bisher weit entfernt lag und sich ihrem Überblick entzogen hatte. Die Wärmelehre oder Thermodynamik, wie das Gebiet genannt wird, hat auf den ersten Blick wenig mit der Newtonischen Physik zu tun; und tatsächlich, nachdem die Mechanik dieses fern abliegende Gebiet erobert hatte, begann mit der Theorie der schwarzen Strahlung ihre Auflösung, als ob sie sich im Gegenstand vergriffen hätte.

6. Clausius und Boltzmann. Die Thermodynamik entstand im Laufe des 19. Jahrhunderts durch Arbeiten von Carnot, Joule, Mayer, Helmholtz und anderen; sie deckt die Beziehung von Energie, Wärme und Arbeit auf. Kurz gesagt, sie ist die Theorie der Dampfmaschine. Die Thermodynamik war zunächst eine ganz praktische Sache, man konnte sie kaum eine Theorie nennen, sie war mehr Ingenieurskunst. Die theoretische Einsicht erschien erst lange nach der Maschine. ›Die Dampfmaschine des 18. Jahrhunderts wurde noch weitgehend aus den Traditionen des Bergbaus und des Handwerks heraus entwickelt; der Elektromotor des 19. Jahrhunderts wäre ohne die vorangegangenen wissenschaftlichen Entdeckungen Faradays nicht möglich gewesen; den Atomreaktor unseres Jahrhunderts haben die Atomphysiker selbst entworfen und zuerst gebaut.‹[57]

Kunst der Lokomotive. Die Theorie der Wärme verknüpft Eigenschaften wie Temperatur, Druck und Volumen miteinander. Ein bekanntes Beispiel liefern die Gesetze des idealen Gases. Auf Wasserdampf, bei mäßigen Temperaturen, läßt es sich anwenden. Eine Lokomotive läuft, weil eines dieser Gesetze besagt: Wenn das Volumen konstant ist, zum Beispiel der Kessel, steigt der Druck gleichmäßig mit der Temperatur an. Wird der Wasserdampf im Kessel erhitzt, erhöht sich der Druck, denn der eiserne Dampfkessel wird bei Hitze nicht größer. Der Überdruck erzeugt über eine Pleuelstange eine gerichtete Bewegung, die Maschine übernimmt diese Bewegung und fährt los, wobei sie gewaltige Lasten zu transportieren vermag, was eine Voraussetzung für die industrielle Revolution im 19. Jahrhundert war. Richtungslose Wärmeenergie in gerichtete Bewegung umzusetzen, ist die Kunst der Dampfmaschine und der Lokomotive. Warum und wie die Maschine das vermag, das sollte die theoretische Thermodynamik aufklären. Im Falle der Dampfmaschine kam die Praxis weit vor der Theorie.

Die Hauptsätze. Die Wärmelehre läßt sich vollständig in wenigen Grundsätzen formulieren; sie werden gewöhnlich die Hauptsätze der Thermodynamik genannt. Die Sätze beruhen auf empirischen Beobachtungen, sind also Erfahrungssätze. Dennoch haben sie im späten 19. Jahrhundert auch ihre theoretische Begründung gefunden. Mit der statistischen Wärmelehre von Clausius, Maxwell und Boltzmann konnten viele Erscheinungen der Thermodynamik mit Hilfe einer Mechanik der atomaren Welt bestätigt werden. Dennoch besitzt die mikroskopische Mechanik einen neuen und eigenständigen Status, weil sie Statistik benutzt und damit ein Element in die Naturforschung einführt, das in der klassischen Mechanik nicht üblich war. Die Statistik wird auch das Einfallstor derjenigen Wirklichkeit sein, die schließlich über die Mechanik hinausführt. Die Statistiker des 19. Jahrhunderts behandelten den Zufall als gutartig, als nur oberflächliches Nichtwissen, erst im 20. Jahrhundert wird der Zufall in der Quantentheorie zum echten Nichtwissen, womit lange Zeit niemand gerechnet hatte.

Erster Hauptsatz. Die Wärmelehre hat zwei Hauptsätze, den ersten und den zweiten Satz. Manche sagen, sie hätte vier Sätze und fügen einen nullten vorne und einen dritten Hauptsatz hinten an; doch diese beiden fallen gegen die zwei ersten Sätze stark ab und haben eher Hilfscharakter. Entscheidend für das mechanische Verstehen der Wärme sind die Hauptsätze eins und zwei. **Der erste Satz lautet: Die Energie eines abgeschlossenen Systems bleibt unverändert.** Verschiedene Energieformen können sich ineinander umwandeln, doch die Energie selbst kann weder aus dem Nichts erzeugt werden noch dahin verschwinden. In dieser Form ist der Satz einfach die Verallgemeinerung des mechanischen Grundbegriffs von der Erhaltung der Energie. Was bisher eine Rechengröße im Newtonischen System war, wird jetzt auf alle Naturvorgänge angewandt, und siehe da, die Erhaltung der Energie ist wirklich universal. Seit zwei Jahrhunderten haben die Physiker nicht die geringste Abweichung von dieser Erhaltung feststellen können.

Falsch gemessen. Eine Anekdote zeigt die Strenge dieses physikalischen Satzes. Im Jahre 1935 veröffentlichte ein amerikanischer Physiker, Angehöriger einer angesehenen Schule, eine Arbeit, in der er von einem schwierigen Experiment berichtete, das den Satz von der Erhaltung der Energie einschränken sollte. Bei sehr hohen Energien, sagt er in der Arbeit, gilt die Erhaltung nicht mehr in aller Strenge, sondern nur im Mittel. Diese Arbeit wurde von den Physikern viel beachtet, sie gelangte auch in die Hände von Werner Heisenberg, der nach der Lektüre bemerkte: Der hat falsch gemessen. Ein Jahr später mußte der Verfasser in der Tat widerrufen. ›Er publizierte eine neue Arbeit, in der er mitteilte, ihm sei leider in der Interpretation seiner Experimente ein Irrtum unterlaufen, und der Energiesatz sei auch hier streng gültig.‹[58]

Robert Mayer. Merkwürdig jedoch: Dieses streng notwendige Gesetz wurde zufällig gefunden. Der studierte Mediziner Robert Mayer (1814–1878), nach seiner Nobilitierung 1867 Robert von Mayer genannt, fand das Gesetz der Energieerhaltung, ohne es gesucht zu haben. Er begann seine Laufbahn 1840 als Schiffsarzt auf einem holländischen Dreimaster. Bis zum Antritt der Reise hatte er sich kaum für Physik interessiert. Jetzt machte er zwei Beobachtungen auf dem Schiff, die ihn stutzen ließen. Zum einen waren bei

Sturm die Wogen der See auffällig wärmer als bei ruhigem Wetter. Erfahrene Seeleute kannten die Erscheinung schon lange, doch der Neuling zur See wunderte sich und fragte nach dem Grund. Zum anderen wußte er als Arzt von dem Unterschied zwischen dem hellen Blut der Arterie und dem dunklen Blut der Vene. Diesen Unterschied fand er auch jetzt, doch anders als er ihn gewohnt war: In den Tropen fällt die Differenz geringer aus als in den gemäßigten Breiten, im heißen Klima nimmt das Venenblut der Europäer eine ähnlich hellrote Färbung an wie ihr arterielles Blut.

Mechanisches Wärmeäquivalent. Beide Beobachtungen zusammen führten Mayer auf den Energieerhaltungssatz. Zum einen schloß er: Die Windenergie wandelt sich und wird zur Wärmeenergie in den Wasserwogen, also windgepeitschtes Wasser erwärmt sich. Zum anderen verbraucht der menschliche Körper in den Tropen unter dem Äquator weniger Energie als in den kühlen Zonen des Nordens; im heißen Klima ist die Differenz der beiden Blutarten geringer, als es Mayer in Deutschland gewohnt war. Wasserwärme wie Körperwärme sind zwei Formen von Energie, also sollte Energie auch eine Form von Bewegung sein. Mayer fragte sich, wie die Summe der direkt oder indirekt entwickelten Wärmemengen mit den mechanischen Prozessen in Zusammenhang steht. Diese Frage führte ihn 1842 zur Einsicht in die universale Energieerhaltung: Wärme und mechanische Arbeit sind gleich, nämlich Bewegungsenergie, einmal in mikroskopischer, einmal in makroskopischer Form, also einmal in kleinteiliger und einmal in kompakter großer Gestalt. Und sie gehen durch Umwandlung ineinander über. Die Bewegungsenergie großer Körper setzt sich durch Reibung in molekulare Energie um, wie auch die molekulare Energie durch die Dampfmaschine, zum Teil, wieder in die Bewegung großer Körper umgesetzt werden kann. Die Vermutung wurde zum Gesetz, als Mayer das sogenannte mechanische Wärmeäquivalent im Experiment bestimmen konnte. In einem Büchlein von 1845 mit dem Titel ›Die organische Bewegung im Zusammenhange mit dem Stoffwechsel: Ein Beitrag zur Naturkunde‹[59] erfaßte er den Zahlenwert des Wärmeäquivalents ziemlich genau. Anfangs nannte er 365 kpm für eine Kilokalorie, später dann 425 kpm, was dem richtigen Wert von etwa 427 kpm schon sehr nahe kommt. Das soll heißen: Wenn ein Körper mit dem Gewicht von 427 Kilopond einen Meter tief fällt, dann kann mit seiner Energie die Temperatur von einem Liter Wasser um ein Grad Celsius erhöht werden. Man kann auch ein Kilopond 427 Meter fallenlassen, um das gleiche Ergebnis zu erhalten, und ähnliche Varianten mehr.

Mayers Satz wird heute als der Erste Hauptsatz der Wärmelehre angesprochen und war der Vorreiter des allgemeinen Energieerhaltungssatzes, den Hermann von Helmholtz 1847 aufstellte. Als Außenseiter erlangte Robert Mayer viele Jahre lang nicht die Anerkennung, die ihm gebührte. Er hätte sie aufgrund seiner allgemeinen Idee auch niemals bekommen, doch konnte er in Zahlen die Richtigkeit seiner Naturphilosophie nachweisen. Das Wärmeäquivalent war ein überragendes und unwidersprechliches Ergebnis. Mayer selbst betrachtete den Energiesatz als physikalische Fassung der alten metaphysischen Regel: ›Causa aequat effectum. – Die Ursache entspricht der Wirkung.‹ Danach sollte wohl alle Kraft, die in einen Prozeß eingeht, nicht verloren gehen, sondern darin wieder zur Verfügung stehen.

Zweiter Hauptsatz. Der Bruch in der Physik geschieht mit dem Übergang vom ersten zum zweiten Hauptsatz der Wärmelehre. Dieser ist von merkwürdig anderer Art. **Der zweite Hauptsatz besagt: Es gibt in jedem abgeschlossenen System eine Größe, die niemals abnimmt.** Diese Zustandsgröße wird Entropie genannt. Damit werden naturhafte Prozesse für unumkehrbar erklärt, während der erste Satz, wie in der gesamten Physik bisher üblich, nur umkehrbare Prozesse in den Blick nimmt. Zum Beispiel: Alle Planeten können nach den Naturgesetzen vor- und zurücklaufen, wie auch alle Pendel vor- und zurückschwingen. Doch eine Tasse heißen Kaffees wird immer nur kälter, wenn sie in einem Zimmer mit normaler Temperatur steht, wobei der Kaffe bald die Zimmerwärme annimmt. Der umgekehrte Vorgang ist noch nie beobachtet worden, obwohl er nach den Gesetzen der klassischen Mechanik möglich ist: Noch nie hat sich eine kalte Tasse Kaffee erhitzt und gleichzeitig die Zimmerluft abkühlen lassen. Nach dem Energieerhaltungssatz, also nach dem ersten Hauptsatz der Thermodynamik könnte es geschehen, der zweite jedoch verbietet es.

Der zweite Hauptsatz ist deshalb so merkwürdig, weil er von allen Prinzipien des Wissens abweicht, die bisher in Physik und Metaphysik gültig waren. Nicht mehr eine beständige Größe im Wandel der Erscheinungen wird hier in den Blick genommen, sondern das Wachstum einer Größe, für die kein Gesetz existiert, denn für das Maß der Entropie gibt es keiner genauen Regel. Das ist neuartig und war bisher in der Wissenschaft nicht vorgekommen. Es kann zwar in Raum und Zeit die Geschwindigkeit oder eine Strecke wachsen, doch wenn das auf den Punkt gebracht, also erkannt ist, dann ist die Bewegung mit dem Gesetz zur Ruhe gekommen. Ein solches Gesetz existiert bei der Entropie nicht, sonst hätten wir ja wieder eine Beständigkeit im Wandel erkannt. Der 2. Hauptsatz ist gar kein richtiges Naturgesetz, oder gehört nur zur Hälfte unter die Naturerscheinungen. Er zeigt zum ersten Mal die Grenze der physikalischen Notwendigkeit an, also der Erkennbarkeit der Naturerscheinungen im Gesetz, zugleich auch das Zusammenwirken mit dem, was der Notwendigkeit gegenüber steht, mit dem Zufall. **Der zweite Hauptsatz ist ein erstes Beispiel für den Zusammenprall von Zufall und Notwendigkeit, der sich in der Wissenschaft ereignet hat.** Wer die Harmonie liebt, kann auch von der Zusammenarbeit von Zufall und Notwendigkeit sprechen.

Rudolf Clausius. Als Entdecker des zweiten Hauptsatzes gilt Rudolf Clausius (1822–1888). Er war Physiker in Bonn und hat sich vor allem durch sein Werk über ›Die mechanische Wärmetheorie‹ von 1876 einen Namen gemacht. Auch gilt er als Schöpfer des Begriffs ›Entropie‹, was ein griechisches Kunstwort ist und so viel wie Hin-Wendung meint, nämlich die Zerstreuung von Molekülen im Raum, also ihre Hinwendung in alle Richtungen. Im Jahre 1850 begann Clausius mit den Arbeiten zur Wärmetheorie. Den von Sadi Carnot 1824 geahnten und von Julius Mayer 1842 formulierten Energieerhaltungssatz nahm er als ersten Hauptsatz der Thermodynamik in seine Theorie auf und gab ihm eine quantitative Form, indem er eine Beziehung zwischen der Wärmemenge, der Arbeit und der inneren Energie aufstellte. Dieser Zusammenhang kann nur bestehen, wenn Wärme kein Stoff ist, wie man bis dahin gemeint hatte. Wärme müßte eine Form von Energie sein, die in der Bewegung von Molekülen auftritt und die in andere Formen von Energie umgewandelt werden kann. Wärme zeigt sich als eine Form der Bewegung etwa bei Reibung. Ein Stab wird umso wärmer, je mehr er etwa mit einem Lappen gerieben wird. Beim Reiben wird die große Bewegung der Hand in die Bewegung der kleinen Moleküle umgesetzt.

Die Energieerhaltung war allerdings ergänzungsbedürftig, weil diese Erhaltung, wie gesagt, das Abkühlen einer Tasse mit Kaffee nicht beschreiben kann. Es fehlt ein Gesetz, das die Erwärmung der Tasse bei gleichzeitiger Abkühlung des Zimmers verbietet, was nach der Newtonischen Mechanik sehr gut möglich wäre. Schon Sadi Carnot hatte von der Zeitrichtung in der Wärmeausbreitung gewußt, jedoch erst Clausius erkannte die umfassende Bedeutung dieser Erscheinung. Um 1850 spricht er diese Erfahrung als den Zweiten Hauptsatz der Thermodynamik aus.

Differenz der Temperatur. Carnot wie auch Clausius studierten die Dampfmaschinen ihrer Zeit. Jede Wärmemaschine hat zwei Behälter, der eine hat eine höhere, der andere eine niedrigere Temperatur. Auf den Unterschied kommt es an, er bewirkt den Austausch der Wärme. Je größer die Temperaturdifferenz zwischen den Behältern, um so besser der Wirkungsgrad der Dampfmaschine. Ist die Differenz null, läßt sich keine Bewegung gewinnen, die Maschine steht still, so heiß die Behälter auch sein mögen. In realen Wärmekraftprozessen wird ein mittlerer Wert erzielt. Theoretisch könnte ein Verbrennungsmotor einen Wirkungsgrad von über achtzig Prozent erreichen. Das ergibt sich aus der Differenz zwischen dem heißen Gas und der natürlichen Umgebungstemperatur. Praktisch erreichen Ottomotoren nur 33 Prozent, Dieselmotoren vielleicht 40 Prozent des theoretischen Wirkungsgrades.

Ludwig Boltzmann. Zum bedeutenden Theoretiker der Wärme wurde der Wiener Physiker Ludwig Boltzmann (1844–1906). Er verstand die Entropie als eine mikroskopische Größe und feierte mit seinem Einfall den letzten Triumph der Mechanik. **Ein makroskopischer Zustand kann durch viele mikroskopische Zustände gebildet sein.** Die Entropie wächst deshalb mit der Anzahl der mikroskopischen Zustände eines Systems, die das gleiche makroskopische Aussehen bilden. Wenn die Entropie wächst, gleichen sich die Unterschiede aus. Dieser Vorgang kann durch eine Dampfmaschine in gerichtete Bewegung umgesetzt werden, wobei zugleich die Temperaturen der beiden Behälter sich angleichen. Warum kommen einige Vorgänge häufiger vor als ihre Umkehr? Boltzmanns statistische Mechanik antwortet mit den dafür erforderlichen atomaren Zuständen, die bei gewissen gerichteten Bewegungen häufiger möglich sind als diejenigen für die Umkehrung.

7. Licht und Strom. Am Ende des 19. Jahrhunderts verdichten sich die Anzeichen für ein Ende des mechanischen Zeitalters auf fast allen Gebieten der Physik. Die Erfahrungen verweigern sich, die Phänomene verwehren immer mehr die Vorhersage und den Überblick.

Selbst in der Theorie des Lichtes ging die Sichtbarkeit der Erscheinungen zurück. Das geschah durch die Entdeckung der Relativität der Bewegungen. Schon in der klassischen Mechanik galt ein Relativitätsprinzip für die Geschwindigkeiten, mit der sich Körper bewegen. Nach dem galileischen Trägheitsgesetz behält ein Körper seinen Zustand der gleichförmigen Bewegung bei, wenn keine äußere Kraft auf ihn wirkt. Keine Messung kann feststellen, welcher von ihnen ruht und welcher bewegt ist, wenn die Bewegung ohne Beschleunigung ist; einzig die relative Geschwindigkeit ist feststellbar. In der Elektrodynamik, die seit Maxwell die Optik einschloß, hatte man gehofft, ein absolut ruhendes Medium zu finden. Dieser Äther sollte schwingen können und uns als Lichtwelle erscheinen, er sollte also die Funktion übernehmen, die man früher dem absoluten Raum für die Bewegung zusprechen wollte. Albert A. Michelson entdeckte 1887 die Unmöglichkeit eines solchen Äthers. Die Bewegung eines Körpers im Raum kann relativ zum Äther nicht festgestellt werden, also kann ein Äther nicht existieren. Das Experiment von Michelson ist eines der berühmtesten in der Geschichte der Physik, vor allem, weil niemand ein solches Ergebnis erwartet hatte. Es wurde erstmals 1881 von Michelson im Keller des Hauptgebäudes des Astrophysikalischen Observatoriums auf dem Telegraphenberg in Potsdam und im Juli 1887 in verfeinerter Form zusammen mit Edward Morley in Cleveland in Ohio durchgeführt. Michelson war bis zum Ende seines Lebens entsetzt über sein Ergebnis und hat immer wieder einmal versucht, die Idee eines mechanisch anschaubaren Äthers zu retten, allerdings immer vergebens.

Die theoretische Physik bis zum Ende des 19. Jahrhunderts ging von einem Bild aus: Die Lichtwellen sollten sich verhalten wie Wasser- und Schallwellen. Auch Licht sollte sich eben in einem Medium wie Wasser oder Luft ausbreiten, das man kurzerhand den Lichtäther nannte. Das Experiment hatte das Ziel, diesen Äther und die Geschwindigkeit der Erde auf ihrer Bahn um die Sonne ausfindig zu machen. Es war wegen der geringen Bahngeschwindigkeit relativ zur Lichtgeschwindigkeit nicht einfach durchzuführen. Doch es lieferte eindeutig und wider Erwarten für die Geschwindigkeit der Erde durch diesen Äther den Wert Null, unabhängig von jeder Jahreszeit. Der Äther konnte nicht existieren. Das Ergebnis wurde erst 1905 mit Hilfe der Relativitätstheorie verstanden. Einstein verzichtet schon zu Beginn auf die Ätherhypothese. Er postulierte das Relativitätsprinzip ganz universell, für die Mechanik, für die Elektrodynamik und für alle anderen Gebiete der Naturforschung.

Mehr brauchen wir an dieser Stelle nicht zu wissen. Wir bemerken nur, wie der Überblick, den die Mechanik bisher gewährt hatte, auf allen Gebieten langsam entschwindet.

a) In der Thermodynamik löst sich die Symmetrie zwischen Vergangenheit und Zukunft auf. Der zweite Hauptsatz verwehrt es dem physikalischen Beobachter, wirklich oberhalb der Zeit zu stehen; er kann nicht wirklich auf die Zeitachse herabschauen. Jedenfalls wird der Blick im entscheidenden Punkt eingetrübt, weil die Zeit eine Richtung bekommt, die der Beobachter nicht umkehren kann.

b) In der Elektrodynamik geht durch die Versuche von Michelson und Morley 1887 die mechanische Vorstellung des Äthers verloren, also wird die Vorstellung über den Raum gemindert. Wie ein wenig später Einstein in der Speziellen Relativitätstheorie zeigt, sind Raum und Zeit nicht nur objektive Größen, sondern erzwingen die Einführung subjektiver Elemente, wenn wir uns wirklich in Raum und Zeit bewegen. Das Zwillingsparadoxon wird die subjektiven Bedingungen zeigen, denen Raum und Zeit unterliegen. Allerdings ist der subjektive Gebrauch von Raum und Zeit bei Einstein reversibel, weshalb er damit noch gut leben konnte: Wissen können alle Beobachter, was der andere sieht, auch wenn sie es nicht selbst sehen. Um wie viele Jahre jünger mein Zwilling bei seiner Rückkehr sein wird, kann ich schon vorher genau ausrechnen, wenn ich nur Dauer und Tempo seiner Reise kenne. Allerdings kann ich mich nicht an seine Stelle setzen.

c) Schließlich vollbringt Planck die entscheidende Tat. Nicht einmal der einzelne Beobachter weiß, was er zu sehen bekommen wird. Im Jahre 1900 wird der Überblick über die Natur grundsätzlich endlich. Planck führt im gleichen Jahr mit dem Wirkungsquantum eine unstetige Größe in die Physik ein, die vor allem die eine Eigenschaft hat: Die Unteilbarkeit des Quantums mindert den Überblick über Raum und Zeit, weil Zwischenzustände nicht einsehbar sind, die nicht existieren.

Der große Berliner Physiker hatte schon 1879 eine Dissertation ›Über den zweiten Hauptsatz der mechanischen Wärmetheorie‹ verfaßt, die allerdings nicht die geringste Beachtung erfuhr. Auch mit der Habilitation, bereits ein Jahr später, fand er keinen Widerhall. Der Eindruck beider Schriften ›in der damaligen physikalischen Öffentlichkeit war gleich Null‹.[60] Erst 21 Jahre später konnte Planck den Beifall für seine Ideen in Empfang nehmen, da alle anderen Wege aller anderen Forscher in die Sackgasse geführt hatten. Er mußte warten, bis seine Zeit gekommen war.

2. Die Rückkehr des Zufalls

›... die Annahme eines absoluten Determinismus für jede wissenschaftliche Untersuchung die unentbehrliche Grundlage.‹ (Max Planck 1914)[1]

2.1 Max Planck – Revolutionär wider Willen

Planck vor Darwin. Auf den ersten Blick scheint es nicht sehr geschickt zu sein, in diesem zweiten Kapitel zuerst von Max Planck und der Physik des zwanzigsten Jahrhunderts zu handeln, dann erst in einem späteren Kapitel von Charles Darwin. Schließlich lebte und wirkte der englische Biologe ein halbes Jahrhundert vor dem deutschen Physiker und hat lange vor diesem seine weltumfassende Tat vollbracht. Dennoch ist es angemessen, wie mir scheint, die umgekehrte Reihenfolge zu wählen. In einer wesentlichen Hinsicht ist Darwin der Nachfahre Plancks, obwohl er ihm zeitlich voraus war. Beide erscheinen als Diener des gleichen Herrn der Geschichte, den sie nicht gewählt hatten, dem sie jedoch gehorchen mußten. Sollen wir vielleicht sagen: Er hatte sie erwählt? Beide bereiteten dem Zufall den Weg, mit beiden gelangte er in die Wissenschaft. Da konnte er weiter wachsen und zum großen Ereignis in der Philosophie, schließlich sogar in der Theologie werden. Es gibt den Zufall als subjektives Unwissen, der durch mehr Wissen behoben werden kann. Es gibt jedoch auch den echten Zufall, das wirkliche Unwissen als objektives Unwissen, wie manche sagen, und dann kann er nicht behoben werden. In diesem Fall wird er zu einem ganz besonderen Wissen: **Der echte Zufall ist das Wissen von der Grenze des Wissens.**

Es war zunächst Planck, dem der abrupte Charakter des Zufalls vor Augen getreten ist. Denn unbewußt schlich sich bei Darwin der Zufall ein, als er von Variation und natürlicher Auslese bei der Entstehung der Arten sprach, er hat nicht besonders auf ihn geachtet, und störend fand er ihn auch nicht. In seinem wissenschaftlichen Weltbild war er nicht beunruhigt. Beunruhigt war dagegen Planck, der das Eindringen des Zufalls keinesfalls gewünscht oder geplant hatte und ihm doch die Türen öffnete, ja öffnen mußte. Planck war mit dem abrupten Ereignis, das sich ihm da zeigte, höchst unzufrieden. Da er kein Ideologe war, verleugnete er die Wirklichkeit jedoch nicht, als sie sich seinen Wünschen widersetzte, doch er rang mit ihr im Namen der klassischen Naturwissenschaft, wie Jakob am Jabbok einst mit dem Engel gerungen hatte und trug, wie dieser, eine lebenslange Verwundung davon. Darwin kämpfte nicht mit dem Zufall; er war zwar auch kein Ideologe, er hatte jedoch den Zufall in seiner Evolutionslehre nicht als Grenze der Wissenschaft bemerkt. Planck versuchte Dämme gegen das Eindringen des Zufalls zu errichten, wie das Motto oben zeigt, und bekannte sich zum absoluten Determinismus in der Wissenschaft, allerdings vergeblich. Einen Kampf mit den Prinzipien hatte Darwin nicht auszufechten, weil er schlicht meinte, die Ideale der neuzeitlichen Wissenschaft auch bei der Entstehung des Lebens angewandt zu haben. Trotzdem war es Darwin, der mitten im 19. Jahrhundert dem Zufall den Weg in die Wissenschaft bereitete, mit dem niemand gerechnet hatte, weshalb ihn niemand bemerkte, bevor Planck 1900 nachzog und dabei gleichzeitig vorausging. Bis heute würde niemand den Zufall in der Biologie richtig erkennen, wenn er nicht eine so zentrale Rolle in der Physik spielen würde. ›Der Zufall hat seinen Ursprung in der Unbestimmtheit der Elementarereignisse. … Unter speziellen Bedingungen kann es aber auch zu einem Aufschaukeln der elementaren Vorgänge und damit zu einer makroskopischen Abbildung der Unbestimmtheit des mikroskopischen Würfelspiels kommen.‹[2]

Winzig oder riesengroß. Deshalb handeln wir zuerst von Max Planck und seiner Revolution wider Willen in der unbelebten Welt, dann von der Revolution in der belebten Welt. Der Boden für die klassische oder mechanische Physik war im 17. Jahrhundert bereitet worden. Ihr goldenes Zeitalter hatte sie während des 18. Jahrhunderts in der Himmelsmechanik gefunden; sie konnte diesen Triumph während des 19. Jahrhunderts in der Wärmelehre noch einmal ausbauen. Mit einem Thema aus diesem Gebiet war der einundzwanzigjährige Planck 1879 promoviert worden.[3] Im 20. Jahrhundert wuchs die Mechanik weiter an und wurde auf immer neue Erfahrungsbereiche ausgedehnt. Allerdings bildete sie ab der Wende zum 20. Jahrhundert nicht mehr die Speerspitze der Naturforschung, denn weder physikalisch noch philosophisch kann sie ganz befriedigen. Der philosophische Mangel liegt auf der Hand: Es ist der Glaube an die Objektivität aller Wirklichkeit, für den es keinen guten Grund gibt, außer vielleicht der Freude des Wissenschaftlers an diesem Grundsatz. Angesichts der drohenden Gefahr rief etwa der Kosmologe Fred Hoyle (1915–2001) aus: ›Sonst verlieren wir die Universalität der

Gesetze in der Physik.‹[4] Das ist richtig. Der Grundpfeiler der wissenschaftlichen Methode ist die Objektivität der Natur, doch diese Methode ruht nicht auf einem Nachweis, sie ist ein Postulat und entspringt dem dringenden Wunsch nach Objektivität. Von solcher Sicherheit hatte schon Galilei geträumt, als er über den menschlichen Intellekt nachdachte und ihm die Fähigkeiten nachrühmte, einige Wahrheiten vollkommen zu begreifen. ›Freilich erkennt der göttliche Geist unendlich viel mehr mathematische Wahrheiten, denn er erkennt sie alle. Die Erkenntnis der wenigen aber, welche der menschliche Geist begriffen, kommt meiner Meinung an objektiver Gewißheit der göttlichen Erkenntnis gleich; denn sie gelangt bis zur Einsicht ihrer Notwendigkeit, und eine höhere Stufe der Gewißheit kann es wohl nicht geben.‹[5] Leider, wenn es den wesentlichen Zufall in der Natur gibt, ist es mit solch vollendeter objektiver Gewißheit vorbei. Es war der große Traum der Naturforschung gewesen, der nur zum Teil in Erfüllung gegangen ist, da die objektive Notwendigkeit am Ende in Verbindung mit dem Zufall auftritt. Manchmal ist der Zufall winzig, manchmal riesengroß, immer jedoch ist er vorhanden, oft geht er im statistischen Rauschen unter, zugleich erzeugt er in der Geschichte der Natur alle bemerkenswerten Ereignisse und Gestalten, immer natürlich in Zusammenarbeit mit seinem Gegenprinzip, mit der physikalischen Notwendigkeit.

Klassische Physik unmöglich. Der philosophische Mangel des Traums wurde erst nach dem physikalischen Mangel entdeckt, obwohl er ihm allezeit vorausliegt: ›Es handelte sich zunächst um die Unmöglichkeit einer einzigen, scheinbar sehr speziellen klassischen Theorie: der Thermodynamik des Maxwellschen Strahlungsfeldes in Wechselwirkung mit einem materiellen Wärmeaustauscher.‹[6] Die Theorie tritt auch hier erst auf, nachdem das Leben schon gelebt ist. ›Planck ist durch das Hauptportal in die Quantentheorie eingetreten: durch die Erkenntnis der Unmöglichkeit einer fundamentalen klassischen Physik.‹[7] Eine Ausnahme stellte in der Neuzeit eigentlich nur Immanuel Kant dar. Er schätzte die Wissenschaft vorsichtiger als alle anderen ein, indem er das Wissen einschränkte und die volle Objektivität der Wirklichkeit, das Ding an sich genannt, für unerkennbar erklärte. Besser sollte ich sagen, für einen widersinnigen Begriff. Er hatte in seiner Zeit allerdings nicht das Glück, verstanden zu werden; er löste das Verlangen aus, seine Erkenntnis zu verbessern, weil seine Erkenntnis zwar unwidersprechlich, doch zugleich auch unerträglich ist.

Unvermuteter Bruch. Die Geburt des Zufalls in der Natur können wir in das Jahr 1900 legen und von dort eine neue Zeit datieren. Genauer müßte ich sagen, nicht der Zufall wurde geboren, sondern die Erkenntnis des Zufalls in der Natur fand im Jahr 1900 statt. Damals, im Herbst des Jahres, präsentierte Planck in Berlin der Deutschen Physikalischen Gesellschaft seine neue Quantenhypothese. Das Ausmaß dessen, was er zur Prüfung empfahl, überstieg bei weitem seine Absichten. Eine leise Ahnung seines Tuns, nachdem er das Wirkungsquantum als allgegenwärtige Konstante eingeführt hatte, überfiel ihn gleich anfangs. Doch er verhehlte sich halb und halb sein Gefühl beim Anblick dieser sonderbaren neuen Konstanten. ›Ihre Einführung bedeutete einen Bruch mit der klassischen Theorie, der viel radikaler war, als ich anfangs vermutet hatte.‹[8] Planck wehrte sich jahrelang und bis zum Ende seines Lebens gegen die Folgen der eigenen Hypothese. Vergebens! Bevor ein erstes Verständnis der Quantenhypothese aufkam, nicht durch ihn selbst, sondern durch eine neue Generation von Physikern, vergingen noch Jahre und Jahrzehnte.

Vollständig vollzogen ist die Abkehr von der Mechanik selbst im 21. Jahrhundert nicht, da die neueren Theorien immer wieder Rückfälle in das Ideal des 17. bis 19. Jahrhunderts zeigen. Das Versprechen des Überblicks ist einfach zu verführerisch. Darauf kann man mit Achselzucken reagieren; oder mit Zagen, Zorn und Zaudern, wie es der bedeutende amerikanische Physiker Richard Feynman (1918–1988) getan hat. Bekannt geworden ist sein Ausspruch, er könne mit Sicherheit behaupten, kein Mensch habe bis heute die Quantenmechanik verstanden. ›Niemand weiß, wieso es so sein kann, wie es ist.‹ Dieser Naturforscher führt dann einen nicht weiter mit Namen genannten Philosophen an, der einmal erklärt habe: Damit die Naturwissenschaft funktioniere, müssen notwendig ›dieselben Umstände stets dieselben Ergebnisse erzeugen‹. Das klingt vernünftig, wenn die Wissenschaft ihre Aufgabe erfüllen soll, die Wirklichkeit zu erfassen. Feynman blickt um sich, denkt etwas nach und antwortet: ›Wie sich zeigt, tun sie das nicht.‹[9] Damit hat er den Charakter des Zufalls in der Natur erkannt, der Zufall ist echt.

Der ungenannte Philosoph bekommt unrecht, weil er zwar die Wissenschaft gut versteht, doch nicht die Wirklichkeit, mit der sich die Wissenschaft beschäftigt, also versteht er wohl auch die Wissenschaft nicht besonders gut. Die Natur ist nicht ganz so zuverlässig, wie es der Theoretiker wünschen möchte, obwohl die Wissenschaft in praktischer Hinsicht meistens gut funktioniert. Was nicht gut funktioniert, ist nun allerdings das Interessante: **Die Ausnahmen von der Zuverlässigkeit in der Natur bilden den Inhalt der Geschichte.** Die Zukunft läßt sich nicht ganz genau vorhersagen, weil es den Zufall gibt, der gelegentlich aus denselben Umständen andere Ergebnisse erzeugt. Die vorhersagbaren von den nicht vorhersagbaren Ereignissen zu unterscheiden, wollte Planck gar nicht behagen, doch er konnte ihren Unterschied nicht aufheben. Werden überraschende Ereignisse aufbewahrt, entsteht in der Natur die Geschichte. Gerade diese Durchdringung von Natur und Geschichte wollte Planck, aufgewachsen in klassischer Bildungstradition, vermeiden.

Klassisch oder modern? Einsteins Relativitätstheorie Nummer I von 1905 und Nummer II von 1916 machen vielleicht den größten Schritt hin zu den Denkmethoden der modernen Physik; gleichzeitig sind sie die Schlußsteine der klassischen Naturforschung. Was heißt klassisch, was modern? Vor 300 Jahren war Newtons Physik einmal modern gewesen. Ist die Frage ganz von der Hand zu weisen, ob nicht eines Tages die moderne Quantentheorie klassisch aussehen und damit nicht mehr modern sein wird? Abgelöst durch eine Theorie, die bessere und tiefere Einsichten bietet als die Quantentheorie heute? Ja und nein, wird die Antwort lauten. Fortschritt ist möglich, doch so wie Newtons Physik in weiten Bereichen der Natur weiterhin gültig ist, so wird die Quantentheorie gültig bleiben. Jeder Fortschritt über sie hinaus müßte ihre Erkenntnis von der Offenheit der Zukunft in sich enthalten. Damit wäre jede künftige Theorie der Natur philosophisch gesehen wieder eine Quantentheorie. Diese mag über die heutige Einsicht hinausgehen und auch die Gravitation umfassen, im Punkt des Determinismus wird es bleiben, wie es ist. Jeder andere Fortschritt wäre ein Rückschritt. Auf die physikalische Voraussage der Zukunft kommt es jedoch an, worauf Planck oben in seinem Motto vor über hundert Jahren scharf hingewiesen hat. Nur ging der Wettkampf nicht nach seinen Wünschen aus: Am Anfang von Kapitel 2 und am Anfang des 20. Jahrhunderts war der absolute Determinismus in der Natur unbestritten; am Ende dieses Kapitels und am Ende des Jahrhunderts steht der Satz: ›Der klassische Determinismus ist tot.‹[10] Das heißt nebenbei: Die Natur war zu keiner Zeit deterministisch, auch in früheren Jahrhunderten nicht, nur war das eben eine verbreitete Meinung in der Wissenschaft, und die Natur ist heute nicht deterministisch, auch wenn das viele Leute nicht ertragen können. Wie konnte es zu diesem Wandel in den Grundlagen kommen?

Jahrhunderte ohne Zufall. Bis zum Ende des 19. Jahrhunderts hatte der Zufall in der Physik keine Schwierigkeiten gemacht. Er wurde einfach für nicht-existent gehalten, eben weil die Natur determiniert sein sollte und sich auch meistens so zeigte. Selbst dann noch wurde an die Nicht-Existenz des Zufalls geglaubt, als er schon überall sein Haupt erhob. So unwiderstehlich war der Sog, der von einer Welt ausging, die im vollen Überblick lag. Wie wir oben gesehen haben (S. 33), hatte Descartes im Jahr 1633 erklärt, in der von den neuen Philosophen ›gedachten Welt werde Gott keinerlei Wunder wirken‹. Oder David Hume beschwor in einer Schrift von 1748 den Zufall mit den Worten: ›Obgleich es in der Welt nichts der Art wie Zufall gibt ...‹, um dann alles, was bloße Meinung ist, mit der Unkenntnis der wirklichen Ursache zu erklären.[11] Die Dinge in der Welt sind nach Hume objektiv, die zufälligen menschlichen Meinungen kommen durch Unwissen zustande. Bis zum Ende des 19. Jahrhunderts und darüber hinaus, in einer Epoche, die fast vierhundert Jahre dauerte, war der Determinismus die eiserne Lehre der Naturforschung gewesen. Er starb einen schweren Tod. Das will heißen, nicht der Determinismus starb, den hatte es nie gegeben, vielmehr der Glaube an den Determinismus in der Natur, den es reichlich gegeben hatte.

Henri Poincaré. Der französische Physiker und Mathematiker Henri Poincaré (1854–1912) hatte Ende des 19. Jahrhunderts als erster seine Hand an das Gebäude des Determinismus gelegt, auch er nicht in der Absicht, das Haus einzureißen. Er untersuchte eine Preisfrage des schwedischen Königs Oskar II. zum Dreikörperproblem, die dieser auf Empfehlung seiner Räte anläßlich seines 60. Geburtstages ausgeschrieben hatte. Poincaré wies die Unlösbarkeit des Problems im allgemeinen Falle auf, nur spezielle Fälle sind exakt lösbar. Drei Körper sind etwa eine Sonne und zwei Planeten. Sie verhalten sich nach dem newtonischen Schwerkraftmodell in der Regel chaotisch, was schon Newton geahnt hatte, doch erst Poincaré klar zeigen konnte: Kleinste Abweichungen in den Bahnen zu Anfang können größte Abweichungen am Ende nach sich ziehen. Damit war die theoretische Vorhersage für mechanische Systeme beendet. Lediglich für zwei Körper gilt der Determinismus im Modell weiterhin, also für *eine* Sonne mit *einem* Planeten. In solchen Systemen, in denen Sonne und Planet nur als Punktmassen behandelt werden dürfen, also den Radius null haben, lassen sich die Bahnen für alle Zukunft sicher im voraus berechnen. Doch wo im Kosmos gibt es nur zwei Körper, und wo sind Sonne und Planet ohne Ausdehnung? Theoretisch hat Poincaré am Determinismus festgehalten, solange es eben ging: ›Wenn wir die Gesetze der Natur und den Anfangszustand exakt kennen würden, so könnten wir den Zustand des Universums zu jedem weiteren Zeitpunkt vorhersagen.‹[12] Das Problem liegt bei den Anfangsbedingungen, weil diese sich nur annähernd bestimmen lassen. Wie Poincaré dann nachwies, können beliebig kleine Unterschiede zu Anfang beliebig große Unterschiede am Ende in der Bahn erzeugen.

Wir haben Zufall. Poincaré schließt ratlos: ›Vorhersage wird unmöglich und wir haben ein zufälliges Phänomen.‹ Er wußte, was er sagte, denn er kannte sich aus in der Naturphilosophie der Neuzeit. Allerdings ließ er die Frage offen, ob der Zufall nur ein praktisches Problem war oder ob er auch metaphysisch in der Natur steckt. Die Umwandlung der Physik zur Quantentheorie hat er kaum mehr mitbekommen. Er starb zu früh und konnte die Tragweite der neuen Ideen nicht ermessen, entsprechend schwebend ist sein Urteil über die Mechanik geblieben. Theoretisch wird er wohl weiterhin an die vollständige Notwendigkeit in der Natur geglaubt haben, praktisch hat er sie zu Ende gebracht. Obwohl Poincaré also mit der Quantentheorie direkt nichts zu tun hatte, ist er in einem gewissen Sinne ihr Vorläufer gewesen. Er demonstriert an einem einzelnen Beispiel in der Astronomie die Unmöglichkeit der klassischen, determinierten Physik.

Plancks Beginn. In ganz anderem Maß noch hat die Vorsehung oder eben der Zufall das Leben des deutschen Physikers Max Planck (1858–1947) in die Hand genommen. Er mußte, ob er wollte oder nicht, mit der Einführung des Wirkungsquantums die physikalische Notwendigkeit beschneiden, um ihr den Zufall gleichberechtigt an die Seite zu stellen und beide in einer unauflöslichen Ehe zu verbinden.

Philipp von Jolly. Als Planck 1874 in München sein Studium aufnahm, riet ihm sein wohlwollender Professor von der Physik ab. In dieser Wissenschaft, meinte der erfahrene Naturforscher, sei schon fast alles bekannt. Es gelte, nur noch ein paar kleine Lücken zu schließen, mehr gebe es nicht zu tun. Planck erzählt selbst: ›Als ich meine physikalischen Studien begann und bei meinem ehrwürdigen Lehrer Philipp von Jolly wegen der Bedingungen und Aussichten meines Studiums mir Rat erholte, schilderte mir dieser die Physik als eine hochentwickelte, nahezu voll ausgereifte Wissenschaft, die nunmehr, nachdem ihr durch die Entdeckung des Prinzips der Erhaltung der Energie gewissermaßen die Krone aufgesetzt sei, wohl bald ihre endgültige stabile Form angenommen haben würde.‹[13] Die theoretische Physik, meinte von Jolly (1809–1884), nähere sich merklich der Vollendung an. Sie sei kurz davor, den Zustand zu erreichen, den die Geometrie schon seit Jahrhunderten besitze.

Sechste Dezimale. Das war die Atmosphäre zu Ende des 19. Jahrhunderts. Jollys Ansicht war unter Physikern weit verbreitet und galt als Konsens. Ein anderes Beispiel liefert der Amerikaner Albert Michelson. Er ist 1887 durch den Nachweis der Nicht-Existenz des Äthers berühmt geworden, der, wie wir oben gesehen haben (S. 79), lange Zeit von allen Naturforschern als Träger der Lichtwellen vermutet worden war. Das Ergebnis stand übrigens den Absichten Michelsons entgegen; er wollte durch den Nachweis der Existenz gerade einen neuen und vielleicht den endgültigen Schlußstein in das Gebäude der Mechanik einsetzen. Die Vergangenheit habe erstaunliche Erkenntnisse gebracht, verkündete er, die großen Prinzipien, die der Natur zugrunde liegen, seien jetzt endgültig bekannt gemacht, wobei er die Mechanik und ihre triumphalen Erfolge seit Newton meinte. Eben deshalb war er ein Anhänger des Äthers und blieb es bis an sein Lebensende, trotz seines fehlgeschlagenen Experimentes. Irgendwie mußte ein Äther existieren, denn sonst konnte man sich das Licht nicht als Welle vorstellen. So machte er im Jahr 1894 die seitdem immer wieder angeführte Komma-Bemerkung: ›Wie ein bekannter Physiker angemerkt hat, werden die künftigen Wahrheiten der Physik an der sechsten Stelle hinter dem Komma aufgesucht werden – are to be looked for in the sixth place of decimals.‹[14]

Allgemeine Gesetze. In dieser Atmosphäre wuchs der junge Planck auf und fertigte seine ersten theoretischen Studien über die Wärme an. ›Was mich in der Physik von jeher vor allem interessierte, waren die großen allgemeinen Gesetze, die für sämtliche Naturvorgänge Bedeutung besitzen, unabhängig von den Eigenschaften der an den Vorgängen beteiligten Körper.‹[15] Theoretische Physik gab es damals kaum, denn die ›Prinzipien‹ von Isaac Newton schienen diese Arbeit ein für allemal erledigt zu haben. Manche Lehrer Plancks ließen ihn denn auch die Unwichtigkeit seiner Neigungen spüren. Der an sich bedeutende Chemiker Adolf von Baeyer erklärte die theoretische Physik ›für ein vollkommen überflüssiges Fach‹.[16] Ironischerweise, trotz von Jolly, Michelson und von Baeyer betrat Planck seinen Weg und wich nicht von ihm ab. Dabei vollbrachte er in der Theorie eine Revolution, welche die Praxis der Naturwissenschaft auf den Kopf, das heißt auf ganz neue Füße stellte. Er veränderte tatsächlich nur die sechste Dezimale hinter dem Komma, genauer gesagt, war es nur die vierunddreißigste Stelle hinter dem Komma, so unvorstellbar klein ist das Plancksche Wirkungsquantum $h = 6{,}6.10^{-34}$ Js, das er 1900 in die Naturforschung einführte. Dennoch ist das Quantum nicht null, wie andere Physiker meinten, die Jahre später noch das Wirkungsquantum einfach ausstrichen, um an der klassischen Physik festhalten zu können. Das Quantum ist gerade groß genug, um die Weltbilder Jollys, Michelsons und Baeyers und einer ganzen Generation von Naturforschern aus den Angeln zu heben, seltsamerweise auch dasjenige von Planck selbst. Das Quantum verbindet den Zufall mit der physikalischen Notwendigkeit, wie wir sehen werden, und macht die Verbindung unauflöslich.

Widerspruch ohne Worte. Jedenfalls widersprach Planck seinem väterlichen Ratgeber Jolly ohne viele Worte und nahm das Physikstudium bei ihm einfach auf. Er hege auch gar nicht die Absicht, soll der junge Planck geäußert haben, Neuland zu entdecken; er wünsche lediglich, die bereits bestehenden Fundamente der physikalischen Wissenschaft gründlich kennen zu lernen, vielleicht zu vertiefen. Hier traten Wunsch und Wirklichkeit deutlich auseinander. Gerade er war es, der Neuland betrat wie kaum ein Naturforscher vor ihm, was er viel später im Rückblick auch selber gesehen hat. Und er wollte Neuland betreten, nur auf eine andere Art und Weise, als er es dann wirklich getan hat. Er wollte mit der Entdeckung neuen Landes seinen Forscherehrgeiz befriedigen, Beifall und vielleicht Ruhm erringen, doch beabsichtigte er keinesfalls in dem neuen Lande zu siedeln. Eroberung von Kolonien, das ja, doch wohnen bleiben im eigenen Land, war damals allgemeine Stimmung. Es sollte immer das Land der Mechanik sein, wo er zu Hause sein wollte. So beklagte er seine Verspätung im Wettlauf mit dem amerikanischen Theoretiker John Willard Gibbs, der ihm zuvorgekommen war, der ›sogar teilweise in noch allgemeinerer Fassung schon früher formuliert hatte‹, was ihm selbst aufgefallen war. Dann jubelt Planck allerdings auf: ›Dagegen stieß ich in dem Gebiet der strahlenden Wärme auf Neuland.‹[17]

Die Wärmetheorie sollte für den ehrgeizigen jungen Forscher nur persönlich Neuland sein, kein prinzipielles. Planck war auch in seiner Jugend ein konservativer Forscher: Neue Blicke ja, doch bitte durch alte Brillengläser. Als er bemerkte, wohin er wirklich geblickt und welches Land er tatsächlich betreten hatte, wollte er um jeden

Preis zurück, doch vergeblich. Die Entdeckung einer Wirklichkeit, einmal geschehen, läßt sich nicht mehr rückgängig machen: ›Planck, in seinen ganzen Anschauungen ein konservativer Geist, war keineswegs erfreut über diese Folgerungen; aber er veröffentlichte seine Quantenhypothese im Dezember 1900.‹[18]

Wissendes Nichtwissen. In echter Bescheidenheit, doch auch im Bewußtsein seiner Großtat erzählt Planck später von der ›Geschichte der Auffindung des physikalischen Wirkungsquantums‹[19]. Mehrfach hat er den Vorgang dargestellt, schließlich in einer ›Fassung letzter Hand‹. Es ist immer faszinierend, einem Forscher zuzuschauen, der von der Natur gezwungen wird, der Öffentlichkeit ein Ergebnis vorzulegen, das gar nicht seinem Geschmack entspricht, das ganz anders ausfiel, als er es zu finden gehofft hatte, gezwungen durch den Spruch der Wirklichkeit und ermöglicht durch persönliche Ehrlichkeit. Es scheint, als vollbringe niemand eine große Leistung, der sie nur vom eigenen Kopf erwartet. Irgendwann muß das Handeln einmal durch eine Kraft übernommen werden, die aus dem Bereich jenseits der eigenen Möglichkeiten stammt. Andererseits findet ein Forscher nur dasjenige, was er schon weiß. So stehen beide Forderungen unverbunden nebeneinander und sehen aus wie ein Widerspruch: Nur wer eine bestimmte Sache sucht, findet etwas Bestimmtes; doch die Sache wird im Finden anders bestimmt, als der Sucher zuerst vermutet wurde. Wenn das wahr ist, wenn beide Bedingungen für eine große Entdeckung erfüllt sein müssen, dann weiß ein Mensch gewöhnlich mehr, als er zu wissen meint. Das tritt in der Naturforschung gelegentlich zu Tage, jedenfalls deutlicher als in den Wirren des alltäglichen Lebens.

Zwei Wirklichkeiten. Planck wandte sich also dem Gebiet der strahlenden Wärme zu, weil andere Gebiete schon besetzt waren und weil er von allgemeinen Gesetzen in der Natur begeistert war. Es kommt uns hier darauf an zu sehen, wie der Zufall durch die unbewußte und unwillige, dann jedoch ehrliche Hand Plancks in die Naturforschung eingezogen ist. In der Physik stehen sich beständig zwei Wirklichkeiten gegenüber: Auf der einen Seite die scharf umgrenzten Körper, auf der anderen Seite die ausgedehnten Felder ohne Grenzen. In anderen Worten: das Diskrete und das Kontinuierliche. Das gilt heute so, wie es damals für die Mechanik und die Elektrodynamik galt. In der Mechanik erzeugen die Körper ausgedehnte Schwerefelder, in denen eine Kraft gegenwärtig ist, die andere Körper in Bewegung setzt, die selbst wiederum bewegte Felder um sich verbreiten, und so weiter. Die gleiche Doppelung findet sich in der Elektrodynamik, in der elektrische Ladungen diese Felder erzeugen, von denen wiederum Bewegung auf andere geladene Teilchen ausgeht. Bei den beiden anderen Naturkräften, die zur Zeit Plancks noch unbekannt waren, ist es ebenso: Auch bei der schwachen und starken Kernkraft gibt es die Doppelung von Punkt und Feld, deshalb brauchen wir sie hier nicht weiter zu behandeln.

Subjektiv oder objektiv? Dann gibt es noch das Licht und die Wärme. Es ist das Gebiet, nach dem Planck sich gesehnt hatte, weil er dort die großen und allgemeinen Gesetze suchen konnte. Was ist Licht eigentlich? Ist das Licht eine Welle, oder besteht es aus Teilchen? Zu welcher Naturkraft gehört es? Und wie breitet sich Wärme aus? Plancks große Leistung bestand darin, diese Fragen in der Schwebe zu halten und den Schwebezustand genau zu beschreiben. Das Ergebnis ist das Plancksche Wirkungsquantum, eine Naturgröße von damals ganz unbekannter Art. Planck sah sie zunächst als eine Hilfsgröße an und gab ihr den Namen h. Schon seit mehr als hundert Jahren trägt das Quantum diesen vorläufigen Namen. Die Hilfsgröße h sollte eine überragende Bedeutung bekommen, sie bereitet dem Zufall einen ausgezeichneten Platz in der Natur, der lange Zeit übersehen worden war. Erst die Hilfsgröße h führt Sprünge in die Natur ein. Dieser Platz ist echt; der Zufall beruht nicht auf einem menschlichen Nichtwissen, sondern ist in der Natur selbst vorhanden, wenn man denn ein echtes Nichtvorhandensein ein Vorhandensein nennen kann. Es ist dieses: Das Nichtwissen der Zukunft läßt sich nicht wegschaffen. Man kann allerdings nicht gut sagen, der Zufall sei objektiv, nur weil er keinem subjektiven Mangel im Wissen entspricht. Um objektiv zu sein, sollte es ein Objekt geben, von dem der Zufall ausgesagt wird. Eine solches Objekt existiert nicht, weil der Zufall gerade die Grenze der Objektivierbarkeit und der Aussagbarkeit angibt. Der Zufall steht auf der Grenze zwischen Wissen und Nichtwissen, das ist die subjektive Seite, er steht auch auf der Grenze zwischen Wißbarkeit und Unwißbarkeit, das ist die andere Seite. Kurz gesagt: **Der Zufall ist die Grenze des Begriffs.**

Hier läßt sich eine Beobachtung machen. Um welche Naturkraft geht es eigentlich bei der Wärmestrahlung? Gehört die Wärme zur Schwerkraft oder zur elektromagnetischen Strahlung? Zu beiden, sollte die Antwort lauten. Wärme ist eine Bewegung kleiner Teilchen, zugleich strahlen diese auf ähnliche Weise, wie das elektrische Licht strahlt, wenn auch mit anderen Wellenlängen. Nun sucht die

Physik seit Jahren, das heißt seit Jahrzehnten, vielleicht seit Jahrhunderten nach der Einheit der Erfahrung. Die Einheit ist auch beständig gewachsen, doch weil auch die Erfahrung wuchs, fiel die Einheit stets wieder auseinander. Heute haben sich die Physiker die Aufgabe gestellt, die Einheit von Gravitation und Elektromagnetismus zu finden, oder von Relativitätstheorie und Quantentheorie. In der Wärmestrahlung Plancks erkennen wir ein Stück gelungener Einheit, zugleich auch ein Stück endgültiger Nichteinheit zwischen dem ausgebreitetem Feld und den gestückelten Körpern. Diese Spaltung ist für jede Einheit erwartbar. Der größere Begriff umfaßt mehr Wirklichkeit und schneidet sie tiefer ab von dem, was er nicht umfaßt. Der Preis Plancks, den er und die Physiker bei der großen Vereinheitlichung der Natur zu zahlen hatten, ist der Einzug des Zufalls in die Physik.

Wie kam es zu der Entdeckung dieses Fremdkörpers in der Wissenschaft?

Schwarzer Körper. Als Planck sich in den letzten Jahren des 19. Jahrhunderts auf das Gebiet der strahlenden Wärme verlegte, fand er dort zwei Gesetze über die Strahlung vor. Beide versuchten, das Verhalten eines Körpers im Strahlungsgleichgewicht zu beschreiben. Ein Körper ist im Gleichgewicht, wenn er so viel Strahlung aufnimmt, wie er abgibt. Technisch spricht man von einem Schwarzen Körper, denn dieser verschluckt idealerweise alle Strahlung, die er aufnimmt, ohne sie direkt zu reflektieren; deshalb heißt er schwarz. Er gibt sie dann allerdings nach einem anderen Gesetz wieder ab, jedoch ganz diffus in Form von Temperaturstrahlung, in jeder Wellenlänge, deshalb kann er auch sehr hell sein, wenn er gerade für unsere Augen sichtbar strahlt. Vollkommen Schwarze Körper gibt es nicht, doch unsere Sonne zum Beispiel ist ein sehr guter Schwarzer Körper, weil sie alle spezielle Strahlung aufnimmt, was im übrigen wenig ist, und mit jeder Frequenz aus sich strahlt entsprechend ihrer Temperatur.

Mittlere Frequenzen fehlen. Gesucht wird die Stärke der Strahlung in Abhängigkeit von ihrer Frequenz und der Temperatur des Körpers. Es gab schon zwei Gesetze auf dem Gebiet: Das Gesetz nach Wilhelm Wien beschrieb die Intensität bei hohen Frequenzen richtig, das andere nach Rayleigh und Jeans bei geringen Frequenzen. Es gelang 1899 Planck zunächst, das Wiensche Verteilungsgesetz aus dem Jahr 1896 von neuem herzuleiten. Dabei setzte er nicht mehr wie bisher beim ersten Hauptsatz der Wärmelehre an, bei der Energieerhaltung, sondern beim zweiten Hauptsatz, bei der Entropie. ›Alle suchten nur in der Richtung, die Strahlungsintensität K_v als Funktion der Temperatur T darzustellen, während ich in der Abhängigkeit der Entropie S von der Energie U den tieferen Zusammenhang vermutete.‹[20] Der neue Ansatz sollte bald Früchte bringen. Als die Physiker Lummer, Pringsheim, später auch Paschen auf Abweichungen vom Wienschen Gesetz stießen, trat die nur mehr begrenzte Gültigkeit der bisherigen Gesetze zu Tage. Sie dehnten ihre Meßreihen auf größere Wellenlängen aus und fanden mit zugleich gesteigerter Genauigkeit immer größere Abweichungen von dem Gesetz, das bei kleinen Wellenlängen die gemessenen Werte sehr genau wiedergab.

Ultraviolett-Katastrophe. Größere Wellenlängen bedeuten kleinere Frequenzen und umgekehrt. Für große Frequenzen, Planck spricht von der Schwingungszahl ν, galt die Strahlungsformel nach Wien ziemlich gut; so wie es für kleine Frequenzen eine ausreichend gute Strahlungsformel gab, die 1894 von den englischen Physikern Rayleigh und Jeans angegeben worden war. Bei großen Frequenzen sah dieses Gesetz allerdings ganz anders aus als das Wiensche und lieferte einen viel zu großen Wert, der über die Gesamtstrahlung aufsummiert sogar gegen Unendlich streben würde. Damit müßte ein endlicher Körper eine unendliche Energie besitzen, was mit der Realität schlecht übereinstimmt. Das Entarten des theoretischen Modells heißt gewöhnlich die Ultraviolett-Katastrophe. Von beiden Seiten also gibt es ein Ungenügen. Und vor allem: Sollte die Strahlung nicht nach einem einheitlichen Gesetz verstehbar sein? Zwei Gesetze sind ein Gesetz zuviel, und in diesem Falle war keines wirklich genau.

Erfolg durch Entropie. Planck geht 1899 und im folgenden Jahr auf den neuen Wegen der Entropie. Allerdings kam er zunächst nicht weiter als bis zu dem Wienschen Gesetz; er erhielt auf neue Weise die schon bekannte Formel des Kollegen. Dieses Gesetz zu verbessern und mit den neu gemachten genauen Messungen in Einklang zu bringen, wollte ihm nicht gelingen, trotz der neuen Methode. Er war verzweifelt, er stand schon im Begriff, seine Versuche ›endgültig‹[21] aufzugeben, als er von Messungen praktischer Physiker nach dem Modell des Schwarzen Körpers hörte. Nach ihren Ergebnissen sollte bei hohen Temperaturen die Stärke der Strahlung nur mehr von der Temperatur abhängen, nicht mehr von der Frequenz. Plötzlich sah Planck den Zusammenhang der Strahlungsformeln für die hohe und die niedrige Frequenz – auf der Ebene der Entropie, nicht der Energie. Er fügte die beiden Entropie-Änderungen zusammen und erhielt nach wenigen Schritten die korrekte Formel. ›Sucht man nun nach einer allgemeinen Beziehung, welche die beiden genannten (Fälle) als Grenzfälle enthält, so bietet sich als die einfachste die folgende dar.‹[22] Er schreibt die neue Entropieformel hin, die leicht durch Integration zur neuen Formel für die Strahlung führt.[23] Im Rückblick zeigt sich: Wilhelm Wien hatte eine erste Annäherung auf der einen Seite gefunden, Rayleigh und Jeans auf der anderen, Planck fügte beide Seiten zusammen und war am Ziel. Nur mußte man wissen, auf welcher Ebene die Zusammenfügung zu geschehen hatte. Es war die erstmals erprobte Ebene der Entropie.

Genaue Bestätigung. Am 19. Oktober 1900 stellte Planck seine neue Formel, die bis heute keiner Verbesserung bedarf, in der Deutschen Physikalischen Gesellschaft vor. Einen Tag später konnte er die Bestätigung durch das Experiment in Empfang nehmen. Sein Kollege in der praktischen Physik, Heinrich Rubens, befreundet mit Planck seit langer Zeit, hatte sich gleich nach der Sitzung, noch in der Nacht, an die Arbeit gemacht, um die gemessenen mit den errechneten Daten zu vergleichen. Und siehe da, die Übereinstimmung war vollkommen. Später schreibt Planck mit Befriedigung nieder: ›Durch spätere Messungen wurde dann die Formel wiederholt bestätigt, um so genauer, je feiner die experimentellen Methoden arbeiteten.‹[24]

Überraschende Deutung. Damit konnte Planck die Energieverteilung in der Strahlung eines Schwarzen Körpers für erledigt erklären. Wegen ihrer Allgemeinheit besitzt sie einen ungeheuer weiten Kreis der Anwendung. Allerdings mußte der neue Held der Physik sich jetzt an die Deutung machen. Dabei sollte er seine Überraschung erleben, sein Austerlitz und sein Waterloo auf einen Schlag. Die glücklich gefundene Formel, die so wunderbar mit den Messungen übereinstimmte, machte ihn nur im ersten Augenblick glücklich. Um dem Ergebnis eine reale Bedeutung zu geben, ›waren ganz neue Betrachtungen über das Wesen der Entropie notwendig, die über das Gebiet der Elektrodynamik hinausführen‹.[25] Gegen seine persönliche Neigung versuchte Planck es mit der Methode Boltzmanns, also mit der statistischen Mechanik. Er war von Natur aus konservativ, allen Neuerungen abgeneigt und skeptisch gegen bloße Spekulationen. Doch sein Vertrauen auf die Tatsachen war groß genug, um eine Erkenntnis auszusprechen, die aller Tradition der Physik und Metaphysik widersprach. Da kein anderer Ausweg möglich schien, ging er gegen Wunsch und Wille den Weg zur unbekannten Wirklichkeit weiter.

Um das Ergebnis abzukürzen und den roten Faden nicht zu verlieren, komme ich gleich zum Ergebnis. Planck fand seine Energieformel $E = h\nu$, wobei ν die Frequenz meint und h das Plancksche Wirkungsquantum. Heute wird diese Formel, die im Widerspruch zur Kontinuität in der klassischen Physik steht, als Geburtsstunde der Quantenphysik bezeichnet. Planck bemerkte eine Ähnlichkeit mit der Geschwindigkeitsverteilung in der statistischen Gastheorie. Deshalb nahm er an, Strahlung der Frequenz ν werde nur in Energiepaketen der Größe $E = h\nu$ ausgesandt und aufgenommen. Das Wirkungsquantum h ist hier eine Proportionalitätskonstante, deren Wert sich aus der experimentell ermittelten Hohlraumstrahlung ergibt.

Vergleich der Formeln. Die Quantisierung der Energie oder genauer die Quantisierung der Energieabgabe ist die große Leistung Plancks; zugleich hat das Ergebnis dem Berliner Physiker gar nicht gefallen. Um einen ersten Eindruck von der Neuartigkeit zu gewinnen, vergleichen wir die obige Energieformel mit derjenigen aus der klassischen Physik. Die Bewegungsenergie eines Körpers von der Masse m, der sich mit der Geschwindigkeit v bewegt, hat dort den Ausdruck $E = (m/2)v^2$. Hier kann wie auf einer gleitenden Skala die Energie E jeden Wert annehmen, weil die Masse m jeden Wert annehmen kann, ebenfalls die Geschwindigkeit v. Auch bei der anderen berühmten Energieformel, die von Einstein stammt und $E = mc^2$ lautet, kann E auf der linken Seite jeden Wert annehmen, allerdings mit einer Einschränkung: Es kann auf der rechten Seite die Masse m jeden Wert durchlaufen, nicht aber c, denn das ist die Lichtgeschwindigkeit im Vakuum, von der vor allem die eine Eigenschaft feststeht, wie groß und wie konstant sie ist.

Auf den ersten Blick scheint die Energieformel $E = h\nu$ der Formel $E = mc^2$ sehr ähnlich zu sein, dennoch liegt der Fall ganz verschieden. Bei einer bestimmten Frequenz ν lassen sich nur diskrete Energieniveaus realisieren, also 1E, 2E, 3E und so weiter, weil h einen bestimmten Wert hat; und h/2 oder andere Bruchstücke dieses Quantums kommen nur in der Rechnung, nicht jedoch in der Wirklichkeit vor.

Einbau mißlungen. Planck wird angesichts dieser Situation ganz pathetisch: ›Durch mehrere Jahre hindurch machte ich immer wieder Versuche, das Wirkungsquantum irgendwie in das System der klassischen Physik einzubauen. Aber es ist mir das nicht gelungen.‹[26] Der Berliner Physiker hat die Grenzen der klassischen Physik viel heftiger erfahren als Poincaré oben, denn er ist auf die diskreten Größen und damit auf den Zufall selbst in der Natur gestoßen. Poincaré hätte wenigstens noch im Prinzip an den physikalischen Determinismus glauben können, auch wenn er praktisch nicht mehr zur Verfügung stand. Jetzt ist der theoretische Determinismus im Grundsatz zu Ende gekommen.

Wir wollen ein Gegenargument behandeln, das zu einer weiteren Einsicht führt. Er lautet so: Die Plancksche und die Einsteinsche Formel sehen doch fast gleich aus:

$$E = mc^2$$
$$E = \nu h.$$

Warum läßt die erste Energieformel den Determinismus in der klassischen Physik unberührt, warum hebt die zweite Energieformel die klassische Physik aus den Angeln? Auf den ersten Blick haben die Gesetze wirklich die gleiche Struktur. Jeweils eine Konstante, einmal h und einmal c^2, die in Verbindung mit einer kontinuierlichen Größe, mit ν oder mit m, die Energie E angeben. Warum hat die zweite Formel die klassische Physik umgestürzt und Einstein zur Verzweiflung getrieben, während er bei seiner berühmten Energieformel, die so nützlich ist zur Berechnung der Energie in der Sonne, in Atomkraftwerken und in Kernwaffen, ganz ruhig geblieben ist?

Einmaliger Zufall. In der Tat enthält auch die Einsteinsche Formel ein zufälliges Element, den Wert c der Lichtgeschwindigkeit. Diesen Wert kann bis heute niemand erklären, und es ist fraglich, ob solche Naturkonstanten jemals verstehbar sein werden. Seit Newton die Gravitationskonstante g eingeführt hat, sind viele Konstanten hinzugekommen, alle in ihrem Größenbetrag völlig unerklärt. Wenn nicht abgeleitet aus einem allgemeinen Gesetz, dann scheint der Wert vom Zufall bestimmt zu sein. Liegt der Wert einmal fest, läuft alles nach Notwendigkeit ab. Wird zum Beispiel bei einem Kernprozeß eine Masse in der Größe m vernichtet, taucht sie als Energiestrahlung mit einem Wert in der Größe mc^2 notwendig wieder auf. Der Zufall tritt bei der Energie nach Einstein nur einmal auf und bestimmt dann universal die Energieumwandlung.

Wiederholter Zufall. Das sieht bei der Planckschen Energieformel ganz anders aus. Dort tritt der Zufall immer wieder lokal und von neuem auf. Das Universum selbst scheint ein einziges großes Ereignis zu sein, wie auch jede einzelne Bewegung in ihm. Nicht nur einmal, immer wieder wird ein Ereignis erzeugt und für die Zukunft festgelegt. Was im lokalen Bereich die Ereignisse auslöst, ist die Übertragung von Energie in der Zeit. Das ist die Wirkung $Et = \nu ht = h$, die einen kleinsten Betrag kennt und nicht jeden Wert annehmen, sondern immer nur Vielfache von h betragen kann. Die Wirkung wird im Einzelfall übertragen oder auch nicht übertragen, beides zufällig; das ist bei der Energieerzeugung nach Einstein nicht der Fall. Da ist nur einmal die Konstante c festgelegt worden. Aber auch hier kann man sich die Frage stellen: Welcher Zufall ist das?

Jüngere Kräfte. Die Entropie, die durch Planck nicht nur die Wärmelehre, sondern alle Bereiche der Natur erfaßt hat, ist ein Maß für ihre Nicht-Mechanisierbarkeit. Der Zufall hat unter dem Namen der Entropie seinen Platz in der Wirklichkeit eingenommen. Damit blieb der Zufall nicht Zufall, sondern begründete zugleich ein notwendiges Gesetz. In diesem Punkt hatte Planck übrigens sein Ziel erreicht, das ihm früh schon vorangeleuchtet hatte, wie wir oben (S. 88) gesehen haben. Er hat ein sehr allgemeines Gesetz gefunden, das sämtliche Körper und Felder und alle Naturkräfte umfaßt. Die besondere Gestalt, in der sich dieses Gesetzes zeigte, behagte ihm allerdings weniger. In der Geschichte der Physik ist sein Beitrag damit beendet. Er weiß selber davon und gesteht sich die Tatsache im Rückblick mit Wehmut ein: ›Vielmehr blieb die Ausgestaltung der Quantenphysik bekanntlich jüngeren Kräften vorbehalten.‹[27]

2.2 Der Zufall in der Natur

Echte Tragik. Wie erreichte der Zufall im 20. Jahrhundert seine Anerkennung? Bleiben wir zunächst bei der Physik. Es gibt viele Möglichkeiten, den Weg anzuschauen; fast alle Stationen auf dem Weg von Planck bis heute laden dazu ein, Halt zu machen. Wir müssen uns entscheiden und wählen drei Haltestellen aus: Heisenbergs Unbestimmtheits-Relation, das EPR-Paradoxon, die Stringtheorie. Ein Thema verbindet fast alle Naturforscher des 20. Jahrhunderts: Sie sinnen darauf, den Zufall zu zähmen, der sich ihnen so ungestüm aufgedrängt hat, ihn statistisch oder sonstwie zu zügeln, am besten jedoch ihn zu beseitigen. Wenn es denn nur gelingen würde! Fast allen Forschern im 20. Jahrhundert ging es darum, das Programm des 17. Jahrhunderts fortzusetzen, um endlich den Überblick über die Natur zu bekommen. Es sollte anders kommen, und der physikalische Fehlschlag machte die metaphysischen Gesinnungen der Physiker offenbar. Indem sie nach den allgemeinsten Gesetzen in der Natur suchten, geschah ihnen, was vor ihnen Max Planck zugestoßen war: Sie warfen den Überblick um, den sie fast schon erreicht hatten. Genauer gesagt: Der Überblick war nie ganz real gewesen, er war immer ein vermuteter und angestrebter. Hinter dem Schein des Überblicks zeigte sich von neuem das Sein, das nicht ganz in der alten Erwartung aufging. Eine echt tragische Situation, die den Namen Tragik wirklich einmal verdient: Ich erreiche das Ziel gerade darum nicht, weil ich alle Kräfte daran setze, es zu erreichen. Wir lassen noch einmal Planck und das alte Programm zu Wort kommen, das bis heute für viele das aktuelle Programm ist, diesmal 36 Jahre nach seinem denkwürdigen Berliner Auftritt im Jahre 1900.

Der Vortrag von 1936 trägt den Titel: ›Vom Wesen der Willensfreiheit‹. Planck kreist um den Zufall und bekämpft ihn in immer neuen Anläufen. ›Wie sich allerdings die Annahme eines blinden Zufalls mit dem Gefühl der sittlichen Verantwortung zusammenreimen soll, lassen sie dahingestellt.‹[28] Die Erregung ist dem Berliner Physiker bei dieser Warnung gut anzumerken, deshalb nennt er den Zufall sogleich blind, um den ärgerlichen dunklen Fleck deutlicher zu bezeichnen. Er wird sogar polemisch, was ihm in seiner edlen Gesinnung sonst selten geschieht, er wendet sich mit Heftigkeit gegen Naturforscher, die den Zufall in der Natur für echt halten. Deren Namen nennt er nicht, er bezeichnet sie ganz allgemein als ›einige namhafte Physiker‹. Werner Heisenberg dürfte dazu gehört haben. Dieser hatte um 1930 das Kausalgesetz für nur eingeschränkt gültig erklärt und in späteren Jahren seine Einschätzung wiederholt: ›Das Kausalgesetz wird in der Quantentheorie nicht oder jedenfalls nicht in der gleichen Weise wie in der klassischen Physik angewandt.‹[29]

Sittliche Verantwortung. Planck hatte Anlaß zur Sorge. Er sah nicht nur die Grundlagen der Naturforschung gefährdet, mehr noch schienen ihm die Grundlagen des sittlichen Lebens zu wanken. Wenn der Zufall in der Natur regiert, kann der Mensch keine verantwortlichen Entscheidungen treffen. Jeder Willensentschluß, ob gut oder böse, wird beliebige Folgen haben; für solche kann niemand zur Rechenschaft gezogen werden. Planck erkennt diese Schwäche der neuen Naturphilosophie deutlich, er weist deshalb zurecht mit dem Finger auf den blinden Fleck in der Naturauffassung. Die andere Seite allerdings, seinen eigenen blinden Fleck, erkennt er weniger. Er sieht nicht die verheerende Wirkung, die von einem vollen Determinismus in der Natur ausginge. Würde nur der Zufall herrschen, gäbe es keine sittliche Verantwortung, darin hat er recht; doch wenn nur die Notwendigkeit herrschte, gäbe es ebenfalls keine Verantwortung, diese Seite sieht er nicht. Ich meine, es könnte an der Zeit sein, auch wenn schon Jahrzehnte seit dem Tode von Max Planck vergangen sind, endlich die einseitigen Blicke abzulegen und das Sehen mit beiden Augen einzuüben. Solcher Übung dient das Buch insgesamt hier. Vor allem die Kapitel 3 und 5 handeln von den ethischen Fragen, die sich aus der gemeinsamen Wirklichkeit von Zufall und Notwendigkeit ergeben.

Definition des Zufalls. Schwer erschüttert von den Wirkungen des Zufalls mußten die Physiker des 20. Jahrhunderts mit seiner Realität fertig werden. Kommen wir zu einer Definition der so flüchtigen und zugleich machtvollen Erscheinung! Was soll das sein, der Zufall, was sollen wir uns bei ihm denken? ›Wir sprechen wissenschaftlich von Zufall, wenn in Situationen, die wir begrifflich als gleichartig charakterisieren, in verschiedenen Einzelfällen de facto Verschiedenes geschieht.‹[30] Das ist eine gute Umschreibung der gemeinten Sache, die mit der Vorstellung von Feynman oben (S. 84) weitgehend übereinstimmt: Gleiche Ursachen haben *nicht* die gleichen Wirkungen, wenn der Zufall seine Hand im Spiel hat. Nur spricht Weizsäkker reflektierter als der reine Physiker Feynman, er spricht die Situation *und* den Begriff an, der die Situation erfassen soll. Dabei zeigt sich der Zufall als die Grenze des Begriffs. Begriffe sind Werkzeuge: Sie tun das, was sie tun sollen, indem sie Ursache und Wirkung miteinander verbinden. In diese Verbindung greift der Zufall ein und begrenzt ihre Wirkung. Damit begrenzt er die Möglichkeit, die Wirklichkeit mit Begriffen zu ergreifen, auch wenn sie andererseits sehr notwendig sind, um überhaupt etwas zu erkennen.

Förderung und Hinderung. Zufällig sind also Ereignisse, die mit den Mitteln der Physik nicht vorhersagbar sind. Die Notwendigkeit liefert Vorhersage, der Zufall behindert sie. Es ist mir kein Grund bekannt, der die Gleichsetzung von Notwendigkeit und Vorhersage sowie die Behinderung durch den Zufall außer Kraft setzen könnte. Klassisches Beispiel in der Physik ist das Radiumatom, dessen häufigstes Isotop ^{226}Ra mit einer Halbwertzeit von 1602 Jahren zerfällt. Für ein einzelnes Atom ist der Zerfall zufällig, für eine Vielzahl von ihnen ist er gesetzmäßig geregelt; das nennt man statistische Gesetzmäßigkeit. So arbeiten Zufall und Notwendigkeit hier zusammen; wir werden weiter unten nach weiteren Formen der Zusammenarbeit Ausschau halten. Die Wissenschaft häuft immer mehr Modelle an, in denen die Notwendigkeit den Zufall vermindert und der Zufall die Notwendigkeit unterbricht.

In der Biologie spielen andere Zufälle eine Rolle, zum Beispiel die chemische Mutation, durch welche die mikroskopische Welt der Unbestimmtheit in die makroskopische Welt aufsteigt. (S. 82) Wir sollten einerseits betonen: Diese zufälligen Ereignisse sind *für uns* nicht wißbar, da eine Tatsache nur gewußt wird, wenn sie als Meinung ausgesprochen werden kann. Dennoch fällt das *an sich* des Zufalls nicht weg, da der Unterschied zwischen Sein und Schein bestehen bleibt, wenn auch jetzt in der verfeinerten Form der Meinung, die mit der Wirklichkeit in besserer oder schlechterer Übereinstimmung steht. Verborgene kausale Parameter, die den Zufall beseitigen sollten, sind von der Physik selbst am Ende des 20. Jahrhunderts beseitigt worden, wie wir gleich im Kampf um das EPR-Paradoxon sehen werden.

Drei Stationen. An drei Punkten machen wir Station, um etwas über den Weg der Physik im 20. Jahrhundert zu erfahren. Der Weg ist ein Triumphzug für den Zufall, zugleich hinterläßt er eine Schneise der Verwüstung, weil er die Lebensträume zahlreicher Physiker zerstört hat. Zuerst schauen wir auf Werner Heisenberg, der als einer der wenigen die Situation gelassen, ja heiter genommen hat. Vielleicht brauchte es einen solchen Charakter, um die Unbestimmtheit der Natur, die Planck schon gefunden hatte, klar zu erkennen und in eine Form zu bringen, in der die Lage mit einer mathematischen Ungleichung in Zahlen erfaßt wird. Das ist der Punkt: Klare Bestimmtheit in der Unbestimmtheit. Dann schauen wir auf die Reaktion von Albert Einstein, der sich 1935 mit dem EPR-Paradoxon zur Wehr gesetzt hat, indem er – ganz gegen seinen Willen – dem Zufall einen noch besseren Weg gebahnt hat, auf dem dieser zu Ende des 20. Jahrhunderts in unwiderstehlichem Glanze erstrahlen konnte.

Abschluß der Physik. Schließlich gibt es die Trotzhaltung von heute, die Stringtheorie, deren Vertreter die Verzweiflung Einsteins unmittelbar geerbt haben. Der Wert der Stringtheorien besteht nach Einschätzung ihrer Vertreter in der Schönheit des theoretischen Gebäudes, weniger in der Erklärung der Natur. Eine Berührung mit der Empirie ist in den nächsten Jahrzehnten auch nicht vorgesehen, erzählen die Theoretiker selbst. Der Zufall hat es geschafft: Er hat die Physik in eine postempirische Wissenschaft verwandelt. Es gibt keine vollständige Darstellung der Wirklichkeit im Abbild, wie es das Ziel der auf Erfahrung gegründeten Naturwissenschaft war. Ich denke, es ist das gleiche Dilemma, in das schon Planck geraten war. Auch die Stringtheoretiker entkommen dem Wirbel von Zufall und Notwendigkeit nicht. Wenn wir diese Gestalt des Wissens bei ihnen entdeckt haben, können wir für unsere Ziele mit der Physik abschließen.

Verbesserung ausgeschlossen? Was bedeutet die Quantenmechanik, deren Grundlagen durch Heisenberg 1925 endgültig gelegt wurden, für den Zufall? Die Quantentheorie wird seit achtzig Jahren ausgebaut, ohne im Fundament im geringsten verändert worden zu sein. ›Die Grunddisziplin der heutigen Physik, die Quantentheorie, läßt sich einem mathematisch Gebildeten in ihren Prinzipien auf einer Druckseite mitteilen; es gibt heute wohl eine Milliarde einzelner Erfahrungen, die ihr gehorchen, und nicht eine, die ihr in nachprüfbarer Weise widersprochen hätte.‹[31] Die Mechanik von Newton schien von 1686 bis 1900 ebenfalls unwidersprechlich zu sein, bis sie eine wesentliche Korrektur erfuhr, weil ihr einzelne Erfahrungen in der Natur nachprüfbar widersprachen. Eine solche Korrektur hat es für die Quantentheorie bisher nicht gegeben, sie scheint auch nicht in Sicht zu sein. Ist verstehbar, warum eine solche Verbesserung nicht zu erwarten ist?

Natura facit saltus. Newton hatte 1686 allgemeine Bewegungsgesetze für beliebige Körper definiert. Um die Wende zum 20. Jahrhundert wurden zwei Verbesserungen notwendig. Die eine führte zu Einstein und seinen Relativitätstheorien, die andere zu Planck und zur Quantentheorie. Max Planck hatte am Beispiel der Strahlung eines Schwarzen Körpers die Unmöglichkeit eines bloßen Kontinuums in der Natur gefunden. Ein gleitendes Feld hat unendlich viele Freiheitsgrade, für jede mögliche Zahl einen Grad; und zu jedem Grad gehört eine endliche Energie. Wie die Summation aller Freiheitsgrade zeigt, würde die Energie über alle Grenzen wachsen. Ein einzelner Körper müßte als schwarzer Strahler theoretisch eine unendliche Energie besitzen, was der praktischen Erfahrung widerspricht. Die klassische Kontinuumsphysik hat im Verlangen nach Überblick eine Eigenschaft in der Natur übersehen. Die Natur fließt in ihren meßbaren Größen nicht nur von Wert zu Wert, sie macht zwischen den Werten auch Sprünge, was alten metaphysischen und auch neueren physikalischen Erwartungen entgegen steht: Natura facit saltus – Die Natur macht Sprünge.

Planck hat dem Sprung in der Natur mit seinem Quantum einen Namen gegeben. Natürlich gibt es auch bei Newton die diskontinuierliche und die kontinuierliche Wirklichkeit, das sind die Körper und die Kraftfelder. Doch das bedeutet bei ihm keine Anerkennung der diskontinuierlichen Wirklichkeit in der Natur. Wer allein auf die mechanischen Gesetze schaut, konnte vom theoretischen Modell her den vollen Überblick über alle Ereignisse in der Natur versprechen. Die Physik des 20. Jahrhunderts kehrt die Vorstellung von Diskontinuität und Kontinuität noch einmal um: Auch die Körper schwingen, was die ganz überraschende Erkenntnis von de Broglie war; und die Felder sind gequantelt, was Planck 1900 widerstrebend eingesehen hatte. Die Quantelung hat Einstein 1905 freudig aufgegriffen, bevor auch er dann von Entsetzen befallen wurde, nachdem er gemerkt hatte, was die Quantelung der Lichtstrahlung für seine deterministische Naturphilosophie bedeuten mußte.

Übertragung der Wirkung. Vielleicht können wir den Sachverhalt noch etwas genauer fassen: Was die diskreten Körper schwingen läßt und die kontinuierlichen Felder diskret macht, ist die Übertragung der Wirkung. Alle Wirkungen gehen vom Feld auf den Körper und vom Körper auf das Feld; nur durch solche Übertragung gibt es Sein, Leben, Bewußtsein in der Natur. Bei der Wirkung nun sitzen Zufall und Notwendigkeit eng beisammen, um nach Regel und Regellosigkeit den Übergang, also das Geschehen in der Natur zu erzeugen.

Höchste Musikalität. Niels Bohr hat 1912 den Gedanken des Quantums zum ersten Mal auf Körper angewandt, er hat, wie man so sagt, das Atommodell seines Lehrers Rutherford quantifiziert. Bohr konnte damit die rätselhaften Lichterscheinungen des Spektrums erklären. Es gelang ihm die Berechnung, warum Licht dieser und jener Sorte, das durch ein Spektrometer gemessen wird, von diesem und jenem Stoff ausgestrahlt wird. Noch genauer, warum gerade dieses Atom genau diese Frequenz des Lichtes aufnimmt und dann mit anderer Frequenz abstrahlt. Wenn die klassische Mechanik auch im Kleinen gelten würde, so erkannte Bohr, kann das Atom von Rutherford nicht stabil sein. Er verbesserte das Modell seines Lehrers und gelangte zu einer Mischung aus klassischer Vergegenständlichung und paradoxer Quantifizierung. Einstein hat sein Leben lang die Leistung seines Freundes Bohr aus Kopenhagen bewundert: ›Das ist höchste Musikalität auf dem Gebiet des Denkens.‹[32]

Insel Helgoland. Allerdings erst 1925 brach Heisenberg in einer letzten Anstrengung zur vollen Quantentheorie durch. Der amerikanische Physiker und Nobelpreisträger Steven Weinberg, dem die Quantentheorie, wie üblich, ziemliche weltanschauliche Schwierigkeiten macht, ist so aufrichtig, Heisenberg ebenfalls höchste Bewunderung entgegen zu bringen. Was dieser 24-jährige Junge auf der Insel Helgoland geleistet habe, auf die er im Sommer des Jahres 1925 wegen Heuschnupfens ausweichen mußte, nennt Weinberg schier unbegreiflich. Die Arbeiten kluger Physiker findet er verständlich, doch hier ist etwas anderes geschehen: ›In this sense, Heisenberg's 1925 paper was pure magic. – Heisenbergs Aufsatz von 1925 war die reinste Zauberei.‹[33]

Theorie entscheidet. Vielleicht gelang dem blutjungen Physiker der Durchbruch, weil er philosophisch begabt war und schon als Schüler platonische Dialoge gelesen hatte. Er forderte eine gesetzliche Verknüpfung der beobachtbaren Größen, ohne Modelle im Hinterkopf zu haben, die mit unbeobachtbaren Größen hantieren. Diesen Grundsatz hatte er von Einstein übernommen, der ihn in diesen Jahren in einem Gespräch belehrt hatte: ›Erst die Theorie entscheidet darüber, was man beobachten kann.‹[34] Für Einstein war dieser Grundsatz unausweichlich, wenn er auch zugleich unerträglich war, weil damit das subjektive Element einen Platz im Gefüge der Wissenschaften bekam. Das Gespräch mit Einstein hatte im Frühjahr 1926 in Berlin stattgefunden. Heisenberg zog daraus die Folgerungen und entdeckte 1927 die Unbestimmtheitsrelationen,[35] gegen die Einstein für den Rest seines Lebens bis 1955 ankämpfte. Mit seinen berühmten Relationen zieht Heisenberg die Folgerungen aus der Einsteinschen Intuition: Der Beobachter muß sich in der Theorie entscheiden, was er in der Praxis sehen will; alles auf einmal kann er nicht zu Gesicht bekommen, der Überblick ist unmöglich, weil die volle Wirklichkeit, die er beobachten will, gar nicht vorliegt. Je genauer der Beobachter die eine Eigenschaft mißt, um so ungenauer mißt er die zugehörige andere Eigenschaft.

Atome stabil. Durch die Unbestimmtheit werden die Atome jetzt auch in der Theorie so stabil, wie sie in der Wirklichkeit stabil sind. Einige zerfallen in Sekundenbruchteilen, andere halten für Milliarden von Jahren. Dazu dürfen die von der klassischen Mechanik geforderten Bahnen der Elektronen um den Atomkern *nicht* existieren. Eine Bahn ist dann vorhanden, wenn Ort und Geschwindigkeit des Elektrons zu jeder Zeit bestimmt sind. In einem stabilen Atom darf das nicht der Fall sein, weder Ort noch Impuls des Elektrons können als reale Größen existieren, weil das negativ geladene Elektron sonst in den positiven Kern stürzen würde. Die Eigenschaften der Elektronen sind nur Observablen, das heißt, sie können beobachtet werden, doch die Messung zerstört den stabilen Zustand und schafft einen neuen. Weil sie nicht zugleich existieren, sind sie nicht zugleich scharf meßbar.

Versagen der Kausalität. Aus dem Bruch mit der klassischen Objektivität folgt der Bruch mit dem klassischen Determinismus. Die Meßergebnisse sind mit Wahrscheinlichkeiten vorhersagbar, der Zufall ist nicht wegzubringen, er hat im Aufbau der Materie seinen Platz eingenommen. Der junge Heisenberg sprach manchmal von einem Versagen des Kausalgesetzes; der spätere war ein wenig vorsichtiger, weil nicht das Kausalgesetz selbst versagt, sondern nur die Vermutung, das Kausalgesetz sei unbegrenzt gültig. Der Bruch liegt an einer tieferen Stelle. Es handelt sich um die Beziehung zwischen wissendem Subjekt und gewußtem Objekt. Die Objektivierung des Geschehens wird auf ihre subjektiven Bedingungen zurückgeführt, die selbst objektiv bestehen. Die Wirklichkeit selbst ist nicht ganz objektiv, doch auch nicht ganz subjektiv, sie zeigt einmal mehr diese, dann jene Seite.

Positivismus aus Kopenhagen? Man hat Heisenberg und der Kopenhagener Schule seines Lehrers Bohr gelegentlich Positivismus vorgehalten. Der Vorwurf lautet: ›Solche Physik beschränkt sich darauf, nur über die beobachtbaren Erscheinungen zu sprechen, nicht von der Wirklichkeit selbst, die sich in den Erscheinungen zeigt. Will die Wissenschaft nicht ein Wissen von wirklichen Dingen haben?‹ Einstein fragte rauflustig: ›Existiert der Mond nur, wenn ich ihn anschaue?‹ Die Frage ist ein produktives Mißverständnis, also eine halb richtige Vermutung. Eine Wirklichkeit, die nicht beobachtet werden kann, sollte einen schweren Stand haben in der Wissenschaft. Die Beobachtung verändert den Mond tatsächlich, doch die Änderung ist winzig klein, deshalb kann ich auch im Schlaf weiterhin von der Existenz des Mondes überzeugt sein.

Existenzsicherung des Mondes. Mit den Formeln von Planck und Einstein läßt sich übrigens eine Abschätzung der Winzigkeit gewinnen. Aus

$$E = h\nu \text{ und } E = mc^2$$

diesen berühmten Formeln der Physik, folgt für die beteiligte Masse m eine Größenordnung von $\nu h/c^2$ bei einem Photon einer bestimmten Frequenz ν. Das Plancksche Quantum h ist sehr, sehr klein, und $1/c^2$ ist auch sehr klein, weil die Lichtgeschwindigkeit c so groß ist und c^2 noch viel, viel größer, was im Produkt beider Faktoren noch einmal ungeheuer viel kleiner wird. Damit hat man eine Abschätzung zur Hand über die Änderung, die das Licht am Mond vornimmt, wenn man auf ihn schaut oder nicht schaut. Sie ist sehr, sehr klein, und doch nicht null. Wenn wir die beteiligte Masse in Gramm messen, hat sie an der fünfzigsten oder sechzigsten Stelle hinter dem Komma einen von null verschiedenen Wert. Damit ist Einsteins Frage beantwortet, ob der Mond nur dann existiert, wenn wir ihn anschauen.

Schein und Sein. Mit Beginn der Quantentheorie wird aus der Physik oft wieder Metaphysik. Viele phantasievolle Auffassungen sind entstanden über das, was die eigentliche Wirklichkeit sein soll; damit ist die Grenze zwischen realer Wissenschaft und Science Fiction immer durchlässiger geworden. Was soll Natur sein, was ist der Gegenstand der Naturwissenschaft? Die meisten Zeitgenossen können zwar gut zwischen Schein und Sein unterscheiden, sie können jedoch nur schwer den erkenntnisbedingten Charakter dieser Unterscheidung wahrnehmen. Sie denken, Sein sei die richtige Wirklichkeit und Schein die falsche, ohne zu bemerken, wie das Erkennen selbst beständig zwischen Sein und Schein pendelt.

Wenn der Mensch gutmütig ist, will er den Schein beseitigen und das Sein hervortreten lassen, ansonsten ist er ein Lügner. Das Verhältnis von Sein und Schein ist so einfach allerdings nicht in die Balance zu bringen. Die Wirklichkeit erscheint und ist doch keine bloße Erscheinung, auch wenn wir nicht unabhängig von der Erscheinung auf eine Wirklichkeit schließen können, die selbst nicht hervortritt. Zwischen Sein und Schein den Weg sicher zu gehen, ist nur wenigen gegeben, gewöhnlich kippt der Mensch nach der einen oder anderen Seite bald um.

Viele Welten. Ein häufig vorkommender Kurzschluß, durch den Physiker und ein großes Publikum mit dem Gegensatz von Schein und Sein fertig werden wollen, ist die Viele-Welten-Theorie von Hugh Everett. Sie stammt in ihren Ursprüngen aus dem Jahr 1957 und ist ein erster Schritt, der vom Weg der echten Physik abführt. Sie gibt der Versuchung nach, mathematische Formeln für Naturerkenntnis zu halten. Nach dieser Theorie geschieht alles, was möglich ist, auch wirklich, nicht in diesem, sondern jeweils in einem anderen, gerade neu erzeugten Universum. ›Ungeachtet dieses und ähnlicher Probleme erfreut sich die Viele-Welten-Theorie heute, ein halbes Jahrhundert nach ihrer Formulierung durch Hugh Everett, rapide zunehmender Popularität. Immer mehr Physiker nehmen sie ernst.‹[36] Allerdings wächst damit eine andere, die umgekehrte Gefahr, weil durch solche Phantasien die Physik selbst nicht mehr ernst genommen wird, was ganz gut erklärt, warum die theoretischen Physiker für ihre Leistungen seit dreißig Jahren keinen Nobelpreis mehr bekommen haben. Es waren viele große mathematische Leistungen dabei, doch keine physikalischen. Der Riß zwischen Sein und Schein wird mit der Viele-Welten-Theorie lediglich verschoben, nicht aufgehoben. Jeder Beobachter kann eben nur ein einziges Universum beobachten; sollten wir ein zweites zu Gesicht bekommen, würde es sofort wieder zum ersten gehören. Viele Welten sind so etwas wie das Ding an sich bei Kant; die Existenz ist weder beweisbar noch widerlegbar. Allerdings, über solche Dinge zu sprechen wie über einen normalen Gegenstand, zeigt eine gewisse Gedankenarmut an.

Lange Zeit vor dem Aufkommen der Viele-Welten-Theorie im 20. Jahrhundert behandelte schon Werner Heisenberg die phantasievolle Vorstellung einer zweiten Welt, mit der ›prinzipiell keinerlei Verbindung‹ möglich sein soll, und gab sein Urteil ab. Die Existenz solcher Welten kann nicht gut bewiesen oder widerlegt werden, was ja auch einige Vertreter der phantastischen Theorie einräumen, jedenfalls zur Zeit von Heisenberg. ›Besonders vorsichtig muß man bei der Anwendung des Ausdrucks: ›in Wirklichkeit‹ sein, da er sehr leicht zu Behauptungen der eben besprochenen Art verleitet.‹[37] Die Kopenhagener Position gibt der Lage einen präzisen Ausdruck. Sie ist die vollendete Balance, wenn man eine Vollendung solcher Art überhaupt anerkennen will, da Balance immer einen Kompromiß meint, wenn auch vielleicht auf höchstem Niveau. Jetzt haben wir die Balance zwischen Subjekt und Objekt erreicht: Wir können die Wirklichkeit nur wirklich sehen, wenn wir die Augen niemals vergessen, mit denen wir auf sie schauen.

Realismus und Positivismus Der Realismus in seiner naiven Form behauptet, die Natur unter Absehung der Mittel ansehen zu können, sie also zu sehen, ohne auf irgendwelche Augen achtzuhaben: Sein gibt es nach ihm ohne Schein. Die Beseitigung der Mittel soll einen unmittelbaren Zugang zur Wirklichkeit garantieren und sie im Maßstab eins zu eins abbilden. Der Positivismus vertritt im Gegenteil die Meinung: Es gibt gar kein Sein, es gibt keine Wirklichkeit, jedenfalls keine feststellbare Wirklichkeit, es gibt nur Augen, die schauen: Der Schein ist nach ihm ohne wirkliches Sein. Das Scheinen mit dem Sein gleichzusetzen hat übrigens den gleichen Wert wie die umgekehrte Position, das Sein überhaupt zu leugnen. Immer wird eine hundertprozentige Übereinstimmung gefordert, sonst soll Erkenntnis unmöglich sein. Diese Radikalpositionen klingen radikal, sind jedoch nur einseitig und gedankenarm; sie leben von den Wünschen ihrer Vertreter und nicht von der Einsicht in die Wirklichkeit.

Die Quantentheorie legt die Erkenntnis genau dazwischen, in die Mitte zwischen Sein und Schein, weil das Sein erscheint und sonst nicht da wäre, und weil kein Schein ohne wenigstens ein Partikelchen des Seins hervortritt. Einstein wollte an der realistischen Position festhalten, deshalb konnte er sich mit der quantentheoretischen Deutung von Bohr und Heisenberg bis zu seinem Tode 1955 nicht abfinden. Die Kopenhagener Deutung lag für ihn in Richtung des Positivismus, deshalb gab er ihr gleich diesen Schimpfnamen. Er ›konnte diese Denkweise nur als positivistisch verstehen, und es war ihm unmöglich, ihr zu folgen. Einsteins bis an sein Lebensende festgehaltener Widerstand markierte wenigstens die ungelösten Probleme der philosophischen Deutung der Quantentheorie.‹[38]

Zwei Hochzeiten. Zufall und Notwendigkeit liegen nicht wie zwei gegenteilige Prinzipien nur nebeneinander, sie wirken auch zusammen. Allerdings möchte ich ihre Beziehung nicht mit einem Namen benennen. Nicht einmal dialektisch oder gegensätzlich möchte ich sie heißen, da sie zwar Ereignisse und damit geschichtliche Gestalten erzeugen, doch nur auf eine schwer oder gar nicht vorhersehbare Weise. Noch schwerer ist die Art und Weise ihres Zusammenwirkens mit Namen zu benennen. **Die Notwendigkeit ist ein Wissensprinzip, der Zufall ein Nicht-Wissensprinzip.** Das scheint die Schlüsselerkenntnis zu sein, doch welche Tür schließt der Schlüssel auf? Man kann die beiden Prinzipien Zufall und Notwendigkeit nicht einfach mischen und ausrufen: Hier haben wir jetzt das eine Prinzip, das unsere Erkenntnis leitet, wir haben den Lauf der Natur verstanden. Man kann sie auch nicht einfach verheiraten, selbst wenn sie ansonsten unzertrennlich sind. Die Hochzeit von Feuer und Wasser ist leichter zu feiern als die Verbindung von Zufall und Notwendigkeit. Bei Feuer und Wasser muß man nur von der Chemie zur Nukleosynthese übergehen, also von der Atomhülle zum Atomkern, dann verbinden sich die beiden Elemente nach dem gleichen Prinzip. Was immer man dort auch zusammentut, es sind gepackte Wasserstoffkerne, und das Feuer ist die Art und Weise ihrer Packung.

Begrenzung ohne Grenze. Ganz anders liegt die Sache bei Zufall und Notwendigkeit. Wir schauen mit ihnen vielleicht tiefer in die Natur hinein, doch das Paar errichtet auch eine neuartige Grenze und läßt nicht hinter den Vorhang blicken. Der Punkt ist vermutlich:

Es gibt keinen Vorhang, also können wir nichts aufdecken. Die Wörter ›Grenze‹ und ›Vorhang‹ sind auch nicht ganz der passende Ausdruck. Eine Grenze läßt an eine Wirklichkeit denken, die hinter der Grenze liegt, die nicht jetzt, doch später einmal erforscht und vielleicht erobert werden kann. So geht es nicht zu mit dem Land der Unbestimmtheit, das Heisenberg entdeckt hat. **Die Grenze besteht nicht in der Verborgenheit eines vorhandenen Landes, sondern im Nicht-Vorhandensein eines Landes, das später hervortritt.** Wir können nicht hinter den Vorhang schauen, weil hinter ihm nichts ist; deshalb ist der Vorhang eigentlich gar kein Vorhang. So merkwürdig geht es zu in der Natur. Aus nichts wird nichts? So sagten die Alten: De nihilo nihil fit. Dieser Grundsatz ist fast richtig, nur eben nicht immer, auch wenn zum Beispiel der Satz von der Erhaltung der Energie weiterhin gilt. Allerdings mit der bezeichnenden Einschränkung: Er gilt nur für abgeschlossene Systeme. Ist der Kosmos abgeschlossen? Mit solchen Grenzen der Erkenntnis umzugehen hat die Wissenschaft nicht gut gelernt. Die Quantentheorie kennt Wirkungen ohne Ursachen. Sie lehrt die Entstehung des Möglichen aus dem Wirklichen, allerdings nicht auf gewußten, sondern nur auf wahrscheinlichen Wegen, also auf Wegen, die halb gewußt und halb nicht gewußt sind. Offensichtlich kann es nicht nur das Verhältnis 50 zu 50 Prozent geben zwischen Wissen und Nichtwissen, sondern jeden Prozentsatz zwischen 0 und 100. Es ist besser, bei der Suche nach den Ursachen lieber von Unbestimmtheit als von Unschärfe zu sprechen, also die nach Heisenberg benannten Beziehungen nicht Unschärfe-, sondern Unbestimmtheits-Relationen zu nennen. Bei Unschärfe klingt der subjektive Charakter des Unwissens zu stark an, beim Wort Unbestimmtheit wird das Nichtwissen zu einem Zug der Wirklichkeit zwischen Subjekt und Objekt selbst.

Parallele zu Sokrates. Schwer ist es, bei Heisenberg hier einen direkten platonischen Einfluß nachzuweisen, noch schwerer jedoch dürfte es sein, ihn zu bestreiten. Jedenfalls ist die Ähnlichkeit verblüffend, die zwischen dem platonischen Sokrates waltet und der Heisenbergschen Unbestimmtheit. ›Da es mir aber so gut nicht wurde und ich die Ursache weder selbst finden, noch von einem anderen lernen konnte, willst du eine Beschreibung der zweitbesten Schifffahrt von mir haben, o Kebes, wie ich sie zur Erforschung der Ursache durchgeführt habe?‹[39] Das fragt Sokrates in seinem Todesdialog ›Phaidon‹, an dessen Ende er den Schierlingsbecher leert. Die Bemerkung spiegelt eine Denkerfahrung des jungen Sokrates wider, der nach dieser Wende ein Leben der Selbsterkenntnis und der Suche nach dem guten Leben geführt hat, das weltbewegend geworden ist.

Rückfall und Rückgewinnung. Ich begehe an der mechanischen Physik der Neuzeit wohl kein Unrecht, wenn ich sie einen Rückfall nenne hinter die sokratische Erkenntnis in der Antike. Die Physik des 20. Jahrhunderts läßt sich als widerwillige Wiedergewinnung einer alten Erkenntnis beschreiben. Ungern gesehen war die Erkenntnis schon damals, ungern gesehen ist sie heute. Die Verzweiflung hat Einstein auf klassische Weise ausgedrückt: ›All meine Versuche, das theoretische Fundament der Physik diesen Erkenntnissen der Quantenphysik anzupassen, scheiterten aber völlig. Es war, wie wenn einem der Boden unter den Füßen weggezogen worden wäre.‹[40] Einstein wollte keinesfalls den Spruch der Natur akzeptieren, jedenfalls zu seinen Lebzeiten nicht, da er sich ein anderes Bild von der Natur gemacht hatte, und nach seinem Leben hatte er keine Zeit mehr dafür.

Zweite Schiffahrt. Sokrates dagegen machte sich bereit zur zweitbesten Schiffahrt, auch er erst nach langem Widerstreben. Schließlich kam er zu der Einsicht, ein Gespräch über die Sache könne sinnvoll sein, weil im Gespräch zwar meistens, doch nicht immer nur Interessen verteidigt werden; es kann auch zur Erkenntnis der Sache kommen, zur Erkenntnis einer Eigenschaft an der Sache, die man selbst bisher übersehen hat. Anaxagoras und Anhänger der Weltformel dagegen können sich Gespräche sparen; denn der eigene Verstand sollte nach ihrer Überzeugung ausreichen, alle Dinge vollständig zu begreifen. Nach seinen neuen Einsichten war sich Sokrates nicht mehr sicher, die Wirklichkeit eins-zu-eins in einer ersten Schiffahrt erfassen zu können. Für die zweite Fahrt steht seit dem 20. Jahrhundert die Quantentheorie bereit, die ein umfassendes Wissen von der Natur liefert; zugleich mit dem gewachsenen Wissen liefert sie ein neues Wissen um die Grenze des Wissens. Die erste Fahrt, das sind die vielen Versuche gewesen, die Erkenntnis der Natur trotz der Quantentheorie zu einer letzten begriffenen Einheit zu bringen, von Planck bis heute. Alle ersten Schiffahrten seit zweieinhalb Jahrtausenden sind nicht gelungen, sie sind Träume geblieben, obwohl bei den Fahrten viele Länder erobert wurden. Nur eben das neue Goldene Vlies, die Weltformel oder die TOE wurde nicht gefunden. Der bisherige Mißerfolg ist natürlich kein Beweis der Unmöglichkeit, den Überblick über alle Länder der Wirklichkeit zu bekommen, die Art und Weise des Scheiterns macht allerdings nachdenklich. Dieses unaufhörliche Verlangen nach der einheitlichen Theorie fördert das Verstehen der Wirklichkeit beträchtlich und bricht das Verstehen zugleich auseinander. Sehr merkwürdig! Wie übrigens bei Sokrates auch: Im Glauben an die Einheit aller Wirklichkeit hat er die Einheit erprobt; dabei ist ihm der Begriff, das Mittel zur Einheit, unter den Händen zersprungen. Die Ähnlichkeiten liegen auf der Hand, als ob sich das vierte Jahrhundert vor Christus wörtlich wiederholt hätte im zwanzigsten nach Christus.

Bedingungen der Erkenntnis werden nur schwer erkannt, weil das Nachdenken über die Reichweite der Erkenntnis für die meisten Menschen eine ungewohnte Beschäftigung ist; auch die Mehrzahl der Naturforscher hat darin kaum Übung. Das Ergebnis, das Erwachen aus dem dogmatischen Schlummer des Alltags, ist für den normalen Menschen zu schmerzlich. Sollte er einmal unversehens auf diese Grenze stoßen, wird er alles daran setzen, schnell wieder zu vergessen, was ihm ein unbewachter Augenblick vor die Augen gebracht hat. Er wird sich unverzüglich wieder in den Alltag stürzen.

Neue Runde. Weil er den Spruch der Natur nicht kampflos annehmen wollte, hat Einstein 1935 dramatisch eine neue Runde um die Kausalität und Reichweite der Quantentheorie eingeläutet. Seit 1925 hatte er Widersprüche in der Quantentheorie zu finden und zu beweisen gesucht, in atemberaubenden Kämpfen mit Niels Bohr, vor allem auf den Solvay-Kongressen jener Jahre. Der Kampf der Titanen in Brüssel begann 1927 und erreichte seinen Höhepunkt drei Jahre später. Bohr hat das Drama seiner Diskussionen mit Einstein später in einem Aufsatz aus dem Jahr 1949 in allen Einzelheiten mitgeteilt, in dem er Einstein jede Gerechtigkeit widerfahren ließ.[41]

Experimente in Gedanken. Am Rande der Konferenz dachte dieser sich immer neue und komplizierte Experimente aus, Anordnungen von Apparaten zunächst nur in Gedanken, die jedoch im Prinzip realisierbar waren. Sie sollten auf die eine oder andere Weise die Grenzen dessen unterschreiten, was die Unbestimmtheitsrelationen an Genauigkeit des Wissens zuließen. Bohr widerlegte sie alle. Der Gipfel des Geisterkampfes war 1930 erreicht, als Einstein ein Gedankenexperiment mit einem Licht aussendenden Kasten im Schwerefeld vorbrachte. Den Kasten sollte man nach seiner Ansicht vor und nach der Emission des Lichts präzise wiegen können und damit auch die Energiedifferenz; eine Uhr im Kasten sollte ebenso präzise den Zeitpunkt der Emission festlegen. Damit wäre die Unbestimmtheitsrelation von Heisenberg widerlegt gewesen.

Am Morgen danach. Auf der Konferenz wurde ein Photo geschossen, das Einstein und Bohr auf der Straße zeigt. Mit breitem Hut und siegessicher schreitet Einstein voran. Schräg hinter ihm geht Bohr, sehr gebückt, mit einem schmalen Hut auf dem schmalen Kopf. Sorgenvoll redet Bohr auf Einstein ein. Der belgische Physiker Léon Rosenfeld (1904–1974) berichtete später, wie unvergeßlich ihm der Eindruck war, den die beiden machten, als sie das Haus verließen. Einstein bedächtig redend und aufrecht gehend, eine Siegermiene mit mildem Lächeln auf den Lippen; Bohr trottet aufgeregt hinter ihm her. ›Der nächste Morgen sah den Triumph von Bohr. – The morning after saw the triumph of Bohr.‹ Nach einer schlaflosen Nacht hatte Bohr das Gedankending Einsteins mit dessen eigener Waffe zerschlagen, mit der Allgemeinen Relativitätstheorie ›Die unbestimmte Höhe der Uhr über dem Boden während der Wägung macht den Gang der Uhr im Gravitationsfeld eben um das erforderliche Maß ungenau.‹[42]

Neue Kampfart. Einstein war kein Ideologe, obwohl er starke Wünsche an die Natur hatte. Wenn die Wirklichkeit sich ihm tatsächlich widersetzte, war er schließlich zur Revision bereit und gab nach. Zum Beispiel hat er zur gleichen Zeit, nach Hubbles Entdekkung der Galaxienflucht 1929, nicht gar so widerstrebend, von der Ewigkeit des Weltalls abgelassen, von der er vorher ganz selbstverständlich ausgegangen war. Die Tatsachen waren zu stark, die auf einen Urknall des Kosmos vor langer Zeit, doch nicht vor ewigen Zeiten hindeuteten. Weil die Quantentheorie philosophisch bedeutsamer ist als die Kosmologie, wollte er hier allerdings nicht so schnell mit seiner Meinung beidrehen. Er erprobte eine ganz neue Kampfart, mit der Wirklichkeit fertig zu werden. Die Quantentheorie erkannte er nach 1930 im Rahmen der Kopenhagener Deutung als widerspruchsfrei an und schlug Heisenberg für den Nobelpreis vor. Auf einen Ausweg sann er trotzdem. Vielleicht, so seine Überlegung, könne man der Theorie ihre Unvollständigkeit nachweisen. Er machte sich für fünf Jahre an die Arbeit und entwarf das Gedankenexperiment von 1935, das er sich zusammen mit Podolsky und Rosen ausgedacht hatte und das diesem Zweck dienen sollte.[43] In der Literatur hat es den Namen EPR-Paradoxon bekommen, weil es die Paradoxien der Wirklichkeit, die von der Quantentheorie ausgehen, jedem vor Augen führen sollte.

Verborgene Parameter. Eine Möglichkeit, die Theorie im Sinne der klassischen Physik wieder vollständig zu machen, wäre die Entdeckung bisher verborgener lokaler veränderlicher Größen, auch Parameter genannt, welche die Rolle der fehlenden Elemente der Realität übernehmen könnten. Die Einführung solcher lokaler und bisher übersehener Variablen erwies sich jedoch als unverträglich mit den Vorhersagen der Quantenmechanik. Wer hat recht? Der Wert der Einsteinschen Arbeit von 1935 beruht darauf, die ganz unalltägliche Sicht der Quantentheorie klar zu machen und zugleich einen Weg zu eröffnen, die Streitfrage durch Messung zu entscheiden. Die EPR-Arbeit ist echte Physik, auch wenn die Verfasser ihr Ziel gerade nicht erreicht haben. Alle drei Autoren wollten zurück zur Grundidee der klassischen Physik, nach der alle Größen in einem System festliegen. Damit wäre der Zufall aus der Physik wieder verbannt, das Unwissen hätte sich als ein bisher nicht bekannter Parameter erwiesen. Das eingestürzte Gebäude der klassischen Physik wäre von neuem errichtet.

EPR-Experiment real. Zunächst existierte das neue Experiment nur in Gedanken, doch am Ende des 20. Jahrhunderts ließ es sich wirklich durchführen. Pech für Einstein, denn wieder triumphierte der Zufall, sein geborener Feind, in Experimenten, die in den 80er und 90er Jahren des letzten Jahrhunderts die Stellung des Zufalls neben der Notwendigkeit unerschütterlich machten.

Der Weg hierzu führte über zwei Stationen. Zum einen über eine Ungleichung, die der nordirische theoretische Physiker John Bell (1928–1990) im Zusammenhang mit dem Einsteinschen Paradox entdeckte. Dann über Alain Aspect (* 1947) und andere Experimentalphysiker ab den achtziger Jahren, die das Einsteinsche Gedankenexperiment mit Hilfe von Bells Ungleichungen meßbar machten. Damit wurde die Sache entschieden: Zufall und Notwendigkeit sind jetzt endgültig und fest vereint. Wie gesagt, sie waren es immer in der Natur, doch jetzt ist die Verbindung auch offiziell erkannt, weil erkennbar. Von Anerkennung möchte ich nicht reden, denn dazu reichen die paar Jahrzehnte der Rückkehr des Zufalls nicht aus, er ist bei den wenigsten Naturforschern ein gern gesehener Gast.

John Bell. Eine Möglichkeit, die Quantenmechanik im Sinne von EPR zu vervollständigen, wäre also der Nachweis von verborgenen lokalen Variablen, wäre die Auffindung dieser unbekannten Größen. Gibt es sie? Sie sollten die Rolle der Notwendigkeit gegenüber dem Zufall wieder übernehmen. Dies führt zu den Bellschen Ungleichungen. Der Theoretiker John Stewart Bell hatte 1965 bei dem Versuch, eine Quantentheorie mit lokalen, bisher verborgenen Variablen aufzustellen, gewisse Ungleichungen entdeckt, die später nach ihm benannt wurden: Sie machten die verschiedenen Meinungen empirisch entscheidbar. Wie es zuvor Planck, Einstein und vielen anderen geschehen war, spielte die Natur allerdings auch mit John Bell ihr Spiel und versetzte ihm einen Streich. Er persönlich hing wie Einstein am Ideal der deterministischen Physik und wollte mit Hilfe seiner Ungleichungen die Möglichkeit einer Quantentheorie mit lokalen, bisher versteckten Variablen beweisen; heraus kam das Gegenteil, die Unmöglichkeit dieser Variablen.[44] Seine Hoffnungen wurden maßlos enttäuscht. ›Es war das Verdienst von John Bell, quantitativ klarzustellen, inwiefern die strenge Geltung der Quantentheorie mit *lokalen* verborgenen Parametern unvereinbar ist.‹[45] Wie gesagt, dieses Verdienst verabscheute er zutiefst, weil er sein Herz gerade an die lokalen verborgenen Parameter gehängt hatte.

Alice und Bob. Um einen Eindruck von diesem wichtigen Experiment zu gewinnen, sei es kurz dargestellt. Es werden zwei räumlich getrennte Beobachter aufgestellt, sie erhalten die jetzt schon klassischen Namen Alice und Bob; die beiden sind Apparate oder können Apparate ablesen, jedenfalls dienen sie als Empfänger. Sie können sich nahe beieinander befinden oder viele Meter und Kilometer weit voneinander entfernt stehen. Zwischen ihnen befindet sich ein weiteres Gerät als Sender, das Photonenpaare erzeugt, die immer in der gleichen Ebene schwingen. Auf diese Weise sind die Photonen miteinander verschränkt. Eines der Photonen fliegt in die Richtung von Alice, das andere in die Richtung von Bob.

Ursprünglich wurde in EPR der Ort und der Impuls von Teilchen betrachtet, etwa von Elektronen. Leichter ist es, sich die Sachlage mit der Polarisation von Lichtteilchen, eben den Photonen, vorzustellen. Alice ist nun der eine Polarisator und Bob der zweite, in der Mitte steht der Apparat, der jeweils ein Paar von Photonen aussendet. Der Prozeß läßt sich auf eine besondere Weise einrichten. Wenn die beiden Polarisator-Meßgeräte, wenn also Alice und Bob in der gleichen Ebene messen, gehen beide Photonen durch, oder keines von beiden geht durch.

Gleiche Polarisation. Diesen Vorgang kannte John Bell, und er wollte ihn zur Ergänzung der Quantentheorie benutzen. Dazu nahm er einzelne oder mehrere Parameter λ an, welche die Kausalität wieder vervollständigen sollten – to complete causality, wie der ersehnte Vorgang auf Englisch lautet. Diese Parameter sollten kontinuierlich, also stetig fließen und den sprunghaften Zufall wegschaffen. ›However, we write as if λ were a single continuous parameter.‹[46]

Fehler am Anfang. Den Fehler, mit dem Bell am Ende zu Fall kommen wird, macht er gleich zu Anfang. Kann man sagen, die beiden Photonen besitzen im Augenblick ihrer Erzeugung die gleiche Polarisationsrichtung? Das eben ist ungenau, das ist quantenmechanisch gesehen sogar eine unmögliche Aussage. Bevor die Polarisationsrichtung der Photonen gemessen wird, kann man nicht von einer bestimmten Richtung sprechen. Andererseits verhalten sich die Photonen immer parallel, entsprechend der Regel: Wenn in der Ebene ein Photon durch den Polarisator kommt, dann auch das andere. Damit haben beide die gleiche Schwingungsebene, selbst wenn Alice und Bob viele Kilometer weit voneinander entfernt aufgestellt sind. Dieses Ergebnis ist nur möglich, wenn die Ebene, in der sie schwingen, im Augenblick der Aussendung noch unbestimmt ist, weil der Experimentator in der Lage ist, die Wahl der Ebene, erst weit *nach* der Aussendung zu treffen. Von diesen Experimenten mit verzögerter Wahl der Meßrichtung wußte Bell noch nichts, erst John Archibald Wheeler hat eine solche verzögerte Messung 1978 vorgeschlagen.

Quantentheoretisch exakt müßte man sagen: Die Schwingungsebenen der beiden Photonen sind in dem Augenblick im gleichen Zustand, in dem sie gemessen werden. Wird die Ebene bei dem einen Photon nicht gemessen, ist sie unbestimmt, ebenso die andere Ebene. Wird nun gemessen, dann liefern beide Photonen dasselbe Resultat bei beliebig weitem Abstand. Das eine Photon kommt genau dann durch den Polarisator Alice, wenn das andere bei Bob hindurch kommt. Im anderen Falle werden sie absorbiert. Hier hat man also einen Hinweis auf eine Erscheinung, die Einstein die spukhafte Fernwirkung der Quantentheorie genannt hat und die ihm gar nicht gefallen wollte, weil sie seinen Wünschen an die Natur widersprach.

Ebenen variabel. Interessant wird die Situation, weil entscheidbar, ob bisher verborgene Parameter existieren, wenn die beiden Schwingungsebenen verändert werden, nachdem die Photonen erzeugt sind. So können wir experimentell aufdecken, ob es letztlich doch kausale Größen gibt, die das Verhalten der Photonen bestimmen.

Nehmen wir für Alice den Winkel α und für Bob den Winkel β an, unter dem das auseinander fliegende Photonenpaar gemessen wird. Es sei p die Wahrscheinlichkeit für das Durchkommen an beiden Meßgeräten, wenn $\alpha = \beta$ ist, also für den Fall, den wir bisher betrachtet haben. Die Lichtteilchen kommen beide durch, oder im anderen Falle werden beide verschluckt. Wenn die Winkel verschieden sind, beträgt die Wahrscheinlichkeit, bei Alice den Winkel α zu messen und bei Bob den Winkel β:

$$p(\alpha, \beta) = p.\cos^2(\alpha - \beta).$$

Auch die Wahrscheinlichkeit für das Durchkommen bei Alice und das Nicht-Durchkommen bei Bob läßt sich angeben. Sie beträgt

$$p(a, \text{nicht } b) = p.\sin^2(\alpha - \beta).$$

Wenn man den Sonderfall $\alpha = \beta$ einsetzt, kommt man auf den ursprünglichen Zustand ohne Veränderung an den Meßgeräten, denn der Sinus von null ist null. Dies ist die prinzipielle Situation. Experimentell reicht es natürlich nicht, nur ein einzelnes Photonenpaar auszusenden, für statistische Zwecke muß es eine ganze Meßreihe sein.

Lokale Parameter. In der Quantentheorie sind die Ebenen der Photonen unmittelbar nach ihrer Erzeugung nicht festgelegt. Auch kennt kein Photon die Meßebene des Polarisators, weil erst im letzten Moment die Ebene zur Messung gewählt wird. Die Wahl ist möglich, weil die Lichtgeschwindigkeit endlich ist. Dennoch verhalten sich die Photonen gekoppelt oder, wie man so sagt, verschränkt. Drückt die Unbestimmtheit nicht einfach unsere Unkenntnis aus? Muß da nicht ein verborgener Mechanismus vorhanden sein? So fragten Einstein, Bell und viele andere Naturforscher und warteten sehnsüchtig auf ein Ja. Trägt nicht jedes Photon aus der Schar der Photonenpaare eine uns bisher verborgene Regel mit sich, die sein Schwingen unter allen zu messenden Winkeln festlegt? Ob ein Photon bei einer Messung durchkommt oder nicht, wäre dann eine genaue Eigenschaft, die es selbst besitzt, weil sie nur das eine Photon allein betrifft und nicht das andere, weit entfernte Photon. In solchem Falle wäre die Quantentheorie unvollständig. Wenn verborgene Parameter existierten, dann sollte es jetzt herauskommen! Mit ihnen wäre jedes Photon für jeden Winkel α mit einer doppelten Verhaltensregel ausgestattet: ›Wenn Alice den Winkel α mißt, kann das Photon passieren.‹ Oder: ›Wenn Alice den Winkel α mißt, kann das Photon nicht passieren.‹

Bellsche Ungleichung. Wir wollen jetzt die berühmte Ungleichung herleiten und dabei möglichst einfach vorgehen. Stellen wir uns eine Anzahl von Gegenständen vor, die ganz bestimmte Eigenschaften haben. Wir können zum Beispiel die Mitarbeiter einer Firma wählen. Jedem Mitarbeiter können wir einige feste Eigenschaften zuschreiben. Jede Person läßt sich nach unzählig vielen Merkmalen einordnen; wir nehmen die folgenden drei.

Jeder Angehörige des Betriebes ist entweder
– männlich oder weiblich (m oder nicht m),
– treibt Sport oder nicht Sport (s oder nicht s),
– hat New York City besucht oder nicht (n oder nicht n).

Jeder Angehörige hat die Eigenschaft oder hat sie nicht, losgelöst davon, ob eine andere Person diese Eigenschaft hat, oder ob die Eigenschaft überhaupt festgestellt werden kann. Offenbare, lokale Parameter legen bei den Leuten der Firma und bei allen Leuten in der Welt diese Eigenheiten fest. Wir führen folgende Schreibweisen ein: A (m, s) sei die Anzahl der Mitarbeiter, die männlich sind und Sport treiben, A(s, nicht n) sei die Anzahl derer, die Sport treiben, doch nicht in New York City waren, und so weiter.

Beweis der Ungleichung. Dann gilt die folgende Ungleichung:

$$A(m, s) \leq A(m, n) + A(s, \text{nicht } n).$$

Die Anzahl der Leute im Betrieb, die männlich sind und Sport treiben, ist kleiner oder gleich der Anzahl von Leuten, die männlich sind und in New York waren, vermehrt um die Anzahl von Leuten, die Sport treiben und nicht in New York waren. Der Beweis ist einfach: Die Leute, die bei A(m, s) im Vergleich mit A(m, n) wegfallen, sind unter solchen zu finden, die männlich sind, Sport treiben und nicht in New York waren. Die finden wir alle unter A(s, nicht n) wieder; in dieser Gruppe sind sogar noch die sportlichen, weiblichen Mitglieder mit dieser Eigenschaft enthalten.

Ungleichungen dieser Art werden ganz allgemein Bellsche Ungleichungen genannt. Wenn ich zwei Eigenschaften und damit eine Gruppe von Leuten bestimme, so kann ich noch eine dritte Eigenschaft nehmen und erhalte die oben genannte Ungleichung. Wichtig ist die Unabhängigkeit aller Eigenschaften voneinander: Sport zu treiben und in New York gewesen zu sein, hat nichts miteinander zu tun, diese Merkmale sind nicht gekoppelt. John Bell hatte 1964 eine etwas kompliziertere Ungleichung untersucht. Die vereinfachte Form hier stammt von dem Physiker Eugene Wigner (1902–1995).

Wenn wir die obige Polarisationsgleichung mit der Ungleichung verbinden und p einfach wegkürzen, erhalten wir für beliebige Winkel α, β und γ:

$$\cos^2(\alpha - \beta) \leq \cos^2(\alpha - \gamma) + \sin^2(\beta - \gamma).$$

Wenn es zur Aufrechterhaltung der bestimmten Realität verborgene Variablen gäbe, so müßte die Ungleichung für beliebige drei Winkel

(α, β, γ) gelten. Das ist allerdings für die drei Werte $\alpha = 0^\circ$, $\beta = 30^\circ$ und $\gamma = 60^\circ$ nicht der Fall. Der Sinus und Kosinus sind im Quadrat symmetrische Funktionen, deshalb gilt $\cos^2(\alpha - \beta) = \cos^2(-30^\circ) = \cos^2(30^\circ) = (\frac{1}{2}\sqrt{3})^2 = 3/4$. Zum anderen haben wir

$$\cos^2(\alpha - \gamma) + \sin^2(\beta - \gamma)$$
$$= \cos^2(60^\circ) + \sin^2(30^\circ) = 1/4 + 1/4 = \tfrac{1}{2}.$$

Damit ist die Ungleichung oben nicht erfüllt, also widerspricht die Annahme lokaler verborgener Parameter den Voraussagen der Quantentheorie, hier jedenfalls zunächst für diese Schwingungsebenen. Der Streit um die Quantentheorie kann dem Experiment zur Entscheidung übergeben werden.

Erste Experimente. Es sieht so aus, als hätten wir den Beweis für die Nichtexistenz lokaler verborgene Parameter schon geführt. Das ist nicht der Fall. Wenn wir oben gesagt haben, die Quantentheorie zeige, was wir bei den Photonen zu sehen wünschen, so muß dieses Experiment erst durchgeführt werden.

Erste Versuche dieser Art wurden von Stuart Freedman und John Clauser zu Ende der 1960er Jahre ausgeführt.[47] Wie in diesem Gebiet üblich erhielten die Autoren das Gegenteil dessen als Ergebnis, was sie gewünscht hatten. Freedman und Clauser wollten nicht glauben, was die Quantentheorie in der Kopenhagener Deutung seit langem sagte, ihr eigenes Experiment belehrte sie eines Besseren. Die Welt ist tatsächlich so seltsam aufgebaut, wie Niels Bohr immer verkündet hat. Das Ergebnis lautete schon am Anfang der experimentellen Reihe: Ein lokal realistisches Bild der Welt ist sehr unwahrscheinlich. Weil die Fehlergrenzen jedoch noch ziemlich hoch waren und experimentelle Physiker vorsichtig sprechen, wollten sie noch nicht endgültig sagen, der lokale Realismus sei unmöglich.

Weitere Experimente. Genauere Ergebnisse zu den Bellschen Ungleichungen wurde von Alain Aspect (* 1947) und seinen Mitarbeitern 1982 aus Paris gemeldet. Diese Experimente lieferten lange Zeit die besten Ergebnisse für verschränkte Paare in der Quantenphysik, bis sie noch weiter verbessert wurden.[48] Es blieben jedoch immer noch gewisse Schlupflöcher offen, in die sich eine lokal realistische Welt hätte flüchten können. Auch diese wurden schließlich gestopft. Besonders eine Gruppe um den Wiener Physiker Zeilinger (* 1945) hat sich hier an die Aufgabe gemacht, die letzten Zweifel an der Verletzung der Bellschen Ungleichungen auszuräumen.

Letztes Experiment. In einem Versuchsaufbau, der von der Wiener Gruppe durchgeführt wurde, waren die beiden Stationen Alice und Bob etwa 360 Meter voneinander entfernt aufgestellt. Ein Lichtsignal braucht für diese Strecke etwa 1,2 Mikrosekunden, etwas mehr als das Millionstel einer Sekunde. Dies erscheint zwar kurz, kann jedoch durch schnelle elektronische Schalter überboten werden, die erst nach Absenden des Lichtsignals tätig werden. Diese wählen im letzten Moment die Orientierung, innerhalb von weniger als einer Zehntel Mikrosekunde, an der entlang die Schwingungsebene der Lichtteilchen gemessen wird. In vielen Abwandlungen wurde das Experiment immer neu durchgeführt, alle Ergebnisse stimmten mit den Vorhersagen der Quantenphysik überein. In anderen Experimenten wurde ›die Verschränkung zumindest bis zu Entfernungen von etwa 20 Kilometern aufrechterhalten‹.[49] Skeptisch schaut Zeilinger auf die Menge ganz verschiedener Interpretationen der Quantenphysik. Manche sind diskussionswürdig, führen aber am Ende alle nach Kopenhagen, weil ›alle, bis auf eine, in irgendeiner Form Annahmen über die Welt machen, die nicht notwendig sind‹.[50] Diese Annahmen sind immer darauf gerichtet, das alte Bild der klassischen Physik wiederzugewinnen und dem Zufall der Quantentheorie wegzuschaffen. Doch in der Wissenschaft geht es weniger um die Wünsche an die Wirklichkeit, sondern um die Wahrnehmung der Wirklichkeit.

Scheitern und Erfolg. Das mechanische Modell hat in der Erklärung der Natur viel Erfolg gehabt, zugleich ist es mehrfach gescheitert. Vielleicht läßt sich diese Doppeldeutigkeit im Weg zur Einheit der Natur sogar erklären. Es konnten oftmals bessere Begriffe gefunden werden, die immer die gleiche Leistung vollbracht haben: Sie beschrieben bisher getrennte Bereiche gemeinsam durch eine vereinheitlichte Kraft. ›Die klassische Mechanik ist als mathematischer Grenzfall in der Relativitätstheorie enthalten und, obwohl das mathematisch etwas komplizierter ist, auch in der Quantentheorie.‹[51] Die beiden Theoriegebäude des 20. Jahrhunderts vereinheitlichen die Erfahrung und treten zugleich in einen immer schärferen Gegensatz. Schließlich sind ernsthafte Weltsichten immer auf Begriffen aufgebaut, und diese setzen von sich aus der Erfahrung eine Grenze entgegen, weil der Begriff selbst die Wirklichkeit zerschneidet, die er einheitlich erklären will. **Das Mittel zur größeren Einheit ist zugleich das Mittel zur größeren Trennung,** eine Tatsache, die viele Leute, die sich der Eigenheiten des Lebens nicht bewußt sind, völlig überrascht und oft in tiefe Lebenskrisen stürzt.

Letzte Hoffnung: Stringtheorie. Das mechanische Programm sieht die Welt in Bewegung und erklärt die Bewegung mit Hilfe von festen Körpern und kontinuierlichen Kraftfeldern. Natürlich gab es unter den Mechanikern über die Jahrhunderte auch Konflikte, etwa zwischen den Anhängern der Nah- oder Fernwirkung. Doch das Grundmodell galt als unbefragtes Ideal: Alle Bewegungen fließen und ermöglichen genaue Voraussagen über die Zukunft. Zu dieser Natursicht möchte die Stringtheorie zurückfinden, die immer neu mit Einstein als ihrem klassischem Held beginnt und die ihn nicht in der Sackgasse des EPR-Paradoxons enden lassen möchte.

Nobelpreise versiegt. Letztmals erfolgreich war die Physik mit dem in den 1970er Jahren entwickelten Standardmodell der erweiterten Quantentheorie, in der das Duo Zufall und Notwendigkeit zuverlässige und genaue Wahrscheinlichkeitsaussagen macht. Das Standardmodell ist seitdem vielfach empirisch bestätigt worden; es hat ihren Entdeckern und Erforschern eine Reihe von Nobelpreisen eingebracht. Drei quantenartige Naturkräfte sind vereint worden, während die glatte Gravitation dazu nicht passen will und sich der Einheit widersetzt. Seit den 70ern ist der Strom der Ehrungen für Theoretiker versiegt, für die Stringtheorie hat es noch nie einen solchen Preis gegeben, denn er wird nicht für die Schönheit und Klugheit verliehen, sondern für die Richtigkeit einer Theorie. Klug und schön ist die Theorie der schwingenden Saiten zwar, allerdings hat sie sich bisher von der Empirie freigehalten, das heißt, sie ist bisher reine Mathematik geblieben, ohne den Fuß auf das Gebiet der Wirklichkeit gesetzt zu haben.

Das Standardmodell behandelt die fundamentalen Bausteine der Natur wie in der klassischen Physik als Teilchen im Sinne von Punkten, sie haben also die Dimension null. Die Quantentheorie hat den sprunghaften Charakter der Bewegung hinzugesetzt. Die Kraftfelder dagegen haben die Dimension drei oder vier, je nach der Betrachtung des Raumes oder der Raum-Zeit. Damit ist der Gegensatz zwischen der diskontinuierlichen Theorie der Quanten und der kontinuierlichen Theorie der Bewegung aufgerichtet. Dieses Dilemma wurde in der klassischen Physik nicht recht bemerkt, weil dort die Spannung zwischen Zufall und Notwendigkeit nicht recht bemerkt wurde. Erst im 20. Jahrhundert wurde das Paar zum grundlegenden Thema in der Wissenschaft.

Dilemma vermeiden. Hier trifft die Stringtheorie, auch Superstringtheorie genannt, eine folgenreiche Entscheidung. Sie will dem Dilemma entgehen und viele Probleme auf einmal erledigen: Die fundamentalen Bausteine der Natur, sagt sie, aus denen sich unsere

Welt zusammensetzt, sind nicht Teilchen oder Felder, sondern vibrierende eindimensionale Objekte, die nach dem englischen Wort für die Musiksaite auch Strings genannt werden. Diese Fäden schwingen bei ihren Eigenfrequenzen gemäß der ihnen zugeführten Energie; es ist das gleiche Modell wie bei den Atomen und Atomkernen, die ebenfalls bei höheren Energien kräftiger schwingen und Energie in größeren Portionen abgeben können. Wenigstens drei Probleme will die Stringtheorie lösen, denen bei Gelegenheit noch andere beigefügt werden können:

- Einheit von Relativitätstheorie und Quantentheorie
- Vereinheitlichung der vielen Naturkonstanten
- Ersetzung des Zufalls durch die Notwendigkeit.

Branen. Es blieb nicht lange bei den eindimensionalen Saiten, bald kamen sogenannte Branen dazu, das sind gebogene Flächen oder noch höherdimensionale Objekte. Die Stringtheorie möchte die in der klassischen Feldtheorie auftretenden Probleme der Singularitäten beseitigen, in der Teilchen als punktförmig ohne Ausdehnung angesehen werden, während die Felder nur ausgedehnt sind und sich nicht auf den Punkt beschränken lassen.

Einheit der Konstanten. Was die Vereinheitlichung der vielen zufälligen Konstanten in den neuen Theorien betrifft, so gibt es ungefähr zwanzig Größen dieser Art, zum Beispiel die Lichtgeschwindigkeit, die Plancksche Konstante, die Feinstrukturkonstante, die Gravitationskonstante und ähnliches mehr. Solange diese nicht aus einem einzigen Grund erklärt sind, kann man schlecht sagen, man habe die Natur verstanden. So merkwürdig es im ersten Moment klingt, diese Konstanten zeigen die Gegenwart des Zufalls innerhalb der Notwendigkeit an. Ihrem Ursprung nach sind sie nicht erklärt, also zufällig, ihrer Wirkung nach gelten sie unbedingt, sind also notwendig.

Subversive Botschaft. Schließlich die mikroskopische Unbestimmtheit, die ein besonderer Stachel im Fleisch der Physiker ist. Selbst eingefleischte Anhänger der Wissenschaft, wie Steven Weinberg, die den ›Traum von der Einheit des Universums‹ träumen,[52] sind zwischen Wunsch und Wirklichkeit hin- und hergerissen. Die Gefühle gehen jedenfalls hoch her in diesem Punkte, an dem die Tragweite der Wissenschaft bestimmt wird. Der langjährige Herausgeber der großen Wissenschaftszeitschrift ›Nature‹ meint: ›Werner Heisenberg dürfte der Erste gewesen sein, der erkannte, wie subversiv die neuen Ideen waren, als er 1927 das so genannte Unbestimmmtheitsprinzip (auch Unschärferelation genannt) postulierte.‹[53] Was so zerstörerisch klingt und wirkt, kann sich John Maddox nur vom Hals wünschen, am besten auch den Überbringer dieser Botschaft, jedenfalls trachtet Maddox danach, diese Beschränkung der Wissenschaft, die von der Unbestimmtheit herrührt, irgendwie ›zu umgehen‹[54]. Wer nüchtern bleibt, sieht das Ende des Einsteinschen Einheitstraumes, weil die Paradoxien der Quantenmechanik trotz aller Wünsche nicht zu beseitigen sind.[55] Mit Paradoxien meint etwa Weinberg die Unbestimmtheiten bei der genauen Messung und damit die Einschränkung der kausalen Notwendigkeit zugunsten des Zufalls.

Supersymmetrie. Seit 1984 wird die Stringtheorie hoch gehandelt, vielleicht der letzte Trumpf in der Naturforschung für das Programm der Einheit, nachdem alle anderen Trümpfe nicht mehr gestochen haben. In den USA läßt sich zur Zeit nur noch auf ihren Schwingen eine Karriere in der Physik aufbauen. Kritiker der Theorie werden ausgesondert und müssen sich in anderen Ländern wie Kanada, England oder Frankreich nach einer Anstellung umsehen. Weil eine Sachentscheidung nicht möglich ist, wird der Wert einer Arbeit nach Meinung und Sympathie entschieden. Die Theorie wird manchmal auch Superstringtheorie genannt, weil sie fast immer mit einer sogenannten Supersymmetrie zwischen den Teilchen verbunden ist. Diese Symmetrie gehört allerdings nicht unbedingt zu den Strings, auch andere Konzepte greifen auf die Supersymmetrie zurück, für die bislang ebenfalls jede empirische Überprüfung aussteht. Symmetrie meint im allgemeinen eine Unveränderlichkeit eines physikalischen Modells unter einer Operation, zum Beispiel unter einer Drehung oder Verschiebung. Supersymmetrietransformation meint allerdings einiges mehr, sie soll verschiedene Teilchen verbinden und damit Materieteilchen (Fermionen wie das Elektron) und Kraftteilchen (Bosonen wie das Photon) als verschiedene Teile eines größeren Ganzen erweisen und dessen Unveränderlichkeit zeigen. Wiederum ist der Wunsch leitend, die Spannung zwischen dem Zufall und der Notwendigkeit zu mindern oder, besser noch, sie ganz aufzuheben. Denn das Elektron ist ein Materieteilchen, das Photon ein Feldteilchen.

Die String- oder Superstringtheorie gilt oder galt lange Zeit als Anwärter auf die Einheit der Natur, weil sie dem alten Wunsch des Naturforschers nach Überblick mit frischen Ideen neue Nahrung geben konnte. Allerdings greift auf dem Gebiet mehr und mehr die Ernüchterung um sich, man kann auch sagen die Verzweiflung. Die

Theorie hat durch das Hinzufügen von neuen Raum-Dimensionen die Schwierigkeiten eher vermehrt als vermindert, wie auch die Zahl der freien Konstanten in ihr nicht abgenommen hat, sondern sprunghaft in die Höhe geschossen ist.

Edward Witten. Seit mehr als zwanzig Jahren gilt als geistiger Führer der Bewegung der Amerikaner Edward Witten (* 1951). Für seine Leistungen hat er zwar keinen Nobelpreis bekommen, jedoch neben anderen Auszeichnungen im Jahre 1990 die Fieldsmedaille für erstklassige Leistungen auf dem Gebiet der reinen Mathematik. Diese Belohnung offenbart Glanz und Elend der Theorie: Sie hat die Härte der Wirklichkeit durch die Schönheit der Mathematik ersetzt, bisher jedenfalls und auf unabsehbare Zeit. Es sind jedoch nicht alle Naturforscher mit dieser Entwicklung einverstanden. Mehrere frühere Anhänger der Theorie haben sich wegen der physikalischen Unfruchtbarkeit von den Strings abgewandt, einer spricht gar von Dünnbrettbohrern, die dem Mythos der Schönheit verfallen sind, ohne der Wirklichkeit ins Gesicht sehen zu können. ›Vielleicht ist das der Preis für das Verlangen, wie Einstein meinte, das Brett an seiner dünnsten Stelle zu bohren.‹[56] Entsprechend entlädt sich die Enttäuschung über die vergeblich vertane Lebenszeit in Titeln von Büchern wie: ›Ärger mit der Physik – Der Aufstieg der Stringtheorie, der Niedergang einer Wissenschaft und was danach kommt‹. Ein anderer Physiker wendet zornig seinen Blick zur Seite und kommt über das Tun seiner Kollegen zum Urteil: ›Nicht einmal falsch‹. Was nicht einmal falsch sein kann, hat mit der Empirie nichts zu tun, ist also keine Naturwissenschaft. Der Autor ist New Yorker Dozent, doch eben nur Dozent ohne weiteren Aufstieg, weil er den allgemeinen Opportunismus der Stringanhänger nicht mitmachen wollte oder konnte.[57]

Geschickte Wahl. Dabei ist der Ansatz zunächst faszinierend. Die Wahl der ein- oder mehrdimensionalen Strings ist geschickt, weil damit der Gegensatz von diskontinuierlichen Punkten und kontinuierlichen Feldern von vornherein unterlaufen wird. Der Ansatz scheint die Einheit der Physik gleich von Anfang an zu garantieren, jedenfalls in der Theorie. Wenn die Strings in drei- oder vier-dimensionalen Räumen betrachtet werden, weil sechs oder sieben der anderen Dimensionen eingerollt sind, dann werden sie selbst zu Punkten, obwohl sie zugleich ausgestreckt sind und ein fließendes Feld bilden. Das Problem ist nicht die Theorie, das Problem kommt von der Empirie, wo sich die Gedanken und Erfahrungen hart in der Wirklichkeit stoßen. Zum Teil sind empirische Ergebnisse vorhanden, sie sind jedoch nicht ermutigend. Entweder werden die neuen Theorien durch die Meßergebnisse widerlegt oder sie sind weit davon entfernt, in absehbarer Zeit einen Test ablegen zu können.

Lebenszeit abgelaufen. Von einem Stringtheoretiker, junger Professor an der ETH Zürich, habe ich es im November 2006 aus eigenem Munde gehört. Er räumte freimütig die Schwierigkeiten mit den Strings ein. Er erwarte jedenfalls für seine Lebenszeit keine empirische Bestätigung oder Widerlegung der Theorie. Das ist erstaunlich für einen Forscher, der immerhin öffentlich zur Erforschung der Natur bestellt ist und der mit Hilfe der Anstellung seinen Lebensunterhalt verdient. Oder wenigstens die Hälfte davon, denn die andere Hälfte fällt vertragsgemäß auf die weniger spektakuläre Lehre. Ich war zu erstaunt, um noch eine Rückfrage zu stellen, doch ich meine, er hat mit keiner Wimper gezuckt, als er mir seine Einschätzung der Lage kundtat. Dabei war er kaum älter als vierzig Jahre.

Ein Tag oder drei Jahre. Erst ein paar Tage später ist mir das Ereignis vom Oktober 1900 in den Sinn gekommen (vgl. oben S. 94). Damals hatte Planck in Berlin die Quantenhypothese vorgetragen und von einem Tag auf den anderen die empirische Bestätigung in Empfang nehmen können. Auch Einstein hat mit seiner großen Relativitätstheorie von 1916 nur drei Jahre bis 1919 warten müssen, um die Lichtablenkung nahe der Sonne durch Messungen bestätigt zu sehen.

Auf den ersten Blick kann man die Theorie nur bewundern. Die Vision der Superstrings ist von einem großartigen Schwung getragen, vom Wunsch nach Einheit aller Erfahrung, der Traum ist alt und die Mittel sind neu. Oder sind die Mittel vielleicht doch nicht so neu? Könnte es einen Grundfehler im System geben, den schon frühere Generationen begangen haben? Ich nehme an, es ist die denkerische Vorsicht, die hier fehlt. Es ist der alte Fehler von Einstein, der ihm in seinem späteren Leben einen so bitteren Streich nach dem anderen gespielt hat: Der Glaube an die Objektivität aller Wirklichkeit ohne Wahrnehmung der Subjektivität. Genie ist, wie das Beispiel Einsteins zeigt, ›kein Schutz gegen den Fehler, Jahrzehnte des eigenen Lebens an eine Idee zu verausgaben, die keine Chance auf Erfolg hat‹.[58]

Wenn man mit Theoretikern der Strings spricht, erweisen sich alle als äußerst klug, dennoch wirken sie auch ein bißchen naiv. Sie scheinen alle wie ihr Vordenker Edward Witten veranlagt zu sein, den man sinnigerweise einen Verfechter der naiven ironischen Wissenschaft genannt hat, einen ›practitioner of naive ironic science‹.[59] Eine Wissenschaft ist die Stringtheorie gewiß, zumindest hat sie große mathematische Erfolge errungen; auch kann die Arbeit an einer einheitlichen Theorie mehr Vorarbeit und damit auch mehr Wartezeit kosten, als bei früheren Theorien üblich war, mehr als den einen Tag bei Planck. Ironisch allerdings wird eine empirische Wissenschaft, wenn sie die Berührung mit der Empirie verliert und manchmal diese Berührung, also die Bestätigung oder Ablehnung aus der Messung, gar nicht mehr sucht. Der dritte Punkt ist dieser: ›Naive ironische Wissenschaftler besitzen einen ungewöhnlich starken Glauben an ihre wissenschaftlichen Spekulationen, obwohl diese Spekulationen nicht empirisch nachgewiesen werden können.‹[60] Das ist verständlich, denn im Selbstbewußtsein trägt sich der Mensch selbst, solange die Tatsachen fehlen, die ihn von außen tragen könnten.

Neue Möbel. Der Nobelpreisträger von 1999 für Physik, Gerard 't Hooft (* 1946), der selbst wichtige Beiträge zur Theorie der Teilchen geliefert hat, sieht die Stringtheorie in einer heiklen Lage. Nehmen Sie einmal an, ließ er sich vernehmen, ich liefere Ihnen einen Stuhl, allerdings fehlen die Beine, wofür ich eine Erklärung habe. Auch der Sitz, die Rückenlehne und die Armstützen fehlen noch, sie sollen bald nachgeliefert werden, möglicherweise schon nächste Woche. ›Was immer ich Ihnen geliefert habe, kann ich das wirklich einen Stuhl nennen? – Whatever I did give you, can I still call it a chair?‹[61]

Entropie Schwarzer Löcher. Manchmal wird an der Stringtheorie gerühmt, sie habe die Entropie der Schwarzen Löcher erklärt. Das soll ein Argument gegen die Erfahrungslosigkeit der Theorie sein und sie auf einen empirischen Boden stellen. Auch hier scheint der Wunsch ziemlich neben der Wirklichkeit zu liegen. Doch zeigt sich an dieser Stelle immerhin eine Bringschuld, ein Bewußtsein, was die Naturforschung eigentlich leisten sollte, um ihren Namen zu verdienen: eine Erklärung der Natur. Entropie meint die Anzahl der erreichbaren Zustände in einem System, was hier besagt: Je höher die Entropie, desto weniger verschiedene Zustände sind erreichbar. Desto weniger Arbeit kann ein solches System leisten, weil in ihm keine gerichteten Abläufe mehr hergestellt werden können. Schwarze Löcher sind nun Masseansammlungen im Weltall auf kleinstem Raum, sie haben die höchste Entropie aller bekannten Systeme mit gleicher Masse. Hier soll die Stringtheorie eine Erklärung gegeben haben? Möglicherweise auch nicht, denn es gibt ein starkes Gegenargument.

›Wie schon bemerkt betreffen die Resultate nur eine sehr spezielle Klasse von Schwarzen Löchern, nicht solche, die von wirklichem physikalischen Interesse sind.‹[62] Die angeführte empirische Leistung über die Entropie ist inhaltlich wohl zu schwach.

Liest man die Artikel und Bücher von Stringtheoretikern, so ist wenig bis gar nicht von Tatsachen die Rede, viel jedoch von Versprechen, Hoffen, Anbieten. Beim führenden Kopf klingen die Sätze so oder ähnlich: ›Ein 30 Jahre alter Rahmen, bekannt als Stringtheorie, verspricht neue Einsichten und gibt Anlaß zu der Hoffnung, wenigstens einige der Rätselfragen zu beantworten, die ganz hinten am Horizont erscheinen.‹[63] Oder von einem der Popularisierer der Theorie, der mehr passives als aktives Mitglied im Klub ist, der deshalb jedoch um so beredter schreibt: ›Wenn die Supersymmetrie bestätigt würde, wäre das der wichtigste Entwicklungsschritt in der Elementarteilchenphysik seit zwei Jahrzehnten. Das würde den nächsten Schritt ermöglichen …‹[64]

Weg zu Ende. Damit sind wir eigentlich fertig, wir haben einen langen Weg in der Naturforschung zurückgelegt: Tief in den Brunnen der Vergangenheit sind wir hinabgestiegen, um dann den gleichen Weg wieder nach oben zu steigen, um von neuem im Licht des gegenwärtigen Tages zu erscheinen und nach einem Urteil zu suchen. Den Abstieg haben wir in Kapitel 1 vollzogen, den Aufstieg in Kapitel 2. Als Ergebnis halten wir fest: Der Schlüssel im Zugang zur letzten Wirklichkeit scheint im Zufall zu liegen, genauer im Verhältnis von Zufall und Notwendigkeit. Die Stringtheorie wie früher die klassische Physik haben die grundlegende Spannung nicht genügend ausgehalten, die zwischen dem Wissen und dem Nicht-Wissen von der Natur liegt. Deshalb scheiden beide als Kandidaten für letztes Wissen oder die abschließende Theorie wohl aus. Vorsichtiger gesagt: Eine Theorie, die alles sehen will, die Einblick oder Überblick in die letzte Wirklichkeit verspricht, kann im Einzelnen viel leisten, den Einblick selbst verbaut sie sich jedoch durch die Meinung, sie könne vollen Einblick gewinnen.

Scheitern abwarten. Was ich oben zu der Suche nach den verborgenen Parametern schon hätte anführen können, kann jetzt als Bemerkung zum Abschluß stehen: Eine bloße Suche nach letzten Objekten führt zu keinem Ziel, der Schlüssel ist wohl an einem anderen Ort zu suchen. ›Daher habe ich, wie wohl viele Angehörige der quantentheoretischen Zunft, die Literatur über verborgene Parameter nicht weiter verfolgt und in Ruhe das Scheitern der Versuche abgewartet.‹[65] Wie die verborgenen Parameter die Kausalität nicht wieder hergestellt haben, so kann auch heute die Theorie der schwingenden Saiten in den hochdimensionalen Räumen den Zufall nicht vertreiben.

2.3 Zum Aufbau des Lebens

Begehren ohne Garantie. So weit das Ergebnis aus der Physik. Doch das Scheitern kann nur ein vorläufiges Ruhekissen für den Skeptiker sein. Eine letzte Theorie der Wirklichkeit müßte verständlich machen, warum sie selbst keine Theorie der letzten Wirklichkeit sein kann: Warum ist die Wirklichkeit nicht voll ergreifbar, nicht vollständig theoretisch erschöpfbar? Die beste Theorie müßte ihre eigene Unmöglichkeit erklären, um dann über die Natur hinauszuweisen auf die Geschichte, auf das Leben, auf die Freiheit, auf Gott. Von diesen Gestalten geht alles theoretische Begehren aus, ohne doch dem Menschen die Garantie zu geben, das Ziel aus eigener Kraft erreichen zu können. Es mag noch andere Wege zu dieser beschränkt-unbeschränkten Theorie geben, als ich sie hier erprobe, doch die kritische Kraft, die dem Paar Zufall und Notwendigkeit gegen alle Überblicke der Unbeweglichkeit zu eigen ist, dürfte deutlich geworden sein. Die Fähigkeit zur Kritik ist die Fähigkeit zur Erkenntnis der eigenen Grenze. Was Mühe genug macht, da die Grenze beweglich ist und immer Hoffnung läßt zu meinen, am Ende könnten wir jegliche Grenze umwerfen.

Umkehr der Frage. Es mag für eine philosophische Naturlehre, die auf Dauer zur Theologie werden will, sinnvoll sein, an eine Vorgabe anzuknüpfen, zumal die Natur selbst eine Vorgabe ist. Die Anerkennung der Vorgabe reinigt die Vorgaben von der Willkür, mit der jede Erkenntnis der Wirklichkeit beginnt. Die Wirklichkeit erscheint allezeit unter der Form, das Ergriffensein ergreifen zu wollen, ohne diese Aufgabe je vollbringen zu können. So richtig diese Erkenntnis ist, so sehr auch daraus eine Methode des Denkens folgt, so wenig ist mit der Methode schon ein Inhalt verbunden. Letztlich mag der Glaube ganz Vernunft und die Vernunft ganz Glaube sein, doch vorletztlich fallen beide auseinander, deshalb sehen wir sie, die wir in der Zeit leben, nie ganz einig im Umgang miteinander. Man kann es auch so sagen: **Die Aktivität des Menschen holt die Passivität des Lebens nie ganz ein, auch wenn die Aktivität beständig aus der Passivität**

lebt. Die Vorgabe wird hier zu einer einfachen Frage: ›Wie kann der Zufall eine Zunahme der Information erzeugen?‹[66] Der Zufall führt die Passivität des Lebens vor, die durch die Information zu einem aktiven Besitz wird.

Von Null bis Hundert. Wir können die Frage sogleich umkehren. Könnte es Information ohne Zufall geben? Wohl nicht, jedenfalls wäre die Information in diesem Falle nicht echt. Würde die Information allein von der physikalischen Notwendigkeit erzeugt, könnte der Sender sie dem Empfänger schon immer mitgeteilt haben, ja der Empfänger könnte sie sich selbst erzählt haben. Die Information wäre niemals eine Neuigkeit gewesen, sie würde gar nicht von einem Ereignis stammen, alle Empfänger hätten sie schon immer in Besitz haben können. Die denkerische Aufgabe liegt darin, den Zufall zu verstehen, wie er die unbelebten und belebten Gestalten erzeugt, die uns begegnen. So viel Erkenntnis haben wir zu Anfang schon gewonnen: Die Information überbrückt die Zeit, sie setzt eine Vergangenheit in verschiedenen Graden gegenwärtig, wenn man sagen so will, von null bis hundert Prozent.

Spaltung der Erinnerung. Merkwürdigerweise spaltet sich die Vergangenheit durch den Transport in die Gegenwart auf. Die Anwesenheit früherer Ereignisse ist auf zweifache Weise möglich, im belebten Sein und im Bewußtsein, einmal also in Unmittelbarkeit und einmal in Distanz. Im Sein ist die Vergangenheit ganz oder gar nicht vorhanden, im Bewußtsein nimmt sie jede Form von null bis hundert Prozent an. Die einzelligen Lebewesen beherrschten drei Milliarden Jahre lang das Leben auf der Erde, erst seit einer Milliarde Jahren gibt es die Mehrzeller, überlebende Mehrzeller wohl erst seit 570 Millionen Jahren. Der Einzeller von heute überbrückt mühelos die vier Milliarden Jahre seiner Existenz, da er in gewisser Weise derselbe ist wie damals. Bis heute trägt er die Erfahrung der Vergangenheit in voller Unmittelbarkeit an sich, sein Leben ist die in die Gegenwart gesetzte Vergangenheit. Soweit sich an ihm nichts geändert hat, ist für ihn keine Zeit vergangen. Natürlich kann Information auch verloren gehen, etwa wenn ein Stern verglüht oder eine Tierart ausstirbt, vielleicht eine besondere Art von Einzellern. Nicht alle Ereignisse werden in Information umgesetzt, doch ein beträchtlicher Teil. Die Entropie ist ein Maß für das Aufbewahren und das Verwischen der Information: Je höher die Entropie, desto geringer ist der Informationsgehalt. So zum Beispiel, wenn die großen Sterne im Endstadium ihre schweren Elemente verstreuen, die sie in ihren heißen

Kernen ausgebrütet haben. Die Information, aus welchen Sternen die Elemente im Einzelfall stammen, ist verloren; sie haben nur die Information von der Existenz früherer großer Sterne aufbewahrt, die in der Lage waren, schwere Elemente auszubrüten. So viel an Information wird durch die Zeit transportiert.

Alle Wirklichkeit Information? Es ist allerdings wohl übertrieben, mit dem Wiener Physiker Anton Zeilinger zu sagen: ›Wirklichkeit und Information sind dasselbe.‹[67] Immerhin klingt das schon besser, als zu sagen: Alle Wirklichkeit ist Materie, alles ist Energie, alles ist Masse. Selbst solche Aussagen wie: Alle Wirklichkeit ist Geist, alles ist das Ganze, alles ist Gott, sind so richtig, wie sie falsch sind. Die Gleichsetzungen überspielen die Spannung zwischen dem Wißbaren und dem Unwißbaren in der Wirklichkeit, was jedenfalls bei der Definition aus Wien nicht der Fall ist, weil die Information die Unbestimmtheit schon in sich trägt, nur begrenzt von der Wirklichkeit zu berichten. Etwas genauer könnten wir sagen: **Die ungetrennte Wirklichkeit, die sich für den Begriff in Zufall und Notwendigkeit trennt, verbindet sich in der Information von neuem.** Information ist keine Wirklichkeit, auf die wir zeigen und dann sagen könnten: Das ist es oder hier ist sie. Für Information gibt es keinen Erhaltungssatz wie für Materie und Energie. Die gleiche Nachricht könnte gestern für mich eine wertvolle Information gewesen sein, heute ist für mich belanglos, weil ich sie schon kenne.

Zwei Wege. In der unbewußten Natur, ob belebt oder unbelebt, wird Information auf dem einen Weg ganz real übertragen oder eben keine, doch mit dem Auftauchen des Bewußtseins beginnt noch ein anderer Weg der Übertragung: Das Bewußtsein erscheint zunächst als eine Hemmung, als eine Verhinderung der Weitergabe, es unterbricht den glatten Übergang vom Reiz zur Reaktion, wie sie beim unbewußten Tier üblich ist. Das Auftauchen des Bewußtseins führt jedoch, wie alle Erfahrung zeigt, ebenso zu einem ungleich wirksameren Gebrauch der Information. Warum das so ist, wird auf den ersten Blick nicht klar. Nur so viel ist deutlich: Mit dem Bewußtsein beginnt der Übergang von der Naturgeschichte zur Kulturgeschichte. Er ist verbunden mit einem rasanten Wachstum der Gestaltenfülle. Die Hemmung der Weitergabe beschleunigt die Weitergabe, sie läßt die Menge der Gestalten außen und ihre Komplexität innen explodieren. Warum geschieht das und wie läßt sich dieser Vorgang verstehen?

Natur – Mensch – Wissenschaft. Ein Aufbau der Natur, der den

Zufall, das Leben, den Beobachter, nicht mehr ausschließt, sollte die Kulturgeschichte als Fortsetzung der Naturgeschichte wenigstens von Ferne in den Blick nehmen. In der Epoche vor der Wissenschaft gab es den Menschen, und vor dem Menschen gab es die Natur, die dieser mit Hilfe von Wissenschaft und Technik erobert. Oder in einer bekannten Formel: ›Die Natur ist älter als der Mensch; der Mensch ist älter als die Naturwissenschaft.‹[68]

Was prägt die Naturgeschichte, was die Kulturgeschichte? In der Geschichte werden Ereignisse aus der Vergangenheit weitergereicht, die in der Natur von selbst geschehen oder vom Menschen gewollt sind. Diese Ereignisse werden nicht nur aus der Notwendigkeit geboren, sie entstehen auch aus dem Zufall, auf den der objektivierende Blick stößt. Die Ereignisse verwehren eine volle Objektivierung, und diese Abweichung von der informationslosen Notwendigkeit wird zur Information, die in kleinem, mittlerem oder hohem Maße in der Natur aufbewahrt wird und von da ab mit einer relativen Notwendigkeit regiert. **Die ungewollte Aufbewahrung des Zufalls macht die Natur zur Naturgeschichte, die gewollte Aufbewahrung des Zufalls macht die Naturgeschichte zur Kulturgeschichte**.

Oben und unten. Als Beispiel dafür, wie wir mit Informationen umgehen können, beginnen wir mit einer Überlegung, die schon oben erwähnt wurde (S. 96). Es sind die rätselhaften Naturkonstanten, die scheinbar zufällig diesen oder jenen Wert annehmen. Warum soll die Lichtgeschwindigkeit gerade 300.000 Kilometer in der Sekunde betragen? Keiner weiß es. Zufall? Jedenfalls, wenn diese Konstante einmal vorhanden ist, setzt sie sich, das heißt ihren Zahlenwert, mit Notwendigkeit durch, es gibt keine Ausnahme. Niemals läuft das Licht einmal schneller, dann langsamer durch das Vakuum; niemals fällt ein Stein mehr oder weniger beschleunigt nach unten, nur weil etwa die Gravitationskonstante sich geändert hätte. Hier können wir die erklärende Kraft des Paares Zufall und Notwendigkeit zum ersten Mal einsetzen, während wir das Paar bisher lediglich aus der Erfahrung abgeleitet haben.

Anthropisches Prinzip. Wir werfen zwei Blicke in die Natur, einen nach oben und einen nach unten. Die Lichtgeschwindigkeit c, die Gravitationskonstante g, die Plancksche Konstante h und viele andere Größen dieser Art sind ein für allemal in der Natur festgelegt; anders kennen wir unser Universum nicht. Und ob es in anderen Universen anders zugeht, darüber können wir nicht viel wissen. Für einen strengen Naturforscher ist die Situation unbefriedigend, denn diese Konstanten stehen einfach unerklärt da. Ein bekannter theoretischer Physiker erhebt die unerklärten Konstanten zu einem der fünf großen Probleme von heute. Er stellt die Physik vor die Aufgabe: Wie werden die etwa zwanzig freien Werte im Standardmodell der Teilchenphysik in der Natur gewählt? – ›How are they chosen in nature‹ ?[69] Manche Naturforscher sehen in den unerklärten Konstanten die Spitze eines Eisberges und nennen den Eisberg das anthropische Prinzip, eine Vorstellung, die sie entweder begrüßen oder noch viel häufiger mit Abscheu von sich weisen.

Schwach oder stark. In seiner schwachen Form ist die Vorstellung zunächst unwidersprechlich, sie drückt einfach die Kantische Lehre von der subjektiven Bedingtheit aller Erkenntnis in der Sprache der Naturforschung aus: Was erkannt werden konnte, mußte erkennbar sein; und was wirklich ist, muß auch ermöglicht worden sein. Die Natur bringt komplexe Gestalten, Leben und Bewußtsein hervor. **Da Naturforscher und andere Menschen wirklich sind, dürfen die Naturgesetze mit der Möglichkeit des Menschen nicht im Widerspruch stehen.** Solch ein Widerspruch könnte leicht auftauchen in der Natur, da die komplexen Gestalten empfindlich von den Konstanten abhängen und von dem Verhältnis, in dem sie zueinander stehen. Deshalb, so schließt der logische Schluß hier, widersprechen die Konstanten nicht der Existenz von komplexen Gestalten wie Bakterien, Dinosauriern und Einstein. Ich gebe zu, das ist nicht besonders tiefsinnig. Jedoch, wenn die Zahlenwerte nur um einen winzigen Betrag anders lauten würden, läge alle Materie auf einem Haufen zusammengepappt oder sie würde auseinanderfliegen, beide Male formlos und ohne jede Fähigkeit, eine Gestalt zu bilden.

Hinter dem anthropischen Prinzip steht eine stumme Drohung, die für viele Naturforscher schwer erträglich ist: Es sieht so aus, als lenke eine intelligente Kraft all das Treiben des Universums und entwerfe die Dinge in einer Weise, die schließlich Leben und Bewußtsein entstehen lassen. Ist der Mensch also geplant und gewollt? Wer das schwache Prinzip so deutet, macht es unter der Hand zu einem starken Prinzip, er macht aus dem anthropischen einen anthropologischen Grundsatz und sagt eigentlich: **Die Welt ist so eingerichtet, damit am Ende der Mensch erscheint.** Da die Welt bei so vielen zufälligen und dennoch lebenswichtigen Konstanten sich nicht gut selbst einrichten kann, kann man kaum vermeiden, einen planenden Schöpfer hinter der Natur anzunehmen. Außer man nimmt einen so bizarren Gedanken zu Hilfe, wie Leibniz ihn oben (S. 40) mit der prästabilierten Harmonie gegen den Atheismus gerichtet hat. Die Fronten im 20. Jahrhundert haben sich allerdings umgekehrt: Im 17. Jahrhundert hat die damalige Naturforschung den Gottesglauben in Bedrängnis gebracht, heute im 21. Jahrhundert bringt die Wissenschaft den Atheismus in Bedrängnis.

Hugh Everett. Um die furchtbare Vorstellung eines freien Schöpfergottes abzuschütteln, haben einige Naturforscher einen Gedanken entwickelt, der in immer neuen Varianten als Schutzmauer für den Atheismus hochgezogen wird: Es ist die bereits erwähnte Idee der vielen Welten oder der Multiversen. Vorgeschlagen wurde dieses physikalische und dann kosmologische Modell zum ersten Mal in den 1950er Jahren von dem amerikanischen Physiker Hugh Everett (1930–1982), der sich die Grundgleichung der Quantentheorie, die Schrödingergleichung, einmal etwas anders angeschaut hat. Er war mit ihren Wahrscheinlichkeitsaussagen nicht zufrieden. Er wünschte sich mehr Sicherheit, das heißt, er wollte volle Sicherheit; Photonen- oder Elektronensprünge waren ihm ein Greuel. Er wollte keine Sprünge mehr sehen, er wollte wirklich genau wissen, wann etwas passiert, wann die kleinen Teilchen sich bewegen und zugleich wohin, ein Wissen, das die Heisenbergschen Unbestimmtheitsrelationen verwehren. Ein echter Physiker fühlt in seinem Inneren immer die Neigung, diese Relationen zu umgehen, denn er will nicht mit Wahrscheinlichkeiten operieren, sondern mit Tatsachen, die er durch notwendige Gesetze kausal verbunden sehen will. Die Heisenbergsche Unbestimmtheit ist vielleicht die meistbewiesene Tatsache in der Natur, deshalb kann kein vernünftiger Mensch sie einfach wegstreichen, zugleich ist sie die meistgehaßte Tatsache der Physik.

Everett war ein entschlossener Atheist, obwohl er 1953 an der ›Catholic University of America‹ seinen Abschluß gemacht hatte. Um seinen Atheismus zu rechtfertigen, erfand er die Viele-Welten-Theorie, die physikalisch zwar keine neue Erkenntnis bringt, jedoch ein metaphysisches Bedürfnis befriedigt. Das gilt für alle Anhänger der Theorie bis heute, jedenfalls ist mir noch kein anderes Beispiel begegnet.

Rettung des Atheismus. Eine Regierung mit ihren Gesetzen kann man abwählen oder durch ein Attentat stürzen, doch wie wählt man ein unangenehmes Naturgesetz ab, das in der Natur regiert? Da hatte Everett eine Idee. Für unser Universum mag die genaue Vorhersage zwar unmöglich sein, zwar mögen alle Fluchtwege, die Unbestimmtheit zu umgehen, versperrt sein, doch es bleibt vielleicht noch ein

Ausweg: Wenn unser eigenes Universum nicht nach Wunsch eingerichtet ist, so könnten wir es doch mit vielen Universen versuchen, da fällt unser Universum nicht mehr so besonders auf. Mit vielen Welten müßte sich die mechanische Situation wieder herstellen und der Atheismus retten lassen.

Booth verfehlt Lincoln. In folgender Weise sollen die Universen auseinander entstehen: In jedem Augenblick verzweigt unser Universum in Myriaden anderer Universen; das jeweils andere Universum ist zunächst nur an einer einzelnen Stelle von meinem Universum verschieden: Einmal geht das Elektron durch diesen Spalt, das andere Mal durch jenen Spalt. Für einen US-Amerikaner liegt es nahe, den verwirrenden Überblick der Multiversen-Theorie mit dem Attentat von 1865 auf Abraham Lincoln zu erläutern. Es mag einen parallelen Zeitablauf geben, in der John Wilkes Booth auf Lincoln schoß und ihn verfehlte – ›where John Wilkes Booth missed Lincoln.‹ Dann wird Steven Weinberg, von dem die traumatische Bemerkung stammt, allerdings wieder ernst, indem er den Gedanken von Everett doch nicht mehr ganz so ernst nimmt. Er hofft irgendwie auf das Verschwinden des Unbestimmtheits-Problems, obwohl auch das möglicherweise eine vergebliche Hoffnung ist. ›Vielleicht ist die Welt ja so, wie sie eben ist. – That may be just the way the world is.‹[70]

Die Vorstellung der vielen Welten löst ein einziges großes Problem und verschafft sich dadurch ein noch viel größeres, welches das erste Problem bei weitem übertrifft: Andere Universen sind nicht beobachtbar, grundsätzlich nicht. Die zufällige Abspaltung, die mich in mein jetziges Universum bringt, pflanzt zugleich ein etwas anderes Ich von mir in ein anderes Universum hinein. Die Vorstellung ist nicht nur ein wenig bizarr, sie ist auch weder beweisbar noch widerlegbar. Für eine Wissenschaft, die empirisch sein will, ist das eine schwere Hypothek, die streng empirische Methode droht zur Literaturwissenschaft zu werden, in der ironischerweise alle Meinungen zugelassen sind. Zum anderen ist nicht kontrollierbar, in welches Universum ich nun gerade abzweige. Weinberg und viele Amerikaner hätten vielleicht gewünscht, in einem Universum zu leben, in dem Abraham Lincoln überlebt hätte, der Zufall hat es anders verfügt. Also hat der Zufall auch hier seine Macht behalten, obwohl er sie durch die alte Idee der mechanischen Physik und die erneuerte mechanische Idee von Everett doch gerade verlieren sollte. Dafür waren die Mechanik und die Multiversen entworfen worden, um den Überblick und die Fäden in der Hand zu behalten. Auch Everett stellt also die Mechanik nicht wieder her. Er verschärft die Situation sogar noch, weil nach seiner Meinung ich in einem verzweigten Universum leben muß, in das ich per Zufall geschleudert worden bin.

Real Science und Science Fiction. Everetts Gedanke ist auch keine Physik mehr, sondern mit physikalischen Bildern anschaulich gemachte Mathematik. Die von Einstein begonnene Suche nach den verborgenen Parametern war noch echte, wenn auch gescheiterte Physik. Mit Everett beginnt der Übergang von der realen Wissenschaft, von der Real Science zur Science Fiction. Die literarische Beschäftigung mit wissenschaftlichen Bildern ist eine ernsthafte Sache, sie liefert jedoch kein physikalisches Wissen, sie befriedigt statt dessen ein metaphysisches Bedürfnis. In der Metaphysik werden am Ende immer Meinungen durch Meinungen entschieden, während es in der Naturforschung darauf ankommt oder früher einmal angekommen ist, Tatsachen entscheiden zu lassen. Das hat die Physik in der Neuzeit zum hohen Ideal aller Wissenschaften aufsteigen lassen: Meinungen konnten an Tatsachen entschieden werden. Während man im alltäglichen Leben oft lange warten muß, bis sich die richtige Meinung bewährt, manchmal sogar bis zum Ende aller Tage, galt die baldige Entscheidung als Stärke der Wissenschaft. Einstein war ein starker und ehrlicher Charakter, er hat sich mehrfach den Tatsachen gebeugt, obwohl seine Wünsche oft in eine ganz andere Richtung gingen. Mit dem Gedanken der Multiversen wandelt sich der Charakter der Forscher und der Forschung, das heißt von Erforschung der Wirklichkeit kann nicht mehr die Rede sein.

Der neue Ton. Merkwürdigerweise steht am Ende eines großen Zeitalters der Physik und der Kosmologie kein Weg mehr bereit, der von den Meinungen zu den Tatsachen führt. Wir sind wieder im Zeitalter des Sokrates angekommen, wie wir oben (S. 108) gesehen haben: Erste Schiffahrten zur Eroberung der Welt werden beiseite gelegt, weil sie nicht möglich sind, nur Erkundungsfahrten zweiten oder minderen Ranges an der Küste entlang enden ohne Katastrophe, doch nach einiger Zeit sind die wesentlichen Landstriche entdeckt. Die Viele-Welten-Theorie ist die Wiederkehr der vorsokratischen Metaphysik im Gewande der neueren Physik. ›Ungeachtet dieses und ähnlicher Probleme erfreut sich die Viele-Welten-Theorie heute, ein halbes Jahrhundert nach ihrer Formulierung durch Hugh Everett, rapide zunehmender Popularität. Immer mehr Physiker nehmen sie ernst, allen voran der Oxford-Professor David Deutsch, der in seinem Buch ›Die Physik der Welterkenntnis‹ schreibt: ›Die

Quantentheorie paralleler Universen ist […] keine mühsame mögliche Deutung, die sich aus geheimnisvollen theoretischen Überlegungen ergibt. Sie ist die einzig vertretbare Erklärung einer bemerkenswerten und der Erwartung zuwiderlaufenden Wirklichkeit.«[71] Sollte dies der neue Ton der Wissenschaft sein? Die Naturforschung hat etwas zu fordern, sie verlangt rationale Auskunft von der Natur, sie fühlt sich berechtigt, Erklärungen von der Natur nach dem Modell der durchgängigen Kausalität zu verlangen, weil die Wirklichkeit unseren Erwartungen nicht gerecht wird? Wir haben ein Recht auf eine kausalen Gang der Natur, sagen die Anhänger Everetts. Ich möchte fragen: Warum haben wir ein Recht? Warum muß die Wirklichkeit so aussehen, wie wir sie ansehen wollen? Bohr hat auf das gleiche Verlangen Einsteins trocken erwidert: ›Wer ist Einstein, um Gott vorschreiben zu können, was er zu tun oder zu lassen hat?‹[72] Und wer ist David Deutsch, um einzig vertretbare Erwartungen an die Wirklichkeit stellen zu können? Da hier der Wunsch der Wirklichkeit zuwiderläuft, wird die Natur gezwungen sich zu ändern, bis sie wieder volle Kausalität zeigt. Allerdings um den Preis ungeheurer Hinterwelten und neuer ideologischer Unerbittlichkeit mit einer ›einzig vertretbaren Erklärung‹. Treten hier ganz neue Typen von Hinterwäldlern auf?

Die vielen Welten bieten nicht nur eine phantastische Möglichkeit, die a-kausale Reduktion der Schrödingergleichung auf ein tatsächliches Elektron zu vermeiden, sie könnten auch das anthropische Prinzip wegschaffen, das dem mechanischen Überblick sehr im Wege steht. Sie wären in der Lage, wie es auf den ersten Blick scheint, die zufällige Feinabstimmung der Konstanten mit dem mechanischen Weltbild zu verbinden und so dessen atheistische Wirkung zu retten. Der Atheismus lebt von der mechanischen Physik, wie sich hier in diesem Beispiel wieder zeigt. Wenn sich immer wieder neue Universen bilden, dann könnten diese – mehr läßt sich nicht sagen, wie in der Biologie bei der Variation in den Arten – viele Möglichkeiten des Aussehens haben. Warum sollen nicht Universen mit den verschiedensten Eigenschaften geboren werden, die in den unerklärlichsten Natur-Konstanten die verschiedensten Werte annehmen? Wenn alle Möglichkeiten gleichermaßen Realität werden, einmal da und einmal dort, dann wird der Zufall aus dem Spiel genommen und die Notwendigkeit beherrscht das Geschehen wieder allein. Alles, was möglich ist, wird realisiert: Wenn das richtig ist, wäre der Zufall tot. Er wäre es tatsächlich, wenn die Überzeugung standhält, Möglichkeit und Wirklichkeit in der Physik seien vollkommen das gleiche. Dann wäre es kein Wunder, wenn bei der myriadenhaften Zahl der Welten auch einmal ein Universum wie das unsere dabei ist, gekennzeichnet durch günstige Konstanten für das Leben. Dem Anschein nach zufällig, der Wirklichkeit nach notwendig. Einen planenden Schöpfer darf man und braucht man in diesem Fall nicht anzunehmen, sagen die Viele-Welten-Theoretiker. Wenn jede Möglichkeit auch Wirklichkeit ist, dann braucht es keinen intelligenten Planer, der die Welt so fein abgestimmt hat, wie wir sie jetzt kennen.

Lob spenden. Wie sollen wir uns dazu stellen? Welche Antwort sollen wir geben? Zunächst können wir den Multiversologen das Kompliment machen, den Schmerz an der richtigen Stelle empfunden zu haben. Der Atheismus ist heute akut gefährdet, weil die Forschung im 20. Jahrhundert nicht mehr die reine Notwendigkeit der Natur garantieren kann, wie es scheinbar in den Jahrhunderten vorher der Fall war. Es herrscht jedoch auch nicht der reine Zufall, der, wenn es ihn allein gäbe, ebenfalls den Atheismus retten könnte. Also, um den reinen Fall auf der einen Seite mit Hilfe der Notwendigkeit wiederherzustellen, wurden die Multiversen ersonnen. In der Tat, wer seinen Atheismus in Gefahr sieht, muß etwas unternehmen. Mit der Problemanzeige der Viele-Welten-Theorie bin ich also ganz einverstanden.

Doch wer nicht gleich ängstlich auf das Ergebnis schaut, könnte auch auf ganz andere Gedanken kommen, wenn er die Kosmologie und Physik des 20. Jahrhunderts anschaut. Was bedeutet, ganz ohne Angst vor dem Ergebnis, die Ablösung der reinen Naturnotwendigkeit durch die Beigesellung des Zufalls? Ich meine, dann deuten viele Anzeichen eher auf einen planenden Schöpfer als auf eine bewußtlose Natur hin. Sie weisen darauf hin, sie beweisen nicht, denn für das Ganze von Welt und Dasein gibt es keine Beweise.

Unbestimmtheit nach unten. Ich denke, wir können an dieser Stelle das Paar Zufall und Notwendigkeit einmal in seiner vollen Kraft ans Werk gehen lassen. Die Situation an sich ist uneindeutig, sowohl wenn wir nach oben in den Gesamtkosmos schauen, wie auch nach unten, wenn wir uns die Bewegung der atomaren Teilchen anschauen. Das heißt, nach unten ist sie eigentlich eindeutig, oder besser noch, eindeutig uneindeutig, da Theorien mit verborgenen Parametern endgültig ausgeschieden sind. An den Unbestimmtheitsrelationen von Heisenberg gibt es bestimmt kein Vorbeikommen. Damit ist der Blick auf einzelne Ereignisse im Universum endgültig eindeutig uneindeutig, genau in dem Maße, wie die Unbestimmtheitsrelationen diese beschreiben.

Unbestimmtheit nach oben. Nach oben können wir eine solche balancierte Unbestimmtheit nicht erwarten. Wir können zwar einzelne Teilchen unten in den Blick nehmen und daran die Grenze der Erkennbarkeit erkennen, doch das geht beim Blick nach oben nicht. Wir stehen nicht außerhalb des Universums, sondern nur außerhalb einzelner Teile in ihm. Hier ist die Situation genau umgekehrt gelagert. Trotzdem kann die Viele-Welten-Theorie hier tatkräftige Entscheidungshilfe leisten, wenn auch, wie üblich, gegen den Willen ihrer Erfinder. Sie stellt nur träumerischerweise die alte mechanische Welt wieder her, wie wir oben schon bemerkt haben. Denn in welche Welt ich mit meinem jetzigen Ich gerade abbiege, das habe ich nicht in der Hand. Der Sinn der alten Mechanik war jedoch die Vorhersage, in welche Richtung sich die Welt gleich bewegen werde und ich mit ihr und in ihr. Deshalb sollte ich in der mechanischen Welt den Erfolg von John Wilkes Booth im Prinzip voraussagen können, was ich mit der Multiwelt-Theorie nicht tun kann. Da könnte ich auch in eine Welt ohne Mord an Lincoln abgebogen sein. Die neue Mechanik stellt also die alte, vermutete Voraussage nicht wieder her, erreicht daher nicht ihre selbst gesteckten Ziele. Mit dieser internen Kritik können wir die Multiversen wohl als Gefühlsseligkeit ad acta legen.

Es mag dennoch ein Partikelchen Wahrheit an der Theorie sein. Sie enthält eine metaphysische Einsicht, da ihr eine physikalische nicht möglich ist. Zunächst einmal: Obwohl die Theorie antitheologisch ausgedacht war, muß selbst die Theologie nicht viel gegen die vielen Welten einwenden. Einem unendlichem Schöpfer sollte es unbenommen sein, unser eigenes Universum zu erschaffen, ohne von uns verboten zu bekommen, auch andere Universen zu erschaffen. Doch auch dann, und gerade im Falle vieler Universen, sehen wir das zwei-einige Prinzip von Zufall und Notwendigkeit am Werk, in immer neuer geistreicher Durchdringung. Der Zufall hat mich in eine Welt gebracht, in der Lincoln erschossen wurde, aber davor und danach geschehen die meisten Ereignisse nach einem notwendigen Gesetz. Also können wir, ohne dazu gezwungen zu sein, überall eine Freiheit am Werke sehen, die sich nach unten als endliche Freiheit zeigt und die wir nach oben als unendliche Freiheit anreden können.

Uneindeutig eindeutig. Jetzt können wir vielleicht sogar noch etwas mehr sehen und noch etwas mehr sagen. So seltsam es klingen mag: **Die physikalische Situation muß uneindeutig sein, damit sie**

denkerisch eindeutig werden kann. Sie ist beim Blick nach oben und nach unten auf verschiedene Weise zwiespältig, doch genau so, wie zu erwarten ist, wenn wir im Ganzen und in Teilen der Wirklichkeit auf Freiheit treffen wollen. Es gibt eine bekannte Vorstellung über die drei Geburten aus dem Nichts, mit ihnen wollen wir es versuchen.

Da hob Professor Kuckuck an zu sprechen: ›Es hat nicht eine, sondern drei Urzeugungen gegeben: Das Entspringen des Seins aus dem Nichts, die Erweckung des Lebens aus dem Sein und die Geburt des Menschen.‹[73] Wenn die dreifache Erzeugung auch mit dem Nichts beginnt, so muß das keine Störung des philosophischen oder theologischen Denkens bedeuten. Im Gegenteil! Gott und das Nichts verhalten sich hier spiegelbildlich, gespiegelt im Blick des Menschen. Wenn die Natur alle Wirklichkeit ist, die der Mensch ergreifen kann und Gott alle Wirklichkeit, die ihn ergreift, so sind Gott und Nichts wechselweise das gleiche, nicht im pantheistischen Sinn des Deus sive Natura, sondern im personalen Sinn der Freiheit. Wenn ich mich der Wirklichkeit gegenüber aufstelle, um sie zu begreifen, erscheint sie mir zuletzt als ein Nichts, als eine Wirklichkeit, die mir unbegreiflich ist, auch wenn sie mein Begreifen begründet. Daher der Nihilismus als Schicksal des abendländischen Denkens, weil das bloße Begreifen der Natur zu keinem Ziel führt. Erkenne ich jedoch das Ergriffensein an, so wandelt sich das Nichts zur Fülle aller Wirklichkeit, weil ich jetzt mit dem anerkannten Ergriffensein durch Gott selbst die Natur begreifen kann. Das Fehlen eines Letztziels im Begreifen muß mich nicht stören, ganz im Gegenteil; die Unmöglichkeit einer wissenschaftlichen Weltformel läßt unbegrenztes Wachstum zu und entlastet von der titanischen Verpflichtung des Atlas, die Säulen der Erde tragen zu müssen.

Auf diese Weise könnten die Unbestimmtheit der Quantentheorie und die Unentscheidbarkeit der Viele-Welten-Theorie theologisch fruchtbar gemacht werden. Zuletzt stoßen wir von allen Richtungen kommend auf das Paar Zufall und Notwendigkeit, das selbst zwar doppeldeutig ist, weil das eine ein Nichtwissensprinzip, das andere ein Wissensprinzip ist, das jedoch eindeutig gemacht werden kann, wenn wir in ihm den Schatten der Freiheit erkennen, Freiheit in ihrer endlichen und unendlichen Gestalt. Eine solche kann freilich in einer auf Objektivität dringenden Wissenschaft nur verhuscht wirken. Der verdeckte Schatten der Freiheit erscheint auf neue Weise, was vielleicht die einzig neue Botschaft dieses Buches ist. Davon unten mehr in Kapitel 5, wo dann auch deutlicher werden soll, was Professor Kuckuck mit dem Sein, dem Leben und der Geburt des Menschen gemeint haben könnte.

Die Einzelheiten des Aufbaus der Physik und der Biologie müssen wir den Fachleuten für die Klarheit der Wirklichkeit überlassen, die dann zurecht Naturwissenschaftler genannt werden. Was wir hier zum Aufbau untersucht haben, betrifft nur die Wirkungen der Naturwissenschaft, welche auf die Philosophie und Theologie der Neuzeit ausgegangen sind und bis heute ausgehen. Insofern sie sich auf diese Wirkungen beschränken, dürfen wohl auch der Philosoph und der Theologe ein Wörtchen mitreden. Das können sie sich sogar von Naturforschern sagen lassen, hier vom amerikanischen Biologen Miller: ›Leider vermögen nur wenige Theologen das Ausmaß zu erfassen, wie sehr die Physik die Religion vor den Gefahren den Newtonschen Vorhersagen gerettet hat. Ich vermute, sie wissen nicht, wenigstens jetzt noch nicht, wer ihre wahren Freunde sind.‹[74]

3. Im Zauberreich des Atheismus

›... unser Jahrhundert an der Unendlichkeit der Welt zu zweifeln begonnen hat.‹

(von Weizsäcker 1959)[1]

Napoleon und der Papst. Die Hinwendung zu Gott ist zweifellos eine religiöse Angelegenheit. Doch auch die Abwendung kann hochreligiös sein, wie eine kuriose Szene zeigt, die sich zugetragen haben soll zwischen Papst Pius VII. und Napoleon Bonaparte. Selbst als Anekdote würde sie die historischen Tatsachen gut wiedergeben. Kurz vor der Kaiserkrönung im Dezember 1804 soll der Papst in Paris entgeistert ausgerufen haben: ›Wie, Sire, Sie wollen eine Religion ohne Gott haben?‹ – ›Was denn sonst, Heiligster Vater, ich ehre alle Mächte, die ich sehe, und die Religion ist eine sehr sichtbare Macht. Doch Gott, wo ist Gott, sehen Sie ihn? Auf der einen Seite eine Hypothese – Gott, auf der anderen Seite eine Gewißheit – die Religion, und die formt die Menschen.‹ Gleichgültig, ob die Worte so gefallen sind oder nicht, entsprechend hat Napoleon gehandelt. Er setzte sich in Notre-Dame de Paris ohne Gott selbst die Kaiserkrone auf, mit der Religion als Theaterkulisse und mit dem Papst als Figur im Kulissenhintergrund.

Das Zauberspiel von Kaiser und Papst macht deutlich, welch vermintes Feld wir betreten haben, als wir Gott, Nicht-Gott und die Wissenschaft vom Leben in diesem Buch zu unserem Thema gewählt haben. Unaufhörlich wechseln die Gestalten ihr Aussehen: die Wissenschaft wird zur Tragik, das Paradox gebiert Weisheit, Vernunft wird Unsinn, Wohltat Plage. Gerade dort hat uns eine Explosion in die Luft geschleudert, wo wir gemeint hatten, unseren Fuß auf festen Boden gesetzt zu haben, in der mechanischen Physik. Ob es Gott, ob es den Atheismus gibt? Die Frage scheint mir klein zu sein für denjenigen, der den Kursus der Neuzeit durchlaufen hat, ich lasse sie, unbesorgt um eine Antwort, einfach stehen. In einer Hinsicht ist Atheismus jedenfalls unmöglich, und nur Gott ist möglich, nämlich notwendig; doch mag dann wiederum dieser notwendige Gott eine merkwürdige Gestalt sein und kein Leben haben.

Luthers Katechismus. Nach einer bekannten Definition des Katechismus Martini Lutheri gibt es Gottlosigkeit einfach deshalb nicht, weil jeder Mensch ein Herz hat. Woran du dein Herz gehängt hast, verkündet er, das ist eigentlich dein Gott.[2] Da wir bisher keinen Menschen getroffen haben, der sein Herz von allen Anhängen frei gehalten hat, da wir in Kapitel 1 und 2 anhaltend das Gegenteil gesehen haben, nämlich wie heftig und mit welch vollem Einsatz von Leib und Leben sehr kluge Leute an ihrem Weltbild gehangen haben, werden wir dem Doktor Martinus wohl recht geben und seine Einsicht nachsprechen können: Jeder Erdenbewohner hat ein Herz, und jeder Bewohner hat sein Herz an seinen Gott gehängt.

3.1 Unterschied von Gott und Natur?

Sein oder Nichtsein? Ich denke, in der Gottes-Frage geht es nicht um die Existenz oder Nicht-Existenz Gottes. Es tut mir leid für Hamlet; Sein oder Nichtsein, das ist für ihn die Frage, für Gott ist es keine Frage. Die Antwort ist mit dem unbewegten Beweger des Aristoteles, mit dem Gedankending Anselms von Canterbury, über das hinaus Größeres nicht gedacht werden kann, mit der ungestörten Natur des René Descartes und mit dem Traum von der Theorie aller Dinge im 20. Jahrhundert lang und breit in jeder Tiefe und Höhe bedacht worden. Auch eine Weltformel ist ein Gott, und der Glaube daran ist eine Religion. Die Wahrheit einer Weltformel kann nicht bewiesen werden, weil der Teil, der die Wirklichkeit beweisen sollte, nicht außerhalb der Wirklichkeit selbst steht. Die Einheit aller Dinge ist auch in der besten Theorie immer ein Fürwahrhalten, das den Einsatz der Person erfordert. Es ist wenig von Interesse, ob Gott existiert; interessant ist, als was er oder, besser gesagt, als wer Gott existiert. Ist Gott ein Ding, zum Beispiel die Natur, oder ist Gott eine Person, die dann natürlich etwas anderes wäre als die bloße Natur?

Die Lage. Wir können uns glücklich preisen, weil wir Albert Einstein haben. Er hatte die gleiche Einschätzung der Lage wie wir, er sah den gleichen Gegensatz von Glaube und Wissen. Er selbst wollte sich keinen persönlichen Gott vorstellen, keinen Lenker der Geschöpfe, der anschließend über seinen Kreaturen zu Gericht sitzt. Das Handwerkszeug, den persönlichen Gott wegzuschaffen, sollte ihm die Wissenschaft liefern, gerade deshalb hatte er sich ihr mit Haut und Haar verschrieben. Die Vorstellung eines persönlichen Gottes war ihm einfach zuwider. Obwohl, wie er deutlich sah, die Kausalität von der modernen Wissenschaft bis zu einem gewissen Grad in Zweifel gezogen wird und der personale Gott damit in den Blick kommt. So in einem Antwortbrief vom 5. August 1927 an einen US-Bankier in Colorado.[3]

Stolprige Existenz. Begabte und bekannte Geistesgrößen können bei dieser Frage ins Stolpern geraten, nicht gerade Einstein, der niemals Wunsch und Wirklichkeit verwechselt hat, doch in diesem Fall der Physiker Dirac (1902–1984). Während eines Gespräches 1927 über die Rolle von Naturwissenschaft und Religion wurde er ganz gegen seine ruhige Natur sehr heftig und klagte die Religionen, jedwede Religion, der Illusion an. Wolfgang Pauli, ebenfalls brillanter Physiker, saß still daneben und kommentierte abschließend: Ja, ja, das ist unser Freund Dirac, er hat eine Religion, und der Leitsatz dieser Religion lautet: ›Es gibt keinen Gott, und Dirac ist sein Prophet.‹[4] Die trockene Bemerkung ist von schneidender Präzision. Der junge Dirac hat ein festes Bild von dem, was Gott sein soll, und von dem, was Natur sein soll. Das Bild Gottes hält er für eine Illusion und das Bild der Natur für die ganze Wirklichkeit; dem einen Bild spricht er die Existenz ab, dem anderen spricht er sie zu. Warum wurde er so heftig im Gespräch? Ich nehme an, weil er an seiner Entscheidung nicht rütteln lassen wollte. Deshalb fragen wir: Sollte es schon so klar sein, was mit Natur und was mit Gott gemeint ist? Wenn Natur nicht so vollständig ergreifbar ist, wie die Jahrhunderte der mechanischen Wissenschaft gemeint hatten, dann mag sich auch ihr Bild wandeln, und aus der Erkenntnis der Natur kann wieder die Erkenntnis Gottes werden, während zuvor aus Gott die Natur werden sollte, alles ohne endgültigen Abschluß, da zwischen Ergreifen und Ergriffensein die Bewegungen niemals stille stehen. Der Bewegung zwischen Gott und Natur mag wirklich kein Ende gesetzt sein und sie mag für alle Zeit und in aller Ewigkeit fortgehen. Wir sollten später einmal die Vermutung erproben, ob es nicht gerade die Zeit ist, die Gott und Natur verbindet und auseinanderhält und das eine im anderen wachsen läßt. Zeigt sich die Zeit als die Gestalterin des Seins und der Raum als ihre Gestalt?

Benennung Gottes. Jedenfalls sind das ähnliche Themen hier, die Krise der Kausalität, die Reichweite der Wissenschaft und die Personalität Gottes. Die Mechanik macht unerwartete Schwierigkeiten, weil sie ihren Anhängern den gewünschten Überblick nicht liefern kann, den sie so lange in Aussicht gestellt hatte. Der Überblick wäre dringend notwendig, um von der Person Gottes loszukommen. Wenn es nicht gelingt, den Zufall zu vertreiben, wenn er gar dabei ist, sich einen Platz zu erobern, den er bisher gar nicht innehatte, gibt es ein Problem. Einstein sieht das mit ausgezeichnetem Blick. Die Existenz Gottes ist für ihn keine Frage, der Charakter Gottes ist die Frage: Wer ist Gott? Die Lage, in der wir uns befinden, wird durch eine einfache Überlegung klar: Ich sehe hier vor mir ein kleines Ding, das existiert; was das ganz genau ist, weiß ich nicht, doch die unbestimmte Existenz reicht für die bloße Existenz aus. Dann wird wohl auch ein größeres Ding existieren, mir ebenfalls nur mäßig gut bekannt, und dann wohl ein noch größeres und schließlich das größte Ding. Selbst wenn dies umfassende Ding meiner Gedanken gar kein Ding sein sollte, sondern ein Kraftfeld oder ein Feld plus die vielen Dinge, selbst wenn es in der Wirklichkeit noch wachsen sollte, wie der Hegelsche Weltgeist in der Geschichte beauftragt war zu tun, wenn es also nur ein aktuell größtes Ding gibt, das immer noch größer wird, bleibt das Ganze des Seins und Daseins erhaben genug, damit wir von diesem übergroßen, alles umfassenden Gedanken- und Wirklichkeitsding sagen können: ›Und darunter verstehen alle Gott.‹[5] So beendete jedenfalls der hl. Thomas Aquinas das Thema der Existenz Gottes, nachdem er lächelnd die Weltformel-Gottesbeweise des Aristoteles abgeschrieben und nur eben eine kleine Stelle ausgespart hatte, um Gott lebendiger sein zu lassen, als der Philosoph es im Sinne hatte. Gott ist für Thomas wie für Aristoteles der unbewegte Beweger; nur versteht der Aquinate unter ›unbewegt‹ die Bewegung von außen, in sich selbst kann Gott nach Thomas durchaus eine Bewegung und also Leben haben.

Existenz als Blockade. So kommen wir also nicht weiter, die Existenz ist eine Blockade in der Gottesfrage. Der Atheismus, dem wir bisher begegnet sind, umkreist wie ein Planet zwei Brennpunkte. Zum einen will er eine theoretische Leistung vollbringen, nämlich die Nicht-Existenz Gottes zeigen, zum anderen ist er praktisch veranlagt, da will er die Welt von Grund auf umgestalten. Im ersten Abschnitt (3.1) hier umkreisen wir deshalb den ›Unterschied von Gott und Natur‹ und stellen die Frage, was Atheismus eigentlich ist. Oder soll ich fragen, was er war, da nach Einstein seine Krise schon vor achtzig Jahren begonnen hat? Die Definition fällt nicht leicht, weil es ja um die Bejahung oder Verneinung einer großen, ganzen, glatten Wirklichkeit geht, und über ein solches Ding an sich, das nicht unbedingt ein Ding für uns ist, können wir nur schlecht sprechen. Die Klarheit von Subjekt, Prädikat und Objekt geht verloren, wenn wir über Gott sprechen, da in Gott alle Satzteile flüssig werden.

Wie übrigens die gewöhnliche Weise der Sprache zerbricht, wenn wir sagen, alle Wirklichkeit sei Natur, oder wenn wir sonstwie das Ganze mit einem Namen belegen. Wenn die Natur die ganze Wirklichkeit sein soll, kann man auch über die Natur nicht mehr ganz klar reden, weil das Ganze den Sprecher, das Sprechen und das Gesprochene enthält, und alle Grenzen fließen. Wir sollten also im ersten Abschnitt vor allem die Frage behandeln, wie wir Gott und Natur unterscheiden können, was ja schon die verborgen-zentrale Frage in Kapitel 1 und 2 war.

Der Abschnitt (3.2) behandelt dann die ›Mechanik als Quelle des Atheismus‹. Ich möchte meinen, die Mechanik ist der wesentliche oder vielleicht sogar der einzige Ursprung für die Gott-ist-tot-Idee, auch wenn die Formel ›Gott ist tot‹ ursprünglich aus einem Karfreitagslied stammt. Keine andere Quelle kann nur von ferne die Leistung versprechen, Gott abzuschaffen und seine Eigenschaften auf die Natur und ihren Besitzer, den Menschen, übergehen zu lassen wie die Mechanik. Die Mechanik war deshalb der harte Kern der Neuzeit. Allerdings wollen bis heute nicht alle Beobachter der Epoche meiner Vermutung über die Wirkung der Quelle beitreten. Ich will sehen, ob sich einige durch meine Argumente überzeugen lassen.

Die Mechanik wirkte ebenfalls in doppelter Weise auf das Leben ein, theoretisch und praktisch. Wenn die Wissenschaft alle Wirklichkeit im Überblick beschreiben würde, dann wäre Gott gleich der Natur; zugleich könnten in praktischer Hinsicht mit der Zeit alle Eigenschaften Gottes auf den Menschen übergehen: Allwissenheit, Allmacht, Ewigkeit. Eine mechanische Natur im Überblick wäre technisch handhabbar, der Mensch wäre der Besitzer und Meister der Natur. Am Ende könnten wir sogar aus eigener Kraft den Wärmetod vermeiden, wenn wir in etwa 50 Milliarden Jahren den Kollaps des Universums geschickt einrichten. ›Paradoxerweise *muß* das Universum in endlicher Eigenzeit in einer Endsingularität enden, damit Leben in subjektiver Zeit unendlich überleben kann.‹[6] Das alles wird möglich sein, versprechen solche Propheten der Natur, sobald wir den Überblick über sie haben. Das einzig halbwegs überzeugende Versprechen des Überblicks kam bisher aus der Mechanik.

Der Abschnitt (3.3) handelt von der Wahrheit und Unwahrheit des Atheismus, was sich gut an ›Nietzsches versucherischer Philosophie‹ darstellen läßt. Er ist der Mann, der die Mitte nicht halten kann und deshalb Wahrheit als Unwahrheit verschreien muß und umgekehrt.

Kleine Wahrheit. Entsprechend schwankt der Mensch bei ihm zwischen Tier und Übermensch hin und her. Zweifellos hat der Atheist seine Wahrheit, wenn er ausruft: Also gibt es keine Götter.[7] Oder wenn er ruft: Gott ist tot. Das ist vielleicht nur eine kleine Wahrheit, weil sie ohne die Hilfe von Logik und Grammatik nicht aussagbar ist, und solange man noch die logische Form benutzt, glaubt man an Gott. Klein mag die Wahrheit des Atheismus also sein, doch sie ist vorhanden, ich möchte sie endlich nennen. Solange ich die Zukunft nicht vollständig lenken kann, bin ich nicht vollständig Atheist. Wir können es uns so klarmachen: Wo immer ich gelernt habe zu verstehen, was es heißt, es gibt dies oder das, kann das ›Es gibt‹ für Gott oder die Natur nicht zutreffen. Das Ganze der Wirklichkeit gibt es nicht, denn das ›Es‹ wäre in diesem Falle größer als das Ganze, da es von diesem Es gerade gegeben sein soll. Die alten Philosophen drückten den Sachverhalt so aus: Das Eine und Gute hat selbst kein Sein, es steht noch jenseits des Seins und überragt das Sein an Würde und Kraft.[8]

So ist es nicht besonders klug zu sagen ›Es gibt dies oder das Ding in der Natur‹, wie zum Beispiel: ›Es gibt die Sonne‹, um dann diesen Glauben zu erhöhen in dem Ausspruch: Es gibt die Natur. Die flüchtigen Erscheinungen von Sonne und Kosmos, die nach den besten Schätzungen heute an die 4,6 oder 13,7 Milliarden Jahre alt sind, führen zu ganz anderen Aussagen: Es hat die Natur nicht immer gegeben, und es wird sie nicht immer geben. Was Nietzsche betreibt, ist der Versuch, die Wahrheit auf Interesse zu reduzieren, also die Wahrheit zu beschreiben, bevor der Mensch als flüchtiges Subjekt auf Erden erschienen ist. Der Übermensch wäre ein Untermensch, weil er wieder in die Reihe der Tiere zurückgestellt wäre, um alsbald vom Über-Übermenschen abgelöst zu werden. Die sokratischen Figuren der Geschichte, die dem Menschen seine geistige Gestalt gezeigt haben und die Idee einer Wahrheit, die nicht bloß Interesse ist, Sokrates, Jesus, Augustinus, Kant, sieht Nietzsche als seine geborenen Feinde an und muß ihnen immer wieder vor den Bauch treten. Darin hat Nietzsche recht: Auch der sokratische Mensch lebt nicht ohne Interessen in der Welt, und nur gelegentlich macht er einen Schritt über das Reich seines Ego hinaus zur Achtung vor dem Gesetz oder zur Liebe seines Nächsten. Endliche Freiheit erweckt den maßlosen Zorn Nietzsches damals und seiner Jünger heute: Er will eben unendliche Freiheit oder gar keine Freiheit, er will das Tier oder den Übermenschen, aut Caesar, aut nihil, die Mitte ist nicht begreifbar.

Der Atheismus hat also seine beschränkte Wahrheit, wenn er behauptet, es gibt keinen Gott, denn die Welt ist voller Interessen; allerdings hat er seine größere Unwahrheit, wenn er behauptet, es gäbe nur die Natur, die Interessen und das Überleben. Die Freiheit mag schwer zu beweisen sein, sie zu widerlegen ist vielleicht noch schwerer, da wir zumindest die innere Erfahrung der Freiheit haben. Sollte es also nicht schon einmal eine freie Unterbrechung des Interesses in der Weltgeschichte gegeben haben? Dann ist es besser, Gott und Natur doch auseinander zu halten. Es kommt uns jetzt darauf an, die besseren Fragen zu stellen, allen voran die eine Frage: Was heißt eigentlich: Es gibt? Und was heißt: Es gibt Gott? Es gibt die Natur?

Sehen, Urteilen, Handeln. Theorie und Praxis sollen also die beiden Brennpunkte des Atheismus sein: Mit dem einen leugnet der Atheist die Göttlichkeit eines Jenseits, mit dem anderen Punkt fordert er die Göttlichkeit für das Diesseits. Diese beiden Punkte sind es, die wir zu untersuchen haben, Theorie und Praxis, da sie zugleich die Brennpunkte des Lebens sind. Das Schauen dessen, was wir die Natur oder die Wirklichkeit nennen, geschieht in der Theorie, und das Handeln, wie es unser Leben bestimmt, geschieht in der Praxis. Dazwischen steht die leicht unbestimmte Kategorie des Urteilens. Was ist ein Urteil? Ein Urteil hat von beiden Seiten etwas, es ist ein Sehen und zugleich ein Handeln, darüber hinaus ist es noch etwas ganz anderes, ein Entwurf in das Nichts hinein, als ob der Mensch einen Anteil an der schöpferischen Zeugungskraft bekommen hätte, um aus dem Nichts ein wenig Sein und Leben zu schaffen. Kommt im Alltag zuerst das Sehen und dann das Handeln oder ist es umgekehrt? Die Frage ist nicht leicht zu beantworten, jedenfalls erweist sie sich bei näherem Hinsehen als so schwer wie die Frage, ob die Henne am Anfang des Federviehs gestanden habe oder das Ei.

Die Antinomie. Hier liegt eine echte Antinomie vor, in der zwei Aussagen sich direkt widersprechen: Wenn der Mensch zu sehen und zu beobachten anfängt, muß etwas mit ihm passiert sein; er muß gezeugt und geboren sein, er muß die Augen aufgemacht, er muß etwas gelernt haben. Das alles ist ein Handeln, wenn auch gewiß in jungen Jahren ein ziemlich unbewußtes und von Reflexen gesteuertes: Das Handeln in dieser oder jener Form geht also dem Sehen voran. Müssen wir das jetzt sagen? Vorsicht ist angeraten. Wenn wir nämlich behaupten wollten, das Handeln beherrsche grundsätzlich das Sehen, es gäbe also einen Primat der Praxis vor der Theorie, liegen wir ebenfalls nicht richtig. Wer immer auch gehandelt hat, was vielleicht als bewußtloser und sachlicher Vorgang abgelaufen sein mag, es war eine Planung oder eine gesetzliche Notwendigkeit vorhanden, aus der das neue Sein entsprungen ist. Als Ergebnis haben wir: Zwischen Theorie und Praxis liegt ein tiefer Graben, über den zwar manchmal eine Brücke führt, doch oft auch keine. Jeder Übergang wird kurzfristig wieder unpassierbar, weil die Brücke einstürzt und so schnell kein neuer Übergang zur Hand ist. Der sichere Graben und die unsichere Brücke verwehren es, Theorie und Praxis, Sehen und Handeln als versöhnt zu feiern und die Einigung des Landes auszurufen.

Erlösung für das Ich. Hier triumphiert nach der langen Periode der Neuzeit die Nüchternheit über den Rausch. Die Einheit aller Wirklichkeit in Gedanken und dann der Glaube an die Gegenwart der Einheit heißt gewöhnlich Monismus, abgeleitet von der Monas, der griechischen Eins. Umgekehrt wird die grundsätzliche Trennung aller Wirklichkeit in zwei schwer vereinbare Hälften normalerweise Dualismus genannt. Die klassischen Zwei-Welten-Theorien sind zum Beispiel die Trennung des Lebens in Theorie und Praxis, in Leib und Seele, oder in Form und Materie, abgeleitet von der Dyas, der griechischen Zwei. Monismus und Dualismus sind anfällig für den Rausch, weil sie es dem Ich erlauben, vom eigenen Leben abzusehen und sich in ein anderes Sein aufzulösen: Erlösung für das Ich durch die Auflösung des Ich. Die monistische Vorstellung lautet: Ich bin ein Teil des Teils, der anfangs alles war, und nur durch Einbildung sehe ich mich als getrennt von der Allwirklichkeit an. Oder die dualistische Vorstellung etwa bei Descartes: Ich bin zum Teil die eine, zum Teil die andere Wirklichkeit, nur ein eigenes, einheitliches Ich gibt es nicht. Die Monas wie die Duas geben Anlaß zum Rausch, sie sind Versuche zur Abtretung des Ich an eine andere Wirklichkeit.

Der Sesquiismus. Gegen den Rausch empfiehlt sich die Nüchternheit, also ein Blick, der nicht einseitig ist. Nach jeder Behauptung über die Wirklichkeit sollten wir die Frage der Vorsicht stellen: Stimmt das auch, was wir da gesagt haben? Zwischen dem Monismus der Zahl Eins und dem Dualismus der Zahl Zwei liegt der Sesquiismus der Zahl Anderthalb oder jeder anderen Zahl, die zwischen Eins und Zwei angesiedelt ist. Der Sesquiismus macht das Verhältnis der einen Wirklichkeit, deren Einheit nicht voll begreiflich ist, zu einer Aufgabe, die kein Ende kennt, weil die Bewegung zu keiner Zeit aufhört. Das Leben verlangt zwar nach größerer Einheit und Einsicht, es bringt bei dieser Leistung jedoch zugleich neue, von der bisherigen

Einheit getrennte Gestalten hervor. Überhaupt scheinen Dualismus oder Monismus einseitige Vorstellungen zu sein, Begriffe, mit denen wir die Wirklichkeit nur in Grenzfällen angemessen beschreiben können. Auch wenn ich hier Zufall und Notwendigkeit als Schlüssel zur Wirklichkeit vorstelle, so vertrete ich keinen Dualismus, da beide unzertrennlich in einer Einheit verbunden sind, die wiederum keinen begreifbaren Monismus erlaubt. Halb im Ernst und halb im Scherz schlage ich daher den Namen Sesquiismus für die unberauschte Sicht auf die Wirklichkeit vor, abgeleitet vom lateinischen Wort für das Anderthalbfache, von sesqui, was selbst wiederum von semis-que herstammt. Die Zahl Anderthalb ist nicht allzu festgelegt, sie kann sich je nach Kunst und Leben frei zwischen der Eins und der Zwei bewegen, in mal mehr, dann weniger Einheit oder Trennung der Wirklichkeit. Ein Abschluß in der Erkenntnis ist nicht erkennbar, weder in der Zeit, noch über die Zeit hinaus.

Poppers drei Welten. Gegen Ende seiner Laufbahn hat Karl Popper (1902–1994) eine Drei-Welten-Theorie entworfen. Sie war direkt gegen Monismus und Dualismus gerichtet und hat manche Berührungspunkte mit dem, was ich hier Sesquiismus nenne. Zur größeren Deutlichkeit will ich einen Vergleich anstellen. Die erste Welt Poppers ist die objektive der materiellen Gestalten, das ist die physikalische Natur; die zweite ist die Welt der Wahrnehmung und des subjektiven Bewußtseins. In der Unterscheidung von Welt 1 und 2 spiegelt sich die klassische Unterscheidung des universitären Lebens in Natur- und Geisteswissenschaften wider, die wiederum das Leben spiegelt, in dem der Mensch sich als Objekt und Subjekt kennt. Die dritte Welt ist schwieriger zu verstehen, sie fällt erst nach langer Übung in den Blick, obwohl der Mensch dauernd in ihr lebt, wie der Fisch im Wasser. Man könnte sie eine Mischung oder das Produkt von Welt 1 und Welt 2 nennen. Diese Welt 3 ist die Geschichte in ihren kulturellen und geistigen Gestalten. Popper gibt als Beispiel die Zahlen an. Diese sind zweifellos eine Erfindung des Menschen, denn vor seinem Auftreten gab es keine Zahlen. Dennoch hält Popper die darauf folgende Entdeckung der Primzahlen für die Entdeckung einer objektiven Wirklichkeit, die schon vor dem Menschen existierte, wie auch der Mount Everest schon lange in den Himmel Asiens ragte, bevor ihn ein mutiger Jäger oder Sammler näher in Augenschein nahm und lange bevor er mit dem Namen von George Everest belegt wurde. Nehmen wir als weiteres Beispiel ein Buch. Das vor mir liegende Buch hat objektive und materielle Seiten, was sich in

Aussehen und Gewicht und so weiter ausdrückt. Ohne die Welt 2 des Geistes wäre das Buch nie in Erscheinung getreten, und es dient auch vor allem dieser Welt 2, gehört aber eindeutig nicht zu ihr, sondern von der äußeren Erscheinung her zur Welt 1, weil die subjektive Seite in diesem Fall eine objektive Erscheinung angenommen hat.

Lassen wir den Philosophen selbst sprechen: ›Da gibt es zunächst die physische Welt – das Universum physischer Gegenstände –, auf die ich zu Beginn dieses Abschnitts hinwies; ich möchte sie ›Welt 1‹ nennen. Zweitens gibt es die Welt psychischer Zustände, einschließlich der Bewußtseinszustände, der psychischen Dispositionen und unbewußten Zustände; diese will ich ›Welt 2‹ nennen. Doch es gibt noch eine *dritte* Welt, die Welt der Inhalte, des Denkens und der Erzeugnisse des menschlichen Geistes; diese will ich ›Welt 3‹ nennen; sie wird in den nächsten Abschnitten behandelt.‹[9]

Perichorese. Trotzdem bevorzuge ich das Wort Sesquiismus und die zugehörigen Gedankenreihen, weil ich mehr als Popper die jederzeit ungenügende Kraft des Begriffs im Sinn habe. Der junge wie der alte Popper setzten stark auf die Klarheit des Begriffs, was an sich eine gute Sache ist. Solche Klarheit wird allerdings der Wirklichkeit nie ganz gerecht und auch niemals ganz vom Begriff erreicht. Die Wirklichkeit kann nicht sauber in eine objektive und eine subjektive Welt unterteilt werden, wie das die Welt 1 und Welt 2 bei Popper nahelegen. Objektivität und Subjektivität sind Zielbegriffe und sollten transzendental verstanden werden. Sie besagen: Soweit die Wirklichkeit objektivierbar ist, nennen wir sie objektive Natur, und so fort. Die Welt 3 drückt die Selbstdurchdringung der Wirklichkeit aus, die wir mit einem alten griechischen Wort gut Perichorese nennen können. Die mangelnde Anwendbarkeit menschengemachter Begriffe ist zugleich ein großer Vorteil für diese Wirklichkeit; sie zeigt sich dadurch als größer, wachsender, lebendiger, als wenn sie durch unsere Begriffen darstellbar wäre. Dieses Ausufern über die Begriffe der Wissenschaft hat Popper bemerkt und in der Drei-Welten-Theorie zu fassen gesucht. Seine Wahrnehmungsfähigkeit ist zu loben, sie ist noch größer als seine Fähigkeit zur Begriffsbildung, was immer ein Vorzug ist.

Kants drei Kritiken. Sehr viel mehr hat bekanntlich Immanuel Kant (1724–1804) die Grenze des Begriffs in den Mittelpunkt seines Denkens gestellt, weshalb wir ihm hier ein ehrendes Andenken widmen. Wer den Begriff zurückzieht und ihn vor der Berührung mit dem Ding an sich bewahrt, weil die angemessene Berührung nicht möglich ist, der wird auf sesquiistische Bahnen gelenkt werden und kommt zu einer Dreiteilung des Lebens in der Welt, die zugleich auch das Anderthalbfache meinen kann, weil die Pole sich gegenseitig durchdringen.

Deutlich, einfach und klar hat Kant über die Theorie und die Praxis in seinen beiden Kritiken von 1781 und 1788 geschrieben, wobei er diesen Lebensmächten eindrucksvolle Denkmale errichtet hat. ›Kritik der reinen Vernunft‹ und ›Kritik der praktischen Vernunft‹ hat er die beiden Werke betitelt. Wir müssen betonen: Über die Theorie *allein* und die Praxis *allein* hat er so klar geschrieben. Dann fühlte er die Notwendigkeit, die eventuellen Brücken zwischen Erkennen und Handeln in Augenschein zu nehmen und auf ihre Tragfähigkeit zu prüfen. Dazu ließ er im Jahr 1790 eine ›Kritik der Urteilskraft‹ erscheinen. Bei dieser selbstgestellten Aufgabe scheint auch der umsichtige Kant in einen Irrgarten geraten zu sein. Oder sollen wir vermuten, er habe einen Ausweg aus dem Labyrinth gefunden? Vielleicht, möglicherweise hat er geahnt, was wir heute, mehr als zwei Jahrhunderte später durch die Entwicklung der Wissenschaften klarer sehen können: Die Natur läuft auf eine Freiheit zu, sie produziert Freiheit, allerdings in lokal und zeitlich beschränkter Gestalt. Die Freiheit dieser Welt kann nur endlich sein, da sie räumliche und zeitliche Grenzen hat. Diese begrenzte Wirklichkeit zu erkennen, die Freiheit gar als Zweck der Geschichte anzuerkennen, ist mit der Natur allein nicht möglich. Allerdings, dies ohne die Natur einzusehen, ist wohl noch unmöglicher. Freiheit ohne Grundlage in der Natur, das ist wie Geist ohne Körper oder wie Kopf ohne Rumpf.

Beschränkte Mittel. Kant kann trotz seiner damals beschränkten Mittel die Frage nicht unterlassen, wo die Einheit von Theorie und Praxis zu finden ist, wo also die Freiheit verwirklicht ist. Theorie und Praxis müssen etwas miteinander zu tun haben. Die zwei Gebiete schränken sich zwar nicht in ihrer Gesetzgebung ein, sagt er, doch unaufhörlich begrenzen sie sich mit ihren Wirkungen in der Sinnenwelt. Sie sind kein einziges Gebiet, wie er gut und deutlich gesehen hat, dennoch gehören sie zusammen.[10] Warum zerfällt die Wirklichkeit in diese beiden Teile und zwingt uns beim Urteilen, eine wenig einsichtige Einheit der beiden Teile anzuerkennen? Ja, und warum können Theorie und Praxis allein nicht die ganze Wirklichkeit darstellen? Bei genauerem Hinsehen erscheinen Theorie und Praxis als die Pole einer Wirklichkeit, die selbst dem Menschen nicht direkt vor Augen treten und die er nicht in die Hand bekommen kann.

Kunst und Leben. Die theoretische und praktische Vernunft sucht Kant zunächst auf zwei Arten zu vermitteln, ästhetisch und teleologisch. Wir können das übersetzen als Vermittlung durch die Kunst und das Leben. In der großen Kunst, wenn sie nicht engagiert und damit fast immer korrumpiert ist, setzt sich die nicht notwendige Gestalt in Musik, Architektur, Literatur als Notwendigkeit durch, mit einer Brücke, die von der Theorie zur Praxis führt; ein inneres Licht sucht seine Gestalt. Im Leben, das aus der Evolution hervorgeht, werden die Brüche der Notwendigkeit aufbewahrt, ebenfalls in einer nicht notwendigen Gestalt. Das Leben kommt hier jedoch vom Handeln her: Was in schwankender Erscheinung schwebt, sollen wir in dauernden Gedanken befestigen, wie Goethe fein formuliert hat und uns sanft zu tun anhält.[11] Also einmal von der Theorie her, und einmal von der Praxis her wird die Einheit der getrennten Wirklichkeit gesucht und ohne Anblick vorausgesetzt. Wird sie gefunden? Eher nicht. Sie kann angestrebt werden, sie sollte vernünftigerweise geglaubt werden, in Besitz nehmen kann man sie auf keinen Fall. Kunst ist eine Ersatzhandlung für das entgleitende Leben, wie das Leben selbst im Tode tragisch endet, wie wir in der Evolutionsgeschichte sehen, wo der Versuch, sich im Leben zu erhalten, um so mehr den Tod hervorbringt. Das Überleben des Tüchtigen erschafft gerade die Konkurrenz, die auch den Tüchtigen das Leben kostet.

Die zwei verschiedenen Gebiete können nach Kant nicht ein gemeinsames Gebiet ausmachen, weil sie ›sich zwar nicht in ihrer Gesetzgebung, aber doch in ihren Wirkungen in der Sinnenwelt unaufhörlich einschränken‹. Mit dem Grund, den Kant angibt, können wir zufrieden sein. Weder die Natur, noch die Freiheit liefern eine vollständige Erkenntnis: Die Natur nicht, weil ihr die Anschauung der Dinge an sich fehlt, sie muß sich mit Erscheinungen zufrieden geben; die Freiheit nicht, weil sie überhaupt nicht anschaulich ist und nur dem Willen an sich, also dem Willen zum Willen, bemerkbar ist. Beide berühren den übersinnlichen Bereich der Einheit, ›wovon man die Idee zwar der Möglichkeit aller jener Gegenstände der Erfahrung unterlegen muß, sie selbst aber niemals zu einem Erkenntnisse erheben und erweitern kann‹. ›Mithin keiner von beiden‹[12] kann die erwartete Einheit selbst darstellen.

Unerfüllte Versprechen. Wir sollten die Einsicht Kants frei nachsprechen: Das Gewölbe, das er über den getrennten Bereichen des Sehens und Handelns aufrichtet, ist weder theoretisch nachweisbar, noch moralisch einforderbar. Beweisen und fordern, das tut er in seinen beiden ersten Kritiken. Sie zeigen, wie sehr der Königsberger Philosoph der europäischen Metaphysik angehört, die im Bunde mit der Religion die eine Wahrheit oder die Einheit der Wahrheit zu denken versucht hat und die mit einigen Selbstzweifeln auch meinte, sie gefunden zu haben. Er ist weit davon entfernt, die europäische Metaphysik zu zermalmen, wie ihm von Moses Mendelssohn kurzsichtig unterstellt wurde; er will sie auf eine bessere Grundlage stellen, da die metaphysischen Systeme bisher, wie er meint, von Aristoteles bis zu Leibniz und Wolf, mehr geschwärmt, als auf einem sicheren Fundament gebaut haben. Metaphysik war das Versprechen der Einheit aller Erfahrung, der Einheit Gottes, und diese Einheit konnte niemand wirklich liefern, was Kant aufdeckte; wie auch die Physik ein Versprechen der Einheit der Natur war, was sie ebenfalls nicht liefern konnte, wie spät erst, im 20. Jahrhundert, zutage getreten ist. Gott war das Thema der Metaphysik, wie die Natur das Thema der Physik war, beide Theorien konnten ihre Versprechen nicht ganz,also am Ende gar nicht halten.

Das macht die einsame Größe Kants aus, weil er keine neue und schließlich unerreichbare Einheit versprochen hat, sondern weil er Argumente gesammelt hat, um sie für begrifflich unmöglich zu erklären. **Unmöglich nicht der Existenz nach, sondern der Erkenntnis nach.** Die Wirklichkeit mag ja eine einzige sein, sie ist es nicht für unsere Begriffe. Nietzsche hatte später auch begriffen, was die Metaphysik wollte, und auch was die Physik wollte; er hat sich über beide Versuche lustig gemacht und sie sehr herablassend beurteilt, was nicht viel klüger war, als was die traditionelle Wissenschaft in ihrem Streben nach Einheit immer getan hat. Wer übertreibt, hat immer nur den Anfang verstanden und macht seine Sache am Ende schlechter als seine verlachten Vorgänger. Um so größer steht Kant da, der die Physik und die Metaphysik in Grenzen begründet sah, ohne wie Nietzsche ins Schwärmen zu geraten, der viel berauschter wirkt als die Systemmetaphysiker früherer Zeiten.

Zurecht und fälschlicherweise. Es ließe sich leicht die These verteidigen: **Der Atheismus ist das Abfallprodukt einer unzureichend begründeten Metaphysik und ihres Ersatzes durch versuchten mechanischen Überblick.** Der Atheismus der Neuzeit war stark antimetaphysisch eingestellt und setzte seine Hoffnung auf die Physik und ihre Naturerfassung, die allerdings nach drei oder vier Jahrhunderten ebenfalls an ihre Grenze gestoßen ist. Eine nachträgliche Prophezeiung ist im allgemeinen wohlfeil, dennoch meine ich, ist eine solche in diesem Fall angebracht, weil sich Gründe angeben lassen. Es ist nicht schwer zu sehen, warum die europäische Metaphysik einen Hang zum Nihilismus hatte: Über kurz oder lang mußte sie in den Atheismus abgleiten. Die Metaphysik war das Versprechen der Wahrheit, wir können auch sagen, das Versprechen der Einheit aller Wirklichkeit auf der Grundlage des Begreifens. Dieses Versprechen konnte nicht gehalten werden, weil es nicht zu halten ist. Das zu sehen, dafür mußten allerdings Jahrhunderte ins Land gehen. Genausowenig konnte die Physik das Versprechen eines einheitlichen Überblicks halten.

Preis für Kant. Die Metaphysiker aller Zeitalter waren immer nahe daran zu glauben, die Einheit aller Wirklichkeit in allgemeinen Begriffen in Besitz zu haben, – bis ihnen dann die Wirklichkeit einen Strich durch die Rechnung machte; bis auch den Vertretern der himmelstürmendsten Fächer aufging, warum diese Einheit nicht zu haben ist. Die Ehre dieser Entdeckung in der Neuzeit würde ich gerne Kant zusprechen. Wenn ich einen Preis für die wichtigste Einzelidee der Neuzeit zu vergeben hätte, so würde ich ihn gern dem Königsberger zusprechen – für die Entdeckung der Endlichkeit der menschlichen Erkenntnis. Die Wirklichkeit mag an sich in unendlicher Einheit sein, in der zugleich das Endliche und das Unendliche seinen Platz hat; für uns und auf die Weise des Begriffs ist sie nicht so gefügt: Für uns ist nur endliche Erkenntnis eine sichere Erkenntnis. Das ist die teuer und schmerzlich erkaufte Lektion des abendländischen Denkens, ihre vielleicht letzte, aber auch schönste und schon leicht überreife Frucht. Der Atheismus hatte sich mit Recht, wenn auch fälschlicherweise, dieses Mißlingen zunutze gemacht. Er ist oder er war das neue Versprechen der Einheit auf einer anderen Grundlage, damit war er wesentlich aus zwei Quellen gespeist.

Zum einen erzeugen nicht gehaltene Versprechen böse Gegner, deshalb bezog der Atheismus lange Zeit seine Nahrung aus dem Spott auf das nicht gehaltene Versprechen der europäischen Onto-Theologie. Mit diesem Namen benennt Heidegger das als begreifbar ausgerufene Wissen von Gott und aller Wirklichkeit, in dem aus dem Nichts das Sein, aus dem Sein das Leben und aus dem Leben das Bewußtsein entsprungen sein soll, alles zusammengebunden in Gott, der alle Einheit sein soll. Kant hatte zum ersten Mal das Wort Ontotheologie in seiner ›Kritik der reinen Vernunft‹ von 1781 gebraucht.[13] Weder rein aus dem Denken, noch bloß aus der Erfahrung läßt sich etwas über die Existenz Gottes aussagen. Der Königsberger benutzt dabei das starke Argument, nach dem die Existenz keine Einzelaussage sein kann, da sie die Voraussetzung von Einzelaussagen ist. Von der Existenz eines Gegenstandes müssen wir schon überzeugt sein, bevor wir Auskünfte über seine Eigenschaften geben.

Spielregeln verstanden. Wenn ich jetzt diese Aussage umkehre und sage, die Existenzfrage ist im Fall Gottes wenig interessant, haben wir es dennoch mit der gleichen Aussage zu tun. **Die Existenzfrage ist bedeutsam im Falle endlicher Gegenstände.** Da sind uns die Eigenschaften eines Gegenstandes nur mäßig wichtig im Vergleich zu seinem Vorhandensein; die Eigenschaften dienen vor allem dazu, den Gegenstand überhaupt als diesen oder jenen erkennbar zu halten. Umgekehrt verhält es sich in der Gottesfrage oder in der Frage nach dem Ganzen der Wirklichkeit. Sollte ich verstanden haben, was das Wort besagt, folgt die bekannte Formel: Wenn mit Gott wirklich Gott gemeint ist, dann existiert Gott.[14] Nur in Klammern: Deshalb konnte Einstein so unbefangen von Gott oder von dem Alten sprechen, weil er die Sachlage verstanden hatte. Nicht ob Gott existiert, ist für das Leben interessant, auch nicht für Einstein, was interessiert, ist, ob Gott würfelt oder nicht, also ob die Wirklichkeit determiniert ist oder ob Freiheit in der Natur möglich ist. Einsteins Unglück bestand nur darin, auf die falsche Karte gesetzt zu haben, die Spielregeln hatte er verstanden.[15]

Immer auf die gleichermaßen unerkennbare Weise existieren die Natur, der Kosmos, die Welt, das Ganze: Wir wissen nicht, auf welche Weise das Ganze existiert, aber es existiert, und mit seinen Eigenschaften schlägt sich der Mensch ein Leben lang und die Menschheit eine ganze Geschichte lang herum.

Wir werden zum einen sehen müssen, warum sich die Einheit aller Wirklichkeit, die Kant mit seiner Kritik auflöste, auf Dauer auch ohne die Einsprüche aus Königsberg nicht hätte halten können, deshalb das Versprechen auch früher schon nicht gehalten hatte. Dann sollten wir verstehen, warum sich der Atheismus so sehr auf die Erfolge der Naturwissenschaft gestützt hat, die eine Einheit aller Wirklichkeit auf einer einzigen Grundlage versprochen hatte, auf der Grundlage einer mechanisch gedachten Natur. Statt Einheit von oben jetzt eine Einheit von unten? Gibt es da einen Unterschied?

Die Unterscheidung. Jedenfalls sind wir bei unserer Frage angekommen, wie sich Natur und Gott unterscheiden lassen. Bei dem Gegensatz, in den sie in der Neuzeit gebracht wurden, können wir uns jetzt wundern, wie sehr mit ihnen gekämpft wurde, obwohl die beiden Parteien gar nicht recht wissen konnten, für oder gegen was sie da eigentlich in den Kampf gezogen waren. Es hätte der ewige Kampf zwischen Glaube und Unglaube, der nach Goethe das eigentliche, einzige und tiefste Thema der Welt- und Menschengeschichte ist, dem alle übrigen Themen untergeordnet sind,[16] mangels Nebel in den Begriffen gar nicht stattfinden können. Da er dennoch tobte, nehme ich vorsichtigerweise an, er habe trotzdem einen Sinn gehabt, nur sollten wir uns jetzt bemühen, den Sinn etwas klarer ans Licht zu heben.

Wie sieht das eine Verlangen nach der Einheit aus, wie das andere? Und natürlich haben wir die Frage: Was hat mehr Chancen, wirklich zu sein? Die zwei Brennpunkte Theorie und Praxis überkreuzen sich mit den beiden anderen Brennpunkten Gott und Natur wie in einem Viereck. Es hat viele Versuche gegeben, die beiden Pole von Gott und Natur wie auch von Theorie und Praxis zur Einheit zu bringen, vom scholastischen Gottesbeweis, über das ›Agere sequitur esse‹, über das spinozistische ›Deus sive natura‹ bis hin zur ›Theorie alle Dinge‹ im 20. Jahrhundert. Es sind unter diesen Leitworten großartige Leistungen vollbracht worden, wunderbare philosophische, theologische, literarische und wissenschaftliche Glanzlichter wurden aufgesteckt. Sie konnten auch immer neu entfacht werden, weil sich die angestrebte Einheit immer wieder unverzüglich entzog. Sie kippte, zur Strafe für den vermeintlich endgültigen Erfolg, sehr leicht ins Gegenteil um.

Können wir versuchen, uns der Einheit der Wirklichkeit auf eine bessere Weise zu nähern? Auf dem Weg der Dialektik? Eher empfiehlt sich die Bereitschaft zum Verzicht auf eine begriffliche Einheit oder, besser gesagt, es empfiehlt sich der sehr vorsichtige Gebrauch des Begriffs. Auch ein dialektisch erweiterter Begriff, scheint mir, ist nur wenig vorsichtiger als ein Identitätsbegriff, der mit seinem Gegenstand eins zu eins übereinstimmen will. Dialektik in der neueren Form, wie sie Hegel vorgemacht hat, ist ein Kunstgriff: Der Philosoph erkennt die Unangemessenheit des Begriffs und will die unangenehme Erkenntnis doch noch einmal umgehen, indem er die Logik des Begriffs ein wenig erweitert und den Widerspruch in die Identität aufnimmt.

Verständlicher Atheismus. Wir können noch immer viel von diesem Meister des dialektischen Scheins lernen, der am Ende allerdings mit dem Bruch des Begriffs nicht wirklich fertig geworden ist. Wir sollten ihm deshalb weniger auf seinem Weg folgen und lieber auf die Minen achten, auf die auch er noch getreten ist. Wir können viel über den Atheismus bei ihm lernen, wir können diesen Berliner Philosophen des frühen 19. Jahrhunderts achten und ehren, und wir können sein unglückliches Bewußtsein betrauern, da er meinte, den Schein vermieden zu haben. **Hegel ist zu einer Schaltstelle des modernen Atheismus geworden.** Er hat ein ähnliches Schicksal erlitten wie hundert Jahre vor ihm Leibniz. Wie dieser den Atheismus in der mechanischen Naturwissenschaft mit einer erhöhten Mechanik bekämpft und gegen seinen Willen erst richtig auf die Bahn gebracht hat, so hat auch Hegel in der Philosophie und den Geisteswissenschaften die Bahn für den Atheismus frei gemacht, indem er ihm den Weg verlegen wollte. Hegel sah die Gottesleugnung als Folgeprodukt der Aufklärung auf sich zukommen, er wollte sie anhalten und hat sich mit allen Mitteln seiner Dialektik dagegen gestemmt, um dann das erste Opfer seines eigenen Angriffs zu werden. Den Gegner mit unzureichenden Mitteln zu bekämpfen, bedeutete auch in diesem Fall, ihn mit neuer Munition auszurüsten. In der Zeit nach Leibniz wurden die meisten Naturwissenschaftler zu Atheisten, und nach Hegel die meisten Philosophen. Aus verständlichen Gründen! Der als vernünftig begriffene Gott wird bei Leibniz und bei Hegel eben durch die Vernunft zu einem Element dieser Welt selbst, er wird zu einem Stück Natur. **Was begreifbar ist, gehört zur Natur, und löst den Gott, der selbst ergreift, wie in einem Säurebad auf.** Jeder gangbare Weg wird hier zu einem Irrweg. Übergroße Klarheit, wenn sie versprochen wird, ohne eingehalten zu werden, kann eine doppelte Folge erzeugen: Der Hörer kann Gott zur Natur schlagen, und Gott ist verschwunden, oder er kann in Empörung alle Klarheit als Unsinn ablehnen, und Gott ist auch verschwunden. Natürlich kann das Versprechen der Klarheit auch die Grenzen der Klarheit als Grenzen des Menschen erkennen lassen, dann erscheint Gott in neuer, lebendiger Gestalt.

Das neue Reich Gottes. Der junge Hegel lebte zu sehr in der Zeit der Französischen Revolution, um nicht völlig von ihren Idealen durchdrungen zu sein; doch er lebte genügend weit entfernt, um nicht auch in Ruhe über die Wirkung der Ideale nachdenken zu können. Was er sah, war eine lichtvolle Idee und die blutige Umsetzung eines großen Wunsches in die Wirklichkeit. In einem genialen Einfall machte er den Atheismus als Quelle des scheinbaren Glücks und realen Unheils aus, der in der Revolution sein doppeltes Wesen trieb. Freiheit, Gleichheit, Brüderlichkeit mögen zwar in der Wurzel christlichen Ursprungs sein, sie mögen sogar direkt aus dem Gebot der Nächstenliebe stammen, doch wenn sie in Politik umgesetzt werden, wandelt sich ihre Substanz. **Der politische Wille verwandelt das Liebesgebot in ein mörderisches Programm.**

Der junge Hölderlin hatte mit Hegel das gleiche Zimmer im Tübinger Stift geteilt, er ruft ihm im Jahre 1794 noch einmal ihren gemeinsamen Geist in Erinnerung: ›Ich bin gewiß, du hast indessen zuweilen meiner gedacht, seit wir mit der Losung ›Reich Gottes!‹ voneinander schieden.‹ Die revolutionäre Neuerung Christi war die Aufforderung an den Einzelnen als einmalige Person, der neue Mensch zu sein, der sich nicht nur Raum schafft nach dem naturhaften Interesse seines Ichs, sondern der nach dem Willen seines Schöpfers diesen Raum auch weitergibt, um alles Leben am Leben zu erhalten. In der Kraft des Gottes der Nächstenliebe, in verborgener Zwiesprache mit dem Vater aller Dinge, die von niemandem gehört und kontrolliert wird, soll der Mensch das Programm der Liebe umsetzen, das über die Darwinische Natur hinausgeht und in kein Programm umgeschrieben werden kann und nur seinen Herzschlag ausmacht. Seit dem Erwachen des Menschen aus dem Tierreich kennt der Mensch seine neue Möglichkeit. Hier wird sie formuliert: ›Ihr wißt, die Herrscher dieser Welt, … bei euch soll es nicht so sein.‹ (Mk 10,42 f.)

Mensch als Maschine. Das Programm kam über eintausendachthundert Jahre nur schleppend voran, weil Menschen nicht so plastisch sind wie Maschinen und ihren Eigenwillen haben. Sie sind nicht nur Objekte, sie sind vor allem Personen in vielleicht bescheidener, doch vorhandener und manchmal verwirrter Freiheit. Deshalb läuft der Fortschritt nicht so rund wie eine geölte Maschine. Die gedachte Französische Revolution wollte das ändern, sie wollte die christliche Revolution noch einmal revolutionieren und das Heil wieder zu einem öffentlichen Programm machen. Das hatten die Despoten des Ostens bis hin zu den Kaisern Roms im Sinn, die alle das Heil als öffentliche Angelegenheit planten und zum Teil auch in die Wege leiteten, jedenfalls in ihrer Propaganda. Die maschinenbegeisterte Aufklärung dachte sich den Menschen als Maschine, und die Gesellschaft eben auch. Die Versprechen waren riesig und eigentlich irrational in der Größe des versprochenen Heils, die Mittel sollten dagegen rational und kontrollierbar sein, vor allem sollten sie außerhalb der schwer faßbaren menschlichen Person angesiedelt sein. Der Geschichtsdenker Löwith hat das sehr gut gesehen: ›Das moderne Geschichtsdenken … entfernt aus seinem fortschrittlichen Denken die christlichen Elemente der Schöpfung und Vollendung, während es sich aus der antiken Weltschau die Idee einer endlosen und kontinuierlichen Bewegung aneignet, ohne ihre Kreisstruktur zu übernehmen. Der neuzeitliche Geist ist unentschieden, ob er christlich oder heidnisch denken soll. … Daher ist seine Sicht notwendigerweise trübe, verglichen mit dem entweder griechischen oder biblischen Denken.‹[17]

Nun ist der Fortschritt in der Geschichte durch das Christentum tatsächlich zu einem Problem geworden. Fortschritt gab es natürlich auch vorher, in der Natur- wie in der Kulturgeschichte, wenn man sich denn entschließen kann, im Übergang vom Bakterium zum Menschen einen Fortschritt zu sehen. Und natürlich kann man auch im Computer- und Raketenbauer des 21. Jahrhunderts einen Fortschritt sehen gegenüber dem Cro-Magnon-Menschen, zumal die Medizin uns modernen Zeitgenossen wohl zehnfach mehr Lebenszeit geschenkt hat, als sie unseren fernen Vorfahren zu eigen war. Natürlich hat der Fortschritt auch seine Haken, eine richtige Erlösung ist er nicht. Die hingegen verspricht die Botschaft Jesu; und die Französische Revolution tat es ihr nach bis zur Russischen Revolution, und konnte doch nur Quantität liefern, und diese in miserabler Qualität. In einer Welt, die durchzogen ist von der Planung der Interessen, der Unterscheidung von Freund und Feind, der Verwirklichung durch physische Arbeit und psychischen Zwang ist die Realisierung unmöglich, jedenfalls mit den Mitteln dieser Welt. Vertrauen ist gut, Kontrolle ist besser, war das Motto der Revolutionen von 1789, 1917, 1933 und so weiter. Das ist ziemlich das Gegenteil des jesuanischen Geistes: ›Seht die Lilien auf dem Felde.‹ Die Frage ist: Was führt näher zur Erlösung? Die rätselhafte Umwandlung der inneren Person durch das Vertrauen, die aus den Interessen der Welt gelegentlich einmal hinausgetreten ist, wobei sie sich ihrer selbst nicht einmal sicher sein kann? Oder die Welt der Revolutionen in der Neuzeit, in der die Wandlung zur Lebensqualität unter Kontrolle genommen werden soll? Merkwürdigerweise gelingt das kontrollierte Versprechen weniger als das unkontrollierte, denn die Revolution frißt ihre Kinder. Warum? Vielleicht weil die sogenannten Revolutionen gar keine sind, weil sie im Kern der Rückfall in den alten Naturalismus sind, weil sie mehr Leben in der Natur wollen, und da überlebt der Stärkere.

Die drei genannten Systeme waren streng atheistisch, obwohl sie gelegentlich und zu ihrer eigenen Befestigung religiöse Züge angenommen hatten. Eben das haben wir ja oben schon bei Napoleon beobachtet: Die Religion, die er sehen konnte und mit welcher er die Massen zu kontrollieren hoffte, wollte er in Dienst stellen; von Gott, der ihn selbst in Dienst stellt, wollte er nichts wissen. Das eben heißt Caesaro-Papismus.

In unserer Frage, wie Gott und Natur zu unterscheiden sind, verzeichnen wir leichte Fortschritte. Wir können schon etwas besser sehen, was wir eigentlich unterscheiden wollen, wobei wir zugleich die Gestalt der beiden Wirklichkeiten auch sprachlich genauer festlegen können. Zu oft schon haben wir erlebt, wie aus der Natur einfach Gott wurde und aus Gott wieder die Natur. Jetzt jedoch beginnen sich die Nebel zu lichten, und wir erkennen Konturen. **Die Wirklichkeit, die wir begreifen können, sollten wir Natur nennen.** Und wenn wir alle Wirklichkeit ergriffen haben, ist das Wort Gott tatsächlich nicht mehr nötig, und wir könnten zum Atheismus übergehen. Immer aus Achtung vor der größeren Wirklichkeit! Gott oder Nicht-Gott ist zwar immer auch eine Meinung, doch sie hat als Ziel die Erkenntnis der Wirklichkeit. **Und solange wir nicht alle Wirklichkeit ergreifen können, ist Gott der richtigere Name für die ganze Wirklichkeit.** Vor allem, sobald wir endgültig Bescheid wissen über die endgültige Nicht-Ergreifbarkeit der Wirklichkeit mit dem, was gelegentlich Weltformel oder Theorie aller Dinge genannt wurde (TOE), könnte auch Gott der richtigere Name sein.

Nun, ich meine, das titanische Programm der Neuzeit zur Ergreifung aller Wirklichkeit steht theoretisch und praktisch auf wackligen Beinen, kurz gesagt, es steht vor dem Aus. Vielleicht deshalb schreit der Klub der Atheisten noch einmal so laut auf. Descartes hätte sich gewundert, wie sein lange Zeit für unerschütterlich gehaltenes fundamentum inconcussum, die Natur, durchgeschüttelt worden ist. Dennoch kann man dem Atheismus eine kleine Wahrheit zusprechen, ja sogar eine wachsende Wahrheit, weil wir die Wirklichkeit wachsend begreifen konnten in der Vergangenheit und vermutlich wachsend wohl auch begreifen werden in der Zukunft. Dieser Atheismus des wissenschaftlichen und politischen Ergreifens muß jedoch nicht mehr in Gegensatz zur Religion stehen, entweder indem Stücke aus ihr in die Staatsreligion überführt werden oder als Säkularisierung von Religion in der Wissenschaft erscheinen oder sonst wie durch Einführung neuer Symbole, wie Fahnen, Aufmärsche und anderes mehr beerbt werden sollen.

3.2 Die Mechanik als Quelle

Nichts oder Alles. Den neuzeitlichen Atheismus können wir mit einem Fingerzeig Blaise Pascals (1623–1662) als Beigabe zum Einsturz einer erfolgreichen Kosmologie beschreiben, die durch eine noch erfolgreichere abgelöst wurde. Kopernikus trat in der frühen Neuzeit an die Stelle des Ptolemäus, und kein Stein im geistigen Weltgebäude blieb auf dem anderen. Jedes Stück in der Natur, unbelebt oder belebt, hatte im aristotelisch-ptolemäischen Ordnungsraum seinen Platz eingenommen: Vorleben, Leben und Tod waren versöhnt in dem unbewegten Beweger aller Dinge, der allem Sein voranstand. Und gut rechnen konnten die Astronomen in dem alten Kosmos auch – bis auf ein paar kleine Ungenauigkeiten im Kalender. Dann kam im 16. Jahrhundert durch Kopernikus der Zusammenbruch des ruhigen Bildes, und in der Folge brach durch diese Revolution das Ziel des Lebens überhaupt zusammen: Zuerst verlor der Mensch die physische, dann die metaphysische, schließlich die religiöse Richtung. Die neue Kosmologie des Kopernikus (1473–1543) war wesentlich richtiger als die alte, allerdings nicht richtig genug, um alle Rechenfehler zu vermeiden, vor allem weil bei ihm die Planeten auf Kreisen (statt auf Ellipsen) die Sonne umlaufen. Deshalb reichte sie auch nicht aus, ein neues Weltbild aufzubauen, obwohl findige Köpfe bemüht waren, sich ein neues Bild der Welt nach Kopernikus zu bilden. Pascal hat den Zusammenbruch früh bemerkt.

Mensch in der Natur. ›Denn, was ist zum Schluß der Mensch in der Natur? Ein Nichts vor dem Unendlichen, ein All gegenüber dem Nichts, eine Mitte zwischen Nichts und All. Unendlich entfernt von dem Begreifen der äußersten Grenzen, sind ihm das Ende aller Dinge und ihre Gründe undurchdringlich verborgen, unlösbares Geheimnis; er ist gleich unfähig, das Nichts zu fassen, aus dem er gehoben, wie das Unendliche, das ihn verschlingt.‹[18] Was sollte Pascal auch anderes sagen? Während Kopernikus eine alte Idee neu belebt und die Sonne ins Zentrum der Welt gerückt hatte, wurde die Erde zu einem Planeten unter anderen Planeten, wodurch dem Erdenbürger die Mitte abhanden kam. Die Blicke nach oben und unten, die von der neuen Astronomie aufgetan wurden, waren schrecklich, am Ende wartete die Auflösung ins Nichts oder ins All. Die Mitte war in der neuen Kosmologie wie ausgelöscht, die Erde konnte keine Heimat mehr bieten, der Mensch war gezwungen, von dem einen Abgrund in den anderen zu blicken. Pascal versuchte nüchtern zu bleiben und den festen Halt irgendwo zwischen den beiden Abgründen des Riesigen und des Winzigen zu finden. Doch fürchtete er mit starken Gründen die Entartung des Riesigen zum Unendlichen und des Winzigen zum Nichts. Wer konnte ihm da noch einen Platz anweisen, auf dem er sicher zu stehen vermöchte?

Die Versuchung wurde groß und übergroß, sich ins Nichts oder ins All fallen zu lassen, um so eine neue Heimat zu gewinnen. Den festen Stand hatten früher Aristoteles und Ptolemäus kostenlos liefern können, leider hatte sich das feste Sein in der Mitte zwischen den beiden Abgründen als allzu bequemer Schein erwiesen. Wie lange würde es dauern, bis der Schein sich wieder als Sein zeigen könnte? Erst in einem neuen fernen Zeitalter, das um Jahrhunderte von der frühen Neuzeit ablag, mochte sich die Mitte als Endlichkeit wieder herstellen, als Mitte allerdings zwischen zwei bedeutend ferner gelegenen Polen!

Gott-Natur. Was Pascal gerade noch vermeiden konnte, indem er sich den Schrecken offen eingestand, geriet vielen Zeitgenossen zur Falle. Beim Blick in die Natur wurden sie vom kopernikanischen Schwindel erfaßt, und die Bewohner der frühen Neuzeit wünschten, baldmöglichst wieder auf festem Boden zu stehen. Am besten sofort, und ohne den Schrecken weiter zu beachten, den der sensible Franzose in so genauen Worten beschworen hatte. Was war zu tun? Wie könnte das am bequemsten geschehen? Vielleicht empfahl es sich, an die Stelle Gottes die Natur zu setzen, um sich anschließend in einen der beiden Abgründe fallen zu lassen. Pascal hatte sie schon mit Namen benannt, das Nichts oder das All. Er fürchtete sich vor beiden Seiten, doch warum Furcht? Wie der Gläubige, der sich Gott anheim gibt und auf ihn sein Vertrauen setzt, so könnte doch nun auch das Nichts oder das All der Gott sein, der alles Vertrauen verdient. Gott ist immer die Wirklichkeit, an die ich mein Herz gehängt habe, und wenn sich das Bild der Wirklichkeit ändert, warum soll ich nicht mein Herz an ein anderes Bild hängen? So der versucherische Gedanke.

Jetzt wäre die Gott-Natur eben das All oder das Nichts. Das Gottesvertrauen auf die Natur gibt es seit Kopernikus in diesen zwei Formen, es sind dies die beiden Möglichkeiten des Atheismus. Als bloße Möglichkeit hat Pascal sie gesehen, deren Wirklichkeiten jedoch kaum, oder nicht viel mehr als die Anfänge. Erst im 19. und 20. Jahrhundert wurde der Atheismus zu einem Massenphänomen, der wie selbstverständlich die Natur an die Stelle Gottes setzte. Die

Grundlage stammt aus der frühen Neuzeit, in der die Wissenschaft mit viel Erfolg ein mechanisches Bild der Natur entworfen hat, die Wirkung zeigt sich Jahrhunderte später.

Erbschaft der Unendlichkeit. Die beiden Abgründe Pascals, die unabsehbar weit auseinander liegen, vereinen sich in dem einen Punkt, die Unendlichkeit Gottes auf neue Weise anzubieten. Nachdem Kopernikus sein Werk getan hatte, schien der Weg frei zu sein, die Unendlichkeit als Nichts oder als All zu verehren und gleichzeitig in Besitz zu nehmen. Die beiden Möglichkeiten sind sinnvoll, denn so oder so läßt sich der Pascalsche Schrecken vermeiden. Das heißt, man *könnte* ihn vermeiden, wenn die Wahl wirklich gelänge und auf Dauer haltbar wäre. Entweder ist der Mensch, so sagt die eine Partei, ein Bündel von Trieben, das aus nichts als Materie besteht; oder er ist, so sagt die andere Partei, ebenfalls zur Schreckensvermeidung, das unendliche All, womit sie ihn ermuntert, sich die Natur im titanischen Lauf zu erobern. Vom 17. bis zum 20. Jahrhundert werden die Programme immer schwindelerregender, um dem Schwindel beim Anblick der Natur zu vermeiden. Oder sagen wir besser, bis zum 21. Jahrhundert. Ich gebe vier titanische und zwei melancholische Beispiele.

Gigantomachie. Francis Bacon verlangte 1620 in England den ›Sieg im Wettlauf der Technik über die Natur‹, er rief zur ›victoria cursus artis super naturam‹ auf.[19] Descartes in Frankreich, auch er zu Anfang der Neuzeit, rief den Menschen als Besitzer und Meister der Natur aus, damit er werde, was er eigentlich doch ist, damals freilich erst ganz wenig war. Er reizte ihn auf, sich als ›Maître et possesseur de la nature‹ zu betrachten, wie er 1637 in seinem ›Discours de la méthode‹ schreibt. Nietzsche in Deutschland eiferte Descartes nach und übertrumpfte ihn zugleich, indem er auf dem Höhepunkt der Epoche, im 19. Jahrhundert, als neues Ziel den Übermenschen proklamierte. Dieser bedroht den Menschen zwar mit Ausrottung, zugleich betäubt er ihn mit dem Angebot ganz neuen Besitztums. Am Ende der Neuzeit empfahl der amerikanische Bestseller-Physiker Tipler, in 50 Milliarden Jahren gleich das ganze Universum zu scheren, (oben S. 143), um dem künftigen Wärmetod zu entgehen. Ist das die Liebe zum Menschenleben? Jedenfalls ist es die Liebe zum eigenen Leben, da solche Siege über die Natur nur etwas für starke Leute sind: Ich will einen vagen Kern von mir am Leben erhalten und mich gegen eine drohend anonyme Macht wehren, die mich namenlos aus der Natur bedroht und mir nach dem Leben trachtet. Dabei war der

Natur lange Zeit die umgekehrte Rolle zugedacht gewesen; sie sollte die Quelle sein, aus der ich das Leben schöpfe. Wieso bedroht sie nun plötzlich mein Leben?

Misanthropie und Mistheopie. Auf der anderen Seite sehen wir die üble Laune wachsen. Ich meine, immer gehen Menschenhaß und Titanismus einträchtig Hand in Hand. Wenn der rhetorischen Gigantomachie die Luft ausgeht, wird sie misanthropisch und bekommt schlechte Stimmung. In dem Augenblick, da das Programm zur Sicherung des Ich in der Natur auf Bedenken stößt, wird es banal, und der Mut sinkt dahin. Es bleibt der Absturz in das dunkle Nichts und die Materie, eben in den anderen Abgrund. Die Misanthropie wächst mit der Gigantomachie auf dem gleichem Holze: Die beiden wohnen als zwei Seelen Wand an Wand in der neuzeitlichen Brust. Misanthropie ist ein griechisches Wort und meint Haß auf den Menschen, was auch zu Selbsthaß werden kann, Haß auf den Nachbarn in der Nähe oder schließlich auf den Fremden in der Ferne. Zu allerletzt kann sie auf den zielen, der all das veranstaltet hat, der seiner Schöpfung mit dem Menschen eine vermeintliche Krone aufsetzen wollte. Dann wird aus der Misanthropie die Mistheosie, der Haß auf Gott.

Um richtig schlechte Laune zu haben, muß man von guter Laune umgeben sein. Der misanthrope Mensch der Neuzeit hatte ein perfektes Bild im Hinterkopf, er stellte sich den Erdenbewohner als ein Wesen vor, das mit der Natur in meisterhafter Verbindung stehen sollte. Die reale Erscheinung des Menschen paßte dann weniger zu dem schönen Bild, das der Optimist entworfen hatte, und nun beginnt der misanthrope Gegenschlag. Im wirklichen Leben ist der Homo sapiens trotz seines Namens öfter dumm als klug, mehr böse als gut, auch sterblich statt immer lebendig, wo es nach dem schönen Bild doch umgekehrt sein sollte. Da dem Misanthropen die nach unten neigende Stellung des Erdenbewohners in der Mitte nicht behagt, schlägt er eine radikale Lösung vor: Auslöschung, Extermination des Erdenbürgers, wenigstens in Gedanken. Entweder ganz nach oben, was schwer genug fällt, oder ganz nach unten, was etwas leichter zu sein scheint. Wie ja auch der Herrgott Zebaoth einige Mal, als er misanthropisch wurde, die Erledigung des Menschengeschlechts im Sinne hatte und Ausrottung befahl. Das muß nicht immer den leiblichen Tod bedeuten, wie ja auch Gott für Noah schließlich die Arche als Rettungskasten und für Israel die Rückführung aus dem Exil bereit hielt, es kann einfach die Aberkennung von Menschsein und

Menschenrecht bedeuten. Ich meine, die Misanthropie der Neuzeit wiederholte den Zorn des alten Gottes, der schnell bereit war, dem Erdenbürger seine Würde abzusprechen, wenn er nicht vollkommen war. **Misanthropie ist enttäuschte Liebe zur Perfektion.** Das belegen die drei Quellen vorzüglich, die wir hier immer zur Hand nehmen: die Erfahrung, das Denken, die Bibel.

Abschaffung des Menschen. Wenn der Misanthrop recht hat, gibt es gute Gründe, das imperfekte Individuum aus dem perfekten Kosmos zu entfernen. Wie gesagt, es muß nicht unbedingt die physische Entfernung sein, es reicht eine Umdefinition des Menschen, die ihm die Sonderstellung in der Natur nimmt. Der Misanthropie folgt auf dem Fuß die Ermunterung zur Beendigung des anthropischen Abenteuers. Wir werden unten (4.1) sehen, wie der Insektenforscher Edward O. Wilson die besondere Stellung des Menschen in der Natur beenden will. Er beschreibt ihn einfach soziobiologisch und erklärt das humane Verhalten mit der Biologie tierischen Lebens. Ausschließlich mit der Biologie! Wenn in einem geläufigen Buchtitel der Mensch zum nackten Affen erklärt wird, so ist auch das eine Abschaffung im Sinne Wilsons und einer ganzen Schar von Biologen und Verhaltensforschern.[20] Das Böse ist dann nicht mehr das Böse, ein Ereignis aus freier Tat, es wird zum sogenannten Bösen, auch ein Titel, der zum geflügelten Wort geworden ist. Taten der Freiheit sind in der Natur unmöglich, jedenfalls nach Ansicht und Wunsch einer ganzen Reihe von Naturforschern.[21]

Schatten des Fortschritts. Die Misanthropie ist der Schatten des Fortschritts. Der Titan auf dem Weg zum Olymp verdüstert sein Gemüt, wenn er auf Widerstand trifft. Nehmen wir den deutschen Philosophen Arthur Schopenhauer (1788–1860). Mitten im fortschrittlichen 19. Jahrhundert warf er seinen Schatten auf alles, was ihm als Leben begegnete. Den Menschen sah dieser begüterte Kaufmannssohn aus Danzig als Geburtsfehler des Seins an. Der strebende, für sein Glück kämpfende Erdenbürger war nach ihm aus einer falschen Vorstellung von der Welt entsprungen, die auch seinen Willen falsch geprägt hatte. In seinem Hauptwerk ›Die Welt als Wille und Vorstellung‹ von 1819 spürt er diesen Willen auf, um ihn als Illusion zerplatzen zu lassen. Schopenhauer predigte die Erlösung des Lebens durch das Erlöschen der Sehnsucht nach dem Leben. Im misanthropischen Bild vom Menschen konnte er sich nicht genug damit tun, die menschliche Existenz zu hecheln, sie grau in grau zu malen, sie zu verschreien als eine Art Bubenlaster der Natur. In einer Karikatur mit dem Namen ›Die Stachelschweine‹ geißelt er angewidert das Leben: ›So treibt das Bedürfnis der Gesellschaft, aus der Leere und Monotonie des eigenen Innern entsprungen, die Menschen zueinander; aber ihre vielen widerwärtigen Eigenschaften und unerträglichen Fehler stoßen sie wieder voneinander ab.‹

Der Menschenhaß ist kein Abfallprodukt allein des neueren Zeitgeistes, es gibt ihn in dünnerer Form zu allen Zeiten, eben um so viel verwässerter, als frühere Zeitalter weniger Gelegenheit hatten, statt des Nichts das All als Ziel zu wählen. Träume in diese Richtung gab es schon immer, sie liegen im Menschen bereit, seitdem er sich, wenn auch nur fingerbreit, über die Natur erhoben hat. Selbst aus frühester Zeit kennen wir Beispiele, doch nur die Neuzeit wußte auch die technischen Mittel bereit zustellen, um der Idee von der Unsterblichkeit in der Natur, von Allmacht und Überblick einen Hauch der Realisierbarkeit zu verschaffen. Von dem antiken Dramatiker Menandros aus dem vierten Jahrhundert vor Christus stammt ein Stück namens ›Dyskolos‹, was eben auf deutsch ›Der Griesgram‹ oder ›Der Menschenfeind‹ heißt. Es gibt eben nicht nur Molière in der frühen Neuzeit mit seinem berühmten ›Le Misanthrope‹, obwohl er uns näher steht und uns sein Gram verständlicher ist. Der Idealist und Menschenfeind Alceste erhebt für sich den Anspruch, ohne Heuchelei zu leben. Trotz seiner adeligen Herkunft zelebriert er seine Freiheit gegenüber dem Hof des Sonnenkönigs in Versailles und will keine Kompromisse eingehen – um der Wahrhaftigkeit willen. Alceste wollte nicht antichambrieren, doch weil er nicht reich und mächtig genug war, weil er nur wähnte, auf einflußreiche Beziehungen verzichten zu können, vor allem auch, weil ihm keine seelischen Ersatzvorräte zur Verfügung standen, verfiel er dem Schopenhauer-Syndrom und wünschte sich selbst und seinem Geschlecht die Nicht-Existenz an den Hals. ›So drückt Schopenhauer doch die tatsächliche Lage genau aus; wer aus dem Himmel des absoluten Geistes in die Wirklichkeit gestürzt war, mußte der Verzweiflung anheimfallen.‹[22] Ich meine, Misanthropie ist eine Form des Atheismus, eine abgründige Trauer über den mangelnden Ernst des Daseins, weil das Leben dem Überblick zuwider läuft. Das verbindet sogar den literarischen Misanthropen Alceste mit dem philosophischen Misanthropen Schopenhauer.

Was zunächst gar nicht möglich erscheint, nämlich bei diesem Philosophen eine Bindung an die Physik zwecks Überblick zu finden, weil er fern aller exakten Wissenschaft gelebt hat, wird durch genaueres Hinschauen zur schönen Erkenntnis. Eine erprobte Methode, die sich hier bestätigt: Man findet nur, was man schon weiß. Unsere These feiert ihre geheimen Erfolge in den Querstollen seines Werkes. Im zweiten Buch der Hauptschrift ›Die Welt als Wille und Vorstellung‹ ist plötzlich von Elektrizität und Schwerkraft die Rede, obwohl doch dieser erste Buddhist Europas, wie er sich nannte, den Durst nach Leben als blinde Vorstellung austrocknen wollte. Was hat die Erlösung vom Leben mit der Physik zu tun? Warum fällt er mit einer Plumpheit wie einst Rousseau aus dem Glauben an den Geist in den Glauben an die blinde Natur zurück?

Mechanik bei Schopenhauer. Jedenfalls richtet er sein System nach den beiden Naturkräften Elektrizität und Gravitation aus. Sie sollen nach seiner Meinung, eben weil das die Meinung der Epoche war, die grundlegenden Kräfte des Willens sein. Eine gute und brauchbare Meinung, wenn alle Wirklichkeit bloße Natur wäre! Folglich fügt er dem zweiten Buch seines Hauptwerks den Untertitel an: ›Die Objektivation des Willens‹. Eigentliche Erklärungskraft, verkündet er, haben ›alle die Zweige der Naturwissenschaft, welchen die Erkenntnis der Ursache und Wirkung überall die Hauptsache ist: diese lehren, wie gemäß einer unfehlbaren Regel auf einen Zustand der Materie notwendig ein bestimmter anderer folgt; wie eine bestimmte Veränderung notwendig eine andere bestimmte bedingt und herbeiführt: welche Nachweisung *Erklärung* genannt wird. Hier finden wir nun hauptsächlich Mechanik, Physik, Chemie, Physiologie.‹[23]

Das Zauberwort der Neuzeit ist gefallen und geht allem Denken voran: die Mechanik. Sie ist auch 1819 das große Versprechen des Überblicks. Schopenhauer steht in ihrem Bann, obwohl er in seinem Leben wohl keine einzige Differentialgleichung gelöst hat, um die Bahn eines Körpers zu berechnen. Alle Vorsicht, die er bei Kant hätte lernen können, weist er mit überlegener Geste zurück. Er widerspricht Kant direkt: Das Ding an sich mag vielleicht unbegreifbar sein, doch für unerfahrbar will er es nicht halten. Wegen des Überblicks, den die Mechanik verspricht, stimmt Schopenhauer einen Lobgesang auf die natürliche Notwendigkeit an, die mit unfehlbarer Regel die Ursache mit der Wirkung verbindet. Verbinden könnte, sagen wir aus Vorsicht! Wenn eine solche Notwendigkeit in der materiellen Natur verwirklicht wäre! Immanuel Kant hatte vor den Dingen an sich gewarnt, weil er voraussetzungsloses Erkennen für unmöglich hielt. Schopenhauer wußte von der Warnung, er nennt sie beim Namen, um sie dann souverän in den Wind zu schlagen.

Das Verlangen nach einem vollständigen metaphysischen System, nach einem Weltbild, das dem Ich die Erlösung verspricht, war einfach zu groß.

Das klingt in unseren Ohren bedenklich. Es macht den Privatgelehrten in Frankfurt zwar zu einem erstklassigen Zeugen für den Traum der Mechanik, läßt ihn aber als Denker ein oder zwei Klassen unter Kant rutschen. Schon das Wort Objektivation hätte ihn stutzig machen sollen. Zumindest hätte er bei Kant lernen können, wo der Wille nur zu Hause sein kann, nämlich im Subjekt. Wer Subjekt und Objekt unterscheidet, hat schon den Willen auf die Seite des Subjektes gebracht, – außer er steht unter dem enormen Druck eines Zeitalters, das alle Wirklichkeit für Natur, und zwar für mechanische Natur halten will. Man reibt sich 200 Jahre später verwundert die Augen. Wenn damals nicht Kant gelebt hätte, könnten wir den Idealismus von Fichte bis Hegel und auch den Pessimismus Schopenhauers sowie das ganze mechanische Denkwesen seit Bacon und Descartes für entschuldbar halten. Doch es gibt nun einmal Kant, es gibt den singulären Mut, wie übrigens auch bei Sokrates, mit welcher er der Versuchung widerstanden hat, die Wirklichkeit für auslotbar zu halten durch seine eigene begriffliche Erkenntnis. Die Versuchung gibt es in jedem Zeitalter, an Programmen hat es nie gefehlt, doch die Wirklichkeit hat sich immer gleich nah und gleich fern gehalten. Ein schöner Triumph des Dings an sich, das wirklich ist und sich durch keinen Begriff erfassen läßt. Der Glaube, man habe den Überblick gefunden oder sei ihm nahe oder auch nur, man komme ihm immer näher, ist eine süße Lust, die einen Denker unwiderstehlich in den Bann zieht, vielleicht die süßeste, die das Leben zu bieten hat. Dieser benebelnden Wolke, die direkt unbemerkbar ist, nicht widerstanden zu haben, ist deshalb auch wieder mit der Schwäche und Sündigkeit der menschlichen Natur entschuldbar, wenigstens ist sie erklärbar.

Anaxagoras. Jedenfalls sind wir bei Schopenhauer auf einen Zusammenhang gestoßen, der nach verlockendem Überblick ausschaut. Wir sollten die Parallelen noch etwas weiter ausziehen und dabei, aus Vorsicht vor der Verführung, auf die Grenzen unserer Wahrnehmung achten. Es gibt die Misanthropie als Folgeprodukt des Atheismus nicht nur in der Neuzeit, sondern überall dort, wo der Überblick über die Wirklichkeit erhofft ist. Die misanthropische Abschaffung des Menschen ist dann die Folge des Überblicks, genauer des Traumes vom Überblick, wie wir kaum mehr betonen müssen; denn real hat es den Überblick durch die Wissenschaft immer nur lokal gegeben. Der Zusammenhang läßt sich historisch wie denkerisch belegen. Ich nehme ein wenig bekanntes, doch schlagendes Beispiel, den Athener Philosophen Anaxagoras, der für beides steht, die Historie und das Denken.

Dieser Anaxagoras lebte im Athen des 5. Jahrhunderts vor Christus. Er ist ein schönes Muster für den Titanismus des Überblicks, der prompt zum Atheismus führt. Er lehrte in frühwissenschaftlicher Sicht: Alles ist Vernunft. Genauer sprach er vom Nous, der alle Dinge leiten soll. Es gibt die berühmte Geschichte, wie der blutjunge Sokrates sich von dem Mann und seinem Programm einnehmen ließ. Allerdings ist Sokrates der Schwäche dieses Denkens bald auf die Schliche gekommen und hatte nach seiner Abkehr noch Lebenszeit genug, gegen Anaxagoras die Philosophie zu erfinden. Philosophie ist zwar auch die Liebe zur Vernunft, sie behauptet jedoch nicht, die Vernunft schon zu besitzen, wie Anaxagoras das tun mußte. Der Todesdialog ›Phaidon‹ berichtet von der frühen Begeisterung des Sokrates für Anaxagoras wie auch von seiner baldigen Enttäuschung. Historisch und von der Sache her erscheint die platonische Darstellung einleuchtend.[24]

Recht und Unrecht. Natürlich ist das Programm bei Anaxagoras und anderen Vorsokratikern nur Vorsatz geblieben; die Erklärungskraft des Nous sollte in der Neuzeit ganz andere Triumphe feiern als in der Antike. Bis auf einen einzigen Punkt! Da verkündete Anaxagoras den verblüfften Athenern, die Sonne sei bloß ein Stein, sogar größer als der Peloponnes, was der erste Blick auf Sonne und den Peloponnes nicht hergibt. Nur eben göttlich, wie sie bisher gemeint hatten, sollte die Sonne keineswegs sein. Bei aller Toleranz in der damals freiesten Stadt der Welt mochten die Bürger diese Meinung doch nicht hören. Sie klagten den Anaxagoras des Atheismus an und vertrieben ihn aus ihren Mauern. Eine pikante Note erhält die Geschichte durch die Verteilung von Recht und Unrecht. An sich ist, wie wir heute wissen, die Sonne ein anorganisches Gemisch aus Wasserstoff und Helium, ähnelt also mehr dem Stein als einem lebendigen göttlichen Wesen. Im Fall der Sonne hat Anaxagoras also recht gehabt. Wie auch die Wissenschaft der Neuzeit in vielen Fällen gegen die Metaphysik und die Religion recht gehabt hat, wenn sie an die Stelle von Mythen und Symbolen eine reale Erklärung der Wirklichkeit setzte! Der Nous, die Ratio, die Vernunft oder das neuzeitliche Naturgesetz, sie können eben sehr viel erklären. Ich nenne es das

Ergreifen der Dinge. Nur können sie eben nicht alle Wirklichkeit ergreifen, weil nicht alle Wirklichkeit bloße Natur ist. Das hatte sehr früh Sokrates gesehen, und das hat in der Neuzeit erst wieder die Wissenschaft des 20. Jahrhunderts gesehen, oder jedenfalls diejenigen Naturforscher, die keine Angst vor dem hatten, was sie zu sehen bekamen. Damit wäre auch Anaxagoras ein Beleg für die Einsicht, nach welcher der Überblick, der in der Neuzeit die Mechanik hieß, zu allen Zeiten die wesentliche Quelle des Atheismus war.

Gründe und Ursachen. Die Erklärung des Anaxagoras gerät an derjenigen Stelle ins Taumeln, wo sie auf die Ethik trifft, also auf Freiheit und Verantwortung, auf die Person des Menschen und ihr Handeln. **Die Götterabschaffung des Anaxagoras ist eben auch eine Menschenabschaffung.** Wenn die Theorie etwas sagen soll zu dem, was nicht mit der Vernunft objektivierbar ist, greift sie daneben und wird unsinnig. Sokrates zeigt, was dabei geschieht. Er selbst macht sich, ein paar Stunden vor seinem Tod, mit dem er ganz einverstanden ist, über seine Jugendsünde lustig. Mir schien es früher einmal, so redet er im Gefängnis seine Freunde an, als wenn jemand gesagt hätte: ›Sokrates tut alles, was er tut, mit Vernunft.‹ Dann aber, wenn er sich daran macht, die Gründe aufzuführen, warum er, Sokrates, noch immer im Gefängnis sitze und nicht weggelaufen sei, obwohl die Athener seine Tür jede Nacht sperrangelweit offen ließen, dann hat Anaxagoras nur eines zu bieten: Der Leib des Sokrates besteht aus Knochen und Sehnen, und die eben haben sich nicht in Bewegung gesetzt. Für Sokrates aber gilt: ›Beim Hunde, schon lange, so glaube ich wenigstens, befänden sich diese Sehnen und Knochen, durch die Vorstellung des Besseren in Bewegung gesetzt, in Megara oder bei den Boiotiern, hätte ich es nicht für gerechter und schöner gehalten, statt zu fliehen und davon zu gehen, lieber für den Staat die Strafe zu büßen, die er angeordnet hat.‹[25] Zu den Gründen, die Sokrates von innen her bewegen, zu seiner Bereitschaft, in Athen die Strafe zu erleiden, Wissenschaften Anaxagoras und die späteren Naturforscher wenig zu sagen. Gründe wollen sie nur als Ursachen gelten lassen, die sich objektivieren lassen. Wie kann jedoch die Bereitschaft, stellvertretende Buße für den Staat zu leisten, objektiviert werden? Gründe gehören zur Subjektivität und zur Freiheit, Ursachen zur Objektivität und zum Naturgesetz. Wie sich die beiden zueinander verhalten, ist schwer zu sagen. Doch die Gründe einfach zugunsten der Ursachen zu streichen, ist allzu bequem und einfallslos; es ist die Abschaffung des Sokrates und des Menschen, weil es die Abschaffung der

Freiheit ist. Die versuchte Abschaffung, sagen wir aus Vorsicht! **Gott, Mensch, Freiheit bestehen zusammen, oder sie gehen gemeinsam zugrunde.**[26]

Schlupfloch in der Mechanik. Ich stelle jetzt einfach eine Reihe von Gestalten der Neuzeit dar, in denen sich die Meinung festgesetzt hatte, das mechanische Weltbild sei die zutreffende Deutung der Wirklichkeit, damit wir uns die Wirkung ansehen können. Diese Reihe von Betrachtungen wird unsere Einsicht verfeinern. Wenn das Bewußtsein vom Sein das Bewußtsein prägt, dann ist das Titanismus; wenn dagegen das Sein des Bewußtseins das Sein prägt, begegnen wir der Vorsicht des Sokrates und später Kants, die dieses Denken zum Leben erweckt haben. Nicht alle, die von der Mechanik der Wirklichkeit überzeugt waren, wurden Atheisten, doch insofern sie davor zurückschreckten, hatten sie ein Schlupfloch gefunden, um den Konsequenzen zu entgehen.

Der Nolaner. Wir beginnen mit Giordano Bruno aus Nola (1548–1600), der ziemlich unmittelbar durch Kopernikus zum Mechaniker und Atheisten geworden ist. Er war nicht auf der Suche nach einem Schlupfloch, er war vielmehr begeistert von der neuen Botschaft, nach der jetzt alle Schlupflöcher, die aus der Natur hätten herausführen können, verstopft waren. Kaum hatte er, der Dominikaner und Priester, vom neuen Weltsystem aus dem Jahr 1543 (oben S. 47) gehört, gab er seine geistigen Überzeugungen auf und legte sein geistliches Amt nieder. Wir können ihm statt Atheismus auch Pantheismus bescheinigen, das bleibt sich gleich. Wer Gott und Natur gleichsetzt, versenkt den Sinn des Gottesgedankens in einem Wust von Worten. Wenn dagegen die Natur die ergreifbare Wirklichkeit ist, und Gott die ergreifende bleibt, verbietet sich die Gleichsetzung. Höchstens entsteht die Frage, und das wäre dann die Gottesfrage: Was ist die ergreifbare, was ist die nicht ergreifbare Wirklichkeit? Und ist die Grenze zwischen beiden Bereichen verschiebbar? Jedenfalls eindeutig wird Bruno bei der Abschaffung des Menschen. Er schreibt im Jahr 1584: ›Dem Verhältnis, dem Gleichnis, der Vereinigung und Identität mit dem Unendlichen näherst du dich nicht mehr, indem du Mensch bist, als wenn du Ameise, nicht mehr wenn du Stern, als wenn du Mensch bist: denn jenem Sein rückst du nicht näher, wenn du Sonne oder Mond, als wenn du Mensch oder Ameise bist; und deshalb sind diese Dinge im Unendlichen ununterschieden.‹[27] Deshalb hielt er auch die Welt für unendlich, um sich diesen Ununterschiedenheitsblick erlauben zu können.

Weil Bruno vom Gravitationsgesetz noch nichts wußte, nannte er das Universum einen Organismus, obwohl er schon ganz mechanisch fühlte. Er schließt die Freiheit und den Geist aus, damit Philosophie und Theologie zu existieren aufhören, worauf man auch wirklich verzichten kann, wenn die Gott-Natur, das Unendliche, durch Forschung vollständig erkennbar wäre.

Gefühlte Unendlichkeit. Wie sehr Bruno von Kopernikus abhängt, läßt sich durch eine Sammelbemerkung aus der Literatur belegen. ›Giordanos *Aschermittwochmahl* präsentiert das ganze Instrumentarium der Behelfe, die den Ertrag des Kopernikanismus im Handstreich nehmen und die Arbeit eines weiteren Jahrhunderts zu ersparen verspechen.‹[28] Die hier genannte Schrift aus der Feder Brunos stammt ebenfalls aus dem Jahr 1584. Noch bevor nördlich der Alpen etwa Rothmann 1586 oder Tycho Brahe 1587 die alten Planetensphären abschafften, schritt Bruno zur Tat und machte die Physik zu einem Instrument seiner Metaphysik. Ohne Sphären tut sich ein riesiges Weltall auf: Die Sterne müssen sehr weit entfernt sein, da auf der Erde ihre Bewegungen damals nicht zu erkennen waren. Jedenfalls mußten noch drei Jahrhunderte vergehen, bis die ersten Sternbewegungen meßbar wurden. Zurecht nahm Bruno den Weltenraum als ›riesig‹ an, dachte ihn sich aber sogleich als ›unendlich‹ und verwandelte so die neue Physik in Metaphysik. Zusätzlich füllte er den Raum mit einer feinen Substanz an, die er reine Luft, Äther oder sogar Geist nannte, um so dem Heiligen Geist in der Natur einen Platz anzuweisen. Der Äther ist eine Lieblingsvorstellung der Mechanik, bis sich 1887 diese feine Luft von selbst in Luft auflöste (oben S. 79). Natürlich sprach Bruno von Gott, mit Vorliebe sogar, denn durch Kopernikus fühlte er sich dem Göttlichen so nahe wie niemals zuvor. Was ihm die Kirche vergeblich zu vermitteln versucht hatte, das fühlte er jetzt unmittelbar gegenwärtig: Mensch und Ameise sind in der Unendlichkeit der Gott-Natur ununterscheidbar geworden. Auf der Erde, wie am Himmel, in der Luft, im Kalten, Warmen, Feuchten, an allen Orten war ihm Gott eine fühlbare Gegenwart geworden, es gab kein Oben und kein Unten mehr, denn in Gott ist alles austauschbar und alles eins. Gott ist die unendlich wirkende Natur.

Unendlichkeit in der Natur? Im Mittelpunkt seines Denkens, sagen wir besser, seines Fühlens, steht die Annahme, das Universum sei unendlich. Das meint die quantitative Unendlichkeit von Raum und Zeit, die grenzenlose Erstreckung, der mit keiner Einzelzahl beizukommen ist. Das meint auch die qualitative Unendlichkeit, nach der die kleinste wie die größte Welt überall die gleiche göttliche Fülle zeigt. Zu natürlichen Feinden Brunos wurden sofort die scholastischen Philosophen und Theologen, denen er mit einigem Recht vorwarf, in ihrem abstrakten Aristotelismus für die neuen Blicke zu den Sternen und für die neuen Meßgeräte wie das Fernrohr kein Auge zu haben. Was den vorsichtigen Pascal in Angst und Schrecken versetzte, das wurde von Bruno enthusiastisch begrüßt: das unendliche All. Der Jubel wird verständlich, wenn wir den Menschen nicht mehr in Spannung, sondern reinweg als Teil der Natur verstehen. Doch eben hier haben sowohl Bruno wie Pascal zu kurz geschlossen, weil ihre Physik mechanisch und deshalb verkürzt, also ihre Vermutung über den Aufbau der Natur auf Dauer nicht haltbar war. **Weder im Großen noch im Kleinen der Natur findet sich die Unendlichkeit.** Wie das Motto über unserem dritten Kapitel besagt: Das 20. Jahrhundert hat in Astronomie und Physik an der Unendlichkeit der Welt zu zweifeln begonnen. Weder in der ängstlichen Furcht noch in der vermessenen Hoffnung leistet die Unendlichkeit das, was die Vorkämpfer der Neuzeit in ihr gesehen hatten. Ganz einfach, weil es in der Natur keine Unendlichkeit gibt.

Wenn wir die Erweiterung in Zehnerpotenzen ausdrücken wollen, können wir sagen: Pascal und Bruno vor vier Jahrhunderten kannten die Welt nach der Alltagserfahrung und ein bißchen darüber hinaus. Das mögen ein Zehntel Millimeter im Kleinen und zehntausend Kilometer im Großen gewesen sein, also in Zentimetern ausgedrückt wären das die Zahlen 10^{--2} bis 10^{9}. Dazwischen lagen also elf Zehnerpotenzen. Da hat sich natürlich bis heute eine Menge getan, was die beiden zu Anfang der Neuzeit nicht wissen konnten. Dennoch scheint es nicht sinnvoll zu sein, wie die Messungen zeigen, von einer Größe in der Natur zu sprechen, die kleiner als 10^{--45} und größer als 10^{45} Zentimeter ist, weil sich kleinere Größen wegen der Unbestimmtheitsrelation nicht messen lassen und weil das Universum ein bestimmtes endliches Volumen hat. In der Natur gibt es weder das Nichts noch die Unendlichkeit. Was hätte Pascal mit seiner Furcht gemacht, wenn er das gewußt hätte? Und was Bruno mit seiner Lust am Unendlichen?

Neue Formel. Dennoch ging die Geschichte zunächst den atheistischen Weg weiter, eben weil die Hoffnung nicht ganz unbegründet war, die Unendlichkeit sei in der Natur zu finden. Erst im späten zwanzigsten Jahrhundert begann die Erkenntnis des Mottos zu dämmern, begann also der Zweifel an der Unendlichkeit. Zunächst einmal kam, in der Mitte der Neuzeit, die Formel ›Gott ist tot‹ auf, in einer merkwürdigen Weise übrigens, da sie aus dem Zentrum des christlichen Glaubens geboren wurde, aus der Inkarnation, um eben dieses Zentrum zu zerstören. Werden wir das verstehen? Werden wir das als neuen Beitrag zu dem werten können, ›was an den Leiden Christi noch fehlt‹? (Kol 1,24)

Georg Friedrich Wilhelm Hegel (1770–1831) hat das Wort, nach dem ›Gott selbst tot ist‹, aus der Theologie in die Philosophie geholt, von wo es in die Wissenschaft und in den Alltag übergegangen ist. Genauer gesagt, er hat es einem Liederbuch entnommen. Von dort ist es in die säkulare Welt gelangt und zum Gegenteil dessen geworden, was es als Karfreitagslied bedeuten wollte. Im Lied drückte es den Willen zur Ergebenheit in Gott aus, in der Philosophie schließlich den Willen zur Gottwerdung im Triumph über die Natur. Wie konnte es in sein Gegenteil umschlagen?

Herkunft der Formel. Die Vorgeschichte des dunklen Wortes liegt also in der Theologie, genauer gesagt in der Liturgie. Hegel teilt seinen Hörern in den späten Berliner ›Vorlesungen über die Philosophie der Religion‹ mit, woher er das Wort genommen hat. Es entstammt einem Kirchenlied, das nicht unmittelbar aus der Feder Martin Luthers geflossen ist, das dennoch seinen Geist atmet. Es ist die protestantische Neudichtung eines ursprünglich katholischen Liedes, das erstmals 1628 in Würzburg nachweisbar ist, des Liedes ›O Traurigkeit, o Herzeleid‹. Es stammt von Friedrich von Spee. In der zweiten Strophe heißt es dort im Original:

›O höchstes Gut, unschuldigs Blut!
Wer hätt' dies mögen denken,
weil der Mensch sein' Schöpfer sollt
an das Kreuz aufhenken.‹

Wenn die Sprache hier mit einem Paradox spielt und den Hörer stutzen läßt, so wird das Ziel erreicht. Die Formulierung ist eben gerade noch korrekt. Um ein Haar! Wenn der Grundsatz gültig ist, nach dem alle Werke Gottes nach außen einem einheitlichen Willen Gottes entspringen, so ist Christus, insofern er Gott ist, der Schöpfer der Welt. Insofern er Mensch ist, kann Gott sogar ans Kreuz gehängt und getötet werden. Das kann mit einem unsterblichen Gott gewöhnlich nicht geschehen, das Wort verbietet es. Diese feinsinnigen Unterscheidungen fehlen im Liede Spees nicht ganz, gerade dadurch erzeugt er die Paradoxie, die zwischen Begreifen und Ergriffensein auf den Weg Gottes führen will.

Paradox oder Widerspruch. Das Paradox ist ein falscher Schein, der die falschen Anscheine des Alltags ins Wanken bringt. Durch genaues Hinschauen kann die Auflösung gelingen. Ein Widerspruch dagegen ist eine gesteigerte Paradoxie, weil in diesem Falle der Anschein selbst Realität gewinnt und nicht mehr aufgelöst werden kann. In einer Nachdichtung von Johannes Rist aus dem Jahre 1641 wird die Paradoxie zum Widerspruch gesteigert:

›O große Not! Gott selbst liegt tot.
Am Kreuz ist er gestorben;
hat dadurch das Himmelreich
uns aus Lieb erworben.‹

Die Steigerung ›Gott selbst liegt tot‹ wurde damals durchaus als Ärgernis gefühlt und war umstritten. Ein anderes lutherisches Gesangbuch der Zeit bevorzugte die Lesart: ›Der Herr ist tot.‹ Hegel allerdings hielt sich an die gesteigerte Version, denn nur so konnte er den Karfreitag in seine philosophische Spekulation einbeziehen. Wenn Gott selbst tot liegt, dann ist das ein Widerspruch in sich selbst, eine *Contradictio in adiecto*, die nach dem Gebrauch des Wortes unmöglich ist. Die eben brauchte er. Es ist, wie wenn einer sagen würde: Das Gerade ist das Ungerade, der Tod ist das Leben, das All ist das Nichts. Das sind sehr schöne Sätze, bei denen sich alles oder nichts denken läßt.

Also ist der Tod Gottes auf den ersten Blick so etwas wie ein ekkiger Kreis oder eine gerade Primzahl größer als zwei. Allerdings, wenn man sagt, das Leben ist tot, so kann das richtig oder falsch verstanden werden. Eine notwendige Eigenschaft des Lebens ist es, zu leben, sonst haben wir kein Leben vor uns. Doch wenn das Leben nur einen partikularen Begriff meint, so kann ein Lebewesen natürlich zu der einen Zeit leben und zu der anderen tot sein. Aus diesem Grunde hat Hegel den Widerspruch begrüßt und ihn für grundlegender gehalten als die Identität.

Der neue Karfreitag. Der Gebrauch, den Hegel im System seiner Wissenschaft vom Tode Gottes macht, ist in seinem äußeren Zweck schnell eingesehen. Seine Schrift ›Glauben und Wissen‹ aus dem Jahre 1802 endet mit dem Tode Gottes. Jedenfalls verwendet Hegel das Wort vom Tode Gottes, um den Karfreitag, der einstmals historisch war, nun ins Denken zu holen. Der Tod Christi ist nach Hegel zunächst einmal ein zufälliges Ereignis in Raum und Zeit; die Zufälligkeit will Hegel im Denken ablegen und mit dem Ereignis den notwendigen Gang der Geschichte bestimmen. Die Aufklärung hat nach Hegel einen Pyrrhus-Sieg über die Religion errungen, weil sie nur eine halbe Aufklärung war, weil sie nur gemeint hatte, die Wirklichkeit voll und ganz in den Begriff bringen zu können. Sie hat den Sinn der Geschichte verfehlt, der im Kreuz Christi ansichtig wird, nämlich den Widerspruch in der Welt, der bis aufs Blut geht. Deshalb ist sie, die Aufklärung, wie in der Französischen Revolution ansichtig geworden, so furchtbar entartet. Sie hatte zu sehr auf sich selbst und ihre moralischen Kräfte vertraut, um nicht mehr auf die göttliche Hilfe und Gnade angewiesen zu sein. Habe Mut, selbst zu denken und selbst zu handeln, war ihr Wahlspruch gewesen! Das richtete sich zunächst gegen die Kirche, die es unternommen hatte, von außen in das Gewissen zu reden; dann auch gegen Christus selbst, von dem belehren und sich erlösen zu lassen, Verfremdung gegen das Eigenrecht sei, wie auch schließlich gegen Gott, der sich jeden Handelns zu enthalten hatte, damit er die Kreise des Menschen nicht stört, wie schon Descartes in seiner ›Abhandlung über die Welt‹ gefordert hatte (oben S. 33). Mit diesem Ideal ist der Gott der Aufklärung ein ferner und blasser Gott geworden, nicht der handelnde Gott des Glaubens, der die Welt erschaffen, in Christus neu erschaffen und im Heiligen Geist jeden Menschen zur Neuschöpfung gerufen hat. **Der Gott der Aufklärung ist die Vernunft des Menschen.** Zwar glaubten die Aufklärer an ein Bild von sich selbst, das sie mit dem Worte Gott belegten, und sie gebrauchten dieses Wort auch unaufhörlich, weil sie an Seele, Gott und Unsterblichkeit glauben wollten. Die vernünftigen Verehrer Gottes im 18. Jahrhundert waren überzeugt, das Gottesbild endlich von allem orientalischem Beiwerk gereinigt und ins helle Licht der Vernunft gerückt zu haben. Doch das Ergebnis war nach der Französischen Revolution das dumpfe Gefühl, dieser vernunftgereinigte Gott sei tot und wate durch das Blut seiner eigenen Enthauptung.

Philosophie der Versöhnung. Hegel bejaht nun dieses dunkle Gefühl, wie er immer alles bejaht, was er als Wirklichkeit in der Geschichte antrifft. Seine Leistung mutet phantastisch an: Er hat aus einem Gedankenblitz über den Karfreitag einen präzisen Gedanken gemacht. Aufklärung und Christentum sind allein deshalb zu Feinden geworden, weil sie sich beide nur verkürzt wahrgenommen haben. Die wahre Religion ist im Christentum bisher nur verschwommen gefühlt oder geahnt worden, sagt er, sie ist angeschaut worden ohne genügende Erkenntnis. Es hat ja immer nur Andachten zum Andenken Christi gegeben, kein Denken Christi selbst. Deshalb wußten die Christen mit dem Tode Christi, der doch das eigentliche Werkzeug der Erlösung ist, und mit dem Handeln Gottes durch dieses Werkzeug, nichts Rechtes anzufangen. Das soll jetzt anders werden, nämlich durch das Denken selbst und durch die Hegelsche Philosophie.

Die Aufklärung umgekehrt hatte sich zwar zur Kritik der Religion aufgeschwungen und war zum Kampf gegen das Christentum übergegangen, doch sie erblindete in ihrem Eifer. Die Vernunft selbst hat Gott den Tod bereitet, weil sie ihm durch falsche Vernünftigkeit ein falsches Leben einhauchen wollte, und damit hat der Mensch sich selbst den Tod gegeben. Mit unlebendiger Vernunft kann man eben das Leben nicht wahrnehmen. Starr und leer wird das Weltall, wenn Gott nur die Vernunft der Vernunft ist, die sich an der Mechanik des Überblicks orientiert. Dann sind beide tot, Gott und der Mensch, auch wenn man zugleich vernunftgemäß an Gott, Seele und Unsterblichkeit glauben will. Zurecht hat nach Hegel die Aufklärung die orientalischen und mythischen Geschichten des Christentums kritisiert, die es wie einen ausgebrannten vergilbten Kranz von Kerzen mit sich führe, ohne doch das Licht zu schauen, das damit einst verbunden war. Was bedeuten schon der Tod des Gottessohnes und seine Auferstehung für den Normalchristen oder den aufgeklärten Menschen, fragt Hegel? Normalerweise nichts. Was bedeuten die drei großen Mysterien dem modernen Bewußtsein: Trinität, Inkarnation, Geistsendung? Sie überschreiten bei weitem die Identitätsgrenzen der Vernunft. Doch so erst dienen sie nach Hegel dem Leben und machen Erlösung möglich. Christentum und Aufklärung haben sich bisher wie feindliche Brüder verhalten und entsprechend bekämpft, doch das macht am Ende beide verdächtig, weil sie damit zeigen, wie wenig sie sich selbst verstehen. Auch das soll jetzt anders werden.

Die Gestalten der Religion entstehen und vergehen, weil sie nur endliche Verwirklichungen des ewigen, unendlichen Geistes Gottes sind. Auch die Aufklärung ist nur eine neue Art von Religion. Deshalb der Bruderkonflikt, in dem der Splitter im Auge des anderen zum Balken im eigenen Auge werden muß! Dies ist der Tod Christi am Kreuz. So fordert Hegel, die negativen Seiten der Aufklärung noch einmal zu negieren, um in der Verneinung der Verneinung beide Anliegen besser fortzuführen und klarer als bisher zutage treten zu lassen. Die Philosophie, sagt Hegel, mußte begreifen, was in der offenbaren Religion geschehen war, als der Himmel von sich aus auf die Erde gekommen ist. ›Die Philosophie mußte Christentum und Aufklärung miteinander versöhnen. Dazu brauchte und gebrauchte sie das dunkle Wort vom Tode Gottes.‹[29]

Hegels Unvorsicht. Gott ist tot? Selbst die Religion, aus der dieses dunkle Wort stammt, bestätigt diesen Tod – nur auf etwas andere Weise als die titanische Philosophie gemeint hatte, nämlich auf endliche Weise. Sie liefert historisch gesehen mit dem Karfreitag sogar das Stichwort, das der Philosoph vielleicht zu leichtfertig in das Denken der Gesamtgeschichte aufgenommen hat. Was einstmals historisch war, daran hat er sich spekulativ versucht, doch womöglich auch vergriffen. Der Fehler Hegels ist die Unvorsicht, die Verwechslung von Endlichkeit und Unendlichkeit, eben die allgemeine Krankheit der Neuzeit. Alles Leben und Denken in der Natur ist in Wahrheit doch wohl endlich. Der schwerste Gedanke ist die Endlichkeit, die viel schwerer zu denken ist als die Unendlichkeit, die keiner Balance bedürftig ist und bequem in sich selber ruht. Das endliche Leben ist ausgestreckt zwischen zwei Polen in der Natur, zwischen dem Nichts und dem All, die großen, doch meßbaren Abstand haben, also nicht ganz das Nichts und das All sind. Dazwischen gibt es einen Prozeß, der in der Zeit ewig erscheint, doch deshalb gerade nicht ewig ist, weil keine endliche Gestalt die Unendlichkeit beerben kann.

Den Tod kennen wir, der zu neuem Leben führt. Das beginnt in der Natur, wenn der große Pan am Mittag schläft, wenn im Winter die Natur das Leben einstellt, oder wenn das Weizenkorn in die Erde fällt und stirbt, worauf das Leben neu beginnt. Die Philosophie, der Hegel die Aufgabe zuwiesen hatte, Christentum und Aufklärung miteinander zu versöhnen, ist sein eigenes Denken, und in diesem Sinne steht wirklich bei ihm die gesamte Philosophie unter dem Wort vom Tode Gottes.

3.3 Zwischen Tier und Übermensch

Unbehagliche Freiheit. Weit mehr als Hegel und mit ganz anderen Mitteln hat sich Friedrich Nietzsche (1844–1900) bemüht, in die Freiheit zu gelangen. ›Es gibt im Grunde nur ein Problem in der Welt, und es hat diesen Namen: Wie bricht man durch? Wie kommt man ins Freie? Wie sprengt man die Puppe und wird zum Schmetterling?‹[30] Die Gestalt, in der er sich vorfand, wurde ihm, je länger, je mehr, tief unbehaglich. Hegel war mit sich zufrieden gewesen, denn er konnte mit guten Gründen meinen, die Unendlichkeit erreicht zu haben. Im Denken freilich nur, doch immerhin. Seine späten Schriften strömen über von Behagen und Wohlbefinden. Er war sich sicher, den einzig wichtigen Gedanken der Philosophie mitgebracht zu haben, den sehr einfachen Gedanken der Vernunft: Die Vernunft beherrscht die Welt, und damit ist es also auch in der Weltgeschichte vernünftig zugegangen. Da es Hegel nun gelungen war, diesen Gedanken zu finden, wußte er, warum es in der Weltgeschichte vernünftig zugeht, auch wenn sie oft ganz unvernünftig aussieht. Darin lag sein Behagen.

Nietzsche wollte mehr, er wollte die Unendlichkeit für das ganze Leben, jedenfalls für sein eigenes Leben und für all das vornehme Leben, zu dem er sich zählte. Wobei es ihm auf Krethi und Plethi weniger ankam, schließlich ist Moral etwas für Hospitalbewohner, wie er von hohen Bergen verkündete. In Augenblicken, da er sein Ziel ganz oben nicht zu erreichen wähnte, war er allerdings bereit, ganz unten anzufangen, um vom Tier zur Gottheit aufzusteigen. Es war ihm einerlei, die Hauptsache war das Ziel ganz oben. Vor allem war ihm daran gelegen, die Stufe Mensch, den gegenwärtig sichtbarsten Erdenbewohner, der ihn als Zeitgenosse und Nachbar belästigte, zu überspringen. Was ganz folgerichtig ist, wenn Pascal richtig gesehen hat. Legitimerweise ist kein Platz für endliche Lebewesen vorhanden, wenn die Wirklichkeit zwischen Nichts und All ausgebreitet ist. Nur die beiden äußersten Punkte oben und unten haben Kennzeichen und können als Ziele dienen. Also will Nietzsche den Menschen zu Gott oder zum Tier machen, wechselweise so oder so, oder beides zugleich.

Verstörung. Dabei kam ihm allerdings, selten zwar, doch immerhin, ein Gedanke in die Quere, ein Rumor und ein Gewissensaufstand, der ihn verstörte. Ihm zum Ehre sei es gesagt! Es war, als melde sich eine Stimme in ihm, die sprach: Könnte es nicht anders sein? Könnte nicht vielleicht schon der Mensch, den du so verschreist, die Krone der Schöpfung sein? Paß auf, höher hinauf kommst du nicht, auch deine Berge haben ihre Gipfel, du steigst nicht weiter. Und tiefer, unter den Menschen hinab, geht es auch nicht, jedenfalls jetzt nicht mehr, denn wenn eine Entdeckung einmal gemacht ist, dann ist sie unvergeßlich. Und der Mensch ist eine Entdeckung, er ist die Entdeckung der Freiheit in der Natur. Weiter hinab als in die Ebene gelangst du nicht. Jede Rückbiegung ins Tier- oder Mineralreich wäre bloß künstlich, sie röche nach Ästhetizismus, und nebenbei gesagt ist sie auch ganz unmöglich, was immer die Reden vom nackten Affen an Richtigkeit an sich tragen mögen. Wenn diese Ahnung in Nietzsche aufstieg, schrie er mit ganzer Kraft gegen sie an und bestärkte sich von neuem in der Verachtung aller inneren Stimmen. Wir können Nietzsche bedauern, weil er so heftig mit seinem Gewissen in Streit lag, doch wir müssen den Tatsachen ins Auge sehen: Er hatte, anders als Hegel, eine unbehagliche Seele.

Leben ohne Grenze. Dabei hatte er ein vernünftiges System mit einem zentralen Gedanken, der sich unmittelbar verstehen läßt, auch wenn er persönlich alle Systematiker übertönen und den zentrumslosen Aphoristiker an seine Stelle setzen wollte. Ein einziger überwältigender und überall gegenwärtiger Gedanke bildete sein System: **Dem Leben darf keine Grenze gesetzt werden.** Er hat sich wohl nur deshalb als Aphoristiker ausgegeben, weil er nicht gleich selbst und sofort den Widerspruch des Satzes bemerken wollte. Bevor er ihn verlachte, wollte er ihn ganz verkosten. Wie gesagt: Ausbruch aus der Endlichkeit, weil das Leben ansonsten keinen markierten Platz im Kosmos einnimmt. Allerdings bedarf dieser Gedanke noch eines Gewandes, um angeschaut werden zu können, und das ist die radikale Ästhetik. So ganz ernst hat Nietzsche es mit der Unendlichkeit des Lebens am Ende nicht gemeint, er hat nur in Gedanken mit ihr gespielt, höchstens zur Züchtung des Übermenschen und der blonden Bestie hat er ein paar Vorschläge gemacht. Wir wollen uns diesen Gedanken und die zunächst kleine, dann jedoch riesenhafte Verstörung, die sie bei Nietzsche hervorgerufen hat, näher ansehen.

Prinz Vogelfrei. Wir beginnen mit dem Prinzen Vogelfrei im Jahr 1887. Anderthalb Jahre vor seinem Absturz in die Nacht legte Nietzsche dieser literarischen Figur einige Lieder in den Mund, die er als Anhang seinem Werk ›Die fröhliche Wissenschaft‹ in der zweiten Auflage beigab. Ich stehe nicht an, in jedem dieser Gedichte einen präzisen Gedanken zu vermuten, auch wenn ich sie nicht alle entschlüsseln kann. Das Ergriffene überflutet den Begriff. Da kann man nicht immer nach Schulmeisterart vorgehen und alles erklären. In einem Falle jedoch, in dem sich Nietzsche erst in den Prinzen und dann in den Seefahrer Christoph Kolumbus verwandelt, mag es gehen, da können wir mit dem Begreifen bis ans Ende gehen und noch ein wenig über den Begriff hinaus. Ich nenne es das Hohelied auf die Unendlichkeit in der Natur.

Nach neuen Meeren.

Dorthin *will* ich; und ich traue
Mir fortan und meinem Griff,
Offen liegt das Meer, ins Blaue
Treibt mein Genueser Schiff.
Alles glänzt mir neu und neuer,
Mittag schläft auf Raum und Zeit –:
Nur *dein* Auge – ungeheuer
Blickt mich's an, Unendlichkeit.

Größe der Aufgabe. Kolumbus hat 1492 in drei Monaten den Atlantik überquert und das neue, das falsche Indien entdeckt, das bis heute den Namen Westindien trägt. Vor der Fahrt, und das ist seine eigentliche Leistung, hat der Genueser Schiffsmann allen Zweifel in sich niedergerungen, die besorgte Leute über eine Westroute von Europa nach Indien hegten. Während der Fahrt, beim Überqueren des Äquators, wich die Kompaßnadel vom Nordstrich ab, und die Seeleute fürchteten, den Rand der Erdscheibe erreicht zu haben und gleich abzurutschen. Kolumbus ließ sich nicht irre machen und fuhr weiter.

Im Gedicht des neuen Seefahrers vierhundert Jahre später wird viel mehr daraus, da ist jeder Zweifel von vornherein weggeblasen. Ohne weiteres befährt der neue Kolumbus jetzt nicht nur den riesigen Atlantik, sondern das unendliche Meer. Er segelt ohne Halt durch alle Grenzen von Raum und Zeit, er fährt, bis diese zu Ende kommen und aufhören zu sein. In Gedanken, versteht sich, denn mit der Realität wie der originale Kolumbus hat es der neue nicht so stark aufgenommen. Dafür hat er sich die Realität um so intensiver vorgestellt. Nietzsche selbst kannte nur Kurzreisen; wegen seiner labilen Gesundheit mußte er sich darauf beschränken, zwischen Venedig, Turin und Sils-Maria in Graubünden zu pendeln. Wir finden hier eine ähnliche Erscheinung wie bei Giordano Bruno, der sich ebenfalls an seinen Helden geklammert hatte, ohne wie Kopernikus viel Mühe darauf zu verwenden, die Planetenbahnen wirklich zu berechnen. Ohne weiteres wurde auch bei Bruno aus dem riesigen Weltall das unendliche Weltall, wir haben es oben gesehen.

Wenn man mit der etwas verrückten Annahme des Kolumbus-Gedichtes einverstanden ist, dem endlichen Leben sei es im Ernst aufgetragen, das unendliche Leben zu erobern, dann wird alles nüchtern, klar und verständlich, sachlich bis in den letzten Winkel hinein.

Ergreife das Weltall. ›Dorthin – will ich.‹ Der Wille ist ein Naturprodukt, der dem biologischen Streben nach Selbsterhaltung entsprungen ist. Er wird zu einer Entfremdung von der Natur, wenn er beim Menschen über jedes sichtbare Ziel hinausgeht. Im Tier meint der Wille die Lebenserhaltung für den Augenblick, im Menschen wird er zur Erhaltung für alle Zeit, wodurch der Wille mit der Erkenntnis in Widerspruch gerät. Wenn man konsequent und genau ist wie Nietzsche, muß der Wille folgerichtig das unendliche Weltall erobern, damit ihm kein Konkurrent mehr das Leben rauben kann. Wir merken an dieser Stelle, wie wenig Nietzsche ein Aphoristiker ist; er ist es nur der Sprache nach, zur Verneblung der Philister und vielleicht sogar zum Nebel für sich selber. Im logischen Schließen ist er von strenger Folgerichtigkeit. Wir fragen hier nicht, wie gut Nietzsche denken konnte, wir fragen nur, ob der Plan zur Eroberung des Weltalls ausführbar ist. Wollen muß man die Eroberung, sonst ist die Leugnung Gottes unmöglich. Das Programm lautet in jedem Falle ganz einfach: Ergreife das Weltall, oder du wirst ergriffen.

›Alles glänzt mir neu und neuer‹. Auch das ist eine präzise Zeile. Nietzsche betritt, wenn auch vorläufig nur in Gedanken, nie vorher betretene Räume, er steht vor einer unerhörten Neuheit, die noch kein Lebewesen auf Erden gesehen hat: Alle Wirklichkeit ist ergreifbar. Das ist der neue Glanz, da doch bisher fast alle Wirklichkeit nur diejenige Gottes war, der immer mich ergriffen hat. Deshalb geht er in den Fußstapfen des Amerika-Entdeckers weiter in die Neue Welt hinein, vor allem fährt er höher und tiefer hinaus, als jener je zu segeln gewagt hätte, bis hin zu dem Land ohne Wiederkehr, wo alle Grenzen niedergelegt und alle Ziele erreicht sind. Nietzsche hat das Erlebnis des Eroberers, dem glänzende neue Schätze zufallen, der mehr findet, als er gesucht hat. ›Der Denker, der das Ganze denkt, hat ein Herrschaftserlebnis.‹[31]

Schlaf der Zeit. Zentral ist die Zeile ›Mittag schläft auf Raum und Zeit.‹ Sie beschreibt das Instrument, das in den Händen des Erd- und Welt-Eroberers sein muß, damit die Unendlichkeit in seinen Besitz übergehen kann. Raum und Zeit sind anzuhalten, sie dürfen sich nicht weiter zerstreuen. Vor allem muß die Uhr stille stehen, wie das die mechanische Wissenschaft versprochen hatte. Nietzsche ist bei allem Wahnsinn realistischer als viele Wissenschaftsgläubige, die sich mit kleinen Erfolgen begnügen wollen. Kleine Erfolge helfen nicht: Der Sieg muß vollständig sein, oder es ist kein Sieg gewesen. Wie ein kühner Feldherr blickt Nietzsche auf das Schlachtfeld hinaus:

Hier das Ziel, dort die Mittel, jetzt zum Angriff. Die durchschlagende Waffe, die er einsetzen will, ist die mechanische Physik und die Evolutionsbiologie. In der Epoche von 1543 bis 1900 hatte die Mechanik die Hoffnung genährt, die Wissenschaft könne der Bewegung der Zeit Einhalt gebieten. Der Wissenschaftler wäre der Zeit nicht mehr unterworfen, wenn er die Natur selbst mit ihren Gesetzen erkannt hätte. Deshalb erklärte Einstein noch im 20. Jahrhundert, sehr überständig zwar schon, doch getrieben von den Träumen der frühen Neuzeit, die Zeit sei eine Illusion. Hier die bekannte Stelle noch einmal: ›Dies bedeutet nichts. Für uns gläubige Physiker hat die Scheidung zwischen Vergangenheit, Gegenwart und Zukunft nur die Bedeutung einer wenn auch hartnäckigen Illusion.‹[32] Nietzsche, der vor dem Jahr 1900 lebte, hatte mehr Recht zu der zeitlosen Illusion als Einstein, der sich seinen Traum gegen alle Erfahrung nicht nehmen lassen wollte. Die Mittagsstunde schlafen zu lassen ist in genauen poetischen Worten der Traum der Mechanik. Wenn es echte zukünftige Ereignisse gibt, so die Angst Einsteins und aller Welteroberer, dann ist die Zeit selbst echt. Es wird etwas passieren, das ich nicht vorweg wissen kann, meine Eroberung wird mir am Ende aus den Händen gerissen werden.

Dann schließlich leuchtet das Ziel der großen Fahrt auf: ›Unendlichkeit‹. Das letzte Wort des Gedichtes in der letzten Zeile ist das Letztziel für den Erdenbewohner überhaupt, jedenfalls war es das Ziel der Menschheit im mechanischen Zeitalter. Das Erreichen des Zieles steht noch aus, der Seefahrer Nietzsche ist noch nicht ganz im Hafen angelangt. Vorläufig befährt er noch die Zeit und sieht das Auge der Ewigkeit auf sich ruhen, das es zu erobern gilt wie den Leuchtturm am Eingang des Hafens. Erst dann wäre der Seefahrer selbst zum Auge geworden und könnte auf die See hinaus schauen, ohne sie selbst wieder befahren zu müssen.

Meister des Satzes. Alles steht auf Unendlichkeit bei Nietzsche. In einem weniger großen Haus kann er nicht wohnen, was verständlich und selbstverständlich ist, wenn man weiß, was konsequenter Atheismus ist. Seinem tollen Menschen, also wohl sich selber, überträgt er erst die Aufgabe, das Meer auszutrinken, dann mit einem Schwamm den Horizont wegzuwischen und schließlich die Erde von ihrer Sonne loszuketten. Nietzsche ist kein Phantast, er weiß in aller Schlichtheit, was zu leisten ist, wenn Gott tot sein soll. Er wünscht diese Taten mit heißem Herzen getan zu haben, deshalb nimmt er sie als schon geschehen vorweg. Ganz ähnlich wie Einstein, der ebenfalls an die Stelle der Zukunft die Vergangenheit setzen wollte, als wäre die Gegenwart schon immer geschehen. Nietzsche sieht seine Herkulestaten einfach als vollbracht an: ›Was thaten wir, als wir diese Erde von ihrer Sonne losketteten?‹[33] Er kennt die ungeheure Arbeit, die es bedeutet, bis sich der Mensch an die Stelle Gottes gesetzt, bis alle Bewegung in den Überblick und jede Bewegung im Kosmos unter Kontrolle gebracht ist. Weniger geht nicht, Nietzsche übernimmt die ganze Aufgabe. Er gönnt sich nur die kleine Erleichterung, die Arbeit schon für erledigt zu halten. Wir müssen ihn loben: Sein großes Verdienst ist es, den Atheismus aus dem Nebel der bloßen Meinung gezogen zu haben, damit wir ihn frei anschauen können. Nietzsche ist der Meister des Satzes: **Natur ist diejenige Wirklichkeit, die ich ergreifen kann; Gott diejenige Wirklichkeit, die mich ergreift.** Er hat den Sinn des Dramas vollumfänglich in sich aufgenommen. Er wußte, was er zu tun hatte, wenn er es ernst meinte mit dem Atheismus. Wenn Gott nicht sein soll, darf es nichts geben, was mich ergreift, sonst werde ich von dem, was nicht in meiner Hand ist, einmal ergriffen sein. Und das nennen alle Gott.

Nietzsches Spott. Für das, was ihm im 19. Jahrhundert an Gottesleugnung begegnet ist, hatte er nur Hohn und Spott übrig. Von der Tiefe des Atheismus, wie ihn sein Zarathustra und sein toller Mensch betreiben, wollte er seinen Zeitgenossen nicht ein Krümelchen zugestehen, sie hätten sich an dem kleinsten Brocken verschluckt. Nietzsche wird wieder zum tollen Menschen: Schweigend schaut er auf seine Zuhörer, sie schweigen ebenfalls und blicken ihn verwundert an. Da wirft er seine Laterne zu Boden, sie zerspringt in tausend Stücke, das Licht erlischt. ›Ich komme zu früh, ich bin noch nicht an der Zeit. Diess ungeheure Ereigniss ist noch unterwegs und wandert, – es ist noch nicht bis zu den Ohren der Menschen gedrungen. Blitz und Donner brauchen Zeit, das Licht der Gestirne braucht Zeit, Thaten brauchen Zeit, auch nachdem sie gethan sind, um gesehen und gehört zu werden.‹[34] Er meinte zuerst, auf dem Marktplatz zu seinesgleichen zu sprechen, er dachte, in den vielen, die nicht an Gott glauben, Geistesverwandte zu finden. Jetzt merkt, wie sie sich über die Abwesenheit Gottes nur lustig machen wollen. Nietzsche aber ist es ernst.

Nachrichtliche Verzögerung. Erstens ist Gott nicht einfach nicht mehr da, sondern ›wir haben ihn getödtet‹. Vielleicht sollten wir Nietzsche mit dem Bekenntnis kein schlechtes Gewissen unterstellen, vielleicht simuliert er nur ein bißchen, um sich einen Spaß zu machen auf Kosten von Leuten, die sich ein Gewissen aus der Hybris machen. Keinen Spaß versteht er auf jeden Fall bei dem, zweitens, was nach dem Mord an Gott folgerichtig gefordert ist: ›Müssen wir nicht selber zu Göttern werden?‹ Das hat Nietzsche in einsamer Höhe richtig gesehen: Gott kann man nicht töten, ohne seine Stelle einzunehmen. Bevor der Mensch ihn nicht verdrängt hat, ist Gott nicht tot. Nietzsche hat Gott noch gar nicht getötet, obwohl er es behauptet, obwohl er genau weiß, wie es hätte zugehen müssen: Das Weltall ergreifen, um nie wieder selbst ergriffen zu werden. Das geht, bis auf wenige Augenblicke, auch über die Schmerzgrenze eines Nietzsche hinaus, der sich nicht selten seiner größten Qualen gerühmt hat. Jedenfalls sucht er hier sein Leiden abzumildern, indem er das noch nicht stattgefundene Ereignis für nachrichtlich auf dem Marktplatz noch nicht angekommen erklärt. Auch der Meister der Psychologie steht unter ihren strengen Gesetzen. Er wollte die Wahrheit täuschen und sie als Lüge ausgeben. Es steht das schier Umgekehrte zu befürchten: Sie hat ihn getäuscht, indem sie sich selbst durch ihn bekannt gemacht hat.

Nietzsche hat seine dunkle Freude an Blaise Pascal oft bekundet, weil der wenigstens das Problem der Neuzeit verstanden hatte. Umgekehrt hätte Pascal seinen bekümmerten Schmerz in Nietzsche leibhaftig vor Augen sehen können, wenn ihm das Leben des Pastorensohnes aus Naumburg bekannt geworden wäre. Er hätte staunend gestanden vor dem Sprung, der zugleich ins Nichts und ins All führen sollte. Es hätte ihn geschaudert vor der Naivität, vielleicht vor dem leichtfertigen Glauben an einen schnellen und eindeutigen Ausweg aus der Krise. ›Ich frage mich manchmal, ob der Platon des Spätwerks auf Nietzsche nicht ähnlich geschaut hätte wie der alte Parmenides des gleichnamigen Dialogs auf den jungen Sokrates: sieh an, wieviel er schon gemerkt hat!‹[35]

Problem der Neuzeit. Nietzsche pries sich selbst als Überwinder des Nihilismus, und mit einigem Recht durfte er sich dem Pessimismus Schopenhauers überlegen fühlen. Immerhin wußte auch Nietzsche, was das Problem der Neuzeit ist: Dem Menschen einen Platz geben! Das Nihil ist die eine Wahl. Nietzsche wollte aber nicht in den Abgrund hinabsteigen, er wählte das Ziel ganz oben und glaubte damit, den Nihilismus abgelegt zu haben. Nietzsche ist gut zu verstehen, wenn wir das Pascalsche Dilemma mit den beiden Abgründen als zutreffende Beschreibung der neuzeitlichen Geisteslage annehmen. Es will beiden Vorkämpfern nicht gelingen, den Erdenbürger in der Mitte zwischen den Polen zu halten. Pascal hat es erst gar nicht versucht, Nietzsche versucht es. Er will nicht nach unten fallen wie Schopenhauer, sondern, wie noch keiner vor ihm, ganz nach oben kommen, indem er den Weg nur zu Anfang von unten nimmt. Was herauskommt, ist makaber und faszinierend zugleich: **Nietzsche muß den Menschen zum Tier erniedrigen, um ihn zum Gott erhöhen und über alle Throne setzen zu können.** In der Mitte ist kein Platz, außer man zieht die beiden Pole des Nichts und des Alls zusammen, dann hat man die Mitte als Einheit von Nichts und All in der Hand, als Tier und Gott zugleich. Nietzsche ist der erste Atheist, der diesen Namen verdient, denn er weiß, was er zu tun hat. Er muß in beide Abgründe springen, um sie zu erobern, nach unten und nach oben zugleich, wie immer ein solcher Sprung vorstellbar sein mag. Oder sagen wir vorsichtig: Er wäre der erste Atheist gewesen, wenn er wirklich gesprungen wäre.

Das Gott-Tier. Zunächst das Tier. Da ist der Philosoph etwas heikler als die Verhaltensforscher des 20. Jahrhunderts. Doch versuchen will auch er, mit dem Tier das Menschenproblem zu lösen. Schon ganz früh, 1872, erprobt er sich an Darwins neuen Einsichten. ›In irgend einem abgelegenen Winkel des in zahllosen Sonnensystemen flimmernd ausgegossenen Weltalls gab es einmal ein Gestirn, auf dem kluge Thiere das Erkennen erfanden. Es war die hochmüthigste und verlogenste Minute der ›Weltgeschichte‹: aber doch nur eine Minute. Nach wenigen Athemzügen der Natur erstarrte das Gestirn, und die klugen Thiere mussten sterben.‹[36] Die Minute hält schon einige Zeit an und dauert und dauert, ein paar Jahrtausende kann sie jetzt schon vorweisen. Wir wollen nicht kleinlich sein, denn vor dem Herrn sind tausend Jahre wie ein Tag. Da Nietzsche den Blick ganz nach oben richtet, das heißt, ganz von oben nach unten blickt, wie eben der Herr tut, wollen wir ihm das Zahlenspiel nachsehen. Das ist das kleinste Problem im Programm der Gigantomachie. Und verglichen mit dem Alter der Natur bedeutet das Alter des Menschen wirklich nur den Lidschlag eines Augenblicks.

Hochmütige Minute? Ich habe nichts gefunden, was den frühen Menschen, den Neandertaler oder den Cro-Magnon-Menschen, hochmütig gemacht haben könnte. Die Frühmenschenforscher sagen eher das Gegenteil. Von außen auf den Höhlenmenschen gesehen, werden sie wohl Bescheid wissen; doch Nietzsche hat auch von innen gesehen, und da mag er am Ende die tiefere Einsicht gehabt haben. Wenn es das Bewußtsein ist, das den Menschen zum Menschen macht, dann hat es den frühen Menschen zuerst einmal das Zittern und Zagen gebracht. Außer dem Bewußtsein ist mir nichts bekannt, was den Menschen vom Tier unterscheidet. Wenn wir das Bewußtsein als Merkmal nehmen, wenn wir dort den heiklen Ort der tierischen Klugheit vermuten, können beide Seiten ihren Anteil bekommen. Allerdings mit dem Umweg über das Zittern und Zagen. Da der Mensch sich im Unterschied zum Tier die Zukunft vorstellen kann, auch in seiner Frühzeit wohl schon, fragte sich dieser Frühmensch, ob er den morgigen Tag wohl noch erleben werde. Das Bewußtsein vom Tod ist ein starkes Mittel, um Abstand zu halten vom Tier, um grenzenlos die Demut oder den Hochmut in sich zu entfesseln.

Delphine und Schimpansen sind gewiß kluge Tiere, die durch Witz und Übung zu mehr Heringen und Bananen kommen können, doch zittern sie wohl nicht vor dem nächsten Tag. Jedenfalls würde es mich wundern. Die Explosion der Klugheit muß beim Menschen vom Bewußtsein ausgehen, das ihm als erste Botschaft gerade nicht den Erfolg, sondern die sichere Niederlage und den baldigen Tod meldet. Alle Tiere sterben, das ist richtig, doch der Mensch weiß von seinem Sterben, und soweit wir sehen, weiß ein Tier es nicht. Damit haben wir die alte Weisheit neu eingeholt: **Der Mensch ist das Tier, das von seinem eigenen Tode weiß.**

Ich habe den Eindruck, Nietzsche geht in der Liebe zum Leben so hoch hinaus, bis hin zu Gott, an dessen Stelle er sich setzen will, um das Leben vor dem Tod in Sicherheit zu bringen. Hier schlingert sein Verlangen zwischen Gott und Tier hin und her. Mit Descartes sucht er nach Wegen in der Natur, das Alter zu vermeiden. ›Die Seelen sind so sterblich wie die Leiber. Aber der Knoten von Ursachen kehrt wieder, in den ich verschlungen bin, – der wird mich wieder schaffen! Ich selber gehöre zu den Ursachen der ewigen Wiederkunft.‹[37] So kehrt der Mensch zu Gott zurück, von dem er einst gekommen war. Wer zur Ursache seiner selbst geworden ist, wird sich immer wieder selbst gebären. Oder er kann versuchen, den Augenblick der Menschwerdung auszulöschen, dann wird er zum Tier und weiß wenigstens nichts mehr von seinem Tod. Zwischen Tier und Gott, zwischen Gott und Tier pendelt Nietzsche hin und her, die Mitte muß fehlen. Alles folgt aus dem einen Grundgedanken: das Leben erhalten! So sehr erbarmt er sich des Menschen und des verwundeten menschlichen Daseins! Wenn Bewußtsein das Wissen vom Scheitern ist, das gesteigert wird im Wissen vom eigenen Tod, dann sind Gott und das Tier eng verwandt: **Das Tier kennt nicht den Tod, und Gott stirbt nicht**

den Tod. Aus diesem Irrgarten, worüber wir uns kaum wundern dürfen, hat Nietzsche keinen Ausweg mehr gefunden. Aus Liebe zum Leben will er dem Menschen alles Bewußtsein geben, nämlich den Überblick und die Herrschhaft über das All, und aus Liebe zum Leben will er ihm alles Bewußtsein rauben und den Augenblick verschmähen, der ihm das Bewußtsein gab. Der ›Athemzug‹ von 1873 enthält schon die ganze Größe und Verstörung Nietzsches. Wir brauchen den Wirbeltanz nach oben, nach unten und den Zusammenbruch nur weiter bis zum Ende zu verfolgen, um das Ende als verzweifelten Versuch zu verstehen, einen Platz für den Menschen zu finden.

Zehn und fünfzehn Jahre später ist er noch immer dabei, das Bewußtsein zu ändern, es aufzubauen oder abzubauen, um so den Menschen zum Tier oder auch zum Gott zu erheben. ›Der Zeichenerfindende Mensch ist zugleich der immer schärfer seiner selbst bewusste Mensch; erst als sociales Tier lernte der Mensch seiner selbst bewusst werden – er thut es noch, er tuth es immer mehr.‹[38] Die Ableitung des Bewußtseins aus der Not des Menschen ist bis heute überzeugend. Unsere Handlungen, Gedanken, Gefühle sind die Folge einer furchtbaren Erkenntnis, der Gewißheit eines baldigen Todes. Der Mensch als das gefährdeste Tier erfindet aus der Not des Bewußtseins die Sprache, um etwas reale Hilfe zu finden und am Ende ergänzenden Trost, wenn die Hilfe nicht mehr reicht. Seinen Mitbruder im Elend ruft er an, damit er ihm gegen die Feinde zu Hilfe kommt, die aus der belebten und unbelebten Natur auf ihn eindringen. So hofft er, das irdische Leben um ein paar Tage zu verlängern. Und schließlich ruft er Gott an, um das Leben überhaupt fortzusetzen, da aus der Endlichkeit kein Entkommen zu finden ist. Zwischen Gott und dem Menschen finden wir immer die Parallele von Unendlichkeit und Endlichkeit, die zugleich ihre Differenz meint.

Das folgende Zitat aus dem Jahr 1880 ist sehr interessant, nicht weil es eine neue Religion ankündigt, sondern weil es die Ängste offen legt, die in Nietzsche lauerten. Es zeigt die Stelle, wo er seinen Argumenten selbst nicht recht traut. ›Zeichen des nächsten Jahrhunderts …: die religiösen Kräfte könnten immer noch stark genug sein zu einer atheistischen *Religion* à la Buddha, welche über die Unterschiede der Confession hinweg striche, und die Wissenschaft hätte nichts gegen ein neues Ideal. Aber allgemeine Menschenliebe wird es nicht sein! Ein neuer Mensch muß sich zeigen. – Ich selber bin ferne davon und wünsche es gar *nicht!* es ist aber wahrscheinlich.‹[39]

Was in Nietzsche kämpft, ist der Gegensatz von personaler und personfreier Welt. Mit einigem Recht hält er die Religion à la Buddha für atheistisch; sie hat im 19. und 20. Jahrhundert einige Intellektuelle beeindrucken können, die damit den a-personalen mechanischen Nihilismus ins Positive zu wenden suchten. Deshalb auch konnte Schopenhauer den Buddhismus aufnehmen und das Menschenproblem durch Pessimismus lösen. Nach unten zeigt hier die Nadel: Auflösung des Menschen durch Auflösung seines Durstes nach Leben. Mit der Wissenschaft des 19. Jahrhunderts, mit der Mechanik, wäre eine solche Religion verträglich gewesen; eben weil Personen in der Mechanik nicht vorkommen können.

Der strenge Systematiker? Und die allgemeine Menschenliebe? Gerade die fürchtet Nietzsche am allermeisten. Die Liebe, das ist die Position der Mitte zwischen dem All und dem Nichts, es ist das personale Dasein, es ist das Geschöpf vor seinem Schöpfer in endlicher Gestalt, es ist der gehauchte Zuspruch für ein sterbliches Lebewesen: Du wirst nicht sterben. Das soll nicht sein, das darf und kann nicht aufkommen, ruft Nietzsche, vielleicht gerade, weil er es hören will? Vielleicht nur, weil es ihm seine philosophische Redlichkeit verbietet, wo sein Herz gerade solche Liebe wünscht? Wenn ich die verborgene Stelle noch etwas ausdeuten darf: Nietzsche befühlt immer auch das Gegenteil dessen, was er sagt, er fühlt es als die stärkere Wirklichkeit, für die er keinen Platz, keinen Namen und keine Wissenschaft hat. Er wünscht keinen neuen Menschen, keinen Übermenschen, er will ihn nicht, doch er muß ihn wollen. Sein Kopf befiehlt es gegen sein Herz. Weil er konsequent ist, weil er ein systematischer Denker ist, und weil die Mechanik keine Mittelplätze zu vergeben hat. Den Übermenschen, das Thier? Alles überflüssig, die will er in seiner Seele gar nicht. Allerdings, er muß sie unbedingt wollen: Sie sind der gequälte Schrei einer gequälten Seele, die immer muß und niemals will und deshalb den Willen zur Macht als ihr Lebensmotto ausgibt, obwohl ihr sterbenselend dabei zumute ist. Alles wegen der Wissenschaft, wegen der Mechanik und wegen der unerbittlichen Härte im Denken des strengen Systematikers. In Nietzsche lebte eine unendliche Menschenliebe, ein Erbarmen mit allen Schwachen, Kranken und Unterdrückten, für die uns die Worte fehlen. War es nicht allgemeine Menschenliebe, die ihn in den Wahnsinn trieb, war sie nicht der Tropfen, der das Faß zum Überlaufen brachte, als er im Januar 1889 dem geschundenen Gaul in Turin um den Hals fiel? War es nicht Mitleid, als er für diese vom Kutscher gezüchtigte und geschlagene Kreatur seine Tränen vergoß? Es war allgemeine Menschenliebe, Liebe zum erbarmungswürdigen Geschöpf, die im Tier nicht weniger das Geschöpf des Schöpfers sieht als im Menschen selbst. Er fiel der seufzenden Kreatur am Straßenrand um den Hals, um sich aller Kreaturen zu erbarmen. Ecce homo!

Die Schrecksekunde. **Der Mensch lernt sein Menschsein am Menschen**. Das ist richtig gesehen im Spruch von 1880, und insofern ist der Mensch ein soziales Tier mit Bewußtsein. Wir haben den Eindruck einer Lücke, ich jedenfalls meine, es fehlt etwas, was dieses Tier mit Bewußtsein auszeichnet. Was denkt sich das Bewußtsein, was ist sein Stoff? Stellt es sich selbst vor oder ist es Gott? Nein, das wäre viel zu positiv und zu inhaltsreich für den Anfang, Inhalte kommen später. Nietzsche hätte seine Erkenntnis von 1872 weiter auskosten sollen. Das Bewußtsein kann darwinisch verstanden werden, um zugleich aus der Kette der Evolution auszusteigen. Das Tier, das aus dem Tierreich erwacht, erkennt seine Lage: Es ist alles vergeblich, was ich tue; auch das, was die Natur mit mir tut, alles ist fruchtlos. Es wird nur Sekunden dauern, bis es mit meinem Leben vorbei ist, und Minuten, bis es mit allem Leben vorbei ist. In dieser Schrecksekunde wird das Tier zum Menschen. Zu dem wiederholten Mut hat es bei Nietzsche auf Dauer nicht gereicht, er hat die eine Sekunde, die er erlebt hat, später immer wieder verleugnen und verschreien müssen. Nach einem Augenblick war es bei ihm wieder vorbei, es ist ihm der Mut – ich vermute, angesichts der Mechanik – zusammengebrochen, bis auf die Szene mit dem Kutschgaul, in der er dann selbst zusammengebrochen ist. Es war kein Platz in ihm für das, was allen Platz in ihm einnahm.

Aufschub des Verrats. Es läßt sich ganz gut sagen, wie ein solcher Mut hätte aussehen sollen, oder wie er heute aussehen könnte. ›Wissen und Bewußtsein bedeuten, Zeit zu haben, um dem Augenblick der Unmenschlichkeit auszuweichen und zuvorzukommen. Dieser ewige Aufschub der Stunde des Verrats, dieser winzige Unterschied zwischen dem Menschen und dem Nicht-Menschen, setzt das Desinteresse der Güte voraus, das Begehren des absolut Anderen oder den Adel, die Dimension der Metaphysik.‹[40] Die Worte von Levinas und Nietzsche beleuchten sich gegenseitig. Es ließe sich ganz gut die These vertreten, Nietzsche sei doch bloß ein Reaktionär mit einem geölten Mundwerk gewesen. Hier finden wir den Beleg. Er will die Sekunde der Menschwerdung rückgängig machen, er will überhaupt alles rückgängig machen, er will vor Jesus, vor Sokrates zurück, zu den Wilden überhaupt zurück, auch zu den wilden Tieren, wenigstens zu den blonden Bestien. Das ist verständlich, denn dem Menschen ist zwar ein Platz in der Mitte bestimmt, doch der ist nur für eine Sekunde und durch den ewigen Aufschub der Sekunde haltbar. Dieser Aufschub des Verrates ist nie endgültig geleistet, die Leistung muß immer neu erbracht werden und findet keinen sichtbaren Lohn. Nietzsche mußte rufen: Aut Caesar, aut nihil, entweder Gott oder Tier. Ich weiß nicht, woher Levinas die Kräfte zugeflossen sind, den Verrat aufzuschieben; jedenfalls in der Natur, wie wir sie begreifen, ist ein solcher Aufschub nicht vorgesehen, deshalb stammen seine Kräfte auch nicht aus dem Menschen selbst.

Der Tier-Gott. Es wird deutlich, wie sehr Nietzsche von der Mechanik seiner Zeit abhängig war und von ihrem inneren Widerspruch, der dem Leben keinen Platz anbieten konnte. Hier wird Nietzsche zum Opfer einer undurchschauten Evolutionslehre. ›Ich lehre euch den Übermenschen. Der Mensch ist etwas, das überwunden werden soll … Alle Wesen bisher schufen Etwas über sich hinaus … Was ist der Affe für den Menschen? Ein Gelächter oder eine schmerzliche Scham. Und ebendas soll der Mensch für den Übermenschen sein: ein Gelächter oder eine schmerzliche Scham.‹[41]

Wer seine Prophetie mit diesen Sätzen beginnt, bekundet den Sieg der Evolutionslehre. Sonst könnte er nicht einmal von ferne einen Vorgang in der Natur benennen, der den Menschen über sich hinaus bringen könnte. ›Alles andere in Nietzsches Philosophie ist ohne diese Prämisse undenkbar.‹[42] Unsere These scheint sich hier zu bewähren, sogar vorzüglich. Wenn es Nietzsche wirklich um das Leben zu tun war, hatte er in der Natur nichts zu hoffen. Das einzige Ziel, welches das Leben bisher erreicht hat, ist die Höherentwicklung, wenn man denn einen Vielzeller vor dem Einzeller als höher einstuft, oder einem eleganten Säugetier ein höheren Rang gibt als einem plumpen Dinosaurier. Also müßte, so sieht es Nietzsche richtig, das Ziel des Lebens auch sein Inhalt sein, und der ist in der bisherigen Evolutionsgeschichte immer nur eines gewesen: Höherentwicklung. Allerdings steht diese Art von Höherschreiten in der Natur unter einem mehrfachen Vorbehalt.

Drei Vorbehalte. Zum einen bleiben viele der früheren Formen auf den späteren Entwicklungsstufen erhalten. Die Einzeller leben weiter, die Insekten sind erfolgreicher als die Säugetiere in der Aufgabe, immer wieder neue und schwierige Situationen zu bestehen. Die Erfolge der höheren Säugetiere und des Menschen in der Natur sind in jeder Hinsicht doppeldeutig. Nur in einer Hinsicht ist die

Situation eindeutig und klar: Der Mensch sieht seine eigenen Mißerfolge in der Natur voraus.

Daneben droht der Absturz des höheren Lebens durch kosmische Katastrophen, während die primitiven Formen, die Einzeller und Amöben, verschiedene Viren- und Bakterienformen die extremsten Bedingungen des Weltalls für lange Zeit aushalten können. Vom Gesichtspunkt des Überlebens her ist das komplexe Leben nicht die höhere Lebensform, wenn es dem Leben um das Überleben geht. Da sind Prokaryo(n)ten und Eukaryo(n)ten viel tüchtiger, also lebensvoller.

Schließlich ist gar nicht klar, was das höhere Leben eigentlich sein soll. Nietzsche erschießt sich mit der Forderung nach dem Übermenschen selbst, weil die Forderung nach dem Über-Hinaus am besten von den tiefsten Lebensformen erfüllt wird. Das höhere Leben müßte das wirklich höhere Leben betreten, es dürfte nicht mehr nur Natur sein, da die Natur in sich selbst widersprüchlich und sterblich ist und sich selbst zerstört. Levinas gibt einen Wink, wo die Heilung zu suchen ist: Aushalten der Zeit durch Aufschieben des Untergangs, damit das Ewige sich für einen Augenblick halten kann. Von der Kunst des Aufschubs für seine Stunde des Mittags hat Nietzsche nichts gewußt, nichts wissen können. Das bewußte Leben lebt zwar in der Natur; doch Natur ist nicht alle Wirklichkeit. Der Aufschub geschieht mit anderen Kräften und Zielen. **Natura destruit naturam; et gratia sanat et perficit eam. – Die Natur zerstört die Natur, die Gnade heilt und vollendet sie.**

Um diesen Satz mit Inhalt zu füllen, um den Widersprüchen der Natur nicht so hilflos ausgeliefert zu sein wie Nietzsche, sollten wir uns die Evolutionslehre noch einmal deutlich vor Augen führen, was in Kapitel 4 geschehen soll. Das wird uns in Kapitel 5 zur Wahrnehmung der anderen Wirklichkeit führen, die den Namen Freiheit, Mensch und Gott verdient.

4. Der Zufall und die Evolution

Triumph einer Idee. Der Geistesblitz von 1859 soll die größte Idee sein, die je einem Menschen in den Sinn gekommen ist? Ich jedenfalls teile dieses Urteil und bin mit dem amerikanischen Philosophen Daniel Dennett ganz und gar einverstanden, wenn er aus guten Gründen diesen Toast auf Darwin ausbringt, auch wenn er die Größe dieser Idee schließlich auf einem anderen Felde sucht, als ich es hier tun werde. In einem Buch zu Ehren Darwins will er jedenfalls seine Karten offen legen: Sollte es ihm vergönnt sein, einmal einen Preis für die beste Einzelidee zu vergeben, die je einem Menschen in den Sinn gekommen ist, würde er nicht zögern, Charles Darwin den Pokal zu überreichen, – nicht an Newton, nicht an Einstein und nicht an sonst eine Geistesgröße der Neuzeit. Darwins Idee der natürlichen Zuchtwahl vereine alles auf einmal: Leben, Sinn und Zweck mit Raum und Zeit, Ursache und Wirkung, Mechanik und Naturgesetz. Das Finale endet im Triumph: ›Wir haben es hier nicht nur mit einer wunderbaren wissenschaftlichen Idee zu tun, sie ist vor allem eine gefährliche Idee.‹[1]

Das Magazin ›Time‹ hatte um die Wende des letzten Jahrhunderts, die zugleich eine Jahrtausendwende war, Newton, Gutenberg, Columbus, Einstein, Pasteur und Galilei als Milleniumshelden ausgerufen und noch vor den Namen Darwins gesetzt, wofür es ebenfalls gute Gründe gibt. Jede wissenschaftliche, politische, philosophische und religiöse Großtat hat ihre Einzigartigkeit und steht damit unvergleichlich an erster Stelle. Dennoch, wenn wir an die Haltbarkeit der Idee denken, verdient Darwin den Vorzug vor Newton, Einstein, Galilei und den anderen Namen, deren Einfälle und Eroberungen von den Nachfolgern wesentlich verbessert wurden. Nicht so bei Darwin. Sein Geistesblitz wurde zwar auch ausgebaut, doch ungeändert blieb er in den Grundlagen der eine und selbe: Mutation und Selektion.

Offen und abgeschlossen. Der Vergleich mit Newton macht es deutlich. Die mechanische Physik aus dem 17. Jahrhundert mußte im 20. Jahrhundert wesentlich verbessert werden, weil sie mit der Erfahrung nicht mehr ganz übereinstimmte. Das gleiche gilt für Einsteins Physik, deren Grundsätze nicht mehr ganz ausreichten, alle Erscheinungen der unbelebten Natur angemessen zu beschreiben. Wenn in der Zeit nach 1859 die Wirkweise von Mutation und Selektion immer besser und in weiteren Einzelheiten verstanden wurde, so war das ein Wachstum von innen heraus, das die Grundlagen der Biologie mit Zufall und Notwendigkeit unverändert gelassen hat. Nicht von ungefähr wurde die klassische Mechanik gerade um dieses Paar ergänzt und in die Quantentheorie verwandelt. Erst auf dieser Ebene sind Evolutionslehre und Quantenphysik vergleichbar einzigartig, weil beide Zufall und Notwendigkeit in ihre Grundlage aufgenommen haben. Beide Entwürfe haben das Zeug für eine abgeschlossene Theorie, weil sie für neue Erfahrungen offen sind. ›Darwins Einfall‹ (4.1) ist in seiner Bedeutung für die Erkenntnis des Lebens kaum zu überschätzen, auch wenn es schwierig ist, das Gegensatzpaar Zufall und Notwendigkeit selbst richtig einzuschätzen.

Gott, Freiheit, Mensch. Also, einerseits ist das enthusiastische Lob schon zu verstehen, andererseits bleibt die Frage: Wie lassen sich Zufall und Notwendigkeit selbst verstehen? Sie begründen zwar alle Ereignisse in der unbelebten und belebten Natur, doch worin sind sie selbst begründet? Wo steckt denn ihre Gefährlichkeit? Und wie zeigt sie sich? Manche Naturforscher, das soll heißen, einige Naturphilosophen meinen, die Darwinische Theorie setze der Freiheit ein Ende, und damit sei sie zugleich das Ende Gottes und des Menschen. Das war wohl die gemeinte Gefährlichkeit bei Dennett. Wir werden sehen, was von diesem atheistischen Darwinismus zu halten ist, der bis heute seine Verkünder findet und immer noch einmal Wellen im Publikum zu schlagen vermag. Wenn in der Natur keine Freiheit möglich ist, dann gibt es tatsächlich keinen Gott, dann auch keinen Menschen. Wir können die Abschaffung beider oder die Einsetzung beider in einem Atemzug behandeln. Nietzsche oben hat es vorgemacht: Wer Gott abschafft, schafft den Menschen ab, und umgekehrt. Das Problem ist die Freiheit, die Gott und den Mensch eng verbindet und ohne die sie nicht leben können. Doch kann man die Freiheit im Rahmen der Naturwissenschaft denken? Direkt gewiß nicht, weil subjektive Eigenschaften nicht Gegenstand der Wissenschaft sind. Das Subjekt mit all seinen Eigenschaften, auch mit seiner Freiheit, kann weder bewiesen noch widerlegt werden. Ich meine allerdings, die endliche und die unendliche Freiheit verschränken sich in dem, was wir in der Natur als Zufall und Notwendigkeit erkennen. Die Darwinische Evolutionslehre macht den Atheismus heute eher unplausibel, weil sie wirklich auf Zufall und Notwendigkeit gegründet ist. Das ist ihre neue und wahre Gefährlichkeit, meine ich.

Eine Gefahr für das klare Denken stellt allerdings auch der antidarwinistische Kreationismus dar. Ich behandle ihn in einem Aufzug mit seinem Todfeind unter dem Titel ›Linker und rechter Fundamentalismus‹ (4.2). Seit dem Einfall Darwins, den er im Jahr 1859 bekannt gemacht hat, begleitet diese Art von Protest die Evolutionslehre. Jedenfalls sollten wir kurz die Reaktion beleuchten und das Körnchen Wahrheit, das sie enthalten mag, auf den Tisch legen. Heute tritt diese Verweigerung meist unter dem amerikanischen Stichwort ›Intelligent Design‹ auf. Wer sich dem Atheismus, der Unfreiheit und der moralischen Verantwortungslosigkeit widersetzen will, scheint oft keinen anderen Ausweg zu sehen: Entweder gibt es einen Plan oder ein Design in der Welt und dann auch einen Planer und Designer, oder alles fällt in Unordnung und Chaos dahin. Wie die Atheisten Gott widerlegen wollen, so wollen die Kreationisten ihn beweisen, immer im Trio von Gott, Mensch und Freiheit. Hier liegt das Problem. Die Naturwissenschaft beweist oder widerlegt viel, das ist ihre Methode, sonst wäre sie keine Wissenschaft. Doch Freiheit ist kein Gegenstand des Wissens, denn nicht alle Wirklichkeit ist Natur, sie läßt sich nicht objektiv darstellen. Am Ende wird sich ergeben: Freiheit ist möglich, sie zeigt sich sogar in der Natur, wenn man nur die Augen aufmacht, *selbst* mit den Mitteln der Wissenschaft, wenn auch *nicht allein* mit ihren Mitteln. Richtig erkannt und anerkannt wird sie erst unter dem Einsatz der Freiheit selbst.

Die Feindschaft zwischen rechten und linken Betrachtern der Evolution ist verständlich, denn beide Parteien haben etwas zu verlieren. Beide wollen deshalb etwas beweisen, Gott oder Nicht-Gott, was in unserer Sprache lautet, Freiheit in der Natur oder keine Freiheit. Die beiden Parteien können nicht miteinander reden, höchstens können sie sich die Pest an den Hals wünschen. Nur Dummheit oder böse Absicht kann die andere Seite zu solchen Reden bestimmen, denkt jede Seite.

Dennoch kann man über die Evolution reden und über sie streiten, ohne die Achtung zu verlieren. Selbst wenn man nicht einer Meinung ist, ja gerade deshalb muß man miteinander sprechen, weil sich in Sachen Freiheit nichts vollständig beweisen läßt. Mit dem

Thema Freiheit, Mensch und Gott betreten wir ein offenes Gebiet, in dem kein Abschluß möglich ist und die Erfahrungen wachsen. Das haben beispielhaft die Evolutionsbiologen Stephen Jay Gould (1941–2002) und Simon Conway Morris (* 1951) vorgemacht, die sich über die Rolle des Zufalls in der Evolution nicht einigen und doch miteinander sprechen konnten. Wir werden im Abschnitt über ›Die bessere Evolutionsbiologie‹ (4.3) zu verstehen suchen, warum dort manchmal keine Einigung möglich ist, oder sogar nie, und warum gerade dieses Patt eine erleuchtende Erkenntnis ist.

4.1 Darwins Einfall

Methode der Kränkung. Freud schrieb 1917 unter dem Titel ›Eine Schwierigkeit der Psychoanalyse‹ einen kleinen Essay, der große Wirkung tat. Darin stellte er seine Methode vor, mit der er die Seele des Menschen zu heilen gedachte. Es war die Methode der Kränkung, die nach ihm zur Gesundung führen soll. Diese Kränkung nicht annehmen zu wollen, war seiner Meinung nach die Krankheit der Epoche. Die aufgeklärte, selbstbewußte, wissenschaftliche Moderne wollte sich dennoch nicht kränken lassen und von solchen Wegen zur Heilung nichts wissen.

Zwei Kränkungen. Die erste Kränkung für den modernen Menschen, vermeldet Freud, sei im 16. Jahrhundert geschehen. Wie wir oben gesehen haben, ist sie mit dem Namen des Thorner Domherrn Kopernikus verbunden, der zwar keine Kränkung im Sinne hatte, jedoch nach Freud durch die Vertreibung der Erde aus dem Zentrum der Welt eine solche ausgelöst hat. Der Astronom selbst wollte einfach eine alte Idee des Aristarch aus dem antiken Griechenland mit neuem Leben erfüllen, weil er meinte, die Planeten in ihren Bewegungen auf diese Weise besser beschreiben zu können. Die zweite Kränkung geschah nach Freud, als die biologische Forschung im 19. Jahrhundert das Vorrecht des Menschen auf Sonderstellung in der Schöpfung zunichte machte. Jedenfalls vertreibt die Evolutionslehre den Menschen aus dem Zentrum, indem sie ihm die Krone vom Haupt nimmt und ihn unter die übrigen Geschöpfe der Schöpfung einreiht. So in seinem Vorrecht beschnitten, bezieht der Mensch, wie Freud und vor ihm Nietzsche lehrte, seine Heimat im Tierreich, als Vetter seiner Verwandten im Zoo. Diese zweite Umwertung der Werte geschah im 19. Jahrhundert unter den Namen von Lamarck,

Darwin, Wallace und anderen, die bei heftigem Sträuben der Zeitgenossen, die sich nicht kränken lassen wollten, die Herkunft des Menschengeschlechtes aus der bloßen Natur verkündeten.

Dritte Kränkung. Die dritte und empfindlichste Kränkung behielt sich Freud selbst vor; mit ihr wollte er die menschliche Größensucht, so sein Wort, am tiefsten treffen. Die psychologische Forschung nämlich, also er selbst, hat nach seiner Meinung das Werk, das die Neuzeit begonnen hat, vollendet und dem scheinbar so mächtigen modernen Menschen die Brüchigkeit der eigenen Macht nachgewiesen: Das Ich ist nicht einmal Herr im eigenen Hause. Mit dieser Erkenntnis ist die Entzauberung vollendet: Das stolze Selbstsein des bewußten Menschen bleibt auf kärgliche Nachrichten von dem angewiesen, was in seinem unbewußten Innenleben tief unten vor sich geht. ›Auch diese Mahnung zur Einkehr haben wir Psychoanalytiker nicht zuerst und nicht als die einzigen vorgetragen, aber es scheint uns beschieden, sie am eindringlichsten zu vertreten und durch Erfahrungsmaterial, das jedem einzelnen nahegeht, zu erhärten. Daher die allgemeine Auflehnung gegen unsere Wissenschaft.‹[2]

Wende um 180 Grad. An diesem Punkt gilt es allerdings ein Wort anzuführen, das geeignet ist, die Geschichte der Kränkung umzukehren. Die drei Mythen des Kosmos, des Lebens und des Ichs, die der Psychoanalytiker durch die Wissenschaft der Neuzeit entlarvt sieht, erweisen sich als so kränkbar wie die gekränkten Menschen selbst, weil alle drei ›*Mythen der frühen Rationalität* sind, die sich gegen die eigentliche mythische Denkweise richten‹[3]. Die entlarvten Mythen sind selbst schon Logos gegen andere, frühere Mythen gewesen. Sollte also der Logos der Wissenschaft, den Freud als Zerstörer der Mythen ins Feld führt, nur relativ mythenfrei, zugleich jedoch auch mythisch aufgeladen sein? Das könnte uns auf die Idee bringen, der mechanischen Wissenschaft nicht ohne weiteres den Logos zuzusprechen, zumal wir ihre Grenzen oben schon gesehen haben. Bei aller Fähigkeit, die Wirklichkeit zu beschreiben, ist die Mechanik zugleich ein Mythos, das heißt eine phantasievolle Überzeichnung der Wirklichkeit zum Zweck gesteigerten Lebens. Den Übergang vom Mythos zum Logos zu vollziehen, ist wohl nicht ganz so einfach, wie Freud gedacht hat. Wenn wir in Kapitel 1 recht daran getan haben, Kopernikus an den Anfang des mechanischen Zeitalters zu setzen, weil er als erster, jedenfalls als erster wirksam die Idee des Überblicks über die Natur bekannt gemacht hat, so passiert bei Darwin das Unglück, das dann Freud wiederholt: Der Überblick geht verloren, und keiner von beiden bemerkt es. Das Unglück passiert, indem Kopernikus und Darwin in einem Atemzug genannt werden, indem also Freud die zweite Kränkung zur Fortsetzung der ersten erklärt, um den beiden eine eigene, dritte Kränkung nachfolgen zu lassen.

Unterbrochenes Gleichgewicht. Wissenschaft wird schwierig, wenn der Forscher nicht Herr ist im eigenen Hause, da hat Freud recht. Die Wissenschaft will gerade den Überblick und die Herrschaft über die Natur erringen. Bei Kopernikus, Galilei und Newton mag das Programm noch in Ordnung sein. Jedenfalls im Modell liefern mechanische Astronomie und Physik den Überblick, wenn auch nicht ganz der Wirklichkeit nach. Das ist anders in der Darwinischen Theorie, die nicht einmal dem Modell nach den Überblick liefern kann. Da sie den Zufall in ihre Grundlagen eingeführt hat, kann sie mit Hilfe der Statistik wohl noch Trends vorhersagen, doch keine Einzelereignisse mehr. Ja, vielleicht nicht einmal mehr Trends, wenn langfristige Entwicklungen von einzelnen Ereignissen abhängen, was ja die berühmte These des ›unterbrochenen Gleichgewichts‹ oder des ›punctuated equilibrium‹ ist. Diese auch Punktualismus genannte Theorie der beiden amerikanischen Geologen und Evolutionsforscher Gould und Eldredge versteht es als eine der wenigen der Evolutionstheorien, die Balance zu halten zwischen Zufall und Notwendigkeit. Gould empfiehlt als gedankliche Übung, das Band des Lebens zu den frühen Tagen des Burgess-Schiefers vor etwa 520 Millionen Jahren zurück zu spulen. Das war die Zeit, als das mehrzellige Leben ein paar Millionen Jahre alt war. Wenn wir das Band wieder starten würden, meint er, von genau demselben Punkt aus, würden wir wahrscheinlich eine völlig andere Welt bekommen als die heutige; Säugetiere und Menschen mit Bewußtsein dürfen wir darin nicht erwarten.[4] Das ist bei einem normalen Tonband anders; es läuft auf mechanische Weise ab, sonst würden wir unser gewünschtes Stück ja nicht zu hören bekommen. Der Zufall darf bei der häuslichen Musikkonserve keine Rolle spielen, und im mechanischen Modell der Physik spielt er tatsächlich keine Rolle. Danach würde des Band des Lebens 520 Millionen Jahre nach dem Burgess-Zeitalter immer wieder den Menschen zeigen und seine Musik erklingen lassen. **Das Leben jedoch ist anders und läßt sich mit der Mechanik des Überblicks nicht erfassen.**

Mensch nicht vorhersagbar. Wenn das Band der Geschichte wirklich abläuft, spielt der Zufall eine große Rolle, eine Hauptrolle sogar, denn er erzeugt im Rahmen der Notwendigkeit die Gestalten des Lebens, beim nochmaligen Abspielen des Bandes also ganz andere Gestalten. So etwas wie Mensch und Bewußtsein hätte nur eine winzige Chance, noch einmal zu erscheinen. **Aus den Einsichten der Evolutionslehre jedenfalls folgt nicht der Mensch als das erwartbare Endprodukt der Natur.** Ganz anders liegt der Fall in der Astronomie, dort kann man auf Jahrtausende alle Sonnenfinsternisse präzise voraussagen. Doch selbst hier, in der unbelebten Natur, spielt der Zufall eine Rolle, nur ist die Rolle dort viel schwächer ausgeprägt als in der belebten Natur. Insofern er dort eine Rolle spielt, liefert uns das Neuabspielen das Bandes von Gould die gleiche Unvorhersagbarkeit bei den Planeten wie in der Evolution. Eine winzige Abweichung zu Anfang wird zu einem riesigen Unterschied am Ende. Oben haben wir Poincaré bei Feinarbeiten in der Mechanik zugesehen (S. 86), wir müssen nur noch die zufälligen molekularen Schwankungen hinzufügen, von denen Poincarè nichts wissen konnte, und schon hat der Zufall auch bei Sonne, Mond und Sternen die Hand im Spiel, wenn auch weniger ausgeprägt als in den Gestalten des Lebens.

Verdienst der Gegner. Die Würde der Wissenschaft beruht auf ihrer Sicherheit. Ihre Festigkeit galt vor Zeiten als einzigartig garantiert, nämlich im mechanischen Modell von 1543 bis 1900. Doch eine Wissenschaft, welche die Wirklichkeit noch besser beschreibt als die für sicher gehaltene Mechanik, müßte die nicht eine höhere Würde und mehr Ansehen besitzen? Dazu hat sich die westliche Kultur bisher nicht durchringen können, außer in einigen hellsichtigen Gestalten. Eine über sich selbst aufgeklärte Wissenschaft ruht auf der Grundlage von Zufall und Notwendigkeit, auch wenn sie mit Beunruhigung auf den unruhevollen Zufall schaut. Die Besorgnis ist berechtigt, denn auf dem Zufall ausruhen heißt schweben über dem Abgrund. Wir werden unten im dritten Abschnitt dieses Kapitels einige Argumente für und gegen das ›unterbrochene Gleichgewicht studieren‹. Die Einwände gegen den Zufall halten einer näheren Prüfung nicht stand, auch wenn der Zufall nicht allein den Weg des Lebens lenkt. Sie zeigen jedoch, wie sehr die Wissenschaft und die Gegner der Wissenschaft noch immer in mechanischen Bahnen denken. Einiges Verdienst haben die Gegner trotzdem: Sie erzwingen durch ihre Einseitigkeit eine verbesserte Darstellung der Grundlagen der Evolution.

Noch weniger als die Biologie ist die Psychoanalyse eine mechanische Wissenschaft, die den Überblick liefern könnte. Freud tut nicht ganz recht daran, sich selbst mit Darwin und Kopernikus in eine Reihe zu stellen. Es gehört schon zum Verlust des Überblicks, hier eine Linie erkennen zu wollen. Um so wichtiger wird es für uns sein, das schwer zu entdeckende Ende des Überblicks bei Darwin in den Blick zu nehmen.

Im Menschen den Vetter des Affen gesehen zu haben, ist womöglich nur die Hälfte dessen, was Darwin geleistet hat. Der große Engländer hat zugleich einen Mechanismus angegeben, der aus gemeinsamen Vorfahren die heutigen Gattungen Orang-Utan, Gorilla, Schimpanse und den Menschen, also den Homo sapiens entspringen ließ, die alle vier zur Primatenfamilie der Hominidae, zu den Menschenaffen zählen. Dieser Mechanismus reicht weit zurück und lenkt das Leben umfassend, er hat alle Gemeinsamkeiten und Unterschiede vom Einzeller bis zum Primaten erzeugt: Sein Name ist Mutation und Selektion. Darwin spricht von Variation und Selektion, was dem heute üblichen Paar wohl gleichkommt. Hier ein Originalzitat aus der ersten Auflage des epochalen Werkes ›On the Origin of Species‹ von 1859. Zu Beginn des vierten Kapitels mit dem Titel ›Natürliche Selektion‹ fragt sich Darwin: ›Wie wird sich der Kampf ums Dasein, der struggle for existence, den wir im vorigen Kapitel nur kurz angeschnitten haben, in Bezug auf die Variation verhalten? Gilt der Grundsatz der Selektion, den wir in der Hand des Menschen so wirksam gesehen haben, auch in der Natur? Ich denke, wir werden ihn dort sehr wirksam in Tätigkeit sehen.‹[5]

Das Trojanische Pferd. Was die Einführung des Zufalls in die Naturforschung im Gefolge hatte, als 1859 das Werk ›On the Origin‹ zum ersten Mal erschien, welchen Inhalt das Paar von Variation und Selektion in seinem Inneren barg, konnte Darwin nicht wirklich abschätzen und auch keiner seiner Zeitgenossen. Als guter und sehr guter Forscher war er ein genauer Beobachter, der hinsah, was ihm die Natur zu sehen gab, und der aufschrieb, was er gesehen hatte, ob es ihm nun lieb oder leid war. In seinem reinen Willen jedenfalls bemühte er sich, das, was er erkannt hatte, ohne Hast festzuhalten. Nur ganz zum Schluß, im Jahr 1859, mußte er sich beeilen, weil der Kollege, Freund und halbe Konkurrent Wallace ihm fast zuvorgekommen wäre. Er entschuldigt sich sogar in der Einleitung seines Werkes für die persönlichen Einzelheiten, die er über seine Fahrt als Naturforscher an Bord des ›Beagle‹ in Südamerika mitteilt, weil sie eigentlich nicht zur Wissenschaft gehören. Doch Langwierigkeit muß nicht Langweiligkeit bedeuten. In wichtigen Fällen ist ein langer

Anlauf notwendig, damit der Sprung über den Graben zur neuen Erkenntnis wirklich gelingt. Darwin jedenfalls möchte den Leser von der Gründlichkeit überzeugen, mit welcher er selbst nach dem Ursprung des Lebens gesucht und über ihn nachgedacht hat. Dieser Leser sollte nicht sofort die unerhörten Thesen über die Entstehung des Lebens beiseite schieben, wenigstens sollte er erst einmal zuhören.[6] Wegen der gründlichen Beobachtung und wegen der Sauberkeit der Aufzeichnung können wir Darwin vertrauen, ich jedenfalls habe keinen Zweifel an dem, was er gesehen und beschrieben hat. Darwin war unfähig der Manipulation.

Überraschender Überschuß. Dennoch hält die Geschichte eine Überraschung für uns bereit: Darwin schrieb auch auf, was er nicht gesehen hatte, was er für völlig selbstverständlich hielt, weshalb er an eine Begründung nicht einmal dachte. So sorgsam er in den Einzelheiten war, so wenig dachte er an den Rahmen für die Einzelheiten. Wie er auch nicht auf die Tinte achtete, die aus seiner Feder floß, als er seine Beobachtungen aufzeichnete. Daraus dürfen wir ihm keinen Vorwurf machen, weil es noch nie einen Menschen gegeben hat, der all sein Sprechen und Schreiben in jeder Hinsicht unter Kontrolle gehabt hätte. Alle Wirklichkeit angemessen darstellen zu wollen, würde heißen, dem Wahnsinn der Genauigkeit zu verfallen. Wie das Sprichwort sagt: Der Tausendfüßler, als er darüber nachdachte, wie er die Füße zu setzen hatte, kam ins Stolpern. Was war es, was der Engländer zusätzlich aufschrieb? Das können wir im Rückblick und *allein* im Rückblick erkennen, wenn wir sehen, in welcher Gesellschaft er sich sah. Er nimmt Kopernikus 300 Jahre früher zu Hilfe und stellt sich in eine Reihe mit ihm. Nicht also erst Sigmund Freud hat das 1917 getan, schon der Schöpfer der Evolutionslehre selbst reklamierte die Verwandtschaft.

Nicht gleich bei Erscheinen des Buches im Jahre 1859, doch dreizehn Jahre später in der sechsten Auflage des Werkes findet sich ein Hinweis auf Kopernikus, der in der ersten Auflage noch fehlt. Im sechsten Buch der Ausgabe des Werkes von 1872, unter dem Abschnitt ›Organe von extremer Vollkommenheit und Komplexheit‹ heißt es: ›Als erstmals die Rede aufkam, die Sonne stünde still und die Erde bewege sich, da erklärte der gesunde Menschenverstand diese Lehre für falsch. Doch dem alten Sprichwort von der Vox populi gleich der Vox Dei kann man in der Wissenschaft nicht trauen, wie jeder nachdenkliche Mensch weiß.‹[7] Es wird sich gelegentlich feststellen lassen, bei welcher Auflage zwischen der zweiten im Januar

1860 und der sechsten im Januar 1872 der Satz eingefügt wurde. Da ich nicht alle Ausgaben zur Hand habe, kann ich die Frage den Freunden der Historie überlassen.

Darwin nennt Kopernikus nicht beim Namen. Dennoch will er sich in die Reihe der Naturforscher stellen, die, gleich dem Thorner Astronomen, in die Wissenschaft einen neuen und ungewöhnlichen Blick eingeführt haben, den bisher niemand auf die Natur geworfen hatte. Hier im Falle Darwins ist es, um genauer zu sein, der Blick auf die belebte Natur, während Kopernikus und dann Kepler, Galilei und Newton die unbelebte Natur angeschaut hatten.

Wo ist der Züchter? Deshalb hat die Wissenschaft vom Leben ein Problem, das es beim unbelebten Sein nicht gibt. Physik funktioniert, wenn die Grundgestalten immer gleich bleiben, jedenfalls braucht sie wiederholbare Ergebnisse, um ihre Gesetze aufstellen zu können. Das ist in der Biologie anders. Da ist gerade die belebte veränderliche Natur der Gegenstand des Interesses. Deshalb mußte Darwin vor allem eine Frage beantworten, die in Astronomie und Physik keine Rolle spielt: Was oder wer ist es, der die Gestalten verändert? Seine verblüffende, geniale, alle Widerstände überrollende Antwort war: **Schaut auf die Haustiere! Dann versteht ihr, was in der Natur vor sich geht.** Darwin selbst sah zuerst dem Züchter auf die Finger, dann richtete er seinen Blick auf die Natur. Was er sah, wurde ihm zum großen Einfall, zum unvergleichlichen Aha-Erlebnis. Züchtung von Haustieren und Züchtung in der Natur laufen ganz ähnlich ab, nur mit einem kleinen und dann riesigen Unterschied. Den Züchter der Haustiere kennen wir, das ist der frühe und der heutige Mensch, wo jedoch ist der Züchter aller anderen, vor allem der früheren Lebewesen zu finden?

Darwin bringt in seinem Hauptbuch zunächst ein großes Kapitel über die künstliche Zucht, bevor er zur natürlichen Zucht übergeht. Berühmt sind seine Berichte über Haustauben, von denen er viele Beschreibungen besaß, und von denen er gleich anfangs im ersten Kapitel erzählt. Es scheint, als hätte er sich zuerst an den Tauben geübt, um die Vererbung durch Zuchtwahl an einer begrenzten Gruppe zu studieren, um später mit geschultem Auge in die freie Wildbahn zu treten.[8] Der Uhr nach war es umgekehrt, er hat zuerst die Beobachtungen auf Galapagos und anderen Inseln gemacht, dann hat er die Haustauben studiert; im Buch und in seinen Gedanken dreht er die Zeit um.

Zwei Arten der Zucht. Der Unterschied zwischen der künstlichen und der natürlichen Zucht besteht im Züchter. Bei der Haustaube ist es der Mensch, der züchtet, indem er probierend kreuzt und mit Kennerblick auswählt. Doch wo sehen wir den Züchter in der Natur? Jedenfalls ist kein Akteur direkt zu erkennen, der etwa bei Pflanzen oder Tieren den gewünschten Nachwuchs gedeihen und den Rest verschwinden läßt. Ein Mechanismus zur Auswahl muß her, dachte Darwin. Es kann allerdings nicht ein uns bekannter menschlicher Wille sein, dafür ist dessen Existenz in Raum und Zeit viel zu beschränkt. Was ist dieser Mechanismus, wie funktioniert er? Hier hatte Darwin seinen Einfall: **Es ist der Vorteil im Kampf ums Überleben.** Der Struggle for existence, der Kampf um das Dasein, ist das berühmte Leitwort in dem Werk ›On the Origin‹, das in der Ausgabe von 1859 achtzehn Mal erscheint, wenn ich recht gezählt habe, und dreizehn Mal als Struggle for life. Es ist allerdings, und das ist um die Mitte des 19. Jahrhunderts ein Problem, nicht ganz leicht einzusehen, wie dieser Mechanismus zustande kommen könnte. Wie sollte er in der Natur realisiert sein? Deshalb hatte Darwin solche Mühen und Skrupel mit ihm. Welches Geschehen liegt der Variation zugrunde? Wodurch kommt der Wandel in die Gestalten? Welche Gestalt bleibt anschließend im selektierenden Kampf erhalten, da so viele gleich wieder zugrunde gehen?

Aufspaltung des Willens. Darwins Idee war: Was bei der Haustierzucht der Wille des Züchters ist, wird bei der evolutiven Zucht in der Natur durch den Zufall der Variation ersetzt, auf den die Notwendigkeit der Selektion folgt: **Der Wille des menschlichen Züchters, wenn er in der Natur tätig wird, spaltet sich auf in Zufall und Notwendigkeit.** Das heißt, er spaltet sich selber gar nicht auf, nur wir als Beobachter sehen ihn gespalten, wenn wir ihn in der Natur anschauen. Wir werden das im Auge behalten und später die Aufspaltung umkehren: Zufall und Notwendigkeit können sich wiederum zu einem Willen, zur Freiheit vereinen. Das heißt, wir können und sollten es so verstehen, wir *müssen* es nicht. Diese so wiedergefundene Einheit wird dann zur Freiheit Gottes und des Menschen werden. Beweisen oder widerlegen läßt sich diese Freiheit nicht, zur Vorsicht sei es gleich gesagt. Darwin führt den Zufall in einer Weise in die Naturforschung ein, die geeignet ist, am Ende das ganze mechanische Programm des Überblicks umzustürzen. Er sah es nicht so, er wollte es nicht so sehen, er ist nicht einmal von ferne auf eine solche Idee gekommen. Er war kein Ideologe, der sich etwas vormachen wollte, das sei fern zu meinen, er hatte nichts zu verbergen. Seine Augen waren einfach gehalten, wie die seiner ganzen Epoche gehalten waren in dem Urteil, der wissenschaftliche Fortschritt sei Wachstum in der Erkenntnis der Ursachen in der Natur. Das fürchterlich Umgekehrte, die ursachenlose Kraft des Zufalls als Ursache zu verstehen, von dieser Erkenntnis war die Epoche meilenweit entfernt.

Ende statt Fortsetzung. Den Erdrutsch mit dem Zufall hat er nicht gemerkt, er ist einfach mitgerutscht. Er erkannte mit geübtem Kennerblick die Variationen unter den Lebewesen, deren Ursache er nicht erklären konnte, doch auch nicht unbedingt erklären mußte. Er konnte warten, eine Fähigkeit, die er beim Schreiben des Buches unter Beweis gestellt hat. Dann sah er sich nach einem Mechanismus zur Bewertung für die Tüchtigkeit der Lebewesen um, der die meisten Änderungen an der Gestalt verwarf, und ganz, ganz wenige beibehielt oder, wie er sagte, selektierte. Darin den Zufall zu sehen und damit eine Eigenschaft von so ganz anderer Art als die mechanische Notwendigkeit in der Natur zu erkennen, auf den Gedanken ist Darwin nicht einmal von ferne gekommen. Er tat, was er tun mußte, doch er verstand nicht ganz, was er tat. Wir dürfen die Erkenntnis dieses Erdrutsches von ihm auch nicht verlangen, doch von uns sollten wir sie 150 Jahre später erwarten. Der Erdrutsch war nur von anderer Art, als Siegmund Freud gemeint hatte. **Der ›struggle for life‹ war nicht die Fortführung der Mechanik auf das Feld des Lebens, es war ihr Ende.** Ihr folgte im 20. Jahrhundert die Beendigung der Mechanik in der unbelebten Natur auf dem Fuße, was das Werk der Quantentheorie war. Das unterscheidet uns von Freud, Dennett und anderen Kollegen, die meinen, Darwin habe die Naturwissenschaft der Neuzeit einfach fortgesetzt und vollendet. Wer so redet verkennt den Gegensatz des Prinzips Zufall zum Prinzip Notwendigkeit.

Pollenflug. Darwin spricht recht häufig über den Zufall in der Form von chance (61 Mal), von incidental (16 Mal), von coincidence (3 Mal) und hazard (2 Mal). Ich meine, die Tragweite des unerwarteten Ereignisses erkennt er dennoch nicht. Welche Vorstellungen er beim Zufall hegt, kann uns das Beispiel des Pollenfluges zeigen. Im vierten Kapitel des Buches von 1859 untersucht er ›Die Kreuzung der Individuen – On the intercrossing of individuals‹. Er sagt: ›Und so hat der Pollen eine bessere Chance, ganz zufällig von einem Baum zum anderen getragen zu werden.‹[9] Wind und Wetter sind hier die Zufallsgeneratoren, die für Wandel und Variation unter den Nachkommen sorgen, die in diesem Fall am Beispiel der Bäume die Notwendigkeit bearbeiten. Doch was sind Wind und Wetter? Sie werden nach eigenen Gesetzen regiert, wird Darwin gedacht haben, und wenn Notwendigkeit auf Notwendigkeit trifft, dann entsteht der Zufall, doch nur in Bezug auf die beiden lokalen Notwendigkeitsketten, die auf einer höheren Ebene natürlich nur eine einzige Notwendigkeit bilden.

Schlußbemerkung. Darwin hatte keine andere Möglichkeit, er lebte im dichtesten Zeitalter der Mechanik. Für einen Wissenschaftler war es eine Ehrensache, diese Mechanik der Natur für unbegrenzt richtig zu halten. Daher fühlte er den Schock nicht, den er mit seiner Evolutionslehre auf die Grundlagen der neuzeitlichen Wissenschaft ausübte. Er sah den Schock in einer ganz anderen Richtung, in der humanen und religiösen Sphäre. Die Wirkung ist völlig überquer, und erst 150 Jahre ist das richtig zu erkennen. Das offenbart die berühmte Schlußbemerkung im Werk, in die Darwin sein Herz hineingelegt hat. Da heißt es im 14. Kapitel der Ausgabe von 1859 und im 15. Kapitel der Ausgabe von 1872. ›Es hat etwas Großartiges, diese Sicht auf das Leben, mit den verschiedenen Kräften, die (vom Schöpfer) ursprünglich nur in wenigen Lebensgestalten oder sogar nur in einer mit Atem erfüllt worden ist; und dann entwickelten sich, während unsere Erde sich nach dem festen Gesetz der Schwerkraft im Kreise bewegte, von einem so ungemein schlichten Anfang aus eine endlose Zahl der schönsten und wunderbarsten Gestalten, und tun es weiterhin.‹[10]

Was tut der große Engländer? Er vergleicht die Gesetze des Lebens mit den Gesetzen der Schwerkraft, die so einsichtig nach Isaac Newton die Planeten bewegen und die Pendel in den Uhren schwingen lassen. Ein paar Seiten vorher spricht er namentlich von Newton, weil man diesem im 17. Jahrhundert und ihm selbst im 19. Jahrhundert vorgeworfen habe, religiöse Gefühle zu verletzen, ›to shock the religious feelings‹. Dann stellt er einen Vergleich an: Es gibt einen physikalischen Anfangszustand, und wenn der einmal gegeben ist, dann wandeln die Sterne und Planeten nach den Gesetzen der Gravitation von einem vorhersagbaren Punkt zum nächsten. Ganz ähnlich, meint er, gehe es zu in der Evolution: Aus wenigen Ursprungstypen des Lebens, vielleicht war es nur eine einzige Lebensgestalt, sind die gegenwärtigen, zahlreichen Gestalten mittels des von ihm gefundenen Gesetzes hervorgegangen. Den großen Unterschied zwischen dem physikalischen und dem biologischen Gesetz in der Lenkung der Natur sieht Darwin nicht. Er erkennt überall die Notwendigkeit am Werk, in der unbelebten wie in der belebten Natur, den Zufall, dem er einen Platz bereitet hat, und der Jahrzehnte später auch in die Physik einziehen wird, sieht er nicht. Das heißt, er sieht und übersieht ihn zugleich, weil er ihn für wißbar hält, weil er ihn nicht als Nicht-Wissensprinzip erkennen kann.

Eine Übung im Sehen. Hundertfünfzig Jahre später ist unsere Sehfähigkeit noch immer eingeschränkt. Jetzt könnte jeder sehen, der sehen wollte, – doch auf seltsame Weise sind unsere Augen weiterhin gehalten und können selbst heute nur schwer erkennen, was geschehen ist und fortfährt zu geschehen. Ich führe ein Beispiel von mittlerer Heftigkeit an, bei dem wir das öffentliche Bewußtsein mit wenig Mühe anschauen können. Es ist kein Wissenschaftler, auch kein Laie in diesen Dingen, die Meinung kommt aus der Mitte dazwischen. Es ist der Wissenschaftsjournalist Horgan, der hier spricht, der Ende des letzten Jahrhunderts ein relativ bekanntes Buch mit Interviews führender Naturwissenschaftler veröffentlicht hat: ›Das Ende der Naturwissenschaften – The End of Science‹.[11]

Im fünften Kapitel beschäftigt er sich mit dem ›Ende der Evolutionsbiologie‹. Das hat nichts mit Kreationismus oder Intelligent Design zu tun, die auf den Mißerfolg der Evolutionsidee hoffen. Horgan startet genau in die Gegenrichtung, es ist der ungeheure Erfolg der Evolutionsehre, der ihn für die Idee fürchten läßt. Zunächst einmal sieht der Autor sehr richtig den Zufall und seine Rolle beim Überleben eines jeden Lebewesens.[12] Und deutlicher noch sieht er den wirklich zufälligen Charakter, mit dem die besseren Karten im Leben ausgeteilt werden. ›Variations between generations are random – Mutationen zwischen den Geschlechterfolgen erfolgen wahllos‹[13], was Horgan klarer sagt als Darwin, dessen Vermutungen in der Mitte des 19. Jahrhunderts nur ungefähr in diese Richtung gingen, doch letztlich von einer Überblicksmechanik gesteuert waren.

Gewißheit 1953. Weiter spricht Horgan über die langen Jahrzehnte, in denen bloß vermutet wurde, wie der Mechanismus der Entwicklung aussehen könnte. Erst 1953 sei mit der Entdeckung der DNA aus einer Vermutung die Gewißheit geworden: Variation und Selektion beruhen wirklich auf Zufall und Notwendigkeit, was kaum zu bestreiten ist. Dieser Mechanismus markiert trotz seines Namens das Ende der Mechanik in der Biologie, weil der Zufall jetzt eine entscheidende Rolle in den Grundlagen der Biologie zugewiesen bekommt. Nur betont unser Autor diese Rolle auf eine Weise, die Klarheit verheißt und Unklarheit verbreitet. Die Molekularbiologie legt nach ihm die Vermutung nahe, ›alle biologischen Erscheinungen könnten mit mechanischen, also physikalischen Begriffen erklärt werden – could be explained in mechanical, physical terms‹.[14] Das ist so richtig wie falsch gesagt, weil mit der Doppelhelix jetzt zwar der Mechanismus für den Wandel der Arten bekannt ist, dieser Gen-Mechanismus aber gerade vom Zufall geleitet wird, der dem Geist des Überblicks eine Ende setzt. Wer die Betonung auf Mechanik legt, könnte an die mechanischen Vorstellungen von Kopernikus bis Planck denken, deren Sinn die Vertreibung des Zufalls war. Gerade der läßt sich hier nicht vertreiben, er hat sich hier endgültig festgesetzt. Es ist der Zufall in der Natur, dem die Gestalten entspringen. Man kann auch an die Physik, an die ›physical terms‹ denken, und dann vor allem an die Quantentheorie des 20. Jahrhunderts, da sieht es plötzlich anders aus und der Überblick fällt weg. Dann schiebt sich aus der unbelebten Natur das Paar von Zufall und Notwendigkeit in die belebte Natur hinein. Wir hatten es oben (S. 82) schon erwähnt.

Nun gibt es viele Leute, die den Sinn des Lebens mit der Evolutionsbiologie entscheiden wollen und dann wie selbstverständlich zu dem Ergebnis kommen: Das Leben hat keinen Sinn. Wenn wir uns die historische Entwicklung der Biologie anschauen, können wir den Wert der evolutiven Erkenntnis besser beurteilen. Es lassen sich, so scheint es, drei Phasen unterscheiden: die Erhaltung der Arten bis ins 19. Jahrhundert, die Evolution der Arten seit Darwin, die Erkenntnis der Freiheit in der Natur im 21. Jahrhundert.

Erhaltung der Art. Aristoteles hat als erster ausführlich die Erhaltung der Arten beschrieben. Er begründet sie tiefsinnig mit seiner Metaphysik von Stoff und Form, von Möglichkeit und Wirklichkeit: ›Ein Lebewesen muß wirklich vorhanden sein, damit ein anderes Lebewesen der gleichen Art entsteht.‹[15] Der Satz wäre sogar mit dem Darwinischen Wandel der Arten verträglich, denn ohne Einzeller entsteht normalerweise kein anderer Einzeller, doch aus Einzellern sind im Laufe der Zeit alle möglichen Lebewesen geworden. Nur wurde der aristotelische Satz nie so verstanden, denn bis ins 19. Jahrhundert hinein war der Wandel der Arten weder denkbar noch erfahrbar.

Die Art, also die Spezies, schafft eine Identität in der Natur, die es auf andere Weise auch gibt, und dennoch geschieht hier, mit dem Auftauchen des Lebens, etwas Neues. Zur Zeit kennen wir etwa 100 Milliarden Galaxien mit jeweils etwa 100 Milliarden Sternen, also wissen wir von der Existenz von wenigstens 10^{11} mal 10^{11} Sternen, das sind 10^{22} leuchtende Sonnen in einer Zahl, die mit Worten gar nicht mehr ausdrückbar ist. Das sind alles gleichartige Individuen mit leichten Unterschieden in den Eigenschaften, und doch zögern wir, von Identität und Individuum eines Sterns zu sprechen. Anorganische Wesen behalten ihre Existenz viel länger als organische Wesen, dennoch achten wir sie geringer. Mit Recht, denn es steckt keine Leistung dahinter. Kaum eine, um genau zu sein: Der Planet Erde hat seine Größe dem Riesenplaneten Jupiter abgetrotzt; sehr viel massenärmer ist der Mars, weil er dem Jupiter näher steht; der noch näher stehende Asteroidengürtel zwischen Mars und Jupiter hat es nicht einmal zu einem Planeten gebracht. Kampf ums Dasein auch bei den Planeten! Noch stabiler als Sonnen sollen Protonen und andere Elementarteilchen sein. Nur die Unendlichkeit gibt es nicht in der Natur, deshalb haben selbst langlebigste Teilchen einen Anfang und ein Ende.

Erfindung der Erde. Viel wunderlicher als Sterne und Planeten ist das organische Individuum, flüchtig in der Zeit, aber von ganz anderer komplexer Qualität im Raum als die riesigen immer gleichen anorganischen Sonnen und Planeten. Das Organische ist die eigentliche Erfindung der Natur, wir müßten genauer sagen, sie ist eine Erfindung der Erde, weil wir bislang nur unseren Planeten als eine Oase des Lebens kennen. Das Weltall hat ansonsten nur sehr böse Plätze für das Leben anzubieten. Und ob es noch andere Sterne mit Planeten als Oasen des Lebens gibt, steht sehr in den Sternen. Die neue und erfahrungsgesättigte Theorie der ›Rare Earth‹, der ›Einsamen Erde‹, bietet in den letzten Jahren starke Gründe gegen fernes Leben auf. Wenigstens höheres Leben dürfte extrem selten sein – bis hin zur Einzigkeit des Lebensraumes Erde im gesamten Universum.[16] Die Theorie liefert einen weiteren Mosaikstein für die These, nach der die begreifbare Natur nicht alle Wirklichkeit ist, denn sonst wäre das Leben in der Natur wesentlich weiter verbreitet. Gegen Mitbewohner im Weltall spricht als stärkstes Argument immer noch die alte und ganz frische Frage von Enrico Fermi: ›Where are they? – Wo sind sie?‹ Bei notwendiger Evolution in der Natur zu hoher Intelligenz hin müßte es nur so wimmeln von überlegenen Kulturen in unserer Milchstraße und sonstwo. Doch warum zögern sie, uns zu besuchen?

Was macht nun die Identität des organischen Individuums aus? Im Unterschied etwa zum leuchtenden Stern aus Gas? Wir suchen eine Eigenschaft, die vom Einzeller bis zum Menschen reicht. Die eigentliche Erfindung des Organischen ist das Organ, das ihm zu eigen ist und das die Sonne nicht besitzt. Meistens, nein, immer, hat ein Lebenwesen sogar viele Organe. Organon ist ein griechisches Wort und heißt Werkzeug. Mit diesem Werkzeug in Einzahl und Mehrzahl sucht das Leben seine Individualität und Identität zu erhalten. Ernährung, Verteidigung und Bewegung sind die auffälligsten Merkmale, wobei die überaschende Selbstvermehrung hinzukommt, die zugleich die Identität vermehrt und vernichtet. Keine Sonne und keine Schneeflocke kann sich fortzeugen, obwohl es sehr viele von ihnen gibt, aber vom Einzeller bis zum Menschen können es alle Lebewesen.

Ein- und Vielzeller. Sie tun es zuerst durch Zellteilung, was die Identität der einen Zelle zugleich vermehrt und vernichtet. Bei der Vielzelligkeit geschieht das gleiche noch einmal, nur ist es wiederum in diesem Fall auch anders, weil die Identität eine andere ist. Eltern machen sich in ihren Kindern überflüssig, bleiben aber bei höheren Lebewesen zunächst noch am Leben. Hier wird die Vermehrung speziellen Sexualwerkzeugen übertragen, die eine freiere Handhabung von Identität und Differenz möglich machen. Ob das Individuum oder die Gattung ursprünglicher ist, sollten wir in der Schwebe lassen, nur Ideologen erklären das egoistische Gen und damit die Gattung für das einzige Lebensprinzip. Wir sehen nur soviel: Die Gattung lebt in den Individuen, und die Individuen begründen die Gattungen, wobei kleine Abweichungen manchmal vorkommen, was zur Evolution der Arten führt und zu neuen Eigenschaften.

Evolution der Arten. Mit der Sexualität beginnt etwas Neues, wie allgemein bekannt ist. Individuum und Art treten auseinander, was bei asexuellen Einzellern nicht der Fall ist. Damit kommt der Tod in das Leben, weil Individuen sterben, und es kommt die beschleunigte Entwicklung der Arten in die Natur. Was ist das Individuum? Es hat Innerlichkeit, die es von allem Sein außerhalb unterscheidet und mit Willen festzuhalten sucht. Eine strahlende Sonne, die Wasserstoff zu Helium verbrennt, hat keinen Willen, sie hängt ganz und gar von den Gasgesetzen ab. Der Jupiter möchte vielleicht auch so leuchten wie die Sonne, den Ausgangsstoff hat er bei sich. Doch er müßte 75 Mal mehr Masse besitzen, dann erst wäre der Druck groß genug, den Wasserstoff zu Helium zu verbrennen und das Sonnenlicht zu erzeugen. Wille muß nicht an Bewußtsein gebunden sein, einen Willen gibt es schon dort, wo der Unterschied von Innen und Außen aufgebaut wird und nach seiner Erhaltung sucht. Das ist bei Wasserstoff gar nicht und bei einem Proteinmolekül sehr wenig der

Fall, doch beim ersten Einzeller ist der Unterschied auf einmal da. Schwer zu sagen, wo und wann er eingetreten ist.

Die Entwicklung der Arten ist eine natürliche Folge, wenn das Individuum sich von der Außenwelt unabhängig halten will, von der es zugleich abhängig ist. Damit wird sogar der Übergang vom Einzeller zum Vielzeller verständlich. Wenn die Zelle, anders als die Sonne, selbstreplizierende Moleküle benutzt, um sich gegen die Außenwelt zu behaupten, können hierbei Änderungen, die bekannten Mutationen, auftreten. Schon bei einem geteilten Einzeller hat man es nicht immer mit eineiigen Zwillingen zu tun, sondern mit leichten Abwandlungen. Entscheidend ist die Aufbewahrung der veränderten Form in der Zelle zwecks künftiger Weitergabe, wenn die Mutation von Vorteil war. Dazu kommt kaum ein anderer Mechanismus in Frage als ein genetischer Code, der leicht von Individuum zu Individuum variiert und weitergereicht wird, um dabei Identität und Differenz des Individuums weiter zu tragen.

Ist damit ein Weg vorgezeichnet? Ich würde sagen: Ja und Nein. Der Unterschied von innerem Leben und äußerer Welt ist vielleicht vorgegeben und notwendig, deshalb auch schon bei einem leuchtenden Gasball vorhanden, selbst bei einem Proton. Die weitere Richtung ist allerdings nur schwer vorzuzeichnen. Komplexität könnten wir als Zunahme von Innerlichkeit deuten und damit auch als Zunahme von Distanz zur Außenwelt. Allerdings wächst mit der Innerlichkeit auch die Abhängigkeit von der äußeren Welt, da die extremen Lagen wie heiß und kalt, die von Bakterien gemeistert werden, die Ausdauer von Säugetieren, Vögeln und Fischen schon bald überfordern.

Geburt der Freiheit. Also den Schritt von der Konstanz der Arten zum Wandel der Arten hat Darwin mit großer Erleuchtung getan. Was er nicht getan hat, ist der Schritt von den Arten zum Individuum und zurück. Eigentlich ist ihm die Gattung oder das Genom schon der eigentliche Träger des Lebens, doch die Gattung macht nicht das ganze Leben aus. Es gibt den Übergang zwischen Art und Art, und es gibt den Übergang zwischen Art und Individuum. Um das Leben zu verstehen, ist auch dieser Übergang in den Blick zu nehmen.

Geburt der Freiheit. Fast möchte ich anheben: ›Mit der Geburt der Freiheit war es so.‹ In solchen Worten beginnt der Evangelist Matthäus seinen Bericht über die Geburt Jesu. Nach guter theologischer, aber auch denkerischer Tradition, sind die Geburt der Freiheit und die Geburt Gottes in der Natur eng verbunden. **Freiheit ist das Band, das Gott und Mensch in der Natur verbindet.** Das nächste Kapitel wird davon handeln.

Erkenntnis der Lage. In Darwinischen Worten läßt sich die Geburt der Freiheit, die zugleich der Augenblick des Bewußtseins, der Sprache, der Kunst ist, vielleicht auf diese Weise beschreiben. Große Gehirne und komplexe Lebewesen gehören zur Voraussetzung solcher Geburt, sind jedoch keineswegs hinreichend. Die zähe Diskussion um das Tier-Mensch-Übergangsfeld legt den unzureichenden Gesichtspunkt offen. Die Komplexität ist nur ein Werkzeug, um den Prozeß der Evolution beurteilen zu können. Nicht Darwin war der erste Evolutionsdenker, ich würde sagen, der erste Mensch war es. **Der Mensch wird Mensch, indem er seine Lage erkennt.** Diese Lage ist geprägt von der Not und Knappheit des Lebens, geprägt vom winzigen Erfolg und vom riesigen Scheitern in der Evolution. Nicht die Evolutionslehre scheitert, sondern ich als Lebewesen scheitere in der Evolution, weil ich im Kampf um das Leben das Ziel nicht erreiche, mein Leben in der Natur zu erhalten. Nicht sofort, doch auf Dauer führt der Kampf um die weitere Existenz in der Natur zu keinem guten Ende. Wir sind zwar alle Enkel von Siegern im Kampf um Dasein, wir haben auch alle die grausamen Instinkte von Siegern geerbt. Doch die große Erkenntnis steht dem Sieger nach seinem Sieg noch bevor: Ich werde nicht immer und allezeit siegreich sein. Der Mensch ist das Lebewesen, der seines Todes gewiß ist und dies auch weiß. Die ganze Anstrengung in der Natur, das Leben festzuhalten, ist vergeblich.

Die Geburt der Freiheit kann dann folgende sprachliche Gestalt annehmen: ›Wer sein Leben bewahren will, wird es verlieren; wer sein Leben verliert, wird es gewinnen.‹ Wenn Freiheit zur Voraussetzung die Identität hat, kann es in der Natur nur endliche und zeitlich begrenzte Identität geben. Das erkennt das Tier wohl nicht; jedoch der Mensch mit seinem Bewußtsein blickt in diesen Abgrund. Aus der Sterblichkeit wird die Freiheit geboren, wir können sagen, das Wissen vom Tode macht uns frei. Das klingt merkwürdig, da der Tod das Gegenteil des Lebens ist, und Leben doch zu den Elementen der Freiheit gehört. Direkt wird mit ihm auch nur das Leben der Arten gefördert: Der Tod ist der Kunstgriff der Natur, mehr Leben zu haben. Für das Individuum ist der beschleunigte Wechsel der Lebensgestalten zunächst einmal mit Schrecken und Angst verbunden, unerkannt im Tierreich, erkannt im Menschenreich.

Allerdings, indirekt fördert der Tod auch das individuelle Leben – durch die Erkenntnis. Der Prozeß des Lebens mit seinem Vorteil für die geschickteste Lebensform hält die Botschaft an jeden Teilnehmer bereit: ›Schau dir das Leben an, auf Dauer schaffst du es nicht.‹ Wenn Selbstsein die Form der Freiheit ist, die sich das Leben im Kampf erworben hat, so ist sie räumlich und zeitlich begrenzt. Doch sie ist vorhanden, solange ich lebe; ich kann sie als endliche Freiheit anerkennen. Mein endliches Selbstsein muß mit diesem Prozeß zu tun haben. Was bleibt übrig? Zustimmung zum Verlust des Lebens, Einverstandensein mit der Sterblichkeit, das wäre dann die höchste Form des Selbstseins, der Freiheit.

Was daraus für das Leben folgt, ist das Thema des nächsten Kapitels fünf. Zur Verbesserung und Vertiefung des Ergebnisses müssen wir in diesem biologischen Kapitel zunächst noch einige Entwicklungen im Bereich der Evolutionslehre betrachten. Wenn Freiheit in der Natur, Freiheit aus dem Zusammenspiel von Zufall und Notwendigkeit unser Blickwinkel ist, wenn dies das Fundament unserer Darwinerkenntnis ist, dann sollten wir sie gegen oder mit den neuen Erkenntnis in Beziehung setzen können.

Kränkungen fördern Selbstbesitz. Die Wissenschaft des 20. Jahrhunderts hat nicht nur den Außenbesitz des Menschen gefördert, sie förderte auch den Selbstbesitz, ganz gegen Wunsch und Willen der meisten Wissenschaftler. Die bedrohlichen Kränkungen rüsten den Menschen am Ende mit einer Freiheit und Verantwortung aus, mit einem Selbstsein, das er bis ins 20. Jahrhundert nicht gehabt hat. Die drei Kränkungen Freuds wachsen sich aus zu drei Ritterschlägen eines neuartigen Menschseins, das sein Fundament in der Natur erkennt. Vorher müssen wir die Meinung der Gegner ansehen, die entweder auf der linken Seite die Freiheit in der Natur bestreiten oder sie ihr von außen aufdrücken wollen, als ob die Natur irgendwelche Lücken hätte.

4.2 Linker und rechter Fundamentalismus

Vorzügliche Charaktere. Die Bezeichnung Darwinismus wurde noch im 19. Jahrhundert üblich, sie stammt von Alfred Russel Wallace (1823–1913), der Darwin im Jahr 1859 zur unverzüglichen Publikation des Buches veranlaßt hatte, weil er selbst nahe daran war, die Idee der natürlichen Zuchtwahl zu entdecken und auch schon Stücke seiner Gedanken publik gemacht hatte. Trotz der Konkurrenz in einer schon damals spürbar bedeutenden Frage blieb das Verhältnis von Wallace zu Darwin entspannt, was auf zwei vorzügliche Charaktere schließen läßt. Beim Begräbnis Darwins im April 1882 gehörte Wallace zu den Sargträgern. Er erhob in seinem langen Leben nicht ein einziges Mal den Anspruch auf Vorrang in der Evolutionslehre. Statt dessen verneigte er sich vor Darwin 1869 in seinem Buch über den Malaya-Archipel mit den Worten: ›Ich widme ihm dieses Buch, nicht nur als Zeichen der persönlichen Wertschätzung und Freundschaft, sondern auch um meine tiefe Bewunderung für seinen Schöpfergeist und seine Arbeitskraft auszudrücken.‹[17] Umgekehrt betonte Darwin stets die Hochherzigkeit von Wallace, der so umstandslos auf Weltruhm verzichtet hatte. Wallace also hatte die von Darwin entwickelte Evolutionstheorie als erster den Darwinismus genannt, in Bewunderung für die breite, systematische Ausarbeitung, die ihm Darwin in der Frage der Lebensentstehung voraushatte.

Der Ismus in der Natur. Hier tut sich allerdings ein Bedenken auf. Wer immer ein Wort verwendet, das auf ›ismus‹ endet, gerät in die Gefahr der Ideologie, er ist gefährdet durch die Verwechslung von Wunsch und Wirklichkeit. Weder Wallace noch Darwin sind in diesem Sinn harte Darwinismus-Anhänger gewesen. Doch es geht ein beständiger Reiz vom Ismus aus, der durch sein System verführt: Ein einzelner Gedanke, zentral gesetzt, soll möglichst viele, am besten alle Erfahrungen erklären. Ein erfolgreicher Ismus scheint also erfaßt zu haben, was alle Wirklichkeit ist. Wir haben oben die zahlreichen Verführungen gesehen, die von der so erfolgreichen Mechanik der Neuzeit ausgegangen sind. Philosophen, Wissenschaftler und schließlich die Alltagsmenschen wurden in den Bann geschlagen durch die schöne Meinung, alle Wirklichkeit könne in den Überblick genommen werden. Die bezaubernde Bezeichnung von der Weltformel oder von der Theorie aller Dinge sollte diesem Traum einen Namen geben. Für die Physik und die unbelebte Natur hat sich das Problem des Überblicks im 20. Jahrhundert wohl erledigt.

Für die belebte Natur ist das Problem im 21. Jahrhundert noch immer ansteckend. Da gibt es weiterhin eine Reihe von Leuten, die ihr Weltbild, also ihre Ansichten von dem, was das Leben ist und sein soll, durch einen Ismus erklären wollen, eben zum Beispiel durch den Darwinismus, der als All-Erklärung dienen muß. Darwin war zwar kein Darwinist, dazu war er zu vorsichtig und zu ehrlich gewesen, aber bis ins 21. Jahrhundert gibt es viele Leute mit dieser Geschmacksrichtung, die aus Darwins Entdeckung eine Totalerklärung des Lebens ableiten wollen. ›Wenn sich das Menschengeschlecht durch die natürliche darwinische Selektion entwickelt hat, dann hat der genetische Zufall und die umweltmäßige Notwendigkeit die Arten erschaffen, nicht Gott.‹[18] Natürlich richtet sich ein Ismus vorzugsweise gegen Gott, wie das hier der Fall ist. Wir brauchen nicht einmal eine besondere Empörung gegen das Dasein von Welt und Mensch anzunehmen, um die Wendung gegen Gott zu verstehen. Gott steht für die ganze Wirklichkeit, sagt der nüchterne Geist zu sich selber, wenn er gerade unnüchtern werden möchte, um die ganz Welt zu ergreifen. Es kann nicht Gott das Leben in seinen Arten gelenkt haben, denn das begreife ich nicht; ich begreife nur Zufall und Notwendigkeit, reicht das nicht?

Das Schöne an Edward O. Wilson (* 1929), der genau diese Meinung als Biologe und gefeierter Schriftsteller vertritt, ist seine Klarheit. Wir bewundern seine Offenheit, indem er gleich auf der ersten Seite seines Buches über die menschliche Natur sein Ziel kundtut, eine Allerklärung des Lebens zu geben. Damit treffen wir auf ein weiteres Beispiel aus dem Geist der Mechanik, in dem ein Forscher vollen Überblick über ein komplettes Gebiet verspricht, hier über das Leben. Während der Physiker Feynman die Waffen zur Eroberung des Überblicks gestreckt hat, steht bei der Mehrzahl der Biologen diese Einsicht noch aus. Ich wähle den US-Amerikaner Edward O. Wilson aus dem Grunde, weil sich in ihm der reduktionistische Geist mit dem Willen zum Überblick plastisch anschauen läßt. Im Jahre 1975 meinte er die biologischen Grundlagen des menschlichen Lebens erkannt zu haben und begründete die Soziobiologie, wonach das Verhalten des späten Erdenbewohners aus der Evolutionsbiologie erklärt werden soll. Das Gebiet ist also noch ziemlich jung.[19] Bekannt geworden ist Wilson zunächst als Ameisenforscher, später hat er seine Erkenntnisse über das soziale Leben von Insekten auf den Menschen übertragen. Damit wollte er die Human-Soziologie auf die Biologie gründen, was an sich als antäisches Programm zu begrüßen wäre, wenn Wilson unter Erdung des Humanen nicht die Reduktion auf die Biologie verstehen würde. Wilson genießt einen ausgezeichneten Ruf als Kenner der Kerbtiere, seine Leistungen auf dem Gebiet der Insekten sind unbestritten. Nur seine Soziobiologie, die ihm am Ende weitaus wichtiger war, hat viel Ablehnung von politischer oder religiöser Seite gefunden, da sein Blickwinkel doch sehr beschränkt erschien. Auch von Kollegen der Biologie hat er herbe Kritik hinnehmen müssen. So von dem Biologen Stephen Jay Gould, der Wilson für die naturalistische Notwendigkeit gerügt hat, mit welcher er die Existenz des Menschen und seine Lage in der Welt einfach aus Naturgesetzen folgern wollte.[20]

Der Tierforscher. Wilsons Lebensgeschichte zeigt seinen Weg vom praktischen Tierforscher zum theoretischen Anthropologen. Ich gebe zu, eine psychologische Deutung von Sachthesen ist immer eine äußerliche Kritik, dringt also nicht in die Tiefe. Wir werden uns deshalb mit dem Naturalismus in der Art von Edward O. Wilson vor allem in der Sache beschäftigen. Einigen Erklärungswert hat die Psychologie dennoch: Das Subjekt lebt in der Welt von Objekten, und da ist auf indirektem Weg manches Wissen über den Menschen und sein Streben zu erlangen. Der US-Südstaatler Wilson wuchs in und mit der Natur auf, seit frühster Jugend sammelte er Kleintiere aller Art, er liebte sie und bewahrte alles, was ihm in Köcher und Reuse lief, zu Hause auf, lebendig im Herbarium oder konserviert in der Schachtel. Eine kurze jugendliche Aufwallung religiösen Lebens mit einer baptistischen Taufe als 14-jähriger ebbte schnell wieder ab. Sein späterer Atheismus hat etwas Rührendes, er ist wie die Entdeckung eines Gottes, der jetzt nicht Geist, sondern Natur heißt. Jedenfalls hat Wilson dieser Natur sein Leben gewidmet. Als kleiner Junge war er von der Vielfalt der Tierwelt bis ins Mark getroffen, vielleicht als Ersatz für die Rast- und Heimatlosigkeit seiner zerbrochenen Familie. Tiere sah er nicht als Objekte des Forschens an, sie waren ihm Freunde fürs Leben. Zum Ameisenforscher wurde Wilson, weil seine Augen nichts anderes zuließen; beim Angeln hatte er sich den Stich einer Meerbrasse zugezogen und war seitdem auf einem Auge blind. Schon Vögel waren für ihn ungeliebte, weil zu weit entfernte Tiere. Lebendig erzählt er von seinen Forschungsreisen und vom späteren Streit, den seine Soziobiologie in der Öffentlichkeit ausgelöst hat. In den hitzigsten Momenten seines Lebens mußte er sogar einen Kübel kalten Wassers erdulden, den linke politische Aktivisten über ihm ausgeleert hatten, weil sie über seinen festgezurrten Naturalismus erbost waren.

Drei Kernthesen. Mit seiner Mission hält Wilson nicht hinter dem Berge. Als Frucht seiner Sendung bietet er eine umfassende Erkenntnis des Lebens an, dann verlangt er vom Hörer die Umkehr zu einem neuen Leben. In feierlichem Tone endet seine Autobiographie: ›Meine – drei – Kernthesen lauten: Erstens, der Mensch ist letztlich das Produkt der biologischen Evolution. Zweitens, die biologische

Vielfalt ist die Wiege und das bedeutendste Naturerbe der Menschheit. Drittens, Philosophie und Religion ergeben wenig Sinn, wenn sie die ersten beiden Thesen nicht berücksichtigen.‹[21]

Erste These. Die drei Thesen bringen eine vollständige Philosophie des Lebens, jedenfalls stellen sie vom Aufbau her eine Gesamtsicht der organischen Wirklichkeit dar. Ob die Sicht ausreichend ist, ob die drei Sätze auch nur halbwegs wahr sind, ist eine andere Frage. In der ersten These geht es um das Leben insgesamt, also um das, was seine Wirklichkeit ausmacht. Ohne viel Umstände ist das für Wilson die Biologie in der Gestalt der Evolution. Viele Dinge fallen bei dieser Sicht unter den Tisch, zum Beispiel alles unbelebte Sein. Gibt es nur Lebewesen in der Welt, könnte ich fragen? Fußt das organische Sein nicht im anorganischen Sein? Der Biologe könnte antworten: Alles unbelebte Sein ist fähig, den Stoff zum Leben abzugeben, es ist die Basis für etwas anderes. Er könnte auch sagen: Nur wo Leben und Bewußtsein herrschen, kann von unbelebten Dingen die Rede sein. So oder so ließe sich die Universalität der ersten These schon verteidigen. Besser sagen wir jedoch gegen Wilson: Der Mensch ist das lebendige Produkt der Evolution, die wiederum in der unbelebten Natur fußt. Warum es Sein, Leben, Bewußtsein gibt, in dieser zeitlichen Reihenfolge, ist schwer zu sagen, allenfalls in Kapitel 5 werden wir dazu eine Vermutung äußern.

Zweite These. In der zweiten These bekennt sich Wilson zu einer Ethik des Naturalismus, es ist die Ethik der Biophilie. Mit ihr will er die Grundlage legen für eine anthropozentrische Umweltethik, die das Eigeninteresse des Menschen mit der Erhaltung des biologischen Vielfalt verbinden möchte. In der vorliegenden Gestalt klingt sie merkwürdig verschroben, doch wenn die Evolutionslehre alles Wissen vom Leben beschreiben würde, ginge sie in Ordnung. Aus der biologischen Vielfalt ist der Mensch selbst hervorgegangen, das ist sein Naturerbe, daher sollte er ehrfürchtig oder wenigstens vorsichtig mit ihr umgehen. ›Was du ererbt von Deinen Vätern, erwirb es, um es zu besitzen.‹ Nach dem geflügelten Wort ist ein Erbe im Sinne des Erblassers zu gebrauchen, was hier die doppeldeutige Anweisung zur Folge hat, Leben zu schaffen und Leben zu vernichten. Das ist das Erbe der Natur. Ganz darwinisch steht schon nach Goethe über der Wiege des Lebens geschrieben: ›Der Tod ist der Kunstgriff der Natur, mehr Leben zu haben.‹ Welches Leben eher zu leben verdient als ein anderes, ist mit der zweiten These schwer zu entziffern, hier kommt ein Element von Willkür in den Weltlauf, der am Ende nur das Recht des Stärkeren kennt.

Dritte These. Schließlich steckt der Sinn des Lebens in der dritten These, wenn auch wiederum auf vertrackte Weise. Philosophie und Religion, die üblichen Sinngeber, werden von Wilson auf einen neuen Sinn verpflichtet, nämlich auf ihre Selbstabschaffung: **Die Religion wird durch das Interesse für die Religion abgelöst.** Geist soll nur dann einen Sinn haben, wenn er nicht sein will, was er ist. Der archimedische Punkt des Menschen soll nicht Gott oder die Seele sein, es ist die Evolution. Wieder wird der Mentalismus verworfen, also die echte Existenz von Geist und Freiheit, diesmal im Namen der Biologie wie oben bei Quine im Namen der Physik.

Bei solchen Reduktionen drängt sich mir hartnäckig ein Bild auf: Überweisungen von Geld machen Freude, sie zeigen eine lebendige Volkswirtschaft an; am größten ist die Freude, wenn das Geld auf mein eigenes Konto eingeht. Diejenigen Reduktionen klingen am schönsten, die in das eigene Fachgebiet führen. Das muß nicht notwendig so sein, wie das Beispiel Feynman oben zeigt: Er hält eine Wirklichkeit aus, die sich anders darstellt, als er gewünscht hatte. Allerdings ist die Einsicht in die Lage, wenn die Wirklichkeit anders ausfällt als meine bisherige Einschätzung, voller Schmerzen, die sich zu Todesängsten steigern können. Wenn die Wirklichkeit mit ihren Ansprüchen an mich herantritt, habe ich immer die Wahl, die Schmerzen auf mich zu nehmen oder sie anderen aufzuladen.

Fachleistung und Fachidioten. Aus dem Evolutionismus von Edward O. Wilson können wir viel lernen, er gibt zu denken. Eine Frage läßt mich nicht los: Warum herrscht so viel Reduktionismus in der Naturwissenschaft? Warum ergibt so oft eine Verengung des Blicks eine Erweiterung des Wissens? Ich vermute: Man muß blind sein für tausend Dinge, um die eine Eigenschaft der Natur zu erblicken, die alle anderen bisher übersehen haben. Man darf tausend wichtige Dinge nicht für wichtig halten, am besten hält man sie nicht einmal für existent: Damit haben wir den elementaren Vorteil der Reduktion erkannt. Die Schullehrer aller Richtungen warnen vor der Metabasis ›eis to allo genos‹, vor dem Überspringen der Fachgrenzen. Sie haben recht: Wer sich überall umschaut, der bleibt an der Oberfläche, der blickt nicht in die Tiefe. Mit der fachlichen Leistung ist es dann schnell vorbei, ja, es kommt gar nicht dazu, wie die Erfahrung zeigt. Vielleicht sollten wir die Frage ernsthaft stellen: Bringen nur Fachidioten ihr Fach voran? Klingt die Frage humorig oder zynisch? Jedenfalls wirkt sie doppeldeutig und lächelt über die Einseitigkeit, die jeden Reduktionisten früher oder später scheitern läßt, nachdem er vorher seine Einsichten abgeliefert hat. Wichtig scheint mir zu sein, die Warnung vor dem einseitigen Blick mit dem Lob auf die Einseitigkeit zu verbinden. Das Leben bleibt in Bedrängnis, weil es den Überblick nicht bekommt, auch durch die Wissenschaft vom Leben nicht.

Wer zu balancieren versteht, der kann aus solcher einseitigen Wissenschaft seinen Vorteil ziehen. Ich schlage vor, die Balance an den drei Kernthesen von Wilson zu üben. Wenn der Leser übrigens den Eindruck hat, das ganze Buch hier habe das Ziel, die Balance von Wissenschaft, Philosophie und Theologie einzuüben, so fühlt sich der Autor verstanden. Sesquiismus ist die Kunst der Balance.

Balance Eins. Also, die erste der drei Thesen ist richtig und falsch zugleich, was bedeutet, sie ist schief wegen der innewohnenden Übertreibung. Der Mensch ist ein Produkt der biologischen Evolution, sagt Wilson. Das ist richtig, denn außerhalb der tierischen Entwicklung der Arten hat kein Erdenbewohner seinen Platz auf Erden eingenommen. Alle sind wir durch die gleiche Tür des Lebens eingetreten. Unsere Arme und Beine, alle unsere Organe in Kopf und Rumpf, die Funktion unseres Stoffwechsels lassen keinen Zweifel zu an der Einheit allen Lebens, die sich ausspannt vom Einzeller vor drei oder dreieinhalb Milliarden Jahren über die Pflanzen und Tiere bis hin zum Menschen. Alles Leben auf der Erde ist eng verwandt und gehört zum Baum des Lebens. Neuerdings werden gerne Gene gezählt, um den Grad der Verwandtschaft, also den Abstand der Zweige zu bestimmen. Die Beweislage für den gemeinsamen Baum des Lebens ist erdrückend: Die Mikroebene der Moleküle zeigt den gleichen Aufbau des Lebens wie die Makroebene der Naturgeschichte. Wenn der Biologe Wilson nicht mehr sagen würde, könnten wir nur zustimmen und müßten jede Weigerung für Dummheit oder Bosheit halten.

Doch er sagt mehr. Er geht einen kleinen Schritt über die nüchterne Aussage hinaus, er sagt: ›letztlich‹. Da gerät die Abstammung aus der Balance. ›Letztlich‹ ist ein reduktionistisches Lieblingswort. Es soll hier heißen: Was Evolution ist, wissen wir; und wir kennen den Menschen als Produkt der Evolution, also wissen wir, was der Mensch ist. Oder wenn wir es heute noch nicht wissen, werden wir es bald wissen, wenn wir das Programm weiter verfolgen, alle Lebewesen ausschließlich als Produkt der Evolution zu betrachten.

Kreationist und Reduktionist. Mit solchen und ähnlichen Behauptungen setzt der Kampf der Kreationisten gegen die Reduktionisten ein, der auf beiden Seiten unerleuchtet und mit dunkler Lust geführt wird. Nein, sagt der Kreationist, es muß einen Plan geben, der hinter allem steckt, der alles leitet, die blinden Naturkräfte reichen zur Erklärung von Leben und Menschsein nicht aus, das wäre würdelos für den Geist. Als Verneinung des Satzes: Der Mensch ist *letztlich* ein Produkt der Evolution, schleudert der Kreationist dem Reduktionisten entgegen: Der Mensch ist *letztlich kein* Produkt der Evolution. Wie kommen wir in die Balance? Zu erproben wäre der Satz: **Der Mensch ist ein Produkt der Evolution; damit verstehen wir viel, doch nicht alles an ihm.** Außerhalb des Evolutionsmotors von Zufall und Notwendigkeit gibt es keine Erklärung für die Entwicklung des Lebens, aber das Paar selbst ist keine volle Erklärung, weil nur die Notwendigkeit ein Wissensprinzip ist, der Zufall jedoch nicht. Und prinzipielles Nichtwissen ist eben eine Erklärung, die nicht erklärt.

Subjekt kein Objekt. Um hier weiter zu kommen, meine ich, müssen wir unseren Blick reinigen und mit mehr Aufmerksamkeit auf die Wissenschaft vom Leben schauen. Zunächst einmal trifft es zu: Außer den evolutiven Kräften von Zufall und Notwendigkeit lassen sich in der Natur keine weiteren Kräfte ausmachen, die Leben erzeugen. In diesem Sinne ist der Mensch vollständig ein Produkt der Evolution. Dennoch trifft die Aussage nicht zu, der Mensch sei ›letztlich‹ ein Produkt von Zufall und Notwendigkeit. Die beiden Pole bilden kein einheitliches Prinzip: Notwendigkeit bringt Wissen hervor, und Zufall begrenzt es. **Also weiß ich ›letztlich‹ nicht, was ich sage, wenn ich den Menschen ein Produkt der Evolution nenne, gerade weil er ein Produkt der Evolution ist.** Wenn der Zufall ein Nichtwissen meint – und ich sehe nicht, wie er etwas anderes meinen könnte –, ist das ›letztlich‹ eine ideologische Ausflucht, die Nichtwissen als Wissen ausgibt. Die Antwort von Wilson greift zu kurz, sie ist eine Teilantwort auf die Frage: Was ist der Mensch? Trotzdem, meine ich, haben wir eine erste Erkenntnis gewonnen: Die Frage darf nicht allein mit den Methoden der Naturforschung beantwortet werden, doch sie kann auch nicht unabhängig von ihr eine Antwort finden. Wilson hat Unrecht, die Frage nach dem Menschen ›letztlich‹ von der Evolutionslehre beantworten zu lassen. Die Forschung liefert viel, doch sie sagt immer nur das Vorletzte. Sie zeigt dem Menschen, wie bedingt er in der Welt ist, doch sie zeigt ihm nicht seine letzte Bedingung an, weil Zufall und Notwendigkeit kein letztes Naturwissen ist, sondern nur Wissen plus Unwissen. Der Mensch darf sich nicht nur als Zuschauer vor der Bühne des Lebens betrachten, er ist auch Mitspieler auf der Bühne. Seine Freiheit, seine Personalität, sein Geist haben Voraussetzungen in der Natur, das ist richtig, dennoch bestehen sie nicht nur aus objektiver Natur. Der Grund ist einfach: **Ein Subjekt ist kein Objekt.** Der Fehler der Reduktionisten besteht darin, den Menschen als Objekt anzusehen und ihn *nur* so anzusehen. Objekt ist er auch, allerdings nur zum Teil; als Objekt kommt er nicht nur in der Form der Notwendigkeit, sondern auch in der Form des Zufalls vor, also ist er nicht Objekt im vollen Sinne, der Zufall zeigt die Grenze der Objektivierbarkeit an.

Aufstand gegen Reduktionismus. Gegen den Menschen als bloßes Naturprodukt begehren die Kreationisten und Intelligent Designer auf. Zurecht, wenn auch mit schwachen Argumenten. Der Mensch ist mehr als bloße Natur, doch dieses ›Mehr‹ auszudrücken, dafür machen sie keine sehr intelligenten Vorschläge. Ich gestehe, das ist auch nicht einfach. Wir müssen über etwas reden, über Person und Freiheit, über Geist und Subjektivität, worüber sich nicht leicht reden läßt, und objektiv genommen schon gar nicht. Wie wir indirekt doch vom Unaussprechlichen sprechen können, macht ein weiteres Ziel dieses Buches aus. Mit seiner ersten These, so können wir jetzt feststellen, hat Wilson recht, wenn auch seine Fassung einseitig ist und die Verwechslung von Wunsch und Wirklichkeit begünstigt. Der Mensch wird von den Kräften der biologischen Evolution erzeugt, nicht von Kräften außerhalb, das ist richtig; doch Evolution ist nur die beschränkte Darstellung einer letzten Wirklichkeit, sie ist nicht diese Wirklichkeit selbst, nicht einmal die angemessene Darstellung dieser Wirklichkeit. Zufall und Notwendigkeit sind nicht die letzte Wirklichkeit, sie werden sichtbar als das, was die letzte Wirklichkeit sehen läßt, wenn wir sie objektivierend in der Natur anschauen wollen. Auf diese Weise, meine ich, läßt sich ›letztlich‹ sagen, auch wenn diese ›letztlich‹ kein letztes Wissen meint.

Balance Zwei. Gegen die zweite These läßt sich zunächst auch nicht viel einwenden. Die biologische Vielfalt ist Lebensbedingung der Menschheit. Dem Sproß der Wiege sollte der Schutz der Wiege eine Sorge wert sein. Doch frage ich: Und sonst ist nichts zu tun? Besteht der Sinn des Lebens im Überleben der Arten? Dem Leben geht es im Leben um das Leben selbst, hatten wir im Anfang gesagt, doch ist damit nur das kollektive Überleben gemeint? In diesem Fall wäre das Leben sinnlos, denn das Leben geht zugrunde, es überlebt nicht in der Natur, weder individuell noch kollektiv. Was übersieht der Soziobiologe, wenn er die bloße Erhaltung der Wiege empfiehlt? Irgendwie fehlt diejenige Wirklichkeit, die nach der Wiege kommt oder vor der Wiege liegt. Nach Wilson stehen die Gene im Mittelpunkt der Evolution, nicht die Individuen. Ich frage warum? Es gibt keine Gattung ohne Einzelwesen, wie es kein Einzelleben ohne Gattung gibt. Auch Kinder liegen nur für einige Monate in der Schaukelkiste, dann werden sie auf eigene Füße gestellt und wollen auf eigenen Füßen stehen. Die Ethik, die Wilson empfiehlt, ist zwar nicht diejenige von Hauen und Stechen, sie ist keine Ethik der blonden Bestie, die sich immer auf die Seite der Sieger schlägt und jede Art von Wille zum Leben mit Darwin für rechtens erklärt. Denn Stärke bedeutet wohl optimale Anpassung, und die überlebt ja. Doch empfiehlt Wilson die Wiege in der Natur zu bewahren, sie für die Gattung Menschheit in Schutz zu nehmen. Ich frage: Warum gibt es den Einzelmenschen? Die Gattung für das Ziel der Geschichte zu erklären, haben wir schon einmal gehört, es war im 19. Jahrhundert, als der Philosoph Ludwig Feuerbach auf diese Weise das Leiden in der Gegenwart mit dem Glück der Zukunft erträglich machen wollte. Das ist nicht gut gegangen, es hat die kollektive Barbarei im Kommunismus und anderswo erzeugt, die blinden Auges über das individuelle Leben hinweg geschritten ist.

Doch ich will den Soziobiologen auch von innen kritisieren. Zum einen: Die Wiege läßt sich nicht erhalten, auch Gattungen sterben aus, wie die Evolutionsgeschichte zeigt. Da es nun einmal Individuen innerhalb von Gattungen gibt, muß ein verständiger Mensch sagen, was das bedeuten soll. Warum gibt es Sozietäten, warum Individuen? Was soll deren Verhalten heißen? Die Spannung zwischen ihnen erzeugt die Ethik, weil der Einzelne etwas vom Kollektiv verlangt und umgekehrt. Wilson übergeht den Punkt, er will nur das Kollektive erhalten, deshalb steht seine Ethik auf einem willkürlichen Fuß.

Balance Drei. Wieder werde ich zustimmen, jetzt zum dritten Mal. Wilson hat zunächst recht, wenn er Philosophie und Religion auffordert, die biologische Evolution anzuerkennen. Die älteren Weltsysteme haben das nicht getan. Zu ihrer Entschuldigung läßt sich sagen: Sie konnten nicht. Die Menschheit vor dem 19. Jahrhundert hat nicht wirklich von der Entwicklung der Arten gewußt. Die Jahrhunderte und Jahrtausende zuvor haben nur Standbilder des Lebens aus einer sehr kurzen Epoche gekannt, und mit Bildern aus der

Gegenwart scheinen alle Pflanzen und Tiere in ihren Arten unabhängig zu existieren. Artenkonstanz war die überwältigende Erfahrung aller Zeiten bis ins 19. Jahrhundert, sie ist es heute noch. Schon in der Antike hat Aristoteles formuliert: ›Was entsteht, das hat seine bestimmte Natur, wie diese Pflanze oder jenes Tier da. Die Ursache ist die Gattung, insofern dem neuen Exemplar ein anderes Exemplar vorausgeht. So ist es ein Mensch, der einen Menschen erzeugt.‹[22] Für lange Zeit konnte allein diese alltägliche Erfahrung der Maßstab sein. Aristoteles nennt die Konstanz der Arten einen Grundsatz, nach dem alles Leben entsteht. Das ist auch in der neuen Sicht gemäß Darwin nicht falsch, es ist nur nicht mehr ganz und gar richtig. Es gibt über lange Zeit konstante Arten, dann plötzlich, in schnellem Tempo, erscheinen neue Arten. Jedenfalls besagt das die Theorie des unterbrochenen Gleichgewichts, des ›punctuated equilibrium‹, wie sie der Evolutionsbiologe Stephen Jay Gould entwickelt hat. Die Evolution geht nicht nur Schritt für Schritt vor, sie macht auch Sprünge. Kurze Phasen mit schneller Veränderung wechseln mit langen, langen Zeiträumen ohne Veränderung ab.[23] Das ist ein Grund für den Mangel an Übergangsgliedern zwischen den Arten. Der Wandel geschieht schnell, rasend schnell, deshalb bleiben vom kurzen Augenblick des Wandels nur wenige Fossilien im Erdboden zurück. Doch auch diese finden sich nach einiger Zeit und entziehen den Intelligent Designern ein Argument nach dem anderen. Die Übergangsfossilien zeigen zugleich die lange Konstanz und den kurzen Wandel der Arten an.

Bilder lernen laufen. Aristoteles verhält sich zu Darwin wie das Einzelbild zum Film. Die Evolutionslehre bringt den Bildern das Laufen bei, und diese Einsicht sollte sich positiv auf das Verhältnis zum Schöpfer des Lebens auswirken, wie ich meine. Wenn Gott die Wahrheit ist, kann eine Einsicht in die Natur, die von Gott geschaffen wurde, nur erleuchtend sein. Dagegen werfen Kreationisten von rechts und Reduktionisten von links einen dunklen Blick auf das Verhältnis von Gott und Evolution: Sie sind sich einig über den Gegensatz, der da herrschen soll. Was die einen erfreut, erschrickt die anderen um so tiefer. Ich kann einen solchen Widerspruch zwischen Schöpfung und Evolution nicht erblicken. Gerade im Gegenteil! Ich meine, wir können einen neuen, tieferen Sinn erkennen, wenn wir das Leben nicht nur in Standbildern, sondern auch in Bewegung sehen. Indem wir die ersten beiden Thesen von Wilson berücksichtigen, erkennen wir mehr vom Schöpfungshandeln Gottes, als es ohne Evolution möglich wäre.

Im Einzelbild kann der Mensch zwar die Welt als Schöpfung und Gabe anerkennen und auf diese Weise dem Urheber der Welt danken. Dies scheint überhaupt die religiöse Grundhaltung zu sein: Zustimmung als Dankbarkeit für die Gabe des Lebens. Ich kann nicht alles begreifen, weil ich meine Fähigkeit zum Ergreifen schon vorweg dem Ergriffensein verdanke. Ich bin nicht nur Empfänger der Gabe, ich bin auch der Geber der Gabe, das heißt ich kann es sein, wenn ich dazu bereit bin. Wie das möglich sein soll, ist mit der Evolutionslehre besser zu verstehen als ohne sie. Entscheidend ist der Sprung, der vom Tier zum Menschen führt, der die Geburt des Geistes aus dem Stoff der Erde bewirkt. Das möchte der Sinn des berühmten Mensch-Tier-Übergangsfeldes sein. Zum geistigen Leben erwacht der Mensch zugleich mit der Erkenntnis von Sinn und Sinnlosigkeit in der Natur. Wie sinnlos die Anstrengung im Kampf um das Leben ist, weiß kein Lebewesen, bevor nicht der mit Bewußtsein begabte Mensch die Erde betreten hat. Eine alte Definition des Menschen lautet deshalb zurecht: **Der Mensch ist das Lebewesen, das von seinem Tode weiß.** Die Vergeblichkeit entwertet das natürliche Leben und gibt ihm zugleich einen neuen, tieferen, ich möchte sagen, einen reiferen Sinn. In der Relativität des endlichen Lebens wird der Sinn absolut: Die Sorge für mein beschränktes Ich wandelt sich zur Mitsorge und zur Mitschöpfung für das Leben. Wenn Edward O. Wilson mit seiner Wiege das gemeint haben sollte, kann ich mich nur vor ihm verneigen und ihm zustimmen. Ich bin mir allerdings nicht sicher, ob er im Punkt von Sinn und Sinnlosigkeit der Wiege so völlig mit dieser Sicht einverstanden wäre.

Der Todesstoß. Denn am Ende geht es Wilson um Auslöschung. Zwar will er das Aussterben der Tier- und Pflanzenarten verhindern, doch im geistigen Bereich will er das religiöse Leben zum raschen Erlöschen bringen. Er sieht einen historischen Moment von größter Bedeutung auf sich zukommen: Die Religion selbst wird Gegenstand der Erklärung durch die Naturwissenschaften sein. Wenn die Soziobiologie, also das von ihm geschaffene Werkzeug, den Ursprung der Mythen durch die evolutive Struktur unseres Gehirns erklärt hat, dann wird die traditionelle Religion, die in der Neuzeit der Hauptgegner der Wissenschaft war, selbst erklärt sein, nämlich als ein vollständig materielles Phänomen. Jetzt kommt mit Seite 192 der Todesstoß, den er schon auf der ersten Seite angekündigt hatte: ›Theologie als unabhängige geistige Betätigung kann wohl nicht überleben.‹[24]

Sehr schön, wir haben das Mittel in der Hand, um den Stoß zu parieren, indem wir dem Angreifer nach der linken auch die rechte Wange hinhalten. Wenn die mechanische Physik des Überblicks von 1543 bis 1900 unsere Vorstellungen bestimmen sollte, was einige Zeit sehr plausibel erschien, dann wären wir verloren. Diesen Schlag haben wir empfangen und nehmen ihn noch immer entgegen. Das Gehirn und seine mythologische Produktion ist zu einem großen Teil mechanisch erklärbar, nämlich durch das Wissensprinzip der Notwendigkeit. Zu einem noch größeren Teil allerdings nicht. Wilsons zweiter Schlag ist der Zufall; den nehmen wir auch hin, er selbst hatte ihn schon gleich zu Anfang bereit gestellt. Ich denke, der doppelte Schlag wird zu einem Nicht-Schlag, weil der eine den anderen aufhebt. Damit zerbricht die Klinge Wilsons, und der Todesstoß aus seiner Lanze wird zur Speerspitze, welche die Wunde heilt, die sie zuvor geschlagen hatte. Rein in Begriffen gesprochen: Zufall und Notwendigkeit bilden zusammen keine volle Wirklichkeit, sie sind nur Bruchstücke der ganzen Wirklichkeit und können deshalb nicht an die Stelle Gottes treten. Dessen Wirklichkeit haben wir zwar auch nicht begriffen, doch anders als Wilson und seine Kollegen behaupten wir auch nicht, als sei die letzte Wirklichkeit mit den Mitteln der Wissenschaft begreifbar.

Wilson auf der Hauptlinie. Nach dem Siegeszug des Zufalls in der unbelebten und der belebten Natur besteht kein Zwang mehr, einen Gegensatz zwischen Gott und Natur aufzubauen: Die Evolutionsbausteine sind eine vertiefte Einsicht in das Leben Gottes, soweit endliche Freiheit diese Einsicht besitzen kann. Die traditionelle Religion des Westens mit der personalen Freiheit Gottes soll tödlich getroffen sein? Ich fürchte, das Umgekehrte ist geschehen und fährt fort zu geschehen: Der Zufall hat die mechanische Wissenschaft tödlich getroffen. Immerhin macht Wilson der Religion das Kompliment, bisher ein tüchtiger Gegner der Wissenschaft gewesen zu sein, nämlich ihr Hauptgegner, und ihr viele Jahrhunderte lang zugesetzt zu haben. Solange der Kämpfer noch im Kampf steht, kommt ihm das Lob des Kombattanten nicht von den Lippen, doch wenn der erst einmal tödlich getroffen ist, wird der eigene Ruhm um so größer, je stärker er den Kontrahenten darstellt, nämlich seine frühere Stärke. Ich freue mich, Wilson ganz auf der Linie unseres ersten Hauptsatzes zu sehen: Natur ist diejenige Wirklichkeit, die ich ergreifen kann, Gott diejenige, die mich ergreift. Aber darf man den Zufall als ein Ergreifen der Natur ausgeben? Wohl nicht. Damit ist der materialistische Naturalismus auch in der Wissenschaft vom Leben zum Erliegen gekommen. Wilson und seinem Freimut sei Dank. Er spielt mit seinem leidenschaftlichen Atheismus die gleiche Rolle in der Biologie wie Einstein in der Physik: Gegen ihren ausgesprochenen Willen bereiteten die Forscher dem personalen Gott erst in der unbelebten, dann in der belebten Natur neue Wege.

Die andere Seite. Neben der linken Seite müssen wir jetzt auch die rechte Seite passsend einordnen. Also die linke Seite wollte beweisen: Gott existiert nicht, weil alles erklärbar ist. Die rechte Seite argumentiert: Gott existiert, weil nicht alles erklärbar ist. Heldennamen wie Einstein oder mittlere Namen wie Wilson sind auf der anderen Seite nicht zu erwarten, die beide wirklich etwas geleistet haben auf dem Gebiet der Wissenschaft. Um dann allerdings mit dem Ergebnis ihr Weltbild zu befestigen, alle Wirklichkeit sei bloße Natur, was weniger erfolgreich war. Noch Größeres haben wohl Newton und Darwin vollbracht, die vorsichtig genug waren, nicht gleich ein neues Weltbild mit ihrer Wissenschaft beweisen zu wollen, die jedoch die Gottesfrage: Was ist die letzte Wirklichkeit? durch ihre Wissenschaft sehr wohl berührt sahen.

Wenn wir jetzt das Feld der Kreationisten und Intelligent Designer betreten, so finden wir dort nichts an wissenschaftlicher Leistung, nichts an Genie, nichts an Leidenschaft. Da schließt sich kein Forscher über Monate ins Labor ein oder blickt jahrelang durch das Fernrohr in den gepunkteten Himmel, um endlich die Bahnen der Planeten zu begreifen. Was ganz erklärlich ist und uns nicht wundern sollte. Die Leidenschaft hat hier eine ganz andere Richtung. Nach Ansicht dieser gar nicht kleinen Gruppe, hauptsächlich in den USA beheimatet, mit Ablegern allerdings in Europa und sonstwo in der Welt, sind die Natur und das Leben gerade nicht selbsterklärend, weshalb solche Leute nicht vor Ungeduld platzen, bessere Erklärungen zu finden. Da die naturwissenschaftliche Erklärung ihrer Ansicht nach niemals vollständig sein kann, gehen sie statt dessen auf die Suche nach den Lücken in der Wissenschaft. Sie sind der Meinung, der Schöpfer oder der Designer der Natur tue sich im unerklärlichen Sprung kund. Wie ihre Gegner setzen auch die Kreationisten auf lückenlose kausale Erklärung, und wo die Kausalität in der Natur fehlt, soll ein übernatürlicher Eingriff Gottes die Kausalkette wieder fest geschlossen halten. **Wir sehen auf beiden Seiten die gleiche Ursache**

der Leidenschaft am Werk: Zufall in der Natur soll nicht sein. Den Zufall als das Ende des Überblicks in der Natur lieben beide Seiten ganz und gar nicht.

Berührung der Extreme. An sich tut der vernünftige Mensch recht daran, den Zufall zu verschmähen, denn er verhindert vernünftige Erklärungen der Welt. Allerdings, der Wirklichkeit sollte man noch mehr Achtung entgegen bringen als der eigenen Vernunft. Je mehr der Zufall gefürchtet wird, um so mehr breitet er sich aus und macht Schwierigkeiten auf allen Seiten, jedenfalls solange er gefürchtet wird. Ich werde eine positive und eine negative Seite der kreationistischen Partei darstellen. Die positive Seite ist das Körnchen Wahrheit, das bei ihnen zu finden ist, ich meine, es ist das Gefühl für den Menschen, seine Besonderheit, seine Freiheit, seine Verantwortung, seinen Bezug auf den personalen Gott. Diese geistige Seite sehen sie gefährdet durch einen harten, kalten, bloßen Darwinismus, der den Menschen innerlich und religiös entkernt, indem er ihn auf ein materielles Triebwesen reduziert. Wir haben das spöttische Wort von Quine noch im Ohr, der den Geist ein drogenverwandtes Anregungsmittel nannte (S. 30), das mit Vorsicht zu genießen sei. Dem unerleuchteten Radikalismus auf der einen Seite entspricht die gleiche Dunkelheit des Gemüts auf der anderen Seite. In jedem Fall soll etwas bewiesen werden: Die atheistischen Naturalisten wollen die Nicht-Existenz Gottes beweisen, die Kreationisten seine Existenz – mit den gleichen Mitteln der Naturerfassung. Insofern hat das Sprichwort recht: ›Les extrêmes se touchent. – Die Extreme berühren sich.‹ Sie erzeugen sich gegenseitig durch ihre Einseitigkeit. Viele Wissenschaftler, die auf die Allerklärungskraft der Evolution bauen, wären verblüfft zu erkennen, wie sehr sie selbst die Ursache für die Wucht der antievolutionären Stimmung sind.[25]

Lauern auf Lücke. Die schwache Seite der Evolutionsgegner ist das beständige Lauern auf eine Lücke in der wissenschaftlichen Erklärung des Lebens, was sie sehr in die Defensive drängt. Es bringt ihnen eine Niederlage nach der anderen ein, seit Jahrzehnten und Jahrhunderten schon. Die Wissenschaft ist zwar nicht bis zum Allwissen gelangt, und sie wird auch nicht dorthin gelangen, doch einige sehr prominente Lücken hat sie geschlossen, in denen die rätselhafte Natur zunächst nur durch einen übernatürlichen Werkmeister erklärbar schien. Hier ein paar Beispiele, die alle mit einer Schließung der Lücke geendet haben und also mit einem Sieg der Wissenschaft über ihre Gegner. Wir können dabei erkennen, was das Ziel des Protestes gegen die wissenschaftliche Erklärung der Welt war: Es ist die Angst um den Verlust Gottes, der Freiheit und des Menschen. Die Namen und Argumente haben sich im Laufe der Neuzeit gewandelt, das Ziel hat sich nicht gewandelt: Rettung vor der mechanischen Erklärung!

Physiko-Theologie. Als die großen Erfolge der Mechanik im frühen 17. Jahrhundert die Runde machten, kam bald der erste Protest auf. Damals hatte der Kreationismus den Namen Physiko-Theologie. Dieser beherrschte in weitem Maße die Köpfe der Denker in der frühen Neuzeit. Die Physiko-Theologie war der Versuch, sich die Astronomen und Physiker vom Leibe zu halten, um Gott als letztes Prinzip nicht an die bloße Natur zu verlieren. Die Verweigerer bewunderten und fürchteten zugleich die Namen Kopernikus, Descartes, Galilei und später Newton. Sie konnten deren Erfolge kaum bestreiten, doch wollten sie für Gott keine Niederlage akzeptieren, und für sich selbst natürlich auch nicht. Sie erfanden gegen die Gefahr aus der Physik die Physiko-Theologie. Damit wollten sie in der Physis, also in der Natur, den Finger Gottes anschauen. Die Physik der Neuzeit erlaubt eigentlich kein solches Handeln Gottes, weil Freiheit in der Natur nach den mechanischen Grundsätzen ausgeschlossen ist, auch die Freiheit des Menschen. Wir haben oben gesehen (S. 33), wie sehr Descartes diese Einwirkung bannen wollte, da Freiheit in der Natur die Naturgesetze stört. Der Bannstrahl der Wissenschaft legte sich damals gegen die Freiheit Gottes und die Freiheit des Menschen und breitete sich immer mehr aus. Diese Verbannung ist es, gegen welche die Physiko-Theologie aufbegehrt.

Eisbären und Kamele. Das Grundmodell war von der folgenden Art, wie in aller Literatur aus erster oder zweiter Hand nachzulesen ist: Es gibt eine Fülle von zweckmäßigen Einrichtungen in der Natur. So zum Beispiel leben die Eisbären im kalten Norden und die Kamele in wasserarmen Wüsten. Die Bären tragen zu ihrem Vorteil einen dicken Pelz am Leibe, der ihnen eine behagliche Wärme im Eis verschafft, und die Kamele führen einen großen Wasserbehälter bei sich, mit dem sie durch die Wüste kommen. Nach dem Zufallsprinzip hätte es auch umgekehrt sein können, was jedoch den Eisbären in der Wüste und den Kamelen im hohen Norden nicht gut bekommen wäre. Also scheint ein weiser Schöpfer da zu sein, der in der Natur für die passende Ordnung sorgt. Deshalb können wir ihn preisen, der alles so wunderbar für das Leben gefügt hat. Der Spötter Heinrich Heine im 19. Jahrhundert glaubte mit dieser Denkart völlig fertig zu sein und verspottete die Physiko-Theologie mit dem Frage- und Antwortspiel: Warum hat Gott dem Menschen einen Nasenerker geschaffen? Antwort: Damit er mit den Jahren ein paar Augengläser darauf klemmen kann. Zweite Frage: Und warum gibt es den kleinen, grauen Esel? Antwort: Damit der Mensch bei dringender Gelegenheit einen passenden Vergleich zur Hand hat.

Die Einsicht Kants. So possenhaft die Überlegung anmutet, es ist dieses teleologische Grundmodell, mit dem die Erfolge der Naturwissenschaft angezweifelt wurden, um die Existenz Gottes und vor allem sein Handeln in der Natur zu sichern, und noch immer bezweifelt werden. Sterne, Steine, Fische, Insekten, das Feuer sollten durchleuchtet werden, damit Gott der Schöpfer durch sie in der Schöpfung sichtbar wird. Entsprechend gab es eine Astro-, Litho-, Ichthyo-, Insecto- und Pyrotheologie sowie viele weitere Theologien dieser Art, die alle das Ziel hatten, Gott gegen den mechanischen Druck aus der Wissenschaft in der Natur erkennbar zu halten. Immanuel Kant, nachdem er selbst in jüngeren Jahren ein Anhänger dieser Art von Gotteserkenntnis war und ihr auch später noch immer einigen Reiz abgewinnen konnte, hatte das starke Gegenargument zur Hand, nach dem die Freiheit kein Gegenstand der Wissenschaft sein könne. Weder Beweise noch Widerlegungen reichen an eine mögliches freies Handeln Gottes in der Natur heran. Der klassische Satz lautet: ›Ob ich nun gleich meine Seele … mithin auch nicht die Freiheit als Eigenschaft eines Wesens … erkennen kann, darum weil ich ein solches seiner Existenz nach und doch nicht in der Zeit bestimmt erkennen müßte …‹[26]

Der Halleysche Komet. Das hohe Argument ist nur wenigen Philosophen zugänglich gewesen. Für die Mehrzahl der Wissenschaftler und Alltagsmenschen schwand die Physiko-Theologie erst dahin, als die Lücken in der Natur durch die fortschreitende Erklärung immer mehr abnahmen, und kein Zufall mehr durch das Handeln Gottes überbrückt werden mußte. Nicht mehr Gott lenkte die Bahnen der Planeten um die Sonne, es war das Trägheitsgesetz, das alles in der Hand hatte. Sobald man die ersten starken Vorhersagen über die Wiederkunft von Kometen machen konnte, sank auch der Komet als Finger Gottes hinweg. Der Halleysche Komet konnte nämlich nach seinem Verschwinden 1682 bald wieder angekündigt werden. Alle 76,3 Jahre werde er erscheinen, verkündete Edmond Halley (1656–1742) im Jahre 1705, was er Anfang 1759 auch pünktlich erfüllte. Bisher waren Kometen wie zufällig am Himmel erschienen, deshalb leicht als böse Zeichen einer erzürnten Gottheit denkbar. Nun hatte Halley mit Hilfe der Newtonschen Mechanik den Zufall weggeschaffen und das notwendige Erscheinen des immer gleichen Kometen nach einem festen Zyklus angekündigt. Die Wiederkehr selbst erlebte er zwar nicht mehr, doch die Zeitgenossen von 1759 waren beeindruckt von der Kraft der Wissenschaft. Viele kamen zu dem Schluß, am Ende schaffe die Wissenschaft jeden Zufall in der Natur weg und verwandle alles in Notwendigkeit. Das Programm sah sehr überzeugend aus. Wer hat da noch Argumente?

Der Zwischenkieferknochen. In diese Jahre fällt auch Goethes (1749–1832) Entdeckung des Zwischenkieferknochens, auf die er sein Leben lang stolz war. Sie war eine weitere Niederlage für die Physiko-Theologie. Der 35-jährige Goethe meinte bei seiner Entdeckung zu spüren, wie gut die Natur es mit ihm meine und wie sehr sie ihm tiefe Einblicke in ihr Wesen gestatte. Dieser besondere Knochen, auch Os intermaxillare genannt, gehört zum Gesichtsschädel und grenzt an Nasenbein und Oberkiefer. Beim Menschen wächst er schon vor der Geburt mit dem Oberkiefer zusammen und gilt nicht mehr als eigener Knochen. Bei allen Säugetieren jedoch bleibt die Naht zum Oberkieferbein ein Leben lang sichtbar erhalten. Die fehlende Naht im Schädel bot sich als Alleinstellungsmerkmal an: Tiere besitzen diese Naht, der Mensch nicht. Also kann nur ein Schöpfer diesen Unterschied gewollt haben, indem er Säugetiere und Menschen getrennt erschaffen hat. Doch im Jahre 1784 schaute Goethe im Anatomieturm von Jena einmal genau hin. Er erkannte an einem Embryoschädel die ganz feine Naht und war begeistert. Das Reich aller Lebewesen muß ein großes Ganzes sein, und Sprünge kann es darin nicht geben. So fühlte Goethe in seiner Naturbegeisterung und rief es nach seiner Entdeckung triumphierend aus. Wieder fiel der Zufall dahin und damit das göttliche Eingreifen; wieder hatten die Philosophen und Theologen das Nachsehen. Die Verwandtschaft zwischen Tier und Mensch wurde zunehmend plausibler und bereitete Darwin den Boden. Goethe hatte nichts einzuwenden, er brauchte keine Anatomie, um den Unterschied von Mensch und Affe zu begreifen. Darum konnte er unbefangen auf die Natur blicken und am Schädel des ganz jungen Menschen die feine Naht erkennen, die den Zwischenkiefer vom Oberkiefer trennt.

Wiliam Paley. Die Kette der Niederlagen für die Freunde Gottes in der Natur riß nicht mehr ab. Sie wurde länger und länger, je mehr sie Front machten gegen die Erfolge der Wissenschaften. Im Jahre

1802 erschien das Buch ›Natural Theology‹ aus der Feder des anglikanischen Philosophen und Theologen William Paley (1743–1805), der zum berühmtesten Entwurf der Designer-Theologie werden sollte und bis heute seine Anhänger hat. Das Buch ist vor allem bedeutsam, weil Darwin im Jahr 1859 Paley beim Namen nennt und gegen dessen natürliche Theologie argumentiert, sehr fein, sehr friedlich, sehr vornehm, doch auch mit starken Gründen. Der Name Paleys fällt gegen Ende des 6. Kapitels, in dem Darwin mit allem Freimut die ›Schwierigkeiten der Theorie‹ behandelt. ›Die natürliche Zuchtwahl wird bei einem Lebewesen niemals einen Schaden für sich selbst erzeugen, denn die natürliche Zuchtwahl wirkt nur durch und für den eigenen Vorteil. Wie Paley bemerkt hat, entsteht kein Organ, um etwa Schmerz oder Schaden für seinen Besitzer zu bewirken.‹[27] Zunächst gehen beide von der gleichen Beobachtung aus: Die natürliche Zucht bringt Vorteile für die Lebewesen. Während Paley allerdings aus der Güte der Schöpfung auf die Güte des Schöpfers schließt, wägt Darwin die Vor- und Nachteile einer Eigenschaft ab. Erweist sich ein Merkmal mit der Zeit als schädlich, wird es abgeändert. Oder, wenn das nicht möglich ist, geht die Pflanze oder das Tier zugrunde, wie schon Myriaden von Lebewesen durch fehlende Fähigkeiten ausgestorben sind. Was bei Paley der planende Wille Gottes ist, wird bei Darwin zum Überlebenskampf, der durch Variation und anschließende Selektion gelenkt ist. Paley will das freie Handeln Gottes in der Natur beweisen, indem er die wunderbare Einrichtung preist, die alle Dinge in ihr haben. Dem Zufall nach hätten alle Organe auch schief und schädlich sein können, sie sind es aber nicht, denn tatsächlich funktionieren sie fast alle und fast immer. Darwin widerspricht nicht direkt, meint aber mit Zufall und Notwendigkeit, also mit Variation und Selektion, in der Natur auskommen zu können.

Der Uhrmacher. Berühmt geworden ist Paley mit seinem Uhrmacher. Er schlägt vor, das Wirken des Schöpfers in der Natur mit einem Handwerker zu vergleichen. Paley verwendet sogar das Reizwort von heute, das bei ihm zu einem Leitwort aufsteigt: Designer. ›In crossing a heath, suppose I pitched my foot against a stone.‹ Wer beim Spaziergang in der Heide mit dem Fuß gegen einen Stein stößt, wird sich nicht viel dabei denken, er wird höchstens vermuten, der sei schon lange dort gelegen und in irgendeiner letzten Eiszeit geschliffen, befördert und am Heideort abgelegt worden. Wer jedoch über eine Messing-Taschenuhr stolpert, würde kaum auf die Eiszeit, die Bäume oder den Wind kommen, um sie für die Kompilierung der

Uhr verantwortlich zu machen. Aus der Zweckmäßigkeit der Uhr würde der fündige Spaziergänger auf einen findigen Handwerker schließen, den Uhrmacher also, der irgendwo in seiner Werkstatt sitzt und, zweckmäßig planend, seine Stücke schafft. Dessen Uhr muß ein unachtsamer Wanderer hier verloren haben. Der Schluß liegt nahe: Wenn schon die einfache Uhr einen planenden Handwerker braucht, um überhaupt dazusein, wieviel mehr müssen so lebendige, so wunderbar zweckmäßige Organismen wie die Pflanzen, die Tiere, die Menschen einen intelligenten Schöpfer haben, auf Englisch eben auch Designer genannt. Anders wären die lebendigen Gestalten nicht zu erklären, deren Aufbau noch viel komplexer ist, als eine bloß aus hundert oder zweihundert starren Teilen bestehende Taschenuhr.

Die Güte der Schöpfung und die Intelligenz in der Schöpfung führen bei Paley zum gleichen Gedanken, zum sogenannten teleologischen Argument. Es besagt: Unwahrscheinliche Ziele in der Natur können nur durch einen planenden Geist erreicht werden. Da jedoch in der Natur unwahrscheinliche Ziele erreicht werden, muß ein Schöpfer planend am Werk sein, der über seiner Schöpfung wacht, wie der Uhrmacher planend über seiner Uhr wacht. Darwin sagt dagegen, einen geplanten, direkten Eingriff anzunehmen, ist nicht nötig, da Mutation und Selektion mit dem anschließenden Überlebensvorteil der geeigneten Kandidaten als Erklärung schon ausreicht. Die Frage ist also: Können komplexe Organismen in der Natur von allein entstehen, allein aus den Mitteln von Zufall und Notwendigkeit? Oder reicht das nicht aus?

Irreduzible Komplexität. Damit haben wir das Dauerthema in der Diskussion um den Ursprung des Lebens von Paley über Darwin bis heute erreicht. Die Namen wandeln sich etwas, die Sache bleibt sich gleich, heute heißt sie ›irreduzible Komplexität‹. Schon Paley war mit seiner Uhr vom Gedanken der Komplexität geleitet gewesen, und er hat auch schon das Wort ausgiebig verwendet hat. Nur von ›irreduzibler Komplexität‹ hat er nicht geredet, obwohl auch er die Sache gemeint hat. Wenn die Natur schrittweise nacheinander erst einmal das Gehäuse, dann die Zeiger und schließlich das Zifferblatt durch Zufall hätte erzeugen wollen, so wäre niemals eine Uhr zustande gekommen. Denn ein bloßes Gehäuse bietet keinen Überlebensvorteil, ebenso wenig Dutzende von anderen Teilen. Für sich allein nützen sie nichts, erst wenn alle Teile auf einen Schlag erscheinen, kann die Uhr laufen und ihrem Besitzer einen Vorteil der Zeitmesseung in der Konkurrenz des Lebens bringen. Eine solche Kompilierung kann der Zufall nicht geschaffen haben, lautet das Argument, da muß ein über der Natur stehender und planender Geist am Werk gewesen sein. Jetzt nicht beim Bau der Uhr, sondern bei den Lebewesen, deren Bauplan zudem viel komplexer ist als der einer mechanischen Uhr.

Das Auge. Das prominenteste Beispiel der Natur, um deren Entstehung im 19. Jahrhundert gerungen wurde, bietet das Auge, das menschliche Auge und das Auge der Lebewesen überhaupt. Die frühen Tiere, wie der Burgess-Schiefer vor 520 Millionen Jahre zeigt, waren durchweg blind, die Lichtfähigkeit kam erst langsam dazu. Schon Darwin wußte um die Feuerprobe, die das Auge darstellt, und erklärte freimütig seine Evolutionslehre für ›absurd‹, wenn sie dieses Problem nicht lösen könne. Im sechsten Kapitel seines Buches wendet er sich der vertrackten Frage zu, in dem er ›Organe von äußerster Vollkommenheit‹ behandelt. Da ein Auge nur funktioniert, wenn jedes seiner Einzelteile wie Linse, Netzhaut, Regenbogenhaut, Sehnerven funktioniert, bietet es das klassische Beispiel eines irreduziblen komplexen Organs. Ein Auge leistet nichts, wenn nur ein einziges seiner Teile fehlt oder fehlerhaft ist, bietet also in diesem Falle keinen Selektionsvorteil im Kampf ums Überleben. Wie konnten dann die vielen Einzelteile allein durch vorteilhafte Selektion in einem Zufallsprozeß zu einem funktionierenden Auge werden?

Darwin ahnte die Lösung. Er hatte sich nach einer Antwort umgesehen und gemeint, auch unvollkommene Augen, bloße Lichtsensoren ohne Linsen oder sonstige Extras könnten für Lebewesen schon von Vorteil sein. Mit jedem Grad der Verbesserung wachse dann der Vorteil für den Besitzer. Unter diesen im 19. Jahrhundert bekannten Umständen gibt es keinen Grund mehr, das Auge auf einen direkten Eingriff des Schöpfers zurückzuführen, wie Paley und die Physiko-Theologen getan hatten. Die Erklärung durch Mutation und Selektion sollte auch in diesem Falle ausreichen. ›Dann kann die Schwierigkeit kaum mehr echt sein zu meinen, ein vollkommenes und komplexes Auge könne nicht durch natürliche Zuchtwahl gebildet werden, wenn wir uns das auch nicht vorstellen können.‹[28]

Bis heute, anderthalb Jahrhunderte später, hält das Auge die Gegner Darwins in Unruhe, oder vielmehr, sie setzen ihre Hoffnung darauf, das Lichtorgan möge unerklärlich sein und nicht aus Variation und Selektion hervorgehen. Das Argument der Unerklärlichkeit wird sogar noch schärfer vorgetragen als von Paley vor 200 Jahren, nämlich molekulargenetisch verfeinert als Thema ›Zelle‹. Nicht nur für das Auge insgesamt, das aus Zellen aufgebaut ist, sondern für jede einzelne Zelle des Körpers gelte die eben erwähnte irreduzible Komplexität, wie die Gegner der Evolutionslehre meinen. Die Forschung von heute kennt Vorläufer von Wirbeltieren und Wirbellosen, bei denen sie lichtempfindliche Zellen gefunden haben, die später zu Augen wurden. Diese zellulären Bausteine der Augen sind sehr alt, während die Augen selbst immer wieder neu aus ihnen zusammen gesetzt wurden, man meint, etwa vierzig Neuentwicklungen von Augen zu kennen.

Zuviel Zufall? Ein neueres Beispiel für dieses Argument schauen wir uns noch an, damit wir seine Altertümlichkeit erkennen. Es ist nur scheinbar neu wegen eines neu umgetanen Mäntelchens, es wiederholt logisch wie ontologisch den alten Einwand: Es ist zuviel Zufall in der Natur, also muß Gott von außerhalb der Natur seine Hand im Spiel gehabt haben, wenn das Leben leben soll. Auf die gleiche Weise wie Darwin das Augenproblem gelöst hat, durch vermehrtes Wissen, gehen auch die Biologen von heute das Zellproblem an – durch vermehrtes Wissen.

Der Paley des 21. Jahrhunderts ist der US-Amerikaner Michael J. Behe (* 1952). Er will die Designer-Theorie erneuern, indem er die einzelnen Bauteile von komplexen Organen betrachtet und sie als unerklärbar durch Zufall und Notwendigkeit hinstellt. Vor allem interessieren ihn die Zellen, aus denen alle Lebewesen in großer Komplexität aufgebaut sind, und die schon in sich höchst komplex sind. Auch Einzeller sind komplizierte Maschinen, sogar schon die frühen Prokaryoten ohne Zellkern, noch mehr die fortschrittlichen Eukaryoten, aus denen später alles höhere Leben aufgebaut ist. Immer noch Einzeller, haben sie doch schon ein verwickeltes Innenleben. Da Behe als Professor für Biochemie die Sprache der Evolutionsbiologen spricht, müßten wir bei ihm die stärksten Argumente für irreduzible Komplexität finden, wenn es solche gibt. Behe stand zu Anfang auf der Linie der Evolutionsbiologie und akzeptiert das Alter der Erde und die Verwandtschaft allen Lebens bis heute, also eben auch einen gemeinsamen Vorfahren von Mensch und Affen. Nur eben in einem Punkte weicht er von der Evolutionslehre ab, als er deren Erklärung von Zufall und Notwendigkeit oder von Mutation und Selektion nicht mehr als ausreichend erachtet. Er meint, es gebe in der Biochemie eine Reihe von Hinweisen für nichtreduzierbare komplexe Systeme. Diese bestehen, von allen Seiten unbestritten, aus vielen Einzelheiten, aus zwanzig, fünfzig, hundert und noch viel mehr Teilen, die nur alle zusammen eine funktionstüchtige Zelle ergeben,

Einzelstücke bedeuten nichts. Die vielen Einzelteile können nun nicht, meint Behe, wie die Darwinische Theorie lehrt, durch Zufall und nachfolgende natürliche Auslese entstanden sein. Der Sprung sei einfach zu groß, und Zwischenglieder könnten nicht existieren, weil nur alle Bauteile zugleich eine lebendige Zelle ergäben. Also folgt der strenge Schluß: Die Zellen und alle komplexen Organe müßten von einem intelligenten Designer stammen, der den Plan gefaßt habe, alle Teile auf einmal zu verbinden. Der Zufall als letzter Baumeister scheidet jedenfalls aus.

Urteile ohne Balance. Während sich die Gruppe der Intelligent Designer eher aus Anwälten, Journalisten und Politikern zusammensetzt, hat Behe fachliche Kenntnisse in den Naturwissenschaften zu bieten und kann die Sprache der Biologen sprechen. Allerdings, Klugheit schützt vor Dummheit nicht, sie schützt ihn nicht vor einem fatalen Schluß. Links und rechts der gleiche Fehler in der Balance: So wie die atheistischen Naturalisten aus den großen Erfolgen der Wissenschaften auf den All-Erfolg und die All-Erklärung schließen, macht es Behe umgekehrt: Weil die Zwischenstufen der komplexen Systeme noch nicht bekannt sind, insbesondere auf der Zellebene, meint er, könne es überhaupt keine Erklärung und keine Zwischenstufen geben. Die Gegner der Evolutionslehre tappen immer wieder in die gleiche Falle, wie wir mehrfach schon bemerkt haben. **Es kann in der Natur ohne das Duo Zufall und Notwendigkeit keine Erklärung geben, das ist richtig, allerdings ist das Paar selbst keine volle Erklärung, weil der Zufall eine Leerstelle im Erklären ist.**

Namhafte Journale. Für einen Gegner der Evolutionslehre gibt sich Behe viel wissenschaftliche Mühe. Er studiert die Journale der Biologen und kommt zu seinem Schluß mit einiger Berechtigung. Die Literatur in angesehenen Journalen, meint er, auch in spezieller Literatur und in Büchern zur Evolutionslehre, weiß nicht recht zu sagen, wie die Evolution es fertiggebracht hat, komplexe biochemische Systeme entstehen zu lassen.[29] Er führt das namhafte *Journal of Molecular Evolution* an und kann auch dort nichts finden, was nur von ferne wie eine Darwinische Erklärung für irreduzible Komplexität aussieht.

Jedenfalls galt die Einschätzung bis zum Jahr 1996. Es ist für den Biologen wirklich schwierig, die Wege, die das Leben aus der Vergangenheit in die Gegenwart beschritten hat, nachzuvollziehen. Schließlich sind die meisten Zwischenformen ausgestorben und selbst als Fossilien nur mangelhaft erhalten. Behe hätte allerdings nur ein paar Monate warten müssen, um auch in dem genannten Journal fündig zu werden. Dann hätten ihn die Fortschritte der Zellbiologie vielleicht vorsichtiger gemacht. Wie man das Auge genau studiert haben muß, um seine langsame graduelle Verbesserung über Hunderte von Millionen Jahren zu erkennen, so braucht es ein langes Studium, bis man die Entwicklung von einfachsten Zellen mit wenigen Elementen bis zu komplexen Zellen verstanden hat. Wohl gemerkt, es geht nicht um die Arbeitsweise einer Zelle, die ist weitgehend verstanden und unbestritten. Es geht um die Entstehung der Zelle: Ist sie aus einfacheren und einfachsten Vorgängerzellen entstanden, oder hat ein Designer sie plötzlich in all ihrer Komplexität ins Dasein gesetzt?

Nach Behe sollte es keine veröffentlichte Darwinische Erklärung für die Wirkungsweise der Biochemie in den Zellen geben. Bis zum Jahr 1996 hatte er recht, nur gerade im Augenblick der Erscheinung seines Buches bekommt er Unrecht. Im diesem Jahr veröffentlichte Enrique Meléndez-Hevia mit Mitarbeitern einen Aufsatz genau in dem *Journal of Molecular Evolution*, der die geforderten Erklärungen liefert. Es geht um den Krebs-Zyklus in der Biochemie. Der Zyklus ist nach dem deutsch-britischen Biochemiker Hans Adolf Krebs benannt, der den Prozeß untersucht hat, wie Sauerstoff atmende Lebewesen aus ihrer Nahrung chemische Energie gewinnen. Der Zyklus selbst ist ein gutes Beispiel für ein komplexes Organ, also recht von der Art, die Behe liebt und für irreduzibel hält, weil Vorformen seiner Meinung nach nicht existieren, da sie nicht funktioniert haben können. Der Aufsatz von Meléndez-Hevia widerlegt die Behauptung Behes, der Evolutionsprozeß biete keine Erklärung für die Entstehung komplexer biochemischer Systeme. ›Der evolutionäre Ursprung des Zitronensäurezyklus nach Krebs war lange Zeit das Urmodell für das Verständnis des Ursprung und der Evolution von Stoffwechsel-Vorgängen. Wie läßt sich das Entstehen eines so komplexen Vorgangs erklären?‹[30] Dann eben können die Autoren einen großen Schritt zur Erklärung tun, wobei die evolutionären Zwischenschritte eine entscheidende Rolle spielen. Der Zufall kommt hier zum Tragen, dessen Zusammenwirken mit der Notwendigkeit für die Gestalt neuer Organe sorgt: ›Das überraschende Resultat unserer Untersuchung war die Erkenntnis, wie wenig Material die Evolution brauchte, um den so bedeutenden Vorgang des Stoffwechsels zu schaffen, wobei sie auch für die optimale Chemie bei dem Vorgang sorgte. Ein Chemie-Ingenieur, der den besten Entwurf für diesen

Prozeß suchen wollte, hätte keinen besseren Entwurf finden können als gerade den, der in den Zellen am Werk ist.‹[31]

Die übergroße Mächtigkeit des Zufalls war das Problem von Paley bis Behe bei allen Kritikern der Evolutionslehre. Der Zufall allein hätte die Komplexität der Organe nicht zustande bringen können, er arbeitet auf vielfache Weise mit der anderen Seite, mit der Notwendigkeit zusammen, indem er nicht ganz und gar Neues schafft, sondern das bestehende Material nur anders einsetzt und zu neuen Lebensorganen umbaut. Allerdings bleibt seine Wirkkraft erhalten, er dankt nicht völlig ab zugunsten der Notwendigkeit, wie es die naturalistischen Atheisten wie Dennett, Wilson und andere gewünscht hatten.

Vereinfachte Variation. **In diese Richtung einer immer stabileren Balance zwischen Zufall und Notwendigkeit bewegt sich die Forschung seitdem mit immer neuen Erfolgen.** Die erfolgreichen Evolutions- und Zellforscher sind alle Sesquiisten in ihrem Tun. Biologisch heißt das Konzept ›vereinfachte Variation – facilitated variation‹. Dadurch wird der Zufall entlastet und bekommt eine reale Chance als Baumeister in der Natur. Die konservierten Komponenten erleichtern die evolutionäre Veränderung stark, ›weil sie die Menge an genetischer Veränderung verringern, die erforderlich ist, um phänotypisch Neues zu erzeugen, und zwar prinzipiell durch ihren Wiedergebrauch in neuen Kombinationen und in anderen Bereichen ihres adaptiven Leistungsspektrums‹.[32]

Wasser umleiten. Hier darf beim Übergang zum nächsten Abschnitt die Schreibmaschine nicht fehlen, auf der eine Horde von Affen wild herumtippt und mit diesem Tippen die Werke Shakespeares hervorbringt. Wenn vom Einzeller bis zum Homo sapiens *nur* der Zufall das Leben lenken würde, dann hätte das große Dichtwerk nie das Licht der Sonne erblickt. Selbst wenn die Erde dicht mit Affen bevölkert wäre, und diese für Jahrmillionen nichts anderes täten, als alle verfügbaren Adlers, Erikas, IBMs, Olivettis, Olympias und Remingtons zu befingern, nie wäre auch nur das kleinste Sonett des großen englischen Poeten herausgekommen. Das ist eine einfache Übung in Wahrscheinlichkeitslehre. Wenn wir nur dreißig Buchstaben und Zeichen annehmen, so erzeugt jeder Buchstabe, der neu geschrieben werden soll, das Dreißigfache an Zeit und Aufwand, um ihn durch Zufall an die richtige Stelle zu bekommen. Das übersteigt sehr bald alles verfügbare Material an Affen, Schreibmaschinen und Zeit. ›Selbst um den Ausdruck ›To be or not to be‹ Buchstabe um Buchstabe zusammenzusetzen, würde ein Computer Millionen Jahre benötigen.‹[33] Um die Buchstaben jeweils Stück für Stück nacheinander zu finden, wäre er in Minuten oder Sekunden fertig, doch alle auf einmal richtig zu erraten, sind eben die Millionen Jahre erforderlich. Wenn der Computer Hilfe bekäme, und er nur noch Wörter aus einem bestimmen Wörterbuch wählen müßte, und wenn diese Wörter gar nur zwei oder drei Buchstaben haben sollen, wie in unserem Satz, kann er die anderen unbeachtet lassen, dann kann der Zufall den Skakespeare-Satz auch schon nach einem Jahr gefunden haben. Das ist der Gedanke der beeinflußten oder vereinfachten Variation. Er gräbt jedenfalls den Designern das Wasser ab, ohne es auf die Mühlen der mechanischen Atheisten zu lenken.

Der Zufall allein kann die Gestalten des Lebens nicht schaffen, er allein scheidet als Schöpfer aus; auch die kausale Notwendigkeit allein kann nichts erklären, denn dann bleibt alles so, wie es einmal war. Die irren Diskussionen, die wir in diesem Bereich erlebt haben und von denen wir in diesem Buch eine Probe genommen haben, sind immer von diesem *allein* geprägt. Von der Natur gesehen, gibt es keine Notwendigkeit, Shakespeare hervorzubringen. Doch mit dem Zufall allein können wir auch nichts erklären. Für den Zufall allein ist die Lebenszeit des Kosmos von 13,7 Milliarden Jahren viel zu kurz, um auch nur die winzigste Gestalt des Lebens zu schaffen.

Allein scheidet aus. Wir müssen von dem *allein* abkommen und mehr Balance gewinnen, was allerdings schwierig ist. Denn nur monokausale Ursachen sind verstehbar und geben Überblick, der uns so süße Lust bereitet: Leider ist die Wirklichkeit nicht so aufgebaut. Wir müssen uns bereit finden zu sehen, wie die beiden Kontrahenten Zufall und Notwendigkeit gleichzeitig am Werke sind, wenn wir auch nur von ferne verstehen wollen, was Sein, Leben, Bewußtsein bedeuten. Dieses Zusammenwirken wissenschaftlich zu beschreiben, ist wirklich schwer, wie wir jetzt in der Evolutionsbiologie sehen werden. Wir nehmen zwei verständige Leute in den Blick, die selbst auf die Evolution blicken und bemüht sind, eindeutige und scheinbar glatte Lösungen zu vermeiden, wie wir sie bisher in Hülle und Fülle gesehen haben. Wir haben es bei den Forschern Gould und Morris eindeutig nicht mit ideologischen Menschen zu tun, denn sie können stets Wunsch und Wirklichkeit auseinander halten. Dennoch können auch sie sich über den Motor der Evolutionsgeschichte nicht wirklich einigen, immerhin können sie miteinander reden. Allein schon damit erkennen sie die Unmöglichkeit einer glatten

Lösung für die Entstehung des Lebens zwischen Zufall und Notwendigkeit an.

4.3 Das späte Gespräch

Die Feindschaft. Die Materialisten und Kreationisten sind auf dem Felde der Natur sehr gegenteiliger Ansicht, wir haben es gesehen. Sie halten ihre Aussagen erstens für beweisbar, und zweitens sehen sie sich in vollständigem Widerspruch zueinander. Folglich gibt es zwischen ihnen nur tödliche Feindschaft, oder, was dasselbe ist, sie können nicht miteinander reden. Beide Voraussetzungen halte ich zwar für falsch, die Beweisbarkeit wie den Widerspruch, dennoch sind sie bei diesen Leuten wirksam. Für einen Beweis müßte Notwendigkeit herrschen. Da nun Zufall *und* Notwendigkeit die Bausteine in der Natur sind, aus denen auch das Leben aufgebaut ist, kann es nur in besonderen Fällen beweisbare Aussagen geben, wenn etwa die Reibung (fast) null und damit auch der Zufall (fast) verschwunden ist. Die Astronomen können eine Menge über den Lauf und den Aufbau der Sterne beweisen, doch nur, weil der Weltraum so leer ist und ideale Gase so leicht zu berechnen sind. Daher kommt der Zufall dort fast nicht vor. Ansonsten gibt es nur Statistik, und das meint Präzision mit genauer Unbestimmtheit.

Die beiden Parteien widersprechen sich auch nicht wirklich, in der Methode sind sie sich schrecklich einig. Beide verabscheuen den Zufall in der Natur, das ist ihre gemeinsame Abneigung. Sie setzen zwei Arten von Notwendigkeit dagegen an, die natürliche und die übernatürliche. Das ist von vornherein falsch und stößt bei Kennern seriösen Wissens auf Kopfschütteln. Da sie ihren Mißerfolg nicht bei sich selbst suchen können, – sie haben keine Skepsis gegen ihre eigene Sicherheit –, müssen sie die andere Seite als böse bekämpfen. Wegen der großen Ähnlichkeit im Kampf um das gleiche Ziel, sehen wir sie in einen harten Bruderkonflikt verwickelt, der sich immer wieder an sich selbst ernährt. Da ich meine, den Ursprung und das Wesen des Streites zu kennen, gehe ich hier auf Abstand zu beiden Seiten.

Arbeit beginnt. Doch damit beginnt erst die Arbeit auf diesem Gebiet. Wenn in der Evolutionsbiologie nur Statistik möglich ist, betreten wir das weite Feld des Lebens. Es mag dort letzte Gründe geben, doch sie sind nicht in unserer Hand. Die Wahrscheinlichkeit einer Aussage kann sehr nahe bei hundert oder null Prozent liegen, womit sie fast zur sicheren Notwendigkeit wird. Oder sie liegt in der Nähe von fünfzig Prozent, dann herrscht vor allem der Zufall, wobei alle anderen Prozentwerte ebenfalls möglich sind. Der Zufall kann jedoch noch etwas mehr, er kann dem Leben in der Natur einen Inhalt geben, er kann Gestalten schaffen, die sich zu einer Geschichte verdichten. Dann nämlich, wenn die zufälligen neuen Ereignisse von der Notwendigkeit aufbewahrt werden.

Zum einen gilt also: Zufall und Notwendigkeit sind die Bausteine der Natur; sie wirken zusammen und machen die Natur aus. Dennoch machen sie nicht die ganze Wirklichkeit aus. Als Prinzipien stehen sie in Gegensatz und wirken in der Natur wie Werkzeuge, die am Aufbau einer wachsenden Wirklichkeit beteiligt sind, die wir Geschichte nennen. Durch ihr Wirken zeigen sie eine Art von Einheit an, die sich in der Natur durch Leben und Bewußtsein kundtut. Dieses Zusammenwirken tritt in der Physik und in der unbelebten Natur wenig an den Tag, weil die Gestalten dort nur langsam erscheinen und kaum Spuren hinterlassen. In geringem Umfang wird auch dort Geschichte aufbewahrt, wie in den letzten Jahrzehnten etwa in der Kosmologie deutlich geworden ist. Im Weltall von heute prägen die zufälligen Verteilungen des Weltalls der ersten drei Sekunden die Verteilung der Materie bis zum heutigen Tag. Wenn die Gestalten in der Natur nicht wechselten, wäre dort die volle Notwendigkeit realisiert, was die mechanische Physik früher als ihr Ideal verkündet hatte. Noch näher am Ursprung liegen die 18 bisher unerklärten Naturkonstanten wie zum Beispiel Lichtgeschwindigkeit oder Plancksches Quantum.[34] Wir müßten am Anfang des Kosmos dabei sein, um sie erklären zu können, was nicht gut vorstellbar ist; die unmittelbare Beobachtung des Ur-Anfangs ist noch schwerer denkbar als die Beobachtung der etwas späteren Materieverteilung.

Büchse der Pandora. Nun war es das erstaunliche Ergebnis der Quantentheorie im 20. Jahrhundert, dem echten Zufall einen Platz mit vollem Stimmrecht erstritten zu haben. Ein großes Faß, die Büchse der Pandora, wartet darauf geöffnet zu werden, und ebenso wie bei dieser Vase haben wir es in der Evolution mit Leben und Tod, mit Glück und Unglück, mit Licht und Schatten zu tun. Kein Leben kann einfachhin gut genannt werden, da die Natur nicht beständig ist. Wenn die Theologie von einer guten Schöpfung spricht, so ist damit nicht die uns bekannte Natur gemeint, sondern eine paradiesische Welt ohne Konkurrenz, die wir uns vorstellen können, von der wir aber keine direkte Erfahrung haben. Die Entwicklung des Lebens auf der Erde gleicht eher der Öffnung der schicksalhaften Vase, in der die Gestalten einander bekämpfen und Schlechtes und Gutes hervorbringen.

Die Fülle der Gestalten in der belebten Natur ist millionen- und milliardenmal dichter als in der unbelebten Natur, weil die Natur auf der Erde mit der Evolution des Lebens ein leistungsfähiges System zur Verarbeitung und Verbreitung neuer Ereignisse entwickelt hat. Ob es Leben auf anderen Planeten und in anderen Sonnensystemen gibt, läßt sich schwer sagen. Niederes Leben selbst, ohne viel Entwicklung, mag häufig vorkommen, weil Bakterien extreme Kälte und Hitze, Druck und Umwelt ertragen können. Das sagt die neue und doch schon weithin anerkannte Theorie der ›Rare Earth‹.[35] Auf der anderen Seite mag das mehrzellige, komplexe Leben, das wir auf unserem Heimatplaneten kennen, sehr selten bis einmalig sein im Kosmos, weil der günstige Zufall in der Natur so schwer aufzubewahren ist.

Deutung und Bedeutung. Zufall und Notwendigkeit sind keine gleichartigen Prinzipien, da sie Unwissen und Wissen mischen, deshalb liefert die Evolution keine reine Erkenntnis: Ohne Deutung haben die Aussagen der Wissenschaften keine Bedeutung für das Leben. Die wundervollen Tatsachen, die nur Tatsachen sind und nichts bedeuten, weil sie ganz und gar objektiv sind, gibt es wirklich; und sie wirken entspannend für das Leben. Doch bleibt die Frage, ob der Wert der Lichtgeschwindigkeit wirklich so objektiv ist, wenn wir sie in das Konzert mit den anderen 17 Grundkonstanten bringen, denn diese haargenauen Zuordnungen dienen noch einmal dem Leben, weil sie Atome, Moleküle, Zellen und damit Leben erst möglich machen. Wann die Sonne heute morgen aufgegangen ist, mag für mich interessant sein, ist aber zugleich bedeutungslos, wenn ich mich heute nicht aus dem Hause begebe. Der Aufgang ist eben nur meßbar und hat sonst keine Folgen. Wenn mich die Sonne jedoch als Autofahrer blendet und ich dadurch einen Unfall verursache, bekommt sie für mich und meine Familie große Bedeutung. Oder wenn vor 65 Millionen Jahren der besagte 12-km-Brocken bei Chicxulub in Mexiko niedergegangen ist, so bedeutet das wenig. Wenn damit jedoch das Schicksal der bis dahin herrschenden großen Landtiere, der Dinosaurier, besiegelt wurde und ihre Konkurrenten, die Säugetiere, eine Chance erhielten, erhält das Ereignis große Bedeutung für des Leben auf der Erde und für mich. **Ein Ereignis in der Natur bekommt Bedeutung, wenn es Gestalten des Lebens entstehen oder vergehen läßt.**

Durch die neuen Ergebnisse der Evolutionsbiologie wird die Möglichkeit und die Pflicht zur Deutung wesentlich verstärkt. Diese Bedeutung ist die Fähigkeit der Natur, Leben und Freiheit zu formen. Freiheit setzt einen Mechanismus der Zusammenarbeit von Zufall und Notwendigkeit voraus, der früher nicht bekannt, ja nicht einmal zu ahnen war. Wir haben im vorigen Abschnitt dieses Zusammenwirken als ›erleichterte Variation‹ kennengelernt, wodurch die komplexe Zelle des Einzellers erklärbar wird. Erklärbar nach der Seite der Notwendigkeit hin und im Zusammenwirken mit dem Zufall, was für eine Mehrzahl von Naturforschern gewöhnungsbedürftig ist.

Punktiertes Gleichgewicht. Der jetzige Abschnitt wird einen anderen ungewöhnlichen Schritt tun, indem wir auf den Anfang der Mehrzelligkeit schauen und den Weg der Evolution zum höheren Leben nachgehen. Hier geschehen ganz andere Schritte als bei der Entwicklung der einzelnen Zelle, die fast drei Milliarden Jahre gebraucht hat, um in der heutigen Gestalt zu erscheinen. Dennoch sehen wir auch den Gang des höheren oder komplexen Lebens, das vor etwa 600 Millionen Jahren begann, durch die Verbindung von Zufall und Notwendigkeit geprägt. Die Theorie des punktierten oder durchbrochenen Gleichgewichts liefert uns einen willkommenen Baustein. Es gibt nach Stephen J. Gould, von dem der Gedanke stammt, keine Notwendigkeit in der Natur, die es erlauben würde zu sagen, es müsse bei geeigneten Umständen unweigerlich zur Entwicklung von Leben und schließlich Bewußtsein kommen. Der Mensch ist angelegt in der Natur, er ist ein *mögliches* Produkt in der Natur, ein *notwendiges* Produkt *der* Natur ist er nicht. Das meint die Durchbrechung der punktuierten Linie, die eine Wirkung des Zufalls ist. Er erhält nur eine winzige Chance, sich dauerhaft festzusetzen, dann jedoch, vom Eintritt des seltenen Erfolges an, nimmt das Ereignis am Gang der Geschichte teil. Und lange Zeit regiert dann wieder mit notwendigen Gesetzen das Gleichgewicht der Kräfte, welche die großen Epochen mit unveränderten Gestalten bevölkern, bis es wieder punktiert wird. Ganz selten, ab und zu, doch auf die Länge der Zeit gesehen, recht häufig, wechselt das Aussehen des Lebens, weil neue, besser angepaßte Lebewesen den Vorteil erringen und anderes Leben verdrängen. Was beim Urknall einmalig geschehen ist, die Aufbewahrung des Zufalls in der Gestalt der Notwendigkeit, wiederholt sich in kleinerem Maßstab bei der Entwicklung des Lebens auf der Erde, doch in ungleich größerer Intensität, weil in immer neuen Wiederholungen.

Dreifaches Glück. Seinen schönen Einfall hatte Gould bei der

Neudeutung des Burgess-Schiefers.[36] Er hat diese geologische Formation nicht ausgegraben, er hat auch deren Fossilien nicht seziert, doch er war nahe genug an dem Ereignis, um die Einzelheiten wahrzunehmen, ohne den Abstand ganz einzubüßen, der für ein Urteil notwendig ist. Wie ein guter theoretischer Physiker nahe der experimentellen Physik stehen muß, ohne in ihr aufzugehen. Das Schiefergestein des Burgess mit einem Alter von 520 Millionen Jahren enthält zahlreiche frühe mehrzellige Lebewesen, die durch einen glücklichen Umstand erhalten geblieben sind. Die Entdeckung der Schicht geht auf den Anfang des 20. Jahrhunderts zurück, als der Amerikaner Charles D. Walcott (1850–1927) diesen Schiefer im Westen Kanadas, in British-Columbia, ausgegraben hat. Das Glück war den Erforschern der Frühgeschichte des Lebens hier gleich doppelt oder sogar dreifach hold. Einmal war es diese Entdeckung durch Walcott selbst; dann das glückliche Ereignis vor 520 Millionen Jahren, als in einer Schlammlawine zahlreiche, sehr frühe Tiere verschüttet und sofort luftdicht abgeschlossen wurden. Und drittens kann das Ereignis ein helles Licht auf die Art und Weise werfen, wie der Motor der Evolution das Leben vorantreibt.

Motor des Lebens. Dieser Motor muß von anderer Art sein, als unsere eigenen Antriebsmaschinen laufen, das war Goulds intuitives Gespür, für das ihm der Burgess-Schiefer die Bilder lieferte. Unsere mechanischen Motoren laufen direkt auf ein Ziel hin, ihre Logik ist linear von der Ursache zur Wirkung gerichtet. So ähnlich dachte auch Darwin, als er seine Entdeckung mit der Physik von Newton verglich. Oder so denken viele Darwinisten bis heute, wenn sie Leben und Bewußtsein für ein notwendiges Produkt der Natur halten. Gould sah das Leben auf anderen Wegen gehen, oder er sah es seine eigenen Wege gehen: Immer wieder vorgerückt, dann zurückgeworfen, steht es manchmal vor den gleichen Aufgaben, bewältigt diese jedoch nicht immer auf die gleiche Weise. Wer mehr die Notwendigkeit betont, möchte Konvergenz in der Natur annehmen, also die gleiche Lösung bei gleicher Problemlage sehen. Wo viel Notwendigkeit herrscht, oder wo sie allein herrscht, da folgt tatsächlich aus der gleichen Ursache die gleiche Wirkung.

Drei Haltungen. Doch für Gould wird in der Abweichung vom Plan eine Wirklichkeit erahnbar, die ihn fasziniert hat. Einen Namen für diese Wirklichkeit hat er nicht ausgesprochen, weder eine wissenschaftliche, noch eine philosophische, noch eine religiöse Benennung, obwohl diese drei Bereiche berührt werden. Sein Wahrnehmungsvermögen ist sehr gut, eine reinere Anschauung der Tatsachen ist mir bei einem Evolutionsbiologen bisher nicht bekannt geworden. Der Preis für die unverstellte Klarheit ist allerdings die Enthaltsamkeit von jedweder Deutung, und damit auch von jeder Bedeutung. Gould schwankt in der Frage nach dem Sinn des Lebens von der einen zur anderen Seite, wir werden es sehen. Der Preis für die ideologiefreie Wahrnehmung der Natur ist die Enthaltung von jeder Wahrnehmung eines Ziel in der Natur. Drei Haltungen sind möglich: Zum einen die Haltung der Leute, die direkt aus der Naturerscheinung auf den Sinn des Lebens schließen wollen oder eben auf seine Sinnlosigkeit; das ist die extreme Rechte und Linke, die zu beobachten wir oben Gelegenheit hatten. Eine solche Haltung ist ideologieanfällig, weil hier der Wunsch der Vater des Gedankens ist, weil hier das Sehenwollen das Sehen bestimmt. Die zweite Haltung finden wir etwa bei Gould. Er deutet überhaupt nicht; was auch nicht der Weisheit letzter Schluß sein kann, denn Zufall und Notwendigkeit deuten sich sonst nach Belieben selbst, was nicht angeht. Die letzte Wirklichkeit zeigt sich uns nicht in einem einheitlichen, sondern in einem gespaltenen Begriff, also muß sie gedeutet werden.

Die dritte Haltung ist die unsere, oder sie sollte die unsere werden, wir müssen sie zu beziehen suchen. Das ist die indirekte oder sesquiistische Position, die aus den Elementen der Natur auf den Sinn der Natur, auf die Freiheit in ihr schließt. Man könnte es die konvergente Methode nennen, wenn nicht Simon Conway Morris schon das Wort besetzt und von konvergenter Evolution gesprochen hätte. Er meint, gleiche Umweltbedingungen bewegen den Evolutionsprozeß in die gleiche Richtung, womit dann ein Ziel der Evolution in Richtung auf den Menschen gefunden wäre, lange nicht so stark wie bei den Extremisten, doch mit erkennbarer Abneigung von Morris gegen den bloßen Zufall. Dieser Sinn in der Natur selbst ist allerdings immer durch kosmische, also zufällige Katastrophen gefährdet. Vielleicht sollten wir den Gedanken aufnehmen und von Konvergenz nicht allein mit Blick auf die Notwendigkeit sprechen, vielmehr von **Konvergenz durch Zufall und Notwendigkeit**, die zur Freiheit in der Natur führt, ohne ihr Produkt zu sein. Hier wäre der Zufall nicht mehr der Störenfried, der die Freiheit bedroht und am Ende verdirbt, er würde durch solche Konvergenz zum wesentlichen Bauelement in der Natur. Eine solche Freiheit streben wir in Kapitel 5 an.

Kambrische Explosion. Allgemein bekannt ist die kambrische Explosion des Lebens vor etwa 570 Millionen Jahren. Die Erde hatte einige Millionen Jahre einem Schneeball geglichen, so sehr war der Planet in den Kältekeller gerutscht, die Gründe müssen uns hier nicht interessieren. Die Erde ist mehrmals im Laufe der Geschichte fast eingefroren und dann wieder aufgetaut, jeweils mit dem Ergebnis einer wunderlich verwandelten Welt. Fast bis zum Äquator waren die Meere vor 600 Millionen Jahren zugefroren. Was sich unter diesem Eis abspielte, das fast zum Grab für alles Leben geworden wäre, war die Geburt eines ganz neuen Lebens, von mehrzelligem Leben, das damit zum ersten Mal mit bloßem Auge sichtbar wurde. Von Nebenformen, wie der Ediacara-Fauna, die nicht überlebt hat, sehe ich hier ab. Die drei Milliarden Jahre des einzelligen Lebens hätten einem möglichen Beobachter nichts zu sehen geboten, wenn er nicht gerade seinem Auge ein starkes Mikroskop vorgeschaltet hätte. Jetzt aber wurde das Leben sichtbar.

Evolution linear? Knapp einer Katastrophe entgangen trat das Leben in völlig verwandelter Gestalt auf. Hier setzt Gould einen neuen Akzent in der Evolutionsbiologie, indem er die harte Arbeit der Paläontologen unter dem Gesichtspunkt von Zufall und Notwendigkeit mit neuen Augen anschaut. Bisher hatten alle Naturforscher, auch Walcott, und dieser ganz besonders, ein lineares Modell des Fortschritts vor Augen. Natur und Kultur entwickeln sich ganz ähnlich, meinten sie. Wie es in der Gesellschaft immer vorwärts geht, so auch in der Natur, und zwar nach festen Gesetzen. Auf die einfachsten Einzeller, die Prokaryoten, mußten mit Notwendigkeit die komplexen Einzeller erscheinen, die Eukaryoten. Dann mußten die Vielzeller erscheinen, gleichgültig ob mit oder ohne Schneeball Erde. Ja, und dann sollte es so weitergehen. Erst plumpe Landtiere wie die Dinosaurier, dann die eleganten und springlebendigen Säugetiere, schließlich der Mensch, mit Bewußtsein und Intelligenz als Krone der Schöpfung. Dieser nimmt das Werk des Schöpfers in die eigenen Hände und vollzieht damit den Übergang von der Natur- zur Kulturgeschichte.

Diese Fortschrittsgeschichte ist richtig und doch nicht ganz wahr. Faktisch ist die Geschichte so verlaufen, doch auch mit Notwendigkeit? Wenn der Fortschritt allein wahr wäre, hätte er unter allen Umständen als ein Muß den gleichen Anblick der Evolution hervorgebracht: Immer komplexeres Leben und im Menschen schließlich das Bewußtsein. Hier ruft Gould: Vorsicht! Schon die Vereisung vor 600 Millionen Jahren hätte der Schlußstrich für alles Leben auf Erden sein können. Schließlich sind unsere Nachbarplaneten jeweils in ihrer eigenen und endgültigen Hölle gelandet, der Mars im Eiskeller und die Venus in der Gluthitze. Vermutlich waren es die Vulkane und die Plattenbewegung der Erde, die genügend viel Kohlendioxid in die Atmosphäre gelangen ließen, damit die Erde sich unter dem Sonnenlicht wieder erwärmen konnte. Solche Produktion des Klimagases ist nur möglich, wenn das Erdinnere überwiegend zähflüssig ist, was bei den uns bekannten Planeten nicht der Fall ist. Was die Erde im Innersten zusammenhält und das Leben möglich macht, ist die große, doch nicht übergroße Menge an radioaktiven Elementen, die unseren Erdkern beständig durch ihren Zerfall aufheizt.

Rewind the tape. Und wie geht es weiter? Ist durch die Fauna, also durch die Tierwelt des Burgess-Lebens schon ausgemacht, wohin der Weg führt? Entschieden nicht, meint Gould und empfiehlt: Rewind the tape. Das ist ein Gedankenexperiment, das sich nur unvollkommen in ein reales Experiment umsetzen läßt –, am besten sind hier noch die Vergleiche des Insellebens. Wenn wir das Band des Lebens zurückspulen würden, sagen wir 520 Millionen Jahre bis zur Burgess-Zeit, und es noch einmal ablaufen ließen, bei genau gleichen Anfangsbedingungen, was bekämen wir zu hören und zu sehen? Jedenfalls ein sehr anderes Bild des Lebens, meint Gould, und kaum das gewohnte mit großen Säugetieren als Landbewohnern und dem Menschen als einem halben Meister und Besitzer der Natur. Wie notwendig oder wie zufällig der Weg des Lebens war, darüber ließe sich ein gutes Gespräch führen, ohne abschließendes Ergebnis, wie zu vermuten steht, doch mit größerer Klarheit über die Wege in der Natur. Ein solches könnte lauten:[37]

Simon Conway Morris: Endlich treffen wird uns einmal persönlich, Mister Gould. Endlich kann ich das Gespräch mit Ihnen führen, das mir schon so lange am Herzen liegt.

Stephen Jay Gould: Ja, sehr gern doch, mein lieber Morris. Endlich, das möchte auch ich sagen und Ihnen persönlich meine Dankbarkeit ausdrücken. Leider ist es ein fiktives Gespräch, denn ich bin ja schon im Jahr 2002 von der Erde gegangen. Ich habe meinen Tribut erlegt für das endliche Leben. Der Tod ist die Erfindung der Natur, mehr Leben zu haben, wie Goethe so schön gesagt hat, aber schmerzlich ist es doch, wie wir Menschen die produktive Lust der Natur mit dem Tode büßen müssen. Also fiktiv ist das Gespräch und zugleich real, da wir so viel in Büchern und Aufsätzen übereinander geschrieben haben. Sie wissen, ich gehöre zu Ihren absoluten Bewunderern und habe Sie auch schon für den Nobelpreis vorgeschlagen, zusammen mit den beiden anderen Burgess-Helden Harry Whittington und Derek Briggs. Ich meine, einer für Medizin müßte drin sein. Vielleicht kann ich von hier oben aus mehr für Sie tun als von unten auf der Erde.

Morris: Ehrungen beiseite, kommen wir zur Sache. Sie erzählen immer wieder, wie sehr Sie die Forschung zur kambrischen Explosion bewundern, und wie sehr unsere Drei-Männer-Arbeit Sie zu dem Buch ›Wonderful Life‹ angeregt hat, das deutsch den Titel ›Zufall Mensch‹ trägt, was noch schärfer Ihre scharfe These zeigt. Sie sind ein begnadeter Schriftsteller, Mister Gould, und auch ein großer Kenner der Evolutionsgeschichte, das muß ich sagen. Doch besonders glücklich bin ich nicht gewesen über diesen Bestseller, mit dem Sie unsere Ergebnisse unter das Volk gebracht haben. Vielleicht bin ich auch etwas neidisch.

Gould: Doch nicht, dazu haben Sie keinen Grund. Das Kompliment übrigens kann ich zurückgeben. Sie sind, Mister Morris ein noch viel, viel besserer Kenner der Evolution als ich, denn Sie sind wissenschaftlich produktiv auf dem Gebiet, und ein Schriftsteller sind Sie auch. Die Feder steht Ihnen elegant zu Gebote, wie gerade noch das Wortspiel ›scharf‹ und ›schärfer‹ gezeigt hat. Ich bin Ihnen ja so dankbar für Ihre Arbeit, vor allem für Ihre Ergebnisse über den kambrischen Schiefer, wie ich gar nicht sagen kann.

Sie spielen immer wieder auf meine frühen linken Überzeugungen an. Ja, ja, ich gehörte zu den 68ern, und bei denen war Marx einfach chic. Doch wissen Sie, was mich vom Marxismus abgebracht hat? Eben die Evolutionslehre, eben der Burgess-Schiefer und eben auch Ihre Sicht auf die Evolution, Herr Morris. Oder soll ich sagen Ihre frühere Sicht?

Morris: Da bin ich ja überrascht, ich habe da gar keinen Zusammenhang …

Gould: Lassen Sie mich zu Ende erzählen. Der Zusammenhang von Marxismus und Evolutionslehre ist leicht zu sehen. Marx behauptet einen stetigen Fortschritt in der Geschichte, er hält ihn für notwendig und will ihn sogar wissenschaftlich bewiesen haben. Früher fand ich das überzeugend, jetzt gar nicht mehr, deshalb werde ich vielleicht scharf und überscharf, wenn ich heute sage: Der Zufall lenkt mehr als alles andere die Geschichte, er spielt die erste Geige, überall und immer, im Kleinen wie im Großen, in der Natur und in der Kultur. Und der Fortschritt, glaube ich daran gar nicht mehr? Darüber können wir gleich noch reden.

Morris: Na ja, Herr Gould, Geständnis gegen Geständnis, wenn Sie eins ablegen, will ich auch eins ablegen. Vielleicht hatte Ihre in meinen Augen schiefe These auch eine gute Seite. Erst durch Ihre Einseitigkeit, tut mir leid, das sagen zu müssen, bin ich zu meiner eigenen Position gekommen. Ihr ›Wonderful Life‹ war ein wunderbares Buch, es war so erfolgreich, wie ich nie eines schreiben werde. Trotzdem, ich mußte mich von ihm absetzen und 2003 ›Life's Solution‹ verfassen, wo ich zu meiner Überzeugung gefunden habe. Für die Klarheit, zu der Sie mich gezwungen haben, bin ich Ihnen dankbar. Jetzt konnte ich sehen: Die Evolution und der Mensch sind keine bloßen Zufallsprodukte. Leben kommt durch konvergente Evolution zustande, wie ich das nennen möchte: Eine ähnliche Umweltsituation kann, bei verschiedenem Ausgangsmaterial, ähnliche oder parallele Anpassungen formen.

Gould: Im Überblick von oben sehe ich jetzt, woher unsere Differenzen stammen. Also, ich hatte da meine Philosophie gefunden, meine neue, wie ich sagen will, da mußte ich mich gegen meine wirren Neigungen aus Jugendtagen absetzen, die auf einem platten Fortschritt à la Marx fußten. Dabei ist mir die Idee mit dem Tonband gekommen. Was ich Walcott und anderen Fortschrittsgläubigen, bürgerlich oder sozialistisch, nicht mehr abgenommen habe, war die lineare Deutung der Geschichte. Die Evolutionsbiologie liefert erdrükkende Beweise gegen die Meinung, der Weg von der Vergangenheit in die Zukunft sei voraussagbar; über Physik und Quantentheorie will ich erst gar nicht reden. Eben diese lineare oder kausale Determination ist nicht die Logik des Lebens. In Südamerika, als der Kontinent noch getrennt von Nordamerika war, haben die Vögel über die Säugetiere gesiegt, bei uns war es umgekehrt. Wenn überall die Vögel dominiert hätten, wo wollen Sie dann den Menschen hernehmen?

Morris: Kein unbedingtes Problem, Bewußtsein könnte so oder so entstanden sein. Gehen wir doch einmal ans Eingemachte, Herr Gould, kommen wir zum Material für Ihre wagemutige These, zu Ihren Beweisen. Ich denke, wir haben da beide einen Fehler gemacht, zuerst einmal ich. Der spektakulärste Fehler meines Lebens ist mir mit dem bizarren Tier Hallucigenia passiert, das wegen seines verrückten Aussehens auf diesen Namen getauft wurde. Ich war bei der Namensgebung dabei, aber ich war es nicht allein. Allerdings, die Schuld für die falsche Einordnung des wirklich verwirrenden Tieres muß ich allein auf mich nehmen. Ich habe ursprünglich gedacht, es wankt auf seinen sieben Paar Stelzen über den Meeresboden. Daher meine Behauptung, das Tier und seine ganze Gattung seien ausgestorben. Doch dann: Man muß es nur umdrehen, plötzlich erkennen wir es wieder. Und Sie Herr Gould, …

Gould: Ja, ja, ich gebe zu, an diesem Beispiel kann ich meine Sicht der Evolution nicht mehr festmachen. Doch ich habe sofort 1992 applaudiert, als Hallucigenia neu eingeordnet wurde, ich habe einen lobenden Artikel über die Ergebnisse des Schweden Ramsköld und des Chinesen Hou geschrieben,[38] die das herausgefunden hatten.

Morris: Das ist richtig, doch Ihre These bekommt Schwindsucht mit diesem Ergebnis, und davon wollen Sie denn doch nichts hören.

Gould: Wie meinen Sie das?

Morris: Alle Stämme oder Phyla oder Gattungen des Lebens sind, wie wir wissen, in der kambrischen Explosion entstanden und nachher keine mehr; das ist nicht umstritten. Sie behaupten aber, die meisten dieser Stämme seien heute ausgestorben, was ich nicht für richtig halte. Wenigstens Hallucigenia müssen Sie wieder auf die Liste der überlebenden Arten setzen, denn es gehört, wie wir jetzt wissen, zu Onychophorans, und diese Gattung hat überlebt. Damit wird Ihre suggestive Frage ein bißchen weniger suggestiv: Spiel das Band des Lebens zurück, und was wirst Du sehen?

Gould: Ich habe ihnen in diesem Punkte doch schon recht gegeben, Mister Morris. Doch seien sie vorsichtig, eine Schwalbe macht noch keinen Sommer, wie der Dichter Aesop sagt. Wenn Ihre These von der konvergenten Evolution stimmt, dann müssen Sie nicht nur Hallucigenia überleben lassen, sondern so ziemlich alles, was damals kreuchte und fleuchte.

Morris: Bei allen kann ich das natürlich nicht beweisen, oder noch nicht. Ich nehme ein anderes Beispiel. In ›Wonderful Life‹ hatten Sie Wiwaxia einen ›weiteren Burgess-Kauz‹ genannt, der keine modernen Nachkommen habe. Walcott hatte bei seiner Bauform an einen modernen Anneliden, an einen Ringel- oder Regenwurm gedacht, was Sie ihm sehr übelgenommen haben. Sie haben Walcott ein Schubladen-Denken vorgeworfen, shoehorning auf Englisch. Und nun, was ist herausgekommen? Gerade Ihr eigener Schüler Nick Butterfield hat Wiwaxia bei den Anneliden eingereiht. Sehen Sie, wie Ihnen die Felle davon schwimmen, ich meine, wie Ihre These dünn und dünner wird?

Gould: Gut, Sie wollen meine komischen Käuze, wie ich sie genannt habe, in modernen Gruppen wiederfinden, und bei einigen ist

Ihnen das auch gelungen, Butterfields Ergebnis erkenne ich ebenfalls an. Doch damit noch die Halkeriiden zu verbinden, das geht zu weit, da geht die Phantasie mit Ihnen durch. Wir sind jetzt bei einer Umkehr der Beweislast, gut, davor fürchte ich mich nicht. Nun ist es an mir zu zeigen, was beim Neuabspielen des Tonbandes passiert. Zum wichtigsten: Keinesfalls können Sie die kambrische Explosion vor 600 Millionen Jahren in eine Reihe mit anderen Ereignissen in der Evolutionsgeschichte stellen. Nie vorher und nie später hat es ein solches Ereignis gegeben. Meine hartnäckigsten Kritiker und auch Sie wissen von keinem einzigen Fall, der nachher noch als Stamm hinzugekommen wäre. In weniger als 20 Millionen Jahre von Beginn der Explosion an waren alle Baupläne des heutigen Lebens im Prinzip vorhanden, nicht ein einziger Plan wurde neu erfunden. Wird das Kambrium damit nicht zu einem einzigartigen Ereignis?

Morris: Einzigartig ja, aber die Evolution mußte die Mehrzelligkeit auch nur ein einziges Mal erfinden, und dann ging es konsequent weiter. Wenn die meisten Stämme überlebt haben, gibt es sehr viel Konvergenz in der Evolution, Mister Gould. Wenn Sie dann Ihr Band noch einmal abspielen wollten, müssen Sie fast alle Stämme überleben lassen und haben damit gar keine anderen Tierstämme mehr zur Hand, die Sie in einem anderen Szenario untergehen lassen könnten. Denn, wie ich meine, werden praktisch immer alle überleben.

Gould: Hier sind wir etwas verschiedener Meinung, das stimmt. Ich meine, viele Burgess-Lebewesen und andere frühe Tiere aus dem Kambrium sind wirklich komische Käuze und damit ausgestorben. Doch selbst wenn das nicht der Fall wäre, ist mein Tonband noch nicht erledigt. Sie haben gepunktet, Mr. Morris, aber das Match mit der konvergenten Evolution noch nicht gewonnen. Sie vergessen die außerbiologischen Faktoren, die machen doch alles klar. Der Schneeball Erde mußte vor 600 Millionen gar nicht notwendig auftauen, nur auf unserem besonderen Planeten Erde war das möglich. Und denken Sie an Chicxulub, Mr. Morris. Als der Stein vor 65 Millionen Jahren einschlug, hing unser Leben an einem seidenen Faden. Ich meine, wäre er nicht eingeschlagen, gäbe es keine Säugetiere hier und uns auch nicht.

Morris: Das mit Chicxulub ist mir schon in den Sinn gekommen, doch da gibt es eine einfache Lösung. Nur 20 Millionen Jahre nach dem Einschlag ist eine normale Eiszeit gekommen, und die Kälte kann von den warmblütigen Säugetieren viel besser verkraftet werden als von den wechselwarmen Dinosauriern. Die ganze Entwicklung hätte einfach etwas später stattgefunden, das Resultat wäre das gleiche geblieben.

Gould: Da wäre ich mir nicht so sicher. Sie haben einmal ein schönes Beispiel gebracht: ›Stellen Sie sich vor, Sie sitzen im Theater und schauen auf die Beleuchtung. Sie können das System, mit dem die Scheinwerfer ein- und ausgeschaltet werden, bald genau verstehen. Das bringt Sie einem Verständnis des Dramas, das auf der Bühne gespielt wird, kaum näher.‹ So etwa waren Ihre Worte. Doch wenn Sie das Aussterben der Dinos um 20 Millionen Jahre verlegen, tun Sie genau dies. Sie schließen von der Beleuchtung der Bühne auf den Inhalt des Dramas.

Morris: Nein, ich schaue mir einfach an, was passiert wäre. Und Säugetiere sind einfach besser fürs Überleben, wenn es brenzlig wird.

Gould: Immerhin hatten die Dinos für 150 Millionen Jahre die Oberhand auf dem Land, sie haben alles klimatische Auf und Ab bestens überlebt, während die Säuger winzig klein blieben. Warum hätten die Dinos da notwendig verschwinden sollen? Sie sind verschwunden, das stimmt, durch ein sehr zufälliges Ereignis, das vom Himmel gefallen ist plus ein paar Beigaben vielleicht von der Erde. Jedenfalls hat Chicxulub den Deckel dicht gemacht für die Dinosaurier. Darf ich einmal einen Verdacht äußern, Mr. Morris?

Morris: Ja, schießen Sie los, ich werde ihn überleben.

Gould: Sie verstehen sich als Christ und haben das auch gelegentlich betont. Ihre frühen Ergebnisse standen damit auf gespanntem Fuß, doch das haben Sie erst nach einiger Zeit bemerkt: Wenn ich so viele Arten aus dem Kambrium aussterben lasse, müssen Sie gedacht haben, dann läuft die Sache aus dem Ruder: Zufall, Willkür, Überflüsssiges. Da kann ich den Finger Gottes nicht mehr am Werk sehen, deshalb muß …

Morris: Also über den Einfluß von Ideologien auf die Evolutionsbiologie hatten wir schon gesprochen, …

Gould: Lassen Sie mich die Sache noch eben zu Ende erzählen. Sprechen Sie nicht sogar von einem beabsichtigten Universum? Absicht klingt fast wie Entwurf oder Design. Nicht einfach ein Unfall oder eine zufällige Laune der Natur soll die Evolution gewesen sein, vielmehr halten Sie die Entwicklung von Intelligenz für etwas sehr Naheliegendes. Und gleichzeitig setzen Sie sich mit scharfen Worten vom Intelligent Design ab und nennen die Kreationisten bloße Pseudowissenschaftler, wenn sie die Bibel wörtlich verstehen. Sind Sie da noch konsequent? Sind sie nicht selbst nahe an der Position?

Morris: Jetzt werde ich doch leicht böse mit Ihnen. Jedenfalls erlaube ich mir, eine kleine Retourkutsche zu fahren, Herr Gould. Ihre Äußerungen zu Religion und Ethik haben eine Bandbreite, die mit Konsequenz auch nicht viel zu tun hat. Also, ich erinnere mich … wie war das noch? Da haben Sie von friedlicher Koexistenz zwischen Religion und Wissenschaft gesprochen, und der Sache gleich einen Namen beigelegt: Das Gouldsche NOMA-Prinzip. Das meint den Grundsatz des Non-Overlapping Magisteria, nach dem sich die Lehren von Religion und Wissenschaft nicht in die Quere kommen können. Hier habe ich es wörtlich: ›Ein Konflikt zwischen Wissenschaft und Religion ist nicht vorhanden, weil die beiden Bereiche, wenn sie ernsthaft betrieben werden, sich nicht überschneiden.‹[39] Der Wissenschaft weisen Sie die Erkenntnis über den äußeren Aufbau des Universums zu und der Religion die Ethik. Gut, das ließe sich hören. Dann in einem Interview des Senders *CBS Sunday Morning* vom November 1998 nennen Sie die Religion plötzlich eine süße Projektion: ›Das ist ein tröstliches Gefühl für viele Leute. Zu meinen, wir seien alle in Abrahams Schoß oder werden von der Liebe Gottes umfaßt. Sehen Sie, wir leben in einer erbarmungslosen Welt, und wenn du dich ein bißchen einlullen kannst …‹[40]

Gould: Genug, ich gebe zu, das paßt nicht zusammen. Sie müssen bedenken, ich bin kein religiöser Mensch von Hause aus, kein Homo religiosus. Doch mit kühler Überlegung habe ich eine tolerante Position bezogen. Erstens kann die Wissenschaft die Religion nicht mehr ausschließen, und zweitens sehe ich sogar Vorteile in ihr, für das Leben, meine ich. Das kommt dann manchmal so heraus, wie Sie mich da zitiert haben. Wissen Sie was, Mister Morris, wir sind beide mit der Sache noch nicht richtig fertig geworden. Wir bringen echtes Menschsein, echtes Gottsein und echte Freiheit nicht wirklich mit der Evolution in Einklang, obwohl wir beide einen Zusammenhang fühlen.

Morris: Ja, Mister Gould, darauf können wir uns einigen. Das ist ja die schönste Einigung, die ich mir vorstellen kann, wenn man sich gar nicht voll einig sein muß. Ich erkenne nach unserem Gespräch den Zufall etwas mehr an, er spielt eine wirkliche Rolle in der Entwicklung des Lebens, doch ich erlaube mir, seine Rolle kleiner einzuschätzen als Sie. Deshalb bleibe ich bei meiner evolutiven Konvergenz. Sie ist Anreiz für die Forschung und für echte Wissensvermehrung.

Gould: Und ich bleibe bei meiner echten Kontingenz, das heißt bei meinem punktierten Gleichgewicht. Aber einig kann ich mich mit

Ihnen auch erklären, eben weil wir nicht in allen Punkten einig sein müssen. Da stehen wir nun: Ich betone den Zufall, Sie die Notwendigkeit, ohne den Gegensatz ganz auszuschließen. Das war der vierte Akt im Theater, da muß noch ein fünfter Akt kommen, meine ich. Bin gespannt, was der bringt. Vielleicht lassen wir doch einmal einen Deutschen ran. Die machen zwar alles kompliziert, weil sie so viel Kant gelesen haben, doch vielleicht weiß Kant, was die Wissenschaft leisten kann – und was nicht. Vielleicht können wir bei denen eine Art Balance lernen zwischen positivistischer Wissenschaft und religiösem Kreationismus, eine Balance, die bei uns Angelsachsen nicht in Mode ist. Ich meine, wir sollten dem Menschen eine Chance geben.

Morris: Also, hören wir.

5. Darwins Freiheit

5.1 Wissens- und Nichtwissensprinzip

Licht erloschen. Der Lehrgang, den uns Natur und Wissenschaft in der Neuzeit geboten haben, ist beendet. Es war ein Drama in vier Akten. Der Zeit nach, und womöglich auch dem Inhalt nach, haben wir das Stück durchlaufen, nur der fünfte Akt fehlt noch. Natürlich konnten wir nur Station machen bei ausgewählten Personen und Ideen, doch wer richtig auswählt, lebt vollständig. Wie der Lehrgang auch angelegt war, vor und zurück mit der Zeit, in der unbelebten und in der belebten Natur, unter dem Streit der Deutungen, stets sind wir am Ende auf die Bausteine der Natur mit dem Namen Zufall und Notwendigkeit gestoßen. Das von allen Startpunkten erreichte Ziel lädt zum Triumph ein, noch mehr macht es allerdings nachdenklich. Denn das Ziel liegt hinter jedem Horizont, solch ein Ziel wollte niemand erreichen, ich auch nicht. Vor allem die Wissenschaft wollte nicht zu einem solchen Ende kommen. Das Ziel liegt in einem Gebiet, das mehr als vermint ist, es liegt hinter unserem Horizont, wo das Licht der Sonne, die unseren Schritten leuchtet, erloschen ist.

Nach Maßgabe der Wissenschaft sollte es den Zufall in der Natur überhaupt nicht geben, ein Platz für ihn war nicht vorgesehen. Er hat zuerst in der Physik des 20. Jahrhunderts ein Beben ausgelöst und sie von einer Einheit der Natur immer weiter abgeführt. Dann in der Biologie und in der Evolutionslehre! Die Rolle des Zufalls im Leben ist auch alles andere als klar. Das heißt, es gibt schon eine Einheit, denn alles in der Natur, belebt oder unbelebt, läuft auf dieses seltsame Duo zu, doch in Begriffen erfassen läßt sich diese Einheit kaum. Was fangen wir mit dem Zufall an?

Vertreibung in der Physik. In einem bekannten Fall sollte die Vertreibung des Zufalls dem Wunsche dienen, das Leben in die Flucht zu schlagen. Jedenfalls sollte die zufallsfreie Wissenschaft die Flucht vom Ich und Wir in das Es möglich machen. Was sehr gut möglich wäre, wenn die mechanische Physik den Überblick errungen hätte, der ihr als Verheißung innewohnt, wenn also, wie das schöne Wort heißt, Gott vom Würfeln lassen könnte. Wir haben die maßlose und jahrzehntelange Anstrengung der Wissenschaft im 20. Jahrhundert gesehen, den Zufall aus der Natur zu vertreiben. Es war ein so geistvolles wie vergebliches Unterfangen, das am Ende zur Überraschung aller Parteien den Zufall dauerhaft an die Seite der Notwendigkeit gefördert hat.

Vertreibung in der Biologie. In aktuellen Fällen von heute sollen Zufall und Notwendigkeit das Leben erklären, das heißt, sie sollen auf andere Weise das Ich vertreiben und die Sinnlosigkeit des Lebens dartun. In diesen Fällen wird dem Leben die Freiheit und die Richtung auf den Geist genommen, wovon wir ebenfalls eine Fülle von Beispielen gesehen haben. Was übrig bleibt, ist die verdrießliche Meinung, der Mensch sei eine bloße biologische Maschine. Mit einigen guten Gründen läßt sich diese Ansicht vertreten, doch die Gegengründe sind wohl noch stärker und schlagen am Ende durch. Hier ist der Grund, der alle Gegengründe in sich versammelt: Zufall und Notwendigkeit erklären zwar alles, doch ein Doppelprinzip aus Wissen und Nichtwissen bedarf selbst einer Erklärung, sonst erklärt es nichts. Wobei es dann wieder sehr schräge Gegenmeinungen gibt, die ebenfalls den Zufall aus der Natur und der Evolutionsgeschichte vertreiben wollen, um dem Leben die Richtung auf den Geist zu geben. Wer auf das Feld der Meinungen über die Natur blickt, kann den buntesten Strauß von Blumen pflücken und ihn seiner Geliebten überreichen, die da heißt: Meine Meinung. Was an Ansicht über die Natur möglich ist, wurde schon einmal ausgesprochen und hat einen manchmal besseren, oft jedoch schlechteren Grund für seine Behauptung zur Hand, steht jedoch selbst bei guten Gründen immer im Zwielicht.

Der Sphinx. Woher das sphinxhafte Gesicht der Natur? Sollte die Natur nicht gerade das sein, was die Meinungen bündelt und sie aus ihrer Zerstückelung erlöst? Sollte Natur nicht objektiv sein? Ja, das war vielfach die Hoffnung in der Neuzeit gewesen, aus diesem Grunde hatte es die Naturwissenschaft bis zum harten Kern der Neuzeit gebracht. Die Hoffnung hat nicht ganz getrogen, nur hat sie die Erwartungen auch nicht ganz erfüllt. Es bestreitet niemand dem Wissenschaftler seine Erkenntnis über den Atomkern des Urans, der zweiundneunzig Protonen enthält, keines mehr und keines weniger. Gestritten wird darüber, ob er den Auftrag erhalten soll, zur Gewinnung von elektrischem Strom ein Atomkraftwerk zu bauen, in dem er Gelegenheit erhält, dieses Uran oder ähnliche Stoffe zu spalten. Was mit der Natur zu machen ist, ob der Mensch überhaupt etwas mit ihr anstellen soll, darüber gab es immer Streit. Keinen Streit hat es lange Zeit über das Wissen von der Natur gegeben, das die Naturwissenschaft liefert. Erst zum Ende der Neuzeit gab es Streit auch über das Wissen der Wissenschaft. Nicht um die Anzahl der Protonen, sondern um die Gewißheit, mit der wir von dem Zerfall des Urans im Einzelfall wissen können. Hier kommt der Zufall ins Spiel. Über die Rolle des Zufalls erregen sich die Gemüter ganz zurecht, denn der Zufall entscheidet über den Aufbau der Natur, auch darüber, was der Mensch ist und wie Gott die Welt erschuf.

Halb und halb. Ich gehe jetzt von der Existenz des Zufalls aus, was sprachlich zwar ein Widerspruch, doch der Sache nach gut verständlich ist: Es gibt Ereignisse in der Zukunft, die nicht voraussagbar sind, und diese Ereignisse werden in lebendigen Gestalten aufbewahrt. Mehr brauche ich nicht zu wissen, alles andere folgt daraus. Wem das zuwider ist, muß hier aussteigen, denn er kann nicht weiter zuhören. Der Zufall hat die Situation der Wissenschaft schwerwiegend verändert: Auch das Wissen von der Natur ist nicht völlig, es ist nur in hohem Maße objektiv. Es gibt wegen des Zufalls in der Natur keine Aussicht mehr, jemals wieder zur guten alten Zeit des (gehofften) Überblicks über die Natur zurückzukehren. Was ist also aus der Natur geworden? Leistet sie nicht mehr, was sie leisten sollte? Kann sie den Streit der Meinungen nicht mehr schlichten? Die Natur hat viel vollbracht, doch sie kann ihre Aufgabe nur erfüllen, soweit sie notwendigen Gesetzen genügt, und das tut sie nur zum Teil, ich möchte sagen, zur Hälfte: Die eine Hälfte der Natur ist Notwendigkeit, die andere ist Zufall, also keine Natur im Sinne des mechanischen Überblicks. Damit erhebt sich von neuem die Frage: Was ist dann die Wirklichkeit?

Schauen wir uns die Schwierigkeiten noch einmal an, die von dem unzertrennlichen Paar ausgehen. Nicht wenige Leute, wenn sie den Bausteinen des Lebens nachforschen, gelangen bis in die Nähe von Zufall und Notwendigkeit, doch die Eigenart des Paares erkennen sie kaum. Sie treffen, so möchte ich sagen, den Nagel nicht auf den Kopf. Was bei diesem Paar auch schwierig ist, denn worauf sollen sie zielen? Auf die Notwendigkeit? Auf den Zufall? Keine klare Antwort. Auf beide zusammen? Zwei Ziele sind kein Ziel. Da scheint ein verborgener Haken am Werk zu sein, der das kuriose Paar verbindet und immer von neuem trennt. Ich kenne keinen Namen für diesen

Haken. Eine Naturkraft kann es nicht sein, also nicht Schwerkraft; auch nicht die elektromagnetische Kraft, die inzwischen vereint ist mit den subatomaren Kräften. Das sind objektive Kräfte, deren Grenzen sich mit der Zeit gezeigt haben. Es scheint, als ließen sich die kontinuierliche Schwerkraft und die digitale elektroschwache Kraft nicht vereinigen, weil die Natur nicht ganz objektiv ist, weil nicht alle Wirklichkeit bloße, ergreifbare Natur ist. Seit Jahrzehnten schlagen alle Versuche fehl, hier einen Schritt nach vorn zu tun. Die Nicht-Begreifbarkeit der Wirklichkeit in ihrer Gesamtheit erscheint als mangelnde Einheit der Naturkräfte. So denken manche Naturforscher und suchen nach einer einheitlichen Kraft, und kommen doch nicht vom Fleck.

Dritte Möglichkeit. Der Drang nach vorn besteht weiterhin, doch der Weg ist wie abgeschnitten. Der Mangel der Natur an Objektivität scheint seinen Ursprung weder in der Theorie, noch in der Praxis zu haben. Natürlich sind Theorien immer verbesserungsfähig, auch kann man in der Praxis nie genug Erfahrungen gesammelt haben. Doch es gibt noch eine dritte Möglichkeit, die den Mangel erklären könnte, und diese Möglichkeit haben wir bisher nicht in Betracht gezogen. Ihr wenden wir uns jetzt zu. Es ist der Begriff selbst und das Begreifen.

Begriff als Zwienatur. Um die Welt zu verstehen, ja um in ihr das Leben bestehen zu können, müssen wir sie begreifen, im Handwerk, in der Wissenschaft, in der Religion. All das sind Versuche, die Aufgaben zu erledigen, die dem Leben in der Welt gestellt sind. Das Begreifen geschieht durch den Begriff. Jeder Begriff ist zweideutig, er mag so sauber gewählt sein, wie er will: Er ist meine Erfindung, und zugleich soll er die von mir nicht erfundene Wirklichkeit erfassen. Der Begriff verbindet das Ergreifen mit dem Ergriffenwerden, was auch nur eine erste grobe Bestimmung sein kann. Es nützt nicht viel, eine vollkommen saubere Logik der Begriffe zu entwickeln, denn selbst die strengste mathematische Logik kann die Klarheit ihrer Begriffe nicht garantieren. Ein grandioses Ergebnis des 20. Jahrhunderts, das auch im 21. Jahrhundert den Anlaß zu einem überwältigenden Erlebnis gibt, mit dem ein Mensch die Suche nach der Weltformel, die alles erklärt, als sinnlos verwerfen kann. Auf der anderen Seite sind die Meßergebnisse niemals genau genug, um mit der Empirie fertig zu werden und sie abzuschließen. Unsere Begriffe sind vor und im Gebrauch nicht eindeutig genug. Eine alte Erfahrung wurde von der Wissenschaft im 20. Jahrhundert in präziser Weise noch einmal wiederholt: Begriffe bewähren sich wohl im Gebrauch, nicht jedoch vor oder nach dem Gebrauch. Dennoch begreifen wir die Welt nicht schlecht mit unseren ziemlich unvollkommenen Begriffen. Wer im Mai 2008 auf dem Mars ein Roboterfahrzeug in der Polarregion sanft absetzen konnte, hat von der Natur viel verstanden, und wer im Juli 1969 Menschen auf den Mond schießen konnte, um sie anschließend nach Hause zu holen, ebenfalls und wohl noch mehr.

Begriffe verbessern? Sollten wir also an den Begriffen feilen und sie verbessern, um nicht nur sehr viel, sondern alles von der Natur zu verstehen? Nein, das hat keinen Sinn, so kommen wir aus dem Dilemma nicht heraus. Begriffe und Erfahrungen können endlos verbessert werden, es lassen sich immer neue Unterscheidungen und dann Unterscheidungen von Unterscheidungen treffen; oder es lassen sich in den Messungen immer weitere Stellen hinter dem Komma bestimmen, doch das Problem bleibt bestehen. Wir treten auf der Stelle, seit Jahren und Jahrzehnten. Zufall und Notwendigkeit erheben immer von neuem ihr Medusenhaupt und lassen ihren Betrachter in Erstarrung zurück: **Statt gewünschter Einheit liefern sie die unbestimmte Zweiheit von Zufall und Notwendigkeit.**

Wie wird Begreifen möglich, was geschieht dabei? Wenn wir das verstehen, könnten wir vielleicht bessere Begriffe bilden, nicht Begriffe zum Ergreifen der Natur, vielmehr Begriffe zur Einsicht, warum wir in der Natur so heftig auf der Suche nach dem Begreifen sind und dennoch zu keinem Abschluß kommen. Auf der Suche wonach? Wozu dienen Begriffe? Zunächst ganz einfach liefern sie Essen und Trinken, von denen wir genügend viel zur Hand haben müssen, um auch nur die nächsten Tage zu erleben. Dann sehr dringend ist ein sicherer Wohnplatz, der das Risiko herabsetzt, beraubt oder sonstwie am Leibe beschädigt zu werden. Essen und Trinken sind tierisches Erbe, Vorräte anlegen schon weniger, noch weniger haben Tiere eine feste Wohnung, die sich erst der Mensch einrichtet, um auf den nächsten Tag zu warten. Damit er sich auch morgen so wohl befindet wie heute, sammelt er Vorräte und baut sich eine Wohnung, denn er sieht den Hunger, der ihn plagen wird, schon von weitem kommen, oder er sieht den Überfall auf seinen Ruhe- und Rastplatz voraus. Wer nicht bereit ist, seinen Besitz zu sichern, ist ihn im Kampf ums Dasein schnell wieder los und mit ihm das Leben.

Gott anrufen. Doch auch der Besitz verleiht kein gesichertes Dasein. Selbst wenn Haus und Hof geschützt sind und die Scheunen von allem Vorrat überquellen, bleibt die Aussicht auf einen Feind, der im

Hause übernachtet, bleibt schließlich der Tod. Also wird auch gegen ihn das Sichern und Begreifen aufgeboten: Der Mensch begräbt seine Toten, weil er selbst gegen den Tod gesichert begraben liegen möchte. Und er beginnt, Gott als seinen Lebensretter anzurufen. Dieser wäre der größte Begriff, wenn er ihn nur ergreifen könnte, wenn nicht im Zugriff auf ihn das Ergreifen sich plötzlich umkehren würde! Auch die abstrakteste Metaphysik und die raffinierteste Physik hatten es in der Vergangenheit immer mit dem blutvollen Leben zu tun: Leben heißt, die Identität gegen eine feindliche Umwelt sichern zu wollen. Deshalb die zähen Deutungen um die Reichweite von Physik und Biologie, die nicht aufhören, bis der Tod allen Kämpfern das Wort vom Munde abgeschnitten hat.

Die Grenze des Begriffs. So neigt sich im Laufe des Lebens, gemeinsam wie persönlich, die Waage langsam auf die andere Seite. Ist es im bewußten Leben vor allem ein Rennen und Raufen um den besten Platz für das Überleben gewesen, wird der Mensch im Laufe der Zeit mit der Erkenntnis angefüllt, wie sehr das Leben in einer anderen Hand liegt, wie sehr seit Uranfang der Ergreifende der Ergriffene ist, wie sehr auch die Zukunft wieder im Ergriffensein liegen wird, wie sie vollendet wird im Tod. Was ich nicht in der Hand habe, was sich meinem Begreifen entzieht, was einfach geschieht, ohne genügend gewußt zu sein, nennen wir gewöhnlich den Zufall. Und so fällt mir das Leben und das Wissen und das Handeln in großen Zügen zu. Und nur in kleinen Zügen, mit endlicher Freiheit, bestimme ich mein Leben selbst durch Wissen und Handeln. In diesem Sinne ist der Zufall die Grenze des Begreifens, so ist er auch die Grenze des Begriffs.

Wissen und Bezeugen. Damit ist der Haken allerdings noch nicht bezeichnet, der das Duo verbindet. Wir haben nichts erklärt, wir haben nur die nicht erkannte Ursache, ja die nicht vorhandene Ursache wie eine Ursache behandelt, weil wir eine Wirkung sehen. Das hat sich weder die klassische Metaphysik noch die klassische Physik träumen lassen: **Wirkung ohne zureichenden Grund**. Das heißt, der Grund oder die Ursache reicht schon aus, eine vollständige Wirkung zu erzielen, nur wir sind nicht in der Lage, die Ursache angemessen zu begreifen, weil keine vollständige Ursache vorhanden ist.

Unser Begreifen wirkt merkwürdig halbiert. Insofern die Wirklichkeit ergreifbar ist, zeigt sie sich durch Notwendigkeit bestimmt, daraus folgt unser Wissen; doch sie ist nicht vollständig bestimmt, daher der Zufall. Das Ergriffensein können wir natürlich auch einen

Begriff nennen, doch das macht Schwierigkeiten. Wenn ich ergriffen werde, vom Leben, vom Tod und in der Zwischenzeit von Liebe und Haß, dann sind das keine direkten Begriffe mehr. Ich begreife in diesen Fällen nicht mehr, ich werde zuerst ergriffen. Nun hinterläßt das Ergriffensein allerdings Spuren; diese wiederum kann ich betrachten und, in Umkehrung ihres ursprünglichen Sinnes, auch begreifen. Das Betrachten nach dem Ergriffensein ist zwar kein Begreifen des Zufalls, ergibt jedoch ebenfalls eine Art von Erkenntnis. **Das Begreifen des Zufalls wird ersetzt durch sein Bezeugen.** Wobei, wie ich noch einmal betone, nur die Spuren des Zufalls, den er in der Welt der Notwendigkeit hinterläßt, begriffen werden, nicht er selbst.

1. Zwei Orte. Wissen und Bezeugen bilden zusammen das erste Band, mit dem Zufall und Notwendigkeit verhakt sind. Wir werden noch zwei oder drei andere dieser Bänder kennenlernen. Der Leser mag sich weitere überlegen. Merkwürdig ist der Ort, wo das Bezeugen auftritt. Es sind drei Orte, die Vergangenheit, das personale Leben und Gott. Nicht insofern die Vergangenheit wiederholbar ist, damit wäre sie ein Gegenstand der Natur, sondern insofern sie einmalige Ereignisse hervorbringt und so zur Gegenwart der Geschichte wird. Woher kommt die Verwandtschaft mit Gott und dem personalen Leben? Wenn wir unter Gott diejenige Wirklichkeit verstehen, die uns ergreift, dann wird die Beziehung deutlich. Zeugnisse gibt es nur von der Vergangenheit, wenn ich mich nachträglich auf das Ereignis beziehe, das meinem Begreifen voraus ist und mich ergriffen hat. Insofern ist die Geschichte der Ort des Handelns Gottes, während er selbst die Unendlichkeit ist, und die Geschichte ist der Ort der endlichen Freiheit des anderen Menschen, von dem ich ebenfalls ergriffen werde.

2. Notwendigkeit als Zufall. Von außen gesehen ist in der Welt alles Zufall, denn die Welt ist nicht nötig, ich bin nicht nötig, die Sonne ist nicht nötig. Selbst die Notwendigkeit in der Natur ist nicht nötig, sie erscheint wie ein Zufall, der auch anders hätte ausfallen können. Von außen gesehen, könnten viele Naturgesetze und ihre Konstanten eine ganz andere Gestalt haben. Allerdings hat noch nie jemand diesen Außenplatz bezogen. Nicht alles jedoch könnte anders sein, als es ist. Niemand hat eine Idee, wo hier die Grenze liegt, wahrscheinlich weil der Außenplatz nicht existiert. Die Feinabstimmung der Konstanten bildet die Grenze der Einsicht, die uns das Paar Zufall und Notwendigkeit bietet.

3. Leib und Seele. Ein weiteres Band, das Zufall und Notwendigkeit in der Natur erzeugen, scheint der Dualismus von Leib und Seele zu sein. Oder vielleicht sind Leib und Seele auch eins, dann ist es ein Monismus. Die Bekenntnisse zur Einheit von Leib und Seele gelten heute als modern, die andere Seite ist zur Zeit politisch unkorrekt. Doch wirklich zu sagen, wie sich die Innensicht des Menschen mit seiner Außensicht verträgt, ist eine schwere Aufgabe, und wo etwas gesagt wird, klingt es ziemlich nebelhaft. Der materielle Leib soll der Geist sein, der sich selbst nicht als Geist oder Seele erkennt? Das mag richtig sein, doch davon wissen wir wenig. Wir stehen nicht außerhalb von Leib und Seele, wir können uns selbst nicht als Münzen mit zwei Seiten ansehen.

Nur die materialistischen Monisten können sich hier ganz ohne Nebel bewegen, sie haben den Überblick: Sie leugnen Geist, Seele oder Gemüt und gewinnen damit eine klare Sicht auf den Menschen, indem sie ihn als Körper betrachten, der konsequent von der Naturwissenschaften zu beschreiben ist. Sonst nichts. Diese Sichtweise ist klar – und falsch. Der Preis für den versprochenen Überblick ist wie immer der Bruch des Versprechens. Eben weil diese Naturalisten den Zufall von der Physik in die Biologie, dann in die Evolutionslehre und in die Neurophysiologie gebracht haben, geht die behauptete Klarheit wieder verloren. Wenn allerdings ein Mentalist, wie das vornehme Schimpfwort heißt (oben S. 30), das Verschwinden der Innensicht beklagt und auf dem Unterschied besteht, so ist er von der Zweiteilung der Welt nicht weit entfernt und muß die Beschimpfung als Dualist dulden, denn wir leben nicht in zwei Welten.

Leib und Seele. Es scheint weder der Monismus noch der Dualismus auszureichen in der Beschreibung der Natur. Dazwischen sollten wir uns bewegen; dort haben wir zwar weniger Überblick, doch mehr Platz. Ein gutes Übungsfeld für die Erkenntnis des Zwischenraumes ist die Einheit und Zweiheit von Leib und Seele. Ich will hier nicht behaupten, das Leib-Seele-Problem könne gelöst werden. Im Gegenteil, wenn man mit dem Paar Zufall und Notwendigkeit an die Frage herantritt, sieht man, wie unlösbar das Problem ist. Die Unlösbarkeit ist die eigentliche Lösung, zu der wir uns beglückwünschen sollten. Die Parallele zeigt es.

Insofern ich Leib bin, habe ich die Möglichkeit, in der Natur zu handeln: Ich kann ergreifen. Zugleich ist der Körper der Ort, an dem ich ergriffen werde, von Gott und von anderen Personen oder Sachen: Endliche und unendliche Ursachen stehen nicht unbedingt in Konkurrenz. Der Körper ist ein weiteres Band, das Zufall und Notwendigkeit miteinander verknüpft. Der Leib ist aus der Evolution hervorgegangen, in der Natur ist er geschaffen worden durch das Paar, das die Biologen gewöhnlich Mutation und Selektion nennen. Dem gleichen Paar von Zufall und Notwendigkeit unterliegt er in der gegenwärtigen Gestalt. Der Leib ist der Ort endlicher Freiheit, und die Seele steht nicht dem Leib gegenüber, sondern der anderen Welt, die sich selbst wieder präsentiert in Zufall und Notwendigkeit, also leiblich. In der Notwendigkeit ist sie mir gegeben, im Zufall ist sie entzogen.

Endliche Freiheit. Warum das Leib-Seele-Problem in der Neuzeit so eigensinnig auf dem Denken lastete? Ich nehme an, weil die Freiheit der Seele oder des Subjektes *unbedingt* sein sollte, also als eine Freiheit ohne Einschränkung gewünscht wurde: Ich kann alles, was ich will; wenn ich nicht alles kann, will ich überhaupt nichts können und gar nicht frei sein. Wer den Überblick liebt, denkt Alles oder Nichts. Eine bedingte Freiheit, eine eingeschränkte oder endliche Freiheit ist nicht so leicht vorstellbar. Freiheit kann doch nur, so die Meinung bei ihren Freunden und Gegnern, die Loslösung aus der passiven Determination bedeuten, um dann aktiv bestimmend selbst tätig zu werden. Die Freiheit setzt eine Kausalkette in Gang und ist selbst nicht in Gang gesetzt. Im mechanischen Zeitalter war das eine kluge Definition, wenn auch ein solches Ereignis nie klar in der Natur nachweisbar war. Der Nachweis hätte eine Lücke in der Natur erfordert, in der eine Wirkung ohne natürliche Ursache erscheint: Diese Suche ist immer gescheitert. Eine unverursachte Freiheit läßt sich auf Erden nicht finden. Im Rahmen endlicher Freiheit muß man umgekehrt schauen: Immer ist eine Ursache da, aber nie ist sie ganz zureichend für die Wirkung, nur eben paßt sie mal mehr, mal weniger. Man muß nicht auf die Suche nach Lücken in der Natur gehen, weil die Natur selbst nur aus Lücken und Sprüngen besteht, die sich mal mehr, mal weniger wegmitteln, was aus der Ferne gesehen den Anblick einer kontinuierlichen, kausalen Linie erzeugt.

Auf den idealistischen Monismus der unbedingten Freiheit, der sich manchmal auch als Dualismus ausgegeben hat, folgte der naturalistische Gegenschlag der unbedingten Unfreiheit, der nur die begreifbare Materie kennen wollte. Dieser Monismus behauptet: Es gibt überhaupt keine Freiheit, es gibt nur materielle Gesetzmäßigkeiten, natürlich ohne Lücken und Sprünge. Solcher Umschwung in die Unfreiheit ist allerdings auch nicht viel klüger als die Forderung nach unbedingter Freiheit. Da der Zufall in der Natur, und also in der Materie zu Hause ist, wird sie nie voll begreifbar sein, nur manchmal sehr viel und manchmal sehr wenig. Auch dieser Monismus fällt dahin.

4. Gesteigerte Transzendentalphilosophie. Ich empfehle als Lösung den Sesquiismus (s. 146). Der Sesquiismus ist keine übliche Lösung, weil er die Sache nicht auf den Begriff bringt. Doch er übt Vorsicht, er schiebt die Stunde des Verrats auf, indem er vom Begreifen abrät, um die Wirklichkeit als eine unbegriffene auszuhalten. Jedenfalls scheinen keine Letztbegriffe möglich zu sein, immer nur Hilfsbegriffe ergeben sich, wie etwa Zufall und Notwendigkeit, die in ihrer Getrenntheit nach Beistand rufen und ihre eigene Stützungsbedürftigkeit anzeigen. Der Sesquiismus ist strenges Denken, eine kritische Philosophie, die den Namen einer gesteigerten Transzendentalphilosophie verdient. Die klassische kritische Philosophie war gut gewählt für das mechanische Zeitalter, um die überzogenen Ansprüche einer objektiven Metaphysik und vor allem einer objektiven Physik zu begrenzen. Siehe das Verlangen nach Überblick! Das überbordende Verlangen nach Erkenntnis wurde zurückgeschnitten durch die Besinnung auf die Bedingungen der Erkenntnis. Immer muß ein Subjekt, ein Erkennender vorhanden sein, und an seinen Möglichkeiten vorbei gibt es keine Erkenntnis.

Die Natur schien sich kausal zu verhalten, da lange Zeit nur eine einzige Naturkraft bekannt war, die Schwerkraft, und diese wurde in der mechanischen Physik kausal beschrieben. Allerdings nur im Modell, mit dauernden Schwierigkeiten, die Theorie in Übereinstimmung mit der Erfahrung zu halten, was einige Jahrhunderte ausreichend gut gelungen ist. Hier konnte vor 250 Jahren die kritische Philosophie einschreiten und die Kausalität anders begründen, nicht etwa bestreiten. Die Transzendentalphilosophie verlegte die Kausalität weg von der Objektivität der Natur in die Subjektivität des Erkennenden. Praktisch änderte sich damit für die Wissenschaft nichts, doch theoretisch wurde jetzt Freiheit denkbar. Diese Tatsache der Vernunft oder die Selbstwahrnehmung des inneren Menschen konnte durch Physik oder Metaphysik nicht mehr bestritten werden (natürlich auch nicht bewiesen). Freiheit im mechanischen Zeitalter ließ sich am besten nach dem Modell des unbewegten Bewegers beschreiben: Anfangenkönnen ohne angefangen worden zu sein. Ein Modell vollständiger Kausalität ist eben nicht durchzuhalten, ein Anfang muß gesetzt werden. Doch der Anfangende darf nicht selbst gesetzt sein, er unterliegt nicht der Kausalität. Letzte Begriffe verhaken sich, was dem sesquiistischen Denken freundlichen Beifall entlockt.

Komfortable Situation. Zwei- oder dreihundert Jahre später ist die Situation deutlich komfortabler geworden. Die Physiker behaupten die alte objektive Kausalität kaum noch, und wer es tut, tut es mit schlechtem Gewissen oder stützt sich auf empiriefreie Theorien. Selbst in der Biologie gilt die Kausalität nur noch in beschränktem Maße, seit Mutation und Selektion dort eingezogen sind. Sesquiistische Philosophie als gesteigerte Transzendentalphilosophie kann jetzt **zur Bedingtheit durch das Subjekt die Bedingtheit durch das Objekt hinzufügen**. Die Notwendigkeit in der Natur, die so mühsam in der Erkenntnis des Subjektes begründet wurde, weil es die äußere Erscheinung nur als Folge von Ursache und Wirkung anschauen kann, muß nicht mehr erklärt werden. Sie kann gar nicht erklärt werden, weil es ja den Zufall in der Natur gibt. Das Ding an sich, das in der alten Sprechweise aus Vorsicht ›kein Ding‹ genannt wurde, kann jetzt mit Einsicht ›kein Ding‹ genannt werden. Es ist nur in gewisser Weise ein Ding und auch nur in gewisser Weise objektiv und wiederholbar in seinen Erscheinungen, zugleich immer auch einmalig. Sehr wiederholbar sind Sonne, Mond und Sterne, und immer einmaliger sind Amöbe, Eiche, Pferd und Mensch. Allerdings ist kein Ding vollständig wiederholbar, und kein Individuum ist vollständig einmalig. Die hundert oder null Prozent werden in der Natur niemals ganz erreicht und sind nur der Tendenz nach verwirklicht.

5.2 Die Freiheit in der Natur

Freiheit sehen? Ist Freiheit in der Natur verwirklicht, ist sie dort überhaupt denkbar? Darauf lief wohl der Streit um die wissenschaftliche Bewältigung der Natur in der Neuzeit hinaus. Ich will mich am Streit mit folgendem Plan beteiligen, er klingt einigermaßen ehrgeizig, doch folgt er im sesquiistischen Denken aus der Erkenntnis der Bausteine, mit denen die Natur aufgebaut ist: Die Freiheit ist fast erkennbar; erkennbar ist jedoch auch, warum sie in der Natur nicht wirklich vollständig erkannt werden kann.

Vorspiel der Freiheit. Ich gehe in drei Schritten vor, mit einem vorbereitenden Schritt und zwei Hauptschritten. Wie immer bei wesentlichen Akten des menschlichen Lebens gibt es auch hier den Unterschied zwischen Vorbereitung und Durchführung. Das ist im Sport der Fall, bei dem zuerst das Training kommt, in Lehre und Beruf, in der Religion, wenn nach dem Noviziat die Ewigen Gelübde anstehen. **Das Vorspiel in der Erkenntnis der Freiheit heißt Vorsicht.** Achtsamkeit bei allem Reden über die Freiheit wie beim Eintritt in einen Porzellanladen! In klassischer Weise mahnt die Philosophie selbst, die Freiheit als Antinomie für die Vernunft anzusehen, da sowohl ihre Behauptung wie ihre Leugnung in den Widerspruch führen. Was bewiesen oder widerlegt werden kann, muß sich zeitlich vorstellen lassen. Ohne Zeit gibt es in der Natur keine Existenz. Damit fällt die Freiheit als objektive Größe dahin; sie ist in diesem Sinne nicht erkennbar, weil sie keine Anschauung bietet. Das muß ihrer Wirklichkeit keinen Abbruch tun, ganz im Gegenteil: Die Nicht-Objektivität macht die Freiheit überhaupt erst möglich als das, was sie sein soll, als Eigenschaft eines Menschen, eines Subjektes.

Sinnvolles Hilfsmittel. Wie sollen wir über die Freiheit reden? Im Rahmen des neuzeitlichen Gegensatzes von Subjekt und Objekt ist unverursachtes Anfangenkönnen eine sinnvolle Auskunft über die Freiheit. Diese Bestimmung muß mit der Unmöglichkeit, die Freiheit zu beweisen oder zu widerlegen, in keinem Widerspruch stehen; nur das *völlig* angemessene Sprechen ist ausgeschlossen. Weil das Reden über die Freiheit nicht das gleiche ist wie die Freiheit selbst, wandelt sich die Rede im Laufe der Zeiten, nicht unbedingt die Freiheit selbst. Wir können und müssen sogar zu verschiedenen Zeiten auf verschiedene Weise über sie sprechen, obwohl sie selbst die gleiche bleibt. Auf die Schwierigkeiten sind wir gerade gestoßen. Anfangen in einer Kausalkette, das paßt zur mechanischen Wissenschaft, wenn in ihr die Freiheit eine Chance haben soll. Vom 16. bis zum Anfang des 20. Jahrhunderts war das ein brauchbarer Freiheitsbegriff. Ob er heute noch sinnvoll ist, bezweifle ich. Im nächsten Abschnitt werden wir für die Freiheit ein Feuerwerk entzünden, indem wir eine andere Vorstellung von der gleichen Freiheit entfalten, in der sich Gott und Mensch begegnen können. Auch da werden wir nur hilfsweise sprechen und sind auf den Rückruf vorbereitet, doch scheint eine verbesserte Redeweise möglich zu sein, die besser in den Rahmen der Ergebnisse von Physik und Biologie unserer Tage paßt. Unser vorbereitender, vorsichtiger Schritt hier läßt sich in einen einzigen Satz bündeln: **›Die Freiheit Gottes und des Menschen ist direkt nicht anschaubar.‹**

Doppelschritt. Nun kommt der Hauptschritt, der zwei Teile hat, einen negativen, den ich das magische Quadrat, und einen positiven, den ich das Schattenspiel der Freiheit nennen möchte. In einen Satz gebündelt lautet dieser Doppelschritt: ›Die Freiheit zeigt sich als Schattenspiel von Zufall und Notwendigkeit.‹

Die folgende Überlegung soll den Leser davon überzeugen, Freiheit in einer evolutiven Welt für möglich zu halten. Beides zugleich: Nicht für unmöglich und nicht für beweisbar! Das wird eine Schifffahrt werden zwischen den Kreationisten auf der einen und den atheistischen Materialisten auf der anderen Seite. Die einen wollen die Freiheit objektiv beweisen, die anderen sie objektiv widerlegen. Einig sind sie sich in der Feindschaft gegen den Zufall, den sie mit natürlichen oder übernatürlichen Mitteln vertreiben wollen, immer jedoch auf objektive Weise. Freiheit ist dagegen eine Eigenschaft des Subjektes. Solche Eigenschaften lassen sich nicht objektiv betrachten, deshalb können wir nicht sagen, die Eigenschaft existiert oder existiert nicht. Im Augenblick des Erfassens wäre die subjektive Eigenschaft nicht mehr subjektiv. Das ist der Grundgedanke der kritischen Philosophie, wenn sie die Frage stellt, ob Freiheit möglich ist. Allerdings soll die Freiheit nicht im Vakuum schweben, sie soll realisiert sein in der Welt, in der wir leben. Deshalb muß sie in der Natur realisiert sein, wie wir sie kennen, deren Bausteine Zufall und Notwendigkeit in einem Zusammenhang mit der Freiheit stehen sollten. Aber wie?

Das magische Quadrat. Jetzt kommt die andere Seite, der Hauptteil des Satzes. Er lautet: ›**Die Freiheit zeigt sich in der Welt als Schattenspiel von Zufall und Notwendigkeit.**‹ Mit diesem Satz mag es gelingen, die Freiheit vor dem Zugriff der Objektivität zu retten, vor den begierigen Freunden auf der rechten wie auf der linken Seite. Wir müssen nicht mehr das Wissen der Notwendigkeit aufheben, um mit dem Paar Zufall und Notwendigkeit einen Platz für die Freiheit zu bekommen; wir sehen vielmehr das Wissen schon von der Wissenschaft selbst aufgehoben, weil es kein vollständig objektives Wissen der Natur geben kann.

Hier tut sich der Unterschied auf zur klassischen Situation der Neuzeit. Das Wissen braucht heutzutage nicht mehr aufgehoben zu werden, damit wir Platz für den Glauben bekommen. Die Drohung eines deterministischen Kausalgesetzes in Physik oder Metaphysik hat längst aufgehört. Seit der Entdeckung der Quantentheorie gibt es nicht nur die kausale Notwendigkeit in der Natur, es gibt auch den Zufall dort. **Der Zufall ist die neue Gestalt des aufgehobenen Wissens.** Deshalb können die Biologen (oben S. 138) den Zufall auch so freudig als Steigbügelhalter der Freiheit begrüßen, der, weil er die Notwendigkeit einschränkt, die Freiheit Gottes und des Menschen in der Natur möglich macht, jedenfalls einige Biologen.

Tatsache gegen Konsens. Viele Naturforscher haben allerdings die Trauerarbeit über den Verlust des mechanischen Weltbildes nicht hinter sich gebracht, sie hoffen noch immer auf eine Revision des harschen Spruches. Sie wollen meinen, der Zufall in der Natur werde sich nicht halten, er existiere nur scheinbar, und der Fortschritt in der Wissenschaft werde ihn schließlich wegblasen. Wie der Ausgang des EPR-Experimentes im 20. Jahrhundert gezeigt hat (oben Kapitel 2), ist es allerdings schlecht bestellt um diese ängstlichen Versuche, den unbestimmbaren Zufall zum subjektiven Nichtwissen zu machen und dann verschwinden zu lassen. Alle Anzeichen der Theorie und der Empirie besagen das Gegenteil: Der Zufall ist objektiv, er kann sogar gemessen werden, da die Messungen eine Ungleichung verletzen, die erfüllt sein müßte, wenn die Objektivität vollständig wäre. Was immer objektives Nichtwissen oder objektive Nichtexistenz heißen mag, darüber wird später nachzudenken sein. **Der Zufall ist objektiv, die Notwendigkeit ist objektiv, die Freiheit ist es nicht.**

Abendländische Krankheit. Der Kampf um die Echtheit des Zufalls hat bis in die neunziger Jahre des letzten Jahrhunderts gedauert und ist heute in der Sache entschieden, wenn auch bei weitem noch nicht in allen Köpfen. Nur wenige Naturforscher im 21. Jahrhundert haben die Trauerarbeit über den Verlust der Objektivität in Angriff genommen, geschweige denn hinter sich gebracht, wie man im Gespräch mit Naturwissenschaftlern und noch mehr mit Naturphilosophen feststellen kann. Alle rechnen in ihrem Alltag mit indeterministischen Gesetzen, doch die meisten realisieren die Unbestimmtheit keinesfalls als Element ihres Weltbildes. Das ist nicht nur eine Folge der mechanischen Physik in der Neuzeit, wie ich vermute, es ist auch eine Folge der Metaphysik von der Antike bis in die neueste Zeit, nach der eine Wirkung ohne vollständige Ursache unvorstellbar war. Manche sprechen auch von der abendländischen Krankheit. Ich will so weit nicht gehen, denn der Wunsch ist verständlich: Eine unvollständige Ursache ist wirklich unvorstellbar. Wir können in unserem Leben nur vernünftig handeln, wenn Ursache und Wirkung einander entsprechen. Damit die Wissenschaft funktioniert, müssen dieselben Umstände stets dieselben Ergebnisse erzeugen. Wie der Blick in die Wirklichkeit zeigt, ist das nicht immer der Fall. Es tut mir leid, der Zufall ist echt. Und zum Trost sei gesagt: Er ist ja nur zu einem Teil unser Feind, zum größeren Teil ist er uns freundlich zugewandt, da erst mit ihm Leben und Freiheit in der Natur möglich werden.

Unerhörter Vorgang. Wir haben zu Anfang des Buches die Geschichte von der Vertreibung des Zufalls erzählt, ein Programm, das bis zum Jahr 1900 mit bemerkenswertem Erfolg durchgeführt worden ist. Seitdem kehrt er jedoch in einem Maße zurück, wie es früher unvorstellbar war: Alle, die im 20. Jahrhundert den Zufall auslöschen wollten, haben eine schwere Niederlage erlitten, wirken jedoch selbst oder in ihren Erben heute eher betäubt als besiegt. Ihnen ist die Niederlage zu schmerzlich, um sie in den Blick nehmen zu können. Gegen einen lückenlosen Konsens der Naturforscher hat sich eine Tatsache der Natur im 20. Jahrhundert durchgesetzt. Ein unerhörter Vorgang! Das Gespür für ein solches Ereignis unterscheidet den Geisteswissenschaftler vom Naturwissenschaftler.

Der Zufall ist also echt, doch er ist nicht der einzige Baustein in der Natur. Auf der anderen Seite steht die Notwendigkeit. Diesem Spiel von Zufall und Notwendigkeit sollten wir noch etwas näher zusehen, um mit ihm die realisierte Freiheit in der Natur im Schatten zu erkennen.

Bredouille im Quadrat. Vor drei oder vier Jahren ist mir der Gedanke zunächst als Bredouille aufgestiegen und hat sich in dem New York-Erlebnis, von dem in der Einleitung die Rede war, verdichtet. Es begann mit einer Verlegenheit im Quadrat, mit einer Beklemmung im Viereck. Es gibt doch bekannte Leute während der gesamten Neuzeit, Namen haben wir genügend kennengelernt, welche die kausale Notwendigkeit in der Natur mit der Idee eines personalen Gottes für unvereinbar hielten. Die zentrale Wissenschaft zur Rechtfertigung des Atheismus in der Neuzeit war die Physik gewesen. Bekannt ist der Ausruf: ›Gott würfelt nicht‹. Er ist nur halb ernst gemeint, zur anderen Hälfte besteht er aus Spott. Er spielt mit der Religion im Namen der Religion, um zu sagen: Eine letzte Wirklichkeit mag es schon geben, doch sie hat kein Gesicht, keinen Namen, sie ist keine Person, sie ist höchstens das Naturgesetz, das alle Bewegung regelt. Die Begründung ist einfach: Wenn alle Bewegungen in der Natur nach determinierten Regeln laufen, kann es dort keine Freiheit geben, also keinen frei handelnden Gott, und Freiheit für den Menschen natürlich auch nicht, deshalb kann auch der Mensch unter solchen Umständen nur ein höherer, geschickt dressierter Affe sein, der durch gesellschaftlich sanktionierte Meme gesteuert wird. Ich muß gestehen, diese Ansicht hätte mich in meiner Jugend fast zum Atheismus verführt. Der Schluß wäre auch heute richtig, wenn nur die Voraussetzung nicht so falsch wäre, wie sich langsam im 20. Jahrhundert, sehr langsam sogar, herausgestellt hat: Gott würfelt enorm in der Natur, weil der Zufall echt ist. Er würfelt von morgens bis abends und hat zugleich feste Regeln der Wahrscheinlichkeit aufgestellt. Das Würfel*verbot* für Gott war keine einsame Überzeugung von wenigen Vertretern des Fachgebietes Physik, es war das Selbstverständnis des Naturforschers sowie der gebildeten und weniger gebildeten Stände, das keiner weiteren Begründung bedurfte. Für ein Freiheitshandeln Gottes und dann des Menschen war in einer solchen Natur natürlich kein Platz vorhanden. Atheismus schien die vernünftige Weltanschauung zu sein, einzig verträglich mit der Wissenschaft.

In der Vorstellung eines persönlichen Gottes lag die Hauptursache des neuzeitlichen Konfliktes zwischen der religiösen und der wissenschaftlichen Sphäre. Die Frage war: Existiert Gott als Person oder nur als antlitzloses Naturgesetz? Über den Alten, den Herrgott, oder über den lieben Gott ließ sich unter diesen Umständen beliebig viel reden. Was macht es aus, wenn Gott beliebige Eigenschaften haben darf? Wenn Gott das ist, woran du dein Herz gehängt hast, dann läßt sich von solcher Herzensangelegenheit munter plaudern, auch wenn der Kern der Sache, die Freiheit der Person, weggeschnitten ist. Wenn Gott das Naturgesetz ist, dann ist die Gott-Natur in einem solchen Pantheismus gerade nicht personal. Viele Physiker hingen mit ihrem ganzen Herzen an der mechanischen Naturwissenschaft, die von 1543 bis 1900 das Feld beherrscht hat, also vom Erscheinungsjahr des kopernikanischen Buches über die Umdrehungen der Planetensphären bis zum Beginn der Quantentheorie. Mit dem Blick auf die Mehrzahl der Physiker können wir heute sagen: Es gab den gut begründeten Versuch, den persönlichen Gott mit Hilfe der kausalen Notwendigkeit zu vertreiben. Ohne Freiheit in der Natur gibt es weder Gott noch den Menschen.

Zufallssturm in der Natur. Dann wurde langsam in der Physik und schließlich auch in der Biologie der Boden für die Geschichte des Lebens, für die Evolutionslehre, tiefer gelegt: Als Bausteine erschienen, wohl unbestritten, Zufall und Notwendigkeit, auf englisch Chance and Necessity, auf französisch Le Hasard et la Nécessité. Jetzt ließ sich genau umgekehrt sagen: Leider gibt es viel Zufall in der biologischen Evolution und im Aufbau des Lebens. Ja, die kosmischen Staubwolken sind sehr auf zufällige Kollisionen angewiesen, um Sonne, Mond und Planeten daraus wachsen zu lassen. Unter solchen Umständen kann der Kenner der Naturgeschichte einfach an keinen Sinn mehr im Leben glauben. Wenn alle wesentlichen Ereignisse vom Zufall bestimmt sind, wo soll da die Freiheit eines Planes oder einer Vorsehung herkommen? Weder ist Gott frei, noch ist es der Mensch, der Zufallssturm in der Natur verwirbelt alle geplanten Entscheidungen. Wie sollte da Freiheit möglich sein? Der Erdenbewohner ist nichts als ein Zigeuner am Rande des Universums. Mit Hilfe des Zufalls also kann der Kenner der Naturgeschichte dem Leben den Sinn aufkündigen, jedenfalls kann er die Freiheit für ruiniert halten, weil unmöglich realisierbar in der Natur. Ohne Freiheit gibt es Gott und den Menschen nur als Karikaturen.

Zweimal nein. Das war eine merkwürdige Situation, sie hat mich bis ins Mark getroffen. Die eine Gruppe der Naturforscher will den personalen Gott mit Hilfe der mechanischen Notwendigkeit vertreiben, die andere Gruppe mit dem genauen Gegenteil, mit dem mechanischen Zufall. Ist das nicht merkwürdig? Wo ist da die Logik? Beide haben auch etwas recht: Wenn nur die Notwendigkeit regieren würde, gäbe es keine Freiheit, und wenn nur der Zufall regiert, auch nicht. Das war die eine Seite des Quadrats: Oberes linkes Kästchen ›Freiheit nein‹ wegen der Notwendigkeit in der Natur; unteres linkes Kästchen ›Freiheit nein‹ wegen des Zufalls in der Natur.

Hier setzte meine Erinnerung ein. Gibt es nicht bei der Notwendigkeit den genau umgekehrten Gedanken, den vor allem Philosophen in der frühen Neuzeit gepflegt hatten? Sie argumentierten mit der mechanischen Notwendigkeit in der Natur, die durch die Erfolge in der Physik unwidersprechlich geworden war. Die einen waren erfreut, die anderen zunächst tief erschrocken, – halb zog es ihn, halb sank er hin –, sie wollten in der lückenlosen Determination der Natur die Treue Gottes sehen. Die Theorien klingen ein wenig zu jubelnd, die eine stabile harmonische Ordnung zwischen der Naturkausalität und der Freiheitskausalität herstellen wollten. Hier erscheint nun die physikalische Notwendigkeit als Garantie für die Zuverlässigkeit Gottes, der gerade deshalb frei und personal ist, weil er im physikalischen Gesetz ein Mittel besitzt, seinen Willen in der Natur durchzusetzen. Merkwürdig, in diesen Fällen wird die lückenlose Verläßlichkeit zum Garanten des lebendigen Gottes, in der späten Neuzeit zum Garanten des toten Gottes, der nicht würfeln soll.

Gottesfrage ist Freiheitsfrage. Damit die Verwirrung vollständig wird, mehren sich im 20. Jahrhundert die Stimmen, die gerade im Zufall die Freiheit Gottes und des Menschen ausmachen wollen. Besonders Biologen haben eine Neigung zum Zufall, weil er ihnen bei ihrer Arbeit leibhaft in der Gestalt der Variation der Arten vor Augen tritt. Das Motto dieses Buches stammt aus diesem Gedankenkreis: ›Letzten Endes ist die Evolution der Weg Gottes zur Freiheit in der Natur.‹ **Die Gottesfrage ist gleichbedeutend geworden mit der Frage nach der Freiheit in der Natur.** Wenn in der Natur überhaupt Freiheit möglich ist, dann hat sie alle Chancen, als Freiheit im Ursprung und als Freiheit in der Entwicklung zu erscheinen, einmal als unendliche in einer einzigen Gestalt, einmal als endliche Freiheit in vielfacher Gestalt. Das war jetzt die andere Seite des Quadrats: Oberes rechtes Kästchen ›Freiheit ja‹ wegen der Notwendigkeit in der Natur; unteres rechtes Kästchen ›Freiheit ja‹ wegen des Zufalls in der Natur.

Logik vierdeutig. Die quadratische Logik ist nicht nur doppeldeutig, sie ist vierdeutig. Kann man Zufall und Notwendigkeit so beliebig auslegen? Notwendigkeit gegen die Freiheit, dann für die Freiheit – Zufall gegen die Freiheit, dann für die Freiheit. Bei einem solchen Wirbel muß einem ja der Kopf irre werden. Gibt es einen Ausweg aus der vertrackten Lage? Tief durchatmen und ein paar Spaziergänge werden notwendig sein, wobei zugleich eine Verheißung winkt: Da muß der Schlüssel liegen. Freiheit kann in verhüllter Form, in Bruchstücken, als Schattenspiel vielleicht ansichtig werden, wenn wir Zufall und Notwendigkeit ruhig und vor allem mit Vorsicht anschauen.

Das müßte jetzt im Hauptteil der zweite Schritt werden, die positive Übung zur Wahrnehmung der Freiheit. Was muß vorhanden sein, was muß in der Natur realisiert sein, damit in ihr Freiheit stattfinden kann? Zuerst muß die Natur eine Art von Zuverlässigkeit garantieren, ich muß mich zum Beispiel auf das Gravitationsgesetz verlassen können. Die Schwerekonstante darf nicht von heute auf morgen zehnmal größer werden, dann würde meine Kraft nicht mehr ausreichen, die Türklinke an der nächsten Tür niederzudrücken. Meine Freiheit, den Raum zu verlassen, wäre verschwunden; sie hängt an der Verläßlichkeit und kausalen Determination in der Natur. Dann müssen die thermodynamischen Gesetze beständig sein, sonst fliegt die Luft weg, und ich kann nicht mehr atmen. Wenn das allgemeine Gasgesetz nicht zuverlässig das Verhältnis von Temperatur, Druck und Volumen regeln würde, könnte die Luft nach oben in den Weltraum entweichen, oder sie würde sich unten am Boden zusammen ballen. Zum Glück ist die Schwerekonstante ziemlich stabil, und zu unserem noch größeren Glück paßt sie genau zu den klimatischen Bedürfnissen der Erdenbewohner, um die Luft hier unten am Boden zu halten und ihr etwas Raum nach oben zu geben bis in ein paar Kilometern Höhe. So komme ich in keine Luftnot.

Minimal-Bedingungen. Ich muß mich auf sehr, sehr viele mechanisch notwendige Gesetze verlassen, um überhaupt morgens aus dem Bett zu kommen. Damit ich diesen Freiheitsakt setzen kann, muß vieles ganz genau funktionieren, wobei die Genauigkeit des Weckers noch den geringsten Anteil hat. Andererseits wäre das Aufstehen am Morgen kein Freiheitsakt, wenn es nur die Notwendigkeit in der Natur gäbe, die mich aus dem Bett zwingt. Dann wären allein Thalamus, Hypothalamus und ein paar Botenstoffe meine Befehlsgeber zum Schlafen und Wachen, von denen ich abhängen würde wie ein Pendel von seinen Gewichten. Es muß zwangsläufig, damit Freiheit möglich ist, das Gegenteil von Notwendigkeit in der Natur existieren, der Zufall, die Nicht-Determiniertheit eines Prozesses. Von weiteren Entscheidungen, wie der Tag sie mit sich bringt, ganz zu schweigen. Weil ich selbst in meiner leiblichen Verfassung ein Teil der Natur bin, darf diese Natur nicht völlig durch Gesetze determiniert sein, sonst habe nicht ich entschieden, sondern meine feuernden Neuronen und alle möglichen anderen Nervenreizungen.

Ungesuchtes Glück. Was Freiheit unter diesen Umständen sein kann, wie wir von ihr sprechen können, soll erst im nächsten Abschnitt zum Thema werden. Hier sehen wir nur die zwei Bedingungen, die *wenigstens* erfüllt sein müssen, damit Freiheit in der Natur leibhaft in Erscheinung treten kann: Zufall und Notwendigkeit. Und siehe da! In denkwürdiger Parallele haben die Biologie und die Physik des 20. Jahrhunderts dieses Paar in der Natur gefunden, sehr widerstrebend zwar, auch ohne es in irgendeiner Weise gesucht zu haben, doch sie haben es getan. Wir sind zu Anfang des 21. Jahrhunderts in einer komfortablen Lage! Wir können uns gratulieren und glücklich schätzen! Schönstes Glück, das gefunden wurde, ohne gesucht zu sein. Zwar ist das nicht die Meinung der Leute gewesen, die diese Entwicklung angestoßen haben. Die Entwicklung hat niemand vorausgesehen, noch viel weniger hat sie jemand gewollt. Der Zufall war das hassenswerteste Objekt der Forscher in der Neuzeit. Der bekannteste von ihnen hat alle anderen Tätigkeiten in seinen späten Jahren eingestellt und nur noch versucht, die verdammte Quantenspringerei wieder abzustellen. Hundertmal so viel habe er über Quantenprobleme nachgedacht als über die allgemeine Relativitätstheorie, die ihn eigentlich berühmt gemacht hat.

Einmaliger Fall. Nicht schnell, doch auf Dauer setzen sich Tatsachen gegen Meinungen durch. Der Kampf im Leben wird letztlich durch die Wahrheit entschieden, nicht durch die Interessen. Im

20. Jahrhundert hat sich der Zufall als echte Kategorie gegen einen versammelten Konsens von sehr klugen Leuten bewährt. Das gibt es nicht oft, eigentlich ist mir kein zweiter Fall bekannt. Er ist auch nur möglich, wenn sich eine philosophische mit einer physikalischen Frage verbindet und die Reichweite des Begreifens einschränkt. Man könnte eventuell die Heliozentrische Revolution im 16. Jahrhundert als einen solchen Fall ansehen. Aber damals lagen die Dinge doch anders. Zwar hielt die Mehrzahl der Leute vor dem 16. Jahrhundert die Erde für den Mittelpunkt der Welt, doch die führenden Köpfen in der Naturforschung freundeten sich ab 1543 bald mit der neuen Sicht an. Die Sonne als Mittelpunkt der Welt wurde um das Jahr 1600 von vielen freudig begrüßt, den Zufall als Grenze der Wissenschaft hat um das Jahr 1900 niemand begrüßt.

Jetzt türmen sich die Schwierigkeiten auf, die uns den Weg zum wirklichen Verstehen versperren. Unsere Freunde auf der rechten Seite, die Kreationisten, ersetzen den Zufall durch einen naturhaften Eingriff Gottes, und die Freunde auf der linken Seite ersetzen ihn durch – ja durch was? Durch die Verleugnung des echten Zufalls, dem sie am Ende sogar mit Viele-Welten-Theorien oder auf ähnlich seltsamen Wegen in ihr Traumland entfliehen wollen.

5.3 Endliche und unendliche Freiheit

Schwierigkeit zu verstehen. Es ist nicht leicht, mit dieser Lage fertig zu werden, in die wir uns durch Einsicht und Vorsatz gebracht haben. Es liegt an der Eigenart der letztgültigen Prinzipien: Notwendigkeit ist ein Wissensprinzip; ein solches Prinzip garantiert aus der Vergangenheit über die Gegenwart die Gestalt der Zukunft. Der Zufall ist ein Nichtwissensprinzip, das die Kette, die in die Zukunft führt, unterbricht. Das Paar ist ein Schaden für die Wissenschaft, zugleich ist es ein großes Geschenk für das Leben. Es verwehrt den völligen Besitz der Natur, doch zugleich ermöglicht es den Selbstbesitz des Menschen, der damit zur Freiheit in der Natur fähig wird. Das Paar ist letztgültig und verwehrt doch die letzte Begründung und das letzte Ergreifen. Es stößt das Studium des Menschen in verschiedener Weise auf die gleiche Weisheit wie das Studium der Natur. Durch ihre Unerforschlichkeit ist die Weisheit, durch die wir leben, vielleicht nicht weniger verehrungswürdig in dem, was sie uns im Ergriffensein verwehrt, als in dem, was sie uns im Ergreifenkönnen gewährt.

Schwankende Brücke. Die Denker der Neuzeit haben kaum gewagt, über die Freiheit in der Natur zu sprechen. Dort konnte sie gegen ihren ärgsten Feind, die Notwendigkeit, nicht ankommen. Meist oder besser immer wurde der äußeren Notwendigkeit in der Natur die innere Freiheit gegenüber gestellt, verbunden durch eine schwankende Brücke, die niemand recht zu begehen wußte. Deshalb wurde in der Neuzeit auch sehr verschieden über diese Brücke geredet. Das Leib-Seele-Problem ist nur das beredtste Beispiel für die unsichere Brücke. Wer den Übergang für zerbrochen hielt, neigte zum Monismus, indem er die Existenz der einen Seite behauptete und die der anderen verneinte; er nahm eine idealistische oder eine materialistische Stellung ein. Oder, wer die Existenz beider Seiten zwar bejahte, jedoch die Existenz einer Brücke verneinte, wurde zum Dualisten, was sehr als Notlösung empfunden wurde, da die Einheit aller Wirklichkeit eine zu strenge Lebenserfahrung ist.

Hier nenne ich unsere Lage komfortabel, weil sie sesquiistisch geworden ist. Das heißt, die Brücke ist mit Vorsicht begehbar, beide Seiten existieren, sie sind nicht getrennt, bilden jedoch auch keine Einheit, weil wir keinen Letztbegriff für sie haben, sondern nur zwei letzte Begriffe. Das macht eine Redeweise wie Freiheit in der Natur erst möglich, vor allem macht es ihre Wirklichkeit möglich.

Neue Freiheit. Was könnte in diesem Umfeld annähernd Freiheit heißen? Unsere neue Definition sollte ein wenig genauer lauten als das a-kausale Kausalitätssetzen, doch für den Rückruf bereit sein. Ganz kurz: **Freiheit ist Selbstsein.** Menschliche Freiheit ist entsprechend endliches Selbstsein. Das ist eine offene Formel, die dennoch etwas leistet, was die monistischen und dualistischen Versuche nicht geleistet haben: Sie verbindet die Innenerfahrung des Menschen mit seiner Außenerfahrung, ohne sie gleich zu setzen, auch ohne die eine oder andere Seite zu leugnen. Die Formel paßt auch gut zu der älteren neuzeitlichen Vorstellung vom ursachenlosen Anfangenkönnen, sie geht nur ein wenig darüber hinaus; und schließlich läßt sich die Formel mit dem Paar Zufall und Notwendigkeit in Beziehung setzen.

Die neuen Umstände. Wie gelangen wir vom ursachenlosen Ursachensetzen, also von der klassischen neuzeitlichen Bestimmung der Freiheit zur Freiheit als Selbstsein? Zunächst zwingen uns die Umstände zur Begriffsveränderung. Freiheit als Ursachenlosigkeit ist gut zu verstehen im Rahmen der klassischen Physik, die hier die klassische Metaphysik fortführt und auf die Physik anwendet, wo jeder Wirkung eine zureichende Ursache zugesprochen wurde. Wenn wir heute von Freiheit in dieser Weise sprechen würden, dann müßten wir auch Geißeltierchen oder Flagellaten eine Freiheit zusprechen, ja sogar ein einzelnes Radiumatom besäße dann Freiheit. Diese Tierchen, die nur Einzeller sind und noch vor der Aufspaltung in Tier- und Pflanzenwelt stehen, besitzen zur Fortbewegung peitschenartige Zellfortsätze, sogenannte Geißeln, in denen das Prinzip Zufall und Notwendigkeit realisiert ist. Die eine Geißel macht ganz zufällige Bewegungen, die andere bewegt sich nur dann, wenn die umgebende Flüssigkeit gerade vorteilhaft ist. Nach klassischer Definition hätten wir hier eine ursachenlose Ursache, also Freiheit. Oder? Ja, sogar das unlebendige Radiumatom müßte nach der klassischen Bestimmung frei genannt werden, denn es zerfällt durch einen unvorhersehbaren Zufall, setzt also ohne ausreichende, für uns wißbare Ursache eine Wirkung in die Natur. Noch einmal: Für uns nicht ausreichend wißbar, weil nicht ausreichend existierend. Dennoch arbeitet auch hier der Zufall mit der Notwendigkeit zusammen, weil für tausend Radiumatome ein schon sehr genaues Zerfallsgesetz existiert.

Die alte Freiheitsbeschreibung ist noch in einer anderen Hinsicht beschränkt. Denn völlige Akausalität gibt es nicht in der Natur. Völlig regellos zerfallen die radioaktiven Stoffe nicht, sie vergehen nach einer gewissen Rate, was eine Art von Kausalität ausdrückt, allerdings keine solche, die für das Wissen der Zukunft ausreichend wäre. Sesquiistisches Denken macht wahrnehmungsfähig für die Valeurs zwischen Schwarz und Weiß, zwischen Null und Eins, für die Mitte zwischen dem Nichts und dem All.

Vom Tode wissen. Wenn wir jetzt sagen, Freiheit sei Selbstsein, dann sollte diese neue Definition mit der alten in einer gewissen Beziehung stehen. Kausalität, die von außen eingreift, ist eine Bestimmung von außen. Das muß kein Mangel sein: Selbstseinkönnen von endlichen Lebewesen enthält nicht nur Autonomie, es enthält auch die Eigenschaft, von außen gesetzt zu sein, um dadurch in endlicher Weise autonom sein und dies als Merkmal in sich tragen zu können. Wenn also in der Natur einige Kausalität existiert, so bestimmt sie den Menschen und macht ihn unfrei; doch gibt sie ihm auch gewisse Möglichkeiten und macht ihn frei. Um unorganisches Sein, organisches Leben und das Bewußtsein des Menschen zu unterscheiden, brauchen wir nur in der Linie zu bleiben und in dieser Richtung weiter fort zu schreiten. Radium kann nicht wirklich frei genant werden in der neuen Bestimmung, weil es seine Existenz nicht halten kann. Ein winziges Ereignis raubt ihm sein Dasein, der Stoff zerfällt, das Radium bleibt nicht, was es einmal war. Die Lage wird schon besser im organischen Bereich, der zwischen Innen und Außen immer stärker unterscheidet, und darauf angelegt ist, viele Ereignisse zu überleben. Zur Spitze gelangt dieser Vorgang im Menschen, der zu Geist und Bewußtsein fähig ist. Die hohe Würde, die damit verbunden sein mag, beginnt allerdings ziemlich doppeldeutig: Der Mensch ist das Lebewesen, das von seinem Tode weiß, also vom Gewinn des Innenlebens durch das Außenleben, aber auch vom baldigen Verlust und vom Nicht-Mehr-Sein. Wir können es auch so sagen: In Geburt und Tod liegt der Mensch in Gottes Hand, so weit, wie sich das Endliche zum Unendlichen verhält, das mehr ist als nichts und weniger als alles.

Durch dieses Wissen ist der Mensch als erstes Lebewesen bei sich selbst, denn der Tod gehört zu seinem Selbst. Erst durch die Erkenntnis des Todes wird das endliche Lebewesen in vollem Sinne frei, frei als *endliches* Wesen. Unendliche Freiheit müßte wohl noch einige andere Eigenschaften haben, über die jetzt nicht zu sprechen ist.

Und wie läßt sich die neue Freiheit mit mit dem Duo Zufall und Notwendigkeit verbinden? Die Unerläßlichkeit dieses Paares für die Möglichkeit der Freiheit in der Natur haben wir oben schon demonstriert. Läßt sich auch positiv etwas sagen? Einzeln und für sich betrachtet sind Zufall allein und Notwendigkeit allein tödlich für die Freiheit, weil sie in einem wirren Chaos die Kausalität entweder setzen oder aufheben. Doch für die positive Seite muß ich passen. Freiheit als Selbstsein endlicher Lebewesen läßt nichts anderes zu sagen übrig als: Individuum est ineffabile – Das Einzelwesen ist unaussprechlich. Die persönliche Freiheit des Einzelnen ist begrifflich nicht aussprechbar, auch wenn wir ihre Verwirklichung in der Natur verfolgt haben wie nur eben möglich.

Wesen der Freiheit. Allerdings könnte es eine Möglichkeit geben, auf existentielle Weise eine positive Beschreibung der Freiheit zu geben. Das Lebewesen, das zu Bewußtsein gekommen ist und seinen Tod erkannt hat, also der Mensch, kann nicht anders, als ein Urteil zu fällen: Was bedeutet mir die Welt? Bin ich einverstanden mit ihr, stimme ich meiner Rolle in ihr zu? Die Antwort darauf heißt *endliche* Freiheit. Sie ist Selbstsein mit Einschränkung, wobei diese Einschränkung, das Geschaffensein oder auch Geworfensein, gerade das Selbstsein ermöglicht. Wie der blinde Fleck im Auge, der das Sehen behindert und zugleich erst möglich macht. **Das Wesen end-**

licher Freiheit ist die Lebenszeit, der Aufschub des kleinen Momentes, nach dem alles vergeblich sein wird. Sie hat auf Erden keinen anderen Inhalt, weil eben das Überleben das erste Ziel aller Lebewesen ist. Damit ist die Freiheit anschaubar, wie meine Lebenszeit anschaubar ist: Zum Teil erkenne ich sie, besonders wenn sie in der Vergangenheit liegt, viel weniger jedoch, wenn sie in der Zukunft liegt.

Wer aber von seinem eigenen Tod weiß, kann dem Leben einen weiteren Sinn geben: **Die Hoffnung endlicher Freiheit ist die Ewigkeit.** Das Überleben hat als Interesse nur das *eigene* Überleben zum Ziel oder das Überleben der eigenen Gruppe, auch wohl der eigenen Gene. Im Blick auf die unendliche Freiheit, auf Gott, kann sich die endliche Freiheit entscheiden, dasselbe zu wollen, was Gott will, nämlich Leben geben, also mit *allem* Leben einverstanden zu sein und es zu fördern und zu erhalten suchen. Diese Entgrenzung besteht nur in der Hoffnung, und nur in der Hoffnung kann die endliche Freiheit, der Mensch, an der Ewigkeit teilnehmen. Endliches Leben kann der Mensch ergreifen, von unendlichem Leben muß er ergriffen werden.

Wie verhalten sich Selbstsein und Zeit? Wir haben mit dem Selbstsein begonnen, doch weil endliches Selbst nicht aus sich selbst entsteht, ist das endliche Dasein auf der Suche nach dem eigenen Selbst. Kein Wunder, wenn ihm die Wirklichkeit als Zufall und Notwendigkeit begegnet. Die Notwendigkeit ist die Bewegung als Möglichkeit, der Zufall ist die realisierte Bewegung. Man kann allerdings nicht dieses Suchen als ein Ergreifen mit dem Zufall des Ergriffenseins verbinden. Die Wirklichkeit ist verschränkter. Das Geschaffensein erscheint als Verbindung von Zufall und Notwendigkeit, weil das Moment der Existenz zwar zufällt, aber in der endlichen Welt unter vielfachen Bedingungen seiner Möglichkeit auftritt. So drückt sich die *unendliche* Freiheit im Schaffen aus.

Entscheidung für die Freiheit. Auch die endliche Freiheit drückt sich so aus. Denn seine eigene Lage in der Wirklichkeit, die beschränkt, aber offen ist, sieht der Mensch als bestimmt von Zufall und Notwendigkeit an. Er *kann* in ihnen die Bausteine der Freiheit sehen, die in ihm selbst realisiert ist, er *muß* es nicht tun. Nach einem Jahrtausend großartiger oder auch verzweifelter Gottesbeweisversuche, von Anselm bis Einstein, bringt der Fortschritt der Wissenschaft jetzt eine große Entlastung und Erleuchtung: **Die Freiheit wird nur durch die Freiheit erkannt – Gott läßt sich nur von demjenigen**

Menschen erkennen, der erkennen will. Die Gottesfrage ist die Freiheitsfrage, und die Menschenfrage ist es auch. Mit dem wundersamen Paar Zufall und Notwendigkeit läßt sich erkennen, warum die Freiheit in der Natur so schwer erkennbar ist. Auch läßt sich erst auf diesem Wege erkennen, warum die Frage nach der Existenz des Menschen die Frage nach der Existenz Gottes ist. Die Gottesfrage fragt nicht nach der Existenz Gottes oder des Menschen, sie fragt nach dem Wesen Gottes: Ist Gott frei? Ist der Mensch frei? Oder ist die letzte Wirklichkeit ein blasses, blindes Gesetz und das Gefühl der Freiheit im Menschen ein Irrtum, erzeugt durch falschen Anschein oder leichtfertiges Wünschen?

Duo wird zum Trio. Das Duo in der Natur führt zum Trio in der Wirklichkeit: Freiheit, Gott und Mensch. Damit können wir auch eine vorsichtige Antwort auf die Titelfrage geben: Wie erschuf Gott die Welt?

Das Duo wird erzeugt durch die Lage des Menschen in seiner Wirklichkeit. Ich bin endlich, das heißt ich bin nicht alles, weder im Raum noch in der Zeit. Damit ist der Unterschied gesetzt zwischen einem Innenraum, der Ich bin, und einem Außenraum, der zu einer anderen Wirklichkeit gehört. Allein der Unterschied zwischen Ich und Nicht-Ich scheint schon auszureichen, das Duo von Zufall und Notwendigkeit zu erzeugen, das wir in unserer Erfahrungswelt so umfassend vorfinden. Insofern ich den Unterschied von innen und außen aufrecht erhalten kann, erscheint mir die Wirklichkeit als notwendig und gesetzesförmig; sie erlaubt mir das Handeln. Diese Möglichkeit wird jedoch eingeschränkt durch meine Endlichkeit: Zum einen läßt sich die äußere Welt nur in bescheidenem Maße begreifen, nämlich in endlicher Weise, zum anderen ist mein eigenes Ich mir zugleich gegeben und entzogen, weil ich gesetzt bin durch einen Akt der Existenz, der uneinholbar für mich ist. Man kann jetzt nicht die Begegnung mit Gott und den Menschen auf das Innen und das Außen verteilen, wie es bequem wäre. Wenn Gott die Wirklichkeit ist, von der ich ergriffen bin, dann ergreift er mich von innen wie von außen, wie ich zugleich mit endlicher Reichweite in der Lage bin, dort selbst tätig zu werden und zu ergreifen.

Ich kenne zunächst nur meine eigene Freiheit, deren Bedingtheit in der Natur jetzt in einem wichtigen Punkt bekannt ist, der mit dem Duo Zufall und Notwendigkeit bezeichnet wird. Dann begegnet mir Freiheit auch außerhalb meiner selbst, in winzigen Spuren eines Hauches von Selbstbesitz im Atom bis zur vollendeten Freiheit, in der das Sein für immer es selber ist. Ich sehe, wie anderes Sein es selber bleibt, ich sehe auch, wie es zerfällt. Wie gesagt, das geschieht nicht ohne Aktivierung der Freiheit in mir selbst in einem Akt der Anerkennung. Ich kann die Freiheit auch demaskieren wollen, als böses Spiel dämonischer Mächte, in der ich den Zufall von der Notwendigkeit verschlingen lasse oder auch umgekehrt.

Wer die glücklichere Entscheidung trifft, wer dem Dasein in der Wahl des Lebens seine Stimme gibt, betritt nun die Welt der Freiheit ohne Konkurrenz, das heißt die vollendete oder die erlöste Welt. Das heißt, ganz erlöst ist sie noch nicht. Denn immerhin *können* die Freiheiten noch in Konkurrenz treten und einander das Selbstsein rauben. Schließlich ist das Selbstsein nur ganz langsam im Laufe der Geschichte durch das Überleben der kampferprobten Lebewesen ins Dasein getreten. Wir sind alle Enkel von Siegern im Kampf ums Dasein und haben die Instinkte von Siegern geerbt: Doch durch das Menschsein ist etwas Neues in die Welt gekommen, das vorher nicht da war. Es ist die Idee der Umkehrung, es ist die Idee des Opfers, es ist die Idee der Barmherzigkeit. Das Opfer des Ich, das nur der Mensch vollbringen kann, weil nur er seinen Tod voraussieht, tritt in eine Welt der Freiheit, in der die Freiheiten nicht mehr in Konkurrenz stehen müssen. Dieses Opfer muß vom Menschen vollbracht werden, und wird auch immer wieder vollbracht, obwohl er als Enkel von Siegern in dieser Erkenntnis nie ganz rein sein und diese Tat nie ganz vollbringen kann.

Richtig erlöst würde die Freiheit erst sein, wenn Gott selbst Mensch würde. Das volle Selbstsein entäußert sich und wird Mensch, es geht in den Tod als freiwilliges Opfer derjenigen Erkenntnis, wie Freiheit vollendet, das heißt ohne Konkurrenz begründet wird. Die Evolutionslehre führt uns über das Duo von Zufall und Notwendigkeit nicht nur zur Erkenntnis des Schöpfers, sondern durch das Trio von Freiheit, Gott und Menschen darüber hinaus zur Christologie. Was nicht allzu verwunderlich sein sollte. Christus kann der Erlöser des Menschen nur sein, wenn er zugleich der Neuschöpfer der Natur ist, denn der Mensch lebt in der Welt unerlöst, weil ihn die Natur fast unausweichlich dazu zwingt, in der Konkurrenz zu leben. Umkehrung der Evolution im Opfer durch die Erkenntnis der endlichen Freiheit, das wäre die Erlösung der Freiheit, die auf diese Weise zu sich selbst gelangt.

Abhängig von der Wissenschaft? Wenn wir in diesem Buch die Freiheit auf die Erkenntnis von Zufall und Notwendigkeit gegründet haben, machen wir uns dann bei der Erkenntnis Gottes nicht abhängig vom Stand der Wissenschaften? Die Antwort muß einigermaßen unklar lauten: Ja und Nein zugleich. Die gleiche Situation der Freiheit begegnet uns hier wie bei der Deutung von Zufall und Notwendigkeit. Dieses Paar *muß* gedeutet werden, jeder Mensch vollzieht auch diese Deutung, selbst dann noch, wenn er mit Berufung auf die Wissenschaft jede Entscheidung ablehnt und das Leben für sinnlos hält. Auch wer sich für unfrei einschätzt, aktiviert seine Freiheit, um die Existenz der Freiheit in seiner Person zu leugnen.

Was wir hier in der individuellen Lage sehen, wiederholt sich, wenn nicht der einzelne Mensch, sondern die Menschheit nach der Bewältigung des Lebens strebt. Natürlich war die atheistische Versuchung im 18. und 19. Jahrhundert größer als heute, also die Versuchung, mit Hilfe der Wissenschaft die Freiheit zu leugnen und mit der Mechanik einen einzigartigen und restlosen Überblick zu bekommen. Immerhin, es war nur ein Versprechen, das von der Erfüllung weit, weit entfernt lag. Dem steht das elementare religiöse Gefühl gegenüber: Ich bin stark abhängig, weil ich vor allem meinem Ergreifen immer schon ergriffen bin, doch ich bin auch etwas frei, vor allem kann ich in meiner Freiheit die Abhängigkeit anerkennen und für die Freiheit dankbar sein.

Hier tut sich denn doch ein kleiner Unterschied zwischen dem mechanischen Zeitalter bis 1900 und unserem nachmechanischen Zeitalter hervor. Im mechanischen Zeitalter hatte man zwei Großoptionen: Titanismus in Verlängerung der wissenschaftlich-technischen Erfolge bis ins Unermeßliche, oder Ergebung in die Endlichkeit, weil vor meinem Ergreifen immer mein Ergriffensein steht. Das wäre die Anerkennung Gottes als des Schöpfers der Natur. Nach dem Jahr 1900 ist der Titanismus unmöglich geworden. Eine Natur, in welcher der Zufall echt ist, erlaubt keinen titanischen Traum mehr. Es bleibt also, das ist die Situation von heute, die Anerkennung von Endlichkeit und Unendlichkeit, und damit der Glaube an den personal handelnden Gott. Oder es folgt die Verzweiflung, die schönschaurige Schwester des Titanen, denn mit Zufall und Notwendigkeit kann ich auch alles für sinnlos halten, wenn ich meine Freiheit dazu benutze, die Freiheit für Unsinn zu erklären.

Der Mensch in seiner Freiheit ist also von seiner Epoche abhängig, in verschiedener Weise zu verschiedenen Zeit, doch niemals in völliger Weise, wie wir im Rückblick zu erkennen haben. Freiheit, Mensch und Gott können in jeder Epoche ihre Anerkennung finden.

Allerdings ist es heute, im 21. Jahrhundert, besonders leicht geworden, weil wir einen neuen Blick für die Welt gewonnenen haben, die Gott erschuf.

Anmerkungen

* S. 9 Wörtlich heißt es: ›In the final analysis, He used evolution as the tool to set us free.‹ Kenneth R. MILLER: *Finding Darwin's God: A Scientist's Search for Common Ground Between God and Evolution.* New York: Cliff Street, 1999. – 338 S.; 253. (Eigene Übersetzung)

Einleitung

1 S. 9 Vgl. etwa David QUAMMEN: *The Song of the Dodo. Island Biogeorgraphy in an Age of Exctinctions.* New York: Scribner, 1996. – 701 S.
2 S. 9 Der Originaltitel lautet viel ausladender: *On the Origin of Species by Means of Natural Selection, or the Preservation of Favoured Races in the Struggle of Life.* London, 1859.
3 S. 9 Viel gelernt habe ich durch John HORGAN: *The End of Science. Facing the Limits of Knowledge in the Twilight of the Scientific Age.* NY: Broadway, 1997. – 336 p. Das Buch ist beunruhigend, weil es die Meinung führender Wissenschaftler sammelt, die ihren Beruf als Berufung lieben und dennoch die Siegergeschichte der Wissenschaft nicht fortzuschreiben wissen.
4 S. 10 Avery DULLES SJ: *A testimonial to grace and Reflections on a Theological Journey. 50th Anniversary Edition* (1946). Kansas City: Sheed & Ward, 1996. – 144 p; 4: ›I took it for granted that the human spirit was completely dependent for its existence and operation on the life of the body. … Man having been produced by chance.‹
5 S. 13 Diese Einschränkung von Natur habe ich ausführlich mit meiner verehrten Kollegin Prof. Barbara Hallensleben aus Fribourg, Schweiz, erörtert, die hier anderer Meinung ist. Deshalb wird es später einen eigenen ausführlichen Abschnitt über diese Entscheidung geben.
6 S. 13 Einen starken Eindruck hinterläßt Lee SMOLIN: *The Trouble with Physics: The Rise of String Theory, the Fall of a Science, and What Comes Next.* Boston: Hougton Mifflin, 2006. – 392 p.
7 S. 14 Vgl. den berühmten Satz KANTS aus seinen *Metaphysischen Anfangsgründen der Naturwissenschaft* von 1786: ›Ich behaupte aber, in jeder besonderen Naturlehre kann nur so viel *eigentliche* Wissenschaft angetroffen werden, als darin *Mathematik* anzutreffen ist.‹ (Vorrede; AA 4, 470)
8 S. 14 In: www.hawking.org.uk/lectures/dice.html (Stand: Juni 2006)

1. Die Vertreibung des Zufalls

[1] **S. 19** René Descartes: *Regulae ad directionem ingenii* (1628); regula II: ›Circa illa tantum objecta oportet versari, ad quorum certam et indubitatam cognitionem nostra ingenia videntur sufficere.‹
[2] **S. 19** Baruch de Spinoza: *Ethik.* II. Teil, Prop. 43, Schol.
[3] **S. 20** Friedrich W. J. Schelling: *Ideen zu einer Philosophie der Natur.* Werke Bd. 5. Stuttgart: Frommann-Holzboog, 1994. – 501; 107: ›Die Natur soll der sichtbare Geist, der Geist die unsichtbare Natur seyn.‹
[4] **S. 22** Claus Westermann: *Genesis. 1. Teilband. Gen 1–11* (1974). Neukirchen-Vluyn: Neuk. Verlag, [2]1976. – 824 S.; 611.
[5] **S. 22** Spr 1.
[6] **S. 24** Andrej D. Sacharow: *Mein Land und die Welt* (1975). Wien: Molden, [2]1976. – 119 S.; 82.
[7] **S. 26** Pierre Simon Marquis de Laplace: *Philosophischer Versuch über die Wahrscheinlichkeit* (1814). Leipzig: Akad. Verlagsges., 1932. – 211 S.; 1.
[8] **S. 26** Vgl. etwa Niklas Luhmann: *Vertrauen. Ein Mechanismus der Reduktion sozialer Komplexität.* Stuttgart: UTB, 2000. – 140 S.
[9] **S. 27** Georg Simmel: *Soziologie. Untersuchungen über die Formen der Vergesellschaftung* (1908). Berlin: Duncker & Humblot, [6]1983. – 578 S.; 263.
[10] **S. 28** Albert Einstein: *Aus meinen späten Jahren* (1979). Frankfurt u. a.: Ullstein, 1993. – 275 S.; 41.
[11] **S. 28** Banesh Hoffmann: *Albert Einstein. Schöpfer und Rebell* (1972). Zürich: Belser, 1976. – 312 S.; 115.
[12] **S. 29** Albert Einstein: *Mein Weltbild* (1934). Hrsg. von Carl Seelig. Frankfurt u. a.: Ullstein, 1970. – 201 S.; 18.
[13] **S. 29** Thomas Mann: *Essays.* Bd. 4. Frankfurt: Fischer, 1995. – 461 S.; 109.
[14] **S. 30** Willard Van Orman Quine: *Die Wurzeln der Referenz* (1974). Frankfurt: Suhrkamp, 1976. – 204 S.; 57.
[15] **S. 31** Quine (s. Anm. 23), 57.
[16] **S. 32** Richard P. Feynman: *QED Die seltsame Theorie des Lichts und der Materie* (1985). München: Piper, 1990. – 175 S.; 97.
[17] **S. 33** René Descartes: *Traité du Monde* (1633); Chap. 7: ›Et afin qu'il n'y ait point d'exception qui en empêche, nous ajouterons, s'il vous plaît, à nos suppositions que Dieu n'y fera jamais aucun miracle et que les intelligences, ou les âmes raisonnables, que nous y pourrons supposer ci-après, n'y troubleront en aucune façon le cours ordinaire de la Nature.‹
[18] **S. 34** Vgl. S. 19.
[19] **S. 35** René Descartes: *Meditationes de prima philosophia* (1641); VI, 17.
[20] **S. 36** Martin Luther: *Weimarer Ausgabe.* Bd. 18, 615.
[21] **S. 36** Zuerst erschienen im *Archiv für Sozialwissenschaften und Sozialpolitik,* Bd. XX und XXI (1904/05).
[22] **S. 36** Martin Luther: *Von der Freiheit eines Christenmenschen* (1520); Nr. 19; WA 7,30)
[23] **S. 37** ›Sive igitur dicamus omnia secundum leges naturae fieri, sive ex Dei decreto et directione ordinari, idem dicimus.‹ Benedictus de Spinoza: *Tractatus theologico-politicus* (1670); Caput III. (Eigene Übersetzung)

[24] S. 37 ›… uti nos hic animam secundum certas leges agentem, et quasi aliquod automa spirituale.‹ Benedictus de SPINOZA: *Tractatus de intellectus emendatione* (1677); Nr. 85. (Eigene Übersetzung)
[25] S. 38 Rudjer BOŠKOVIC: ›*Philosophiae naturalis theoria redacta ad unicam legem virium in natura existentium*‹ (1758).
[26] S. 38 Robert BELLARMIN: *De Ascensione mentis in Deum per scalas rerum creatarum*. Köln: Heberle, 1850. – 389 S.
[27] S. 39 Carl Friedrich von WEIZSÄCKER: *Lieber Freund! Lieber Gegner! Briefe aus fünf Jahrzehnten*. München: Hanser, 2002. – 397 S.; 260.
[28] S. 39 Gödel ›thought that maybe among the papers of Leibniz, which in his time had still not been fully smoked out, we would find the – what was the word – the philosopher's key, the magic way to find truth and solve any set of puzzlements.‹ Horgan (s. Anm. 4); 83.
[29] S. 40 ›We hold these truths to be self-evident, that all men are created equal, that they are endowed by their Creator with certain unalienable Rights, that among these are Life, Liberty and the Pursuit of Happiness.‹ (Eigene Übersetzung)
[30] S. 40 Georg W. F. HEGEL: *Philosophie der Geschichte;* Einleitung B.
[31] S. 40 Immanuel KANT: *Beantwortung der Frage: Was ist Aufklärung?* (1784)
[32] S. 41 Samuel CLARKE: *Der Briefwechsel mit G. W. Leibniz von 1715–1716*. Hamburg: Meiner, 1990 (Phil. Bibl. Bd. 423). – CXXVII u. 183 S.; 101. (5. Brief von Leibniz, Nr. 116)
[33] S. 42 Clarke (s. Anm. 41), 65. (5. Brief von Leibniz, Nr. 5)
[34] S. 43 Clarke (s. Anm. 41), 133. (5. Brief von Clarke, Nr. 110–116; eigene Übersetzung)
[35] S. 45 Banesh HOFFMANN: *Albert Einstein. Schöpfer und Rebell* (1972). Unter Mitarbeit von Helen DUKAS.; Zürich: Belser, 1976. – 312 S.; 298.
[36] S. 46 Isaac NEWTON: *Philosophiae Naturalis Principia Mathematica* (1686/87).
[37] S. 46 Der lateinische Titel: *Principia philosophiae*.
[38] S. 47 Nikolaus KOPERNIKUS: *De revolutionibus orbium coelestium libri VI* (1543).
[39] S. 52 Johannes KEPLER: *Weltharmonik – Harmonice Mundi*. (1619) Übers. und eingel. von Max Caspar. Darmstadt: Wiss. Buchges., 1973. – 403 S.; 280.
[40] S. 53 *Kritik der reinen Vernunft;* B XIII.
[41] S. 55 Ernst MACH: *Die Mechanik. Historisch-kritisch dargestellt* (1883). Unver. Nachdruck der 9. Aufl. 1933. Darmstadt: Wiss. Buchges., 1976. – 493 S.; 125.
[42] S. 59 ›It was occasioned by the fall of an apple, as he sat in contemplative mood. Why should that apple always descend perpendicularly to the ground, thought he to himself. Why should it not go sideways or upwards, but constantly to the earth's centre.‹ (Eigene Übersetzung)
[43] S. 60 Mach (s. Anm. 41), 181.
[44] S. 60 Lateinisch: ›Corpus omne perseverare in statu suo quiescendi vel movendi uniformiter in directum, nisi quatenus a viribus impressis cogitur statum illum mutare.‹ (Eigene Übersetzung)
[45] S. 61 Lateinisch: ›Mutationem motus proportionalem esse vi motrici impressae, et fieri secundum lineam rectam qua vis illa imprimitur.‹
[46] S. 62 Lateinisch: ›Actioni contrariam semper et aequalem esse reactionem: sive

corporum duorum actiones is se mutuo semper esse aequales et in partes contrarias dirigi.‹

[47] **S. 66** Jean-Baptiste-Joseph Delambre: *Notice sur la vie et les ouvrages de M. le comte J. L. Lagrange.* In: Oeuvres de Lagrange, tome I. Paris: Gauthier-Villars, 1867; p. XX. (Eigene Übersetzung)

[48] **S. 67** Newton (s. Anm. 36), 3. Buch, Scholium Generale. (Eigene Übersetzung)

[49] **S. 68** In: Max Planck: *Vorträge und Erinnerungen* (1949). Darmstadt: Wiss. Buchges., [8]1970. – 380; 95–105.

[50] **S. 68** Planck (s. Anm. 49), 95.

[51] **S. 68** Carl Friedrich von Weizsäcker: *Aufbau der Physik.* München: Hanser, 1985. – 662 S.; 287.

[52] **S. 69** Planck (s. Anm. 49), 95.

[53] **S. 69** Friedrich Hund: *Geschichte der physikalischen Begriffe.* Mannheim: BI, 1972. – 410 S.; 156.

[54] **S. 70** Planck (s. Anm. 49), 99.

[55] **S. 70** Planck (s. Anm. 49), 101.

[56] **S. 70** Vgl. Planck (s. Anm. 49), 102.

[57] **S. 73** Carl Friedrich von Weizsäcker: *Die Tragweite der Wissenschaft* (1964). Stuttgart: Hirzel, 1990. – 481 S.; 2.

[58] **S. 74** Carl Friedrich von Weizsäcker: *Die Einheit der Natur. Studien.* München: Hanser, 1971. – 491 S.; 109.

[59] **S. 75** Erschienen in Heilbronn: Drechsler, 1845. – 112 S.

[60] **S. 80** Planck (s. Anm. 49), 4 f. Planck zitiert sich selbst unvollständig und nennt als Titel der Arbeit von 1879 nur: ›Über den zweiten Hauptsatz der Wärmetheorie‹.

2. Die Rückkehr des Zufalls

[1] **S. 81** Max Planck: *Vorträge und Erinnerungen* (1949). Darmstadt: Wiss. Buchges., [8]1970. – 380 S.; 93.

[2] **S. 82** Manfred Eigen; Ruthild Winkler: *Das Spiel. Naturgesetze steuern den Zufall* (1975). München: Piper, 1978. – 404 S.; 35.

[3] **S. 82** Max Planck: *Über den zweiten Hauptsatz der mechanischen Wärmetheorie.* München: Ackermann, 1879. – 61 S.

[4] **S. 83** John Horgan: *The End of Science. Facing the Limits of Knowledge in the Twilight of the Scientific Age.* NY: Broadway, 1997. – 322 p.; 106: ›You lose the universality of the laws of physics, Hoyle explained to me.‹ (Eigene Übersetzung)

[5] **S. 83** Galileo Galilei: *Dialog über die beiden hauptsächlichsten Weltsysteme – das ptolemäische und das kopernikanische* (1632). Hrsg. von Roman Sexl u. Karl von Meyenn. Stuttgart: Teubner, 1982. – 643 S.; 108 (1. Tag).

[6] **S. 83** Carl Friedrich von Weizsäcker: *Aufbau der Physik.* München: Hanser, 1985. – 662 S.; 287.

[7] **S. 83** Carl Friedrich von Weizsäcker: *Zeit und Wissen.* München: Hanser, 1992. – 1184 S.; 775.

[8] **S. 84** Planck (s. Anm. 1), 27.

[9] **S. 84** Richard P. FEYNMAN: *Vom Wesen physikalischer Gesetze* (1967). München: Piper, 1993. – 216 S.; 160; 180.
[10] **S. 85** Étienne KLEIN: *Gespräche mit der Sphinx* (1991). Stuttgart: Klett-Cotta, [2]1994. – 183 S.; 112.
[11] **S. 86** David HUME: *An Enquiry Concerning Human Understanding* (1748); VI, 46: ›Though there be no such thing as *Chance* in the world; our ignorance of the real cause of any event has the same influence on the understanding, and begets a like species of belief or opinion.‹
[12] **S. 87** Henri POINCARÉ: *Wissenschaft und Methode* (1912).
[13] **S. 88** Planck (s. Anm. 1), 169.
[14] **S. 88** Nach Horgan (s. Anm. 4), 19. Original: Albert A. MICHELSON: *University of Chicago Quarterly Calendar* 10 (August 1894), 15.
[15] **S. 88** Planck (s. Anm. 1), 15.
[16] **S. 88** Planck (s. Anm. 1), 4.
[17] **S. 89** Planck (s. Anm. 1), 18.
[18] **S. 90** Werner HEISENBERG: *Physik und Philosophie.* Berlin: Ullstein, 1959. – 197 S.; 17.
[19] **S. 90** Planck (s. Anm. 1), 15–27.
[20] **S. 93** Planck (s. Anm. 1), 12.
[21] **S. 93** Planck (s. Anm. 1), 22.
[22] **S. 94** Planck (s. Anm. 1), 24.
[23] **S. 94** Planck schreibt: $d^2S/dU^2 = -1/(a\nu U + U^2/C)$, wobei S die Entropie und U die Energie bedeuten. Für ganz kleine U und für ganz große U bekommt man die bisher bekannten Grenzfälle: $d^2S/dU^2 = -1/a\nu U$ und $d^2S/dU^2 = -1/(U^2/C) = -C/U^2$.
[24] **S. 94** Planck (s. Anm. 1), 23.
[25] **S. 94** Planck (s. Anm. 1), 24.
[26] **S. 95** Planck (s. Anm. 1), 27.
[27] **S. 97** Planck (s. Anm. 1), 27.
[28] **S. 98** Planck (s. Anm. 1), 302.
[29] **S. 98** Werner HEISENBERG: *Physik und Philosophie.* Berlin: Ullstein, 1959. – 197 S.; 67.
[30] **S. 99** Carl Friedrich von WEIZSÄCKER: *Der Garten des Menschlichen. Beiträge zur geschichtlichen Anthropologie* (1977). Mit einem Vorwort zur Neuausgabe. München: Hanser, 1992. – 612 S.; 150.
[31] **S. 101** Weizsäcker (s. Anm. 30), 95.
[32] **S. 102** ›This is the highest form of musicality in the sphere of thought.‹ Paul Arthur SCHILPP (Ed.): *Albert Einstein: Philosopher Scientist.* The Library of Living Philosophers, Vol. VII. Evanston (Illinois), 1949. – 781 S.; 46. (Eigene Übersetzung)
[33] **S. 103** Steven WEINBERG: *Dreams of a Final Theory. Search for the Ultimate Laws of Nature.* London: Hutchinson, 1993. – 260 p.; 53.
[34] **S. 103** Werner HEISENBERG: *Der Teil und das Ganze. Gespräche im Umkreis der Atomphysik.* München: Piper, 1969. – 334 S.; 92.
[35] **S. 103** Werner HEISENBERG: *Über den anschaulichen Inhalt der quantentheoretischen Kinematik und Mechanik.* In: *Zeitschrift für Physik* 43 (1927) 172–198.
[36] **S. 105** Marcus CHOWN: *Warum Gott doch würfelt. Über ›schizophrene‹ Atome*

und andere Merkwürdigkeiten aus der Quantenwelt. München: dtv, 2005. – 219 S.; 50.

[37] **S. 106** Werner HEISENBERG: *Physikalische Prinzipien der Quantentheorie* (1929). Stuttgart: Hirzel, 1958. – 117 S.; 11.

[38] **S. 107** Carl Friedrich von WEIZSÄCKER: *Wahrnehmung der Neuzeit.* München: Hanser, 1983. – 440 S.; 130.

[39] **S. 108** PLATON: *Phaidon;* 99c.

[40] **S. 109** Paul Arthur SCHILPP (Hrsg.): *Albert Einstein als Philosoph und Naturforscher. Eine Auswahl* (1951). Braunschweig u. a.: Vieweg, 1983. – 249 S.; 17.

[41] **S. 110** Niels BOHR: *Discussion with Einstein on Epistemological Problems in Atomic Physics.* In: Schilpp (s. Anm. 32), 201–241.

[42] **S. 111** Weizsäcker (s. Anm. 7), 782.

[43] **S. 111** Albert EINSTEIN; Boris PODOLSKY; Nathan ROSEN: *Can quantum-mechanical description of physical reality be considered complete?* In: Phys. Rev. 47 (1935) 777–780.

[44] **S. 113** John Stewart BELL: *On the Einstein Podolski Rosen Paradox.* Physics 1 (1964) 195–200. Gesammelt sind die Originalaufsätze Bells zu finden in: *Speakable and unspeakable in quantum mechanics.* Cambridge: University Press, 1988. – 288 S.

[45] **S. 113** Weizsäcker (s. Anm. 7), 289 f.

[46] **S. 114** Bell (s. Anm. 44), 195.

[47] **S. 117** John F. CLAUSER et. al.: *Proposed Experiment to Test Local Hidden Variable Theories.* In: Physical Review Letters 24 (1970) 549.

[48] **S. 117** Alain ASPECT et al.: *Experimental Realization of Einstein-Podolsky-Rosen-Bohm Gedankenexperiment. A New Violation of Bell's Inequalities.* In: Physical Review Letters 49 (1982) 91–94. *Ders.: Experimental Test of Bell's Inequalities Using Time-Varying Analyzers.* In: Physical Review Letters, Vol. 49 (1982) 1804–1807.

[49] **S. 118** Vgl. Anton ZEILINGER: *Einsteins Schleier. Die neue Welt der Quantenphysik.* München: Beck, 2003. – 256 S.; 93.

[50] **S. 118** Zeilinger (s. Anm. 49), 148.

[51] **S. 118** Carl Friedrich von WEIZSÄCKER: *Deutlichkeit. Beiträge zu politischen und religiösen Gegenwartsfragen.* München: Hanser, 1978. – 184 S.; 168.

[52] **S. 120** Zum Beispiel Steven WEINBERG und sein Traum von der finalen Theorie (s. Anm. 33).

[53] **S. 121** John MADDOX: *Was zu entdecken bleibt. Über die Geheimnisse des Universums* (1999). Frankfurt: Suhrkamp, 2002. – 474 S.; 85 f.

[54] **S. 121** Maddox (s. Anm. 53), 31.

[55] **S. 121** Horgan (s. Anm. 4), 75: ›Weinberg also doubted that the final theory would resolve all the notorious paradoxes posed by quantum mechanics.‹

[56] **S. 122** Lee SMOLIN: *The Trouble with Physics: The Rise of String Theory, the Fall of a Science, and What Comes Next.* Boston: Hougton Mifflin, 2006. – 392 p.; 79: ›Perhaps that is the cost of looking to drill, as Einstein said, where the wood is thin.‹ (Eigene Übersetzung)

[57] **S. 122** Peter WOIT: *Not Even Wrong. The Failure of String Theory and the Continuing Challenge to Unify the Laws of Physics.* London: Jonathan Cape, 2006. – 290 S.

[58] S. 123 Woit (s. Anm. 57), 187: ›This example shows that genius is no protection against making the mistake of devoting decades of one's life to an idea that has no chance of success.‹
[59] S. 124 Horgan (s. Anm. 4), 65.
[60] S. 124 Horgan (s. Anm. 4), 65: ›Naive ironic scientists possess an exceptionally strong faith in their scientific speculations, in spite of the fact that those speculations cannot be empirically verified.‹ (Eigene Übersetzung)
[61] S. 124 Vgl. Smolin (s. Anm. 56), XV.
[62] S. 125 Smolin (s. Anm. 56), 191: ›Moreover, as noted, the results apply only a very special class of black holes and not to those of real physical interest.‹ (Eigene Übersetzung)
[63] S. 125 Edward WITTEN: *Universe on a string.* In: Astronomy, June 2002: ›A thirty-year-old framework known as string theory promises new insights and offers hope that answers to at least some of these puzzles may be on the horizon.‹ (Eigene Übersetzung)
[64] S. 125 ›Brian GREENE: *The fabric of the cosmos.* New York, 2005. – 569 p.; 428: ›The confirmation of supersymmetry would be the most important development in elementary particle physics in more than two decades. It would establish the next step …‹ (Eigene Übersetzung)
[65] S. 126 Weizsäcker (s. Anm. 6), 560.
[66] S. 127 Weizsäcker (s. Anm. 7), 370.
[67] S. 128 Anton ZEILINGER: *Einsteins Schleier. Die neue Welt der Quantenphysik.* München: Beck, 2003. – 256 S.; 219.
[68] S. 129 Weizsäcker (s. Anm. 7), 29 f.
[69] S. 130 Smolin (s. Anm. 56), 13.
[70] S. 132 Horgan (s. Anm. 4), 75 f.
[71] S. 134 Marcus CHOWN: *Warum Gott doch würfelt. Über ›schizophrene‹ Atome und andere Merkwürdigkeiten aus der Quantenwelt.* München: dtv, 2005. – 219 S.; 50.
[72] S. 134 ›Who is Einstein to tell God what to do?‹ Nach Kenneth R. MILLER: *Finding Darwin's God: A Scientist's Search for Common Ground Between God and Evolution.* New York: Cliff Street, 1999. – 338 S.; 212. (Eigene Übersetzung)
[73] S. 137 Thomas MANN: *Felix Krull;* 3. Buch, 5. Kapitel.
[74] S. 138 Kenneth R. MILLER: *Finding Darwin's God: A Scientist's Search for Common Ground Between God and Evolution.* New York: Harper Collins, 1999. – 338 S.: ›Sadly, few theologians appreciate the degree to which physics has rescued religion from the dangers of Newtonian predictability. I suspect that they do not know (at least not yet) who their true friends are!‹ (Eigene Übersetzung)

3. Im Zauberreich des Atheismus

[1] S. 139 Carl Friedrich von WEIZSÄCKER: *Die Tragweite der Wissenschaft* (1964). Stuttgart: Hirzel, 1990. – 481 S.; 180.
[2] S. 140 Das volle Zitat: ›Worauf Du nun, sage ich, Dein Herz hängest und verlässest, das ist eigentlich Dein Gott.‹ *Großer Katechismus.* 1. Gebot.
[3] S. 141 Albert EINSTEIN: *Briefe* (1979). Aus dem Nachlaß hrsg. von Helen Dukas

und Banesh Hoffmann. Zürich: Diogenes, 1981. – 109 S.; 63: ›Ich kann mir keinen persönlichen Gott denken, der die Handlungen der einzelnen Geschöpfe direkt beeinflußte oder über seine Kreaturen direkt zu Gericht säße. Ich kann es nicht, trotzdem die mechanistische Kausalität von der modernen Wissenschaft bis zu einem gewissen Grade in Zweifel gestellt wird.‹

[4] **S. 141** Werner Heisenberg: *Der Teil und das Ganze. Gespräche im Umkreis der Atomphysik.* München: Piper, 1969. – 334 S.; 122.

[5] **S. 142** Thomas von Aquin: *Summa theologiae.* Pars I, Quaestio 2: ›Ergo necesse est devenire ad aliquod primum movens, quod a nullo movetur: et hoc omnes intelligunt Deum.‹

[6] **S. 143** Frank J. Tipler: *Die Physik der Unsterblichkeit. Moderne Kosmologie, Gott und die Auferstehung der Toten.* München: Piper, 1994. – 605 S.; 178. Tipler kann von seiner Auffassung nicht lassen, Physik sei Theologie, und Theologie sei Physik: *Die Physik des Christentums. Ein naturwissenschaftliches Experiment* (2007) München: Piper, 2008. – 429 S.

[7] **S. 144** Das volle Zitat Nietzsches findet sich in *Zarathustra* II; *Auf den glückseligen Inseln:* ›Ihr Freunde: *wenn* es Götter gäbe, wie hielte ich's aus, kein Gott zu sein! *Also* giebt es keine Götter.‹

[8] **S. 144** Platon: *Politeia – Der Staat;* 509b.

[9] **S. 148** Karl R. Popper u. a.: *Das Ich und sein Gehirn* (1977). München: Piper, 1982. – 699 S.; 63.

[10] **S. 149** *Kritik der Urteilskraft;* AA 175; XVIII: ›Denn so wenig der Naturbegriff auf die Gesetzgebung durch den Freiheitsbegriff Einfluß hat, eben so wenig stört dieser die Gesetzgebung der Natur. – Die Möglichkeit, das Zusammenbestehen beider Gesetzgebungen und der dazu gehörigen Vermögen in demselben Subject sich wenigstens ohne Widerspruch zu denken, bewies die Kritik der reinen Vernunft, indem sie die Einwürfe dawider durch Aufdeckung des dialektischen Scheins in denselben vernichtete.‹

[11] **S. 150** So ähnlich Goethe im *Faust. Prolog im Himmel.*

[12] **S. 150** *Kritik der Urteilskraft;* AA 175; XVIII.

[13] **S. 152** *Kritik der reinen Vernunft;* A632/B660: ›Die transscendentale Theologie ist entweder diejenige, welche das Dasein des Urwesens von einer Erfahrung überhaupt … abzuleiten gedenkt, und heißt Kosmotheologie, oder glaubt durch bloße Begriffe ohne Beihülfe der mindesten Erfahrung sein Dasein zu erkennen und wird Ontotheologie genannt.‹

[14] **S. 153** Bonaventura: *De Mysterio Trinitatis;* q1 a1: ›Si Deus est Deus, Deus *est*.‹

[15] **S. 153** Vgl. Dieter Hattrup: *Einstein und der würfelnde Gott. An den Grenzen des Wissens in Naturwissenschaft und Theologie.* Freiburg: Herder, 2001. – 304 S.; ISBN 3-451-27339-X; Aktualisierte Neuauflage [4]2008.

[16] **S. 154** Johann Wolfgang Goethe: *West-östlicher Divan.* ›Alle Epochen, in welchen der Glaube herrscht, unter welcher Gestalt er auch wolle, sind glänzend, herzerhebend und fruchtbar für Mitwelt und Nachwelt. Alle Epochen dagegen, in welchen der Unglaube, in welcher Form es sei, einen kümmerlichen Sieg behauptet …‹ (Israel in der Wüste)

[17] **S. 157** Karl Löwith: *Weltgeschichte und Heilsgeschehen. Die theologischen*

Voraussetzungen der Geschichtsphilosophie (1949). Stuttgart u. a.: Kohlhammer, [7]1979. – 231 S.; 189.

[18] **S. 159** Blaise Pascal: *Pensées. Über die Religion und einige andere Gegenstände* (1670). Übertr. u. hrsg. von Ewald Wasmuth. Nach ed. Brunschvicg. Heidelberg: Lambert Schneider, [8]1978. – 588 S.; Br. 72.

[19] **S. 161** Francis Bacon: *Novum Organon* (1620); I, 117.

[20] **S. 163** Desmond Morris: *Der nackte Affe*. München: Droemer, 1968. – 391 S.

[21] **S. 163** Konrad Lorenz: *Das sogenannte Böse. Zur Naturgeschichte der menschlichen Aggression* (1963). München: dtv, 1983 (dtv 1000). – 262 S.

[22] **S. 164** Carl Friedrich von Weizsäcker: *Wahrnehmung der Neuzeit*. München: Hanser, 1983. – 440 S.; 265.

[23] **S. 165** Arthur Schopenhauer: *Die Welt als Wille und Vorstellung I* (1819). Bd. 1. Darmstadt: Wiss. Buchges., 1968. – 735 S.; §17; 153.

[24] **S. 167** Vgl. Theodor Ebert: *Sokrates als Pythagoreer und die Anamnesis in Platons ›Phaidon‹*. Stuttgart: Steiner, 1994. – 106 S.

[25] **S. 168** Platon: *Phaidon;* 98c; 99a.

[26] **S. 169** In populärer Fassung, sozusagen zum Alltagsgebrauch, findet sich die Misanthropie des 21. Jahrhunderts in der Musik von Heavy Metal bis Black Metal. Hier wird der Mensch oft als planetarer Virus verschrieen, als unflätig im Handeln und als unfähig zu klarem Denken, ein Schandfleck, der besser auszurotten oder maschinell zu ersetzen wäre. Das dürfte wiederum den Anhängern des Cyberstrom gefallen, die von der programmierten Gesellschaft träumen und damit auch vom programmierten Menschen, der endlich nicht mehr so fehleranfällig ist wie das Gehirnwesen Mensch aus Fleisch und Blut. Vgl. Joseph Weizenbaum; Gunna Wendt: *Wo sind sie, die Inseln der Vernunft im Cyberstrom? Auswege aus der programmierten Gesellschaft*. Freiburg: Herder, 2006. – 207 S.

[27] **S. 169** Giordano Bruno: *Von der Ursache, dem Prinzip und dem Einen* (1584). Übers. von Adolf Lasson. Leipzig: Dürr, [3]1902. – XXIV, 161 S.; 99 (5. Dialog).

[28] **S. 170** Giordano Bruno: *Das Aschermittwochsmahl* (1584). Übers. von F. Fellmann. Mit einer Einleitung von Hans Blumenberg. Frankfurt: Insel, 1989 (it 548). – 235 S.

[29] **S. 176** Eberhard Jüngel: *Gott als Geheimnis der Welt. Zur Begründung der Theologie des Gekreuzigten im Streit zwischen Theismus und Atheismus* (1977). Tübingen: Mohr, [6]1992. – 564 S.; 117.

[30] **S. 177** Thomas Mann: *Doktor Faustus*. Kapitel 30. Weltkrieg.

[31] **S. 180** Weizsäcker (s. oben Anm. 22), 20.

[32] **S. 181** Brief Einsteins vom 21. März 1955.

[33] **S. 182** *Die fröhliche Wissenschaft;* Nr. 125.

[34] **S. 182** *Die fröhliche Wissenschaft;* Nr. 125.

[35] **S. 183** Weizsäcker (s. oben Anm. 22), 91 f.

[36] **S. 184** Friedrich Nietzsche: *Ueber Wahrheit und Lüge im aussermoralischen Sinne* (1872); KSA 1, 875–890; 875.

[37] **S. 185** *Zarathustra III, Der Genesende* 2.

[38] **S. 186** Friedrich Nietzsche: *Die fröhliche Wissenschaft* ([2]1887); KSA 3, 343–651; 592; Nr. 354.

[39] **S. 186** KSA 29, 341; Nr. 7[11].

[40] **S. 188** Emmanuel Levinas: *Totalität und Unendlichkeit. Versuch über die Exteriorität* (1961). Freiburg u. a.: Alber, 1987. – 470 S.; 38.
[41] **S. 189** *Also sprach Zarathustra;* Vorrede 3.
[42] **S. 189** Weizsäcker (s. oben Anm. 22), 75.

4. Der Zufall und die Evolution

[1] **S. 191** Daniel Clement Dennett: *Darwin's Dangerous Idea: Evolution and the Meanings of Life.* New York: Simon and Schuster, 1995. – 592 p.; 21: ›Let me lay my cards on the table. If I were to give an award for the single best idea anyone has ever had, I'd give it to Darwin, ahead of Newton and Einstein and everyone else. In a single stroke, the idea of evolution by natural selection unifies the realm of life, meaning, and purpose with the realm of space and time, cause and effect, mechanism and physical law. But it is not just a wonderful scientific idea. It is a dangerous idea.‹ (Eigene Übersetzung)
[2] **S. 195** Sigmund Freud: *Vorlesungen zur Einführung in die Psychoanalyse* (1917). In: *Studienausgabe.* Bd. 1. Frankfurt: Fischer, 1969. – 663; 283 f.
[3] **S. 195** Carl Friedrich von Weizsäcker: *Zeit und Wissen.* München: Hanser, 1992. – 1184 S.; 433.
[4] **S. 196** Stephen Jay Gould: *Wonderful Life. Burgess Shale and the Nature of History* (1989). London: Vintage, 2000. – 352 p. (dt. *Zufall Mensch. Das Wunder des Lebens als Spiel der Natur.* München: Hanser, 1991. – 391 S.); 14: ›Wind back the tape of life to the early days of the Burgess Shale; let it play again from an identical starting point, and the chance becomes vanishingly small that anything like human intelligence would grace the replay.‹
[5] **S. 198** ›How will the struggle for existence, discussed too briefly in the last chapter, act in regard to variation? Can the principle of selection, which we have seen is so potent in the hands of man, apply in nature? I think we shall see that it can act most effectually.‹ (In der Folge dieses Kapitels immer eigene Übersetzungen)
[6] **S. 199** ›I hope that I may be excused for entering on these personal details, as I give them to show that I have not been hasty in coming to a decision.‹
[7] **S. 199** ›When it was first said that the sun stood still and the world turned round, the common sense of mankind declared the doctrine false; but the old saying of Vox populi, vox Dei, as every philosopher knows, cannot be trusted in science.‹
[8] **S. 200** ›Believing that it is always best to study some special group, I have, after deliberation, taken up domestic pigeons.‹
[9] **S. 202** ›… and this will give a better chance of pollen being occasionally carried from tree to tree‹.
[10] **S. 203** ›There is grandeur in this view of life, with its several powers, having been originally breathed (by the Creator) into a few forms or into one; and that, whilst this planet has gone cycling on according to the fixed law of gravity, from so simple a beginning endless forms most beautiful and most wonderful have been, and are being, evolved.‹
[11] **S. 204** John Horgan: *The End of Science. Facing the Limits of Knowledge in the*

Twilight of the Scientific Age. NY: Broadway, 1997. – 322 p.; DERS.: *An den Grenzen des Wissens. Siegeszug und Dilemma der Naturwissenschaften.* München: Luchterhand, 1997. – 462 S.

[12] **S. 204** Horgan (s. Anm. 11), 114: ›Chance plays a role in the survival of any individual organism‹.

[13] **S. 204** Horgan (s. Anm. 11), 114; 115.

[14] **S. 205** Horgan (s. Anm. 11), 115

[15] **S. 205** ARISTOTELES: *Metaphysik* VII, 1034b. (Eigene Übersetzung)

[16] **S. 206** Peter D. WARD; Donald BROWNLEE: *Rare Earth. Why complex life is uncommun in the Universe.* Copernicus: New York, 1999. – 333 S.; XVI: ›The great surprise of the Astrobiological Revolution is that it has arisen in part from the ashes of disappointment and scientific dispair.‹

[17] **S. 211** ›I dedicate this book, Not only as a token of personal esteem and friendship. But also To express my deep admiration For His genius and his works.‹ (Eigene Übersetzung)

[18] **S. 212** Edward O. WILSON: *On Human Nature.* Cambridge: Harvard University Press, 1978. – 260 p.; 1: ›If humankind evolved by Darwinian natural selection, genetic chance and environmental necessity, not God, made the species.‹ (Eigene Übersetzung)

[19] **S. 212** Edward O. WILSON: *Sociobiology. The new synthesis.* Cambridge, Mass.: Harvard University Press, 1975. – pp. ix, 697; DERS.: *Biologie als Schicksal. Die soziobiologischen Grundlagen menschlichen Verhaltens.* Frankfurt: Ullstein, 1980. – 222 S.

[20] **S. 213** Horgan (s. Anm. 11), 145: ›Wilson's colleague Stephen Jay Gould, rebuked Wilson for suggesting that the human condition was somehow *inevitable.*‹

[21] **S. 214** Edward O. WILSON: *Des Lebens ganze Fülle* (1994). München: Claassen, 1999. – 400 S.; 383 f.

[22] **S. 220** ARISTOTELES: *Metaphysik;* VII, 7; 1032a. (Eigene Übersetzung) Vgl. dazu Klaus OEHLER: *Ein Mensch zeugt einen Menschen.* Frankfurt am Main: Klostermann, 1963. – 65 S.

[23] **S. 220** ›… a novel interpretation for the oldest and most robust of paleontological observations: the geologically instantaneous origination and subsequent stability (often for millions of years) of paleontological ›morphospecies‹. Stephen J. Gould et al.: *Punctuated Equilibrium Comes of Age.* In: *Nature* 366 (1993) 223–227.

[24] **S. 222** Vgl. Wilson (s. Anm. 18), 192: ›We have come to the crucial stage in the history of biology when religion itself is subject to the explanations of the natural sciences. As I have tried to show, sociobiology can account for the very origin of mythology by the principle of natural selection acting on the genetically evolving material structure of the human brain. If this interpretation is correct, the final decisive edge enjoyed by scientific naturalism will come from its capacity to explain traditional religion, its chief competitor, as a wholly material phenomenon. Theology is not likely to survive as an independent intellectual discipline.‹

[25] **S. 224** Kenneth R. MILLER: *Finding Darwin's God: A Scientist's Search for Common Ground Between God and Evolution.* New York: Cliff Street, 1999. – 338 S.; 164: ›Many of my scientific colleagues, so baffled at the strength and depth

of anti-evolution feelings in the U.S., would be surprised to discover that they are themselves a large part of the reason why.‹

[26] **S. 226** *Kritik der reinen Vernunft* (1787); Vorrede; B XXVIII.

[27] **S. 228** ›Natural selection will never produce in a being anything injurious to itself, for natural selection acts solely by and for the good of each. No organ will be formed, as Paley has remarked, for the purpose of causing pain or for doing an injury to its possessor.‹

[28] **S. 230** ›Then the difficulty of believing that a perfect and complex eye could be formed by natural selection, though insuperable by our imagination, can hardly be considered real.‹ (Eigene Übersetzung)

[29] **S. 232** Michael J. BEHE: *Darwin's Black Box. The Biochemical Challenge to Evolution.* New York: Touchstone, 1996. – 307 p.; 185: ›There is no publication in the scientific literature in prestigious journals, specialty journals, or books that describes how molecular evolution of any real, complex biochemical system either did occur or even might have occurred.‹ (Eigene Übersetzung; dt. *Darwins Black Box. Biochemische Einwände gegen die Evolutionstheorie.* Gräfelfing: Resch, 2007. – 484 S.)

[30] **S. 233** Enrique MELÉNDEZ-HEVIA et al.: ›*The Puzzle of the Krebs Citric Acid Cycle: Assembling the Pieces of Chemically Feasible Reactions, and Opportunism in the Design of Metabolic Pathways during Evolution.*‹ In: *Journal of Molecular Evolution* 43 (1996) 293: ›The evolutionary origin of the Krebs citric acid cycle has been for a long time a model case in the understanding of the origin and evolution of metabolic pathways. How can the emergence of such a complex pathway be explained?‹ (Eigene Übersetzung)

[31] **S. 234** Meléndez-Hevia (s. Anm. 39); 303: ›The most novel result of our analysis is seeing how, with minimal new material, evolution created the most important pathway of metabolism, achieving the best chemically possible design. In this case, a chemical engineer who was looking for the best design of the process could not have found a better design than the cycle which works in living cells.‹

[32] **S. 234** Marc W. KIRSCHNER; John C. GERHART: *Die Lösung von Darwins Dilemma. Wie die Evolution komplexes Leben schafft* (2005). Hamburg: Rowohlt, 2007. – 416 S.; 377.

[33] **S. 235** Vgl. Kirschner (s. Anm. 32), 54.

[34] **S. 237** Thomas GÖRNITZ; Brigitte GÖRNITZ: *Die Evolution des Geistigen. Quantenphysik – Bewusstsein – Religion.* Göttingen: Vandenhoeck & Ruprecht, 2008. – 372 S.; 19.

[35] **S. 238** Vgl. oben Anm. 16.

[36] **S. 240** Stephen Jay GOULD: *Wonderful Life. Burgess Shale and the Nature of History* (1989). London: Vintage, 2000. – 352 p.; deutsch: *Zufall Mensch. Das Wunder des Lebens als Spiel der Natur.* München: Hanser, 1991. – 391 S.

[37] **S. 243** Als Grundlage für das Gespräch verwende ich neben GOULDS: *Wonderful life* von Simon Conway MORRIS die beiden Titel: *Aliens wie du und ich.* In: DIE ZEIT, Ausgabe 35, 19. August 2004; und *Life's solution. Inevitable humans in a Lonely Universe.* Cambridge: University Press, 2003. – 464 S.; dt: *Jenseits des Zufalls. Wir einsamen Menschen im einsamen Universum.* Berlin: University Press, 2008. – 360 S; gemeinsam ist die Publikation: *Showdown on the Burgess Shale.* In: *Natural History.* 107 (1998) 48–55.

[38] **S. 246** Stephen Jay Gould: *The Reversal of Hallucigenia.* In: *Natural History* magazine 00 (1992) 319–323.

[39] **S. 249** Stephen J. Gould: *Nonoverlapping Magisteria.* In: *Natural History* (March 1997) 16–22: ›The lack of conflict between science and religion arises from a lack of overlap between their respective domains of professional expertise – science in the empirical constitution of the universe, and religion in the search for proper ethical values and the spiritual meaning of our lives. The attainment of wisdom in a full life requires extensive attention to both domains.‹

[40] **S. 249** *CBS Sunday Morning* on Nov. 29, 1998: ›Because it gives comfort to many people. I think that notion that we are all in the bosom of Abraham or are in God's embracing love is – look, it's a tough life and if you can delude yourself into thinking that there's all some warm and fuzzy meaning to it all, it's enormously comforting. But I do think it's just a story we tell ourselves.‹

Personen